BARÊME

des Salaires d'Ouvriers

RÉGLÉS A L'HEURE

BARÊME

des Salaires d'Ouvriers

RÉGLÉS EN HEURES ET CENTIMES

DRESSÉ

pour tous les temps compris entre 1 et 489 heures

et pour tous les prix de 2 à 99 centimes.

1863

BARÊME

DES SALAIRES D'OUVRIERS

RÉGLÉS EN HEURES ET CENTIMES

DRESSÉ

pour tous les temps compris entre 1 et 489 heures

et pour tous les prix de 2 à 99 centimes.

————

Les Ateliers de Construction de Machines, les Chantiers de Terrassements et d'Ouvrages d'Art, les Entreprises de Bâtiments, en un mot, toutes les grandes Industries tendent à substituer le mode de salaire A L'HEURE à celui A LA JOURNÉE.

La raison de ce fait n'est pas toute entière dans la simplification qui en résulte dans la prise des attachements et dans l'établissement des rôles de paie.

Le nom de la **nouvelle unité (l'heure)** revient maintenant beaucoup plus souvent dans le langage que le nom de l'**ancienne unité (la journée)** : — le morcellement infini des travaux, **(résultat des progrès économiques de fabrication qui ont été réalisés dans les grands ate-liers ou chantiers)**, ne fait-il pas dire, à chaque instant, 1 heure, 2 heures, 4 heures **d'un ouvrier** dépensées à telle pièce?, tandis qu'auparavant, alors que la fabrication était moins spécialisée par profession, il s'agissait de 1 journée, 2 journées, 4 journées d'ouvrier dépensées à telle commande ou à tel groupe de pièces de cette commande. — Pour ce motif, il était encore rationnel d'adopter l'heure pour unité, cette quantité devenant tout-à-fait usuelle pour la mesure du temps des ouvriers.

D'autre part, lorsque le prix de la journée était convenu pour 11 heures... 12 heures... de travail, les fractions de journée se comptaient, néanmoins, en heures, et il fallait réduire celles-ci en fractions décimales de journée pour confectionner les rôles ou états de paie.

Enfin, dans les ateliers de construction de machines particulièrement, où la subdivision du travail est poussée très loin, on est convenu de tenir, pour chaque ouvrier, l'attachement du temps employé sur chacune des pièces en œuvre, — **(on sait que ces pièces elles-mêmes passent aux mains d'un certain nombre d'ouvriers)**. — En conséquence de cette loi de répartition et de constatation du travail, il s'établit des décomptes mensuels de la dépense totale faite sur chaque pièce, décomptes dits DÉ-POUILLEMENTS DE MAIN-D'ŒUVRE, qui donnent lieu à un nombre considérable de multiplications. Ainsi, un forgeron, un tourneur, un façonneur ou un ajusteur travaille moyennement sur trois pièces dans la même journée, d'où trois multiplications par jour et par ouvrier au dépouillement.

De plus, lorsque l'heure n'est pas une fraction décimale exacte de la journée, ce qui arrive presque toujours, on obtient une différence sensible entre la totalisation des comptes **dépouillés à l'heure** et les états de paie mensuels.

D'après ce qui précède, on conçoit combien devenait urgente la possession d'une Table de Multiplication satisfaisant aux nouvelles exigences.

Dans cette pensée, nous avons recherché de quelle utilité étaient déjà les **Comptes faits** et les Tables de Multiplication publiés jusqu'à ce jour, mais nous avons reconnu qu'aucune de ces publications ne fournissait les résultats d'une manière immédiate, la seule acceptable.....

Nous nous sommes donc décidé à offrir, sous une forme commode, un **Barême** à l'aide duquel on connaît, avec rapidité et exactitude, la valeur d'un nombre quelconque **d'heures** entre 1 et 489 pour tous les prix de 2 à 99 centimes.

HAVRE, Décembre 1862.

F. VESLOT,

Inspecteur de la Comptabilité de la Société MAZELINE & Cᵉ,

Rue du Canal, nᵒ 5.

Havre Imp. Flambard frères. Pap. Roberge et Leroux

Heures à 0.02ᵈ l'une.

Heures.	Sommes.	Heures.	Sommes.	Heures.	Sommes.	Heures.	Sommes.	Heures.	Sommes.	Heures.	Sommes.	Heures.	Sommes.
1	. 02	70	1. 40	140	2. 80	210	4. 20	280	5. 60	350	7. . .	420	8. 40
2	. 04	1	1. 42	1	2. 82	1	4. 22	1	5. 62	1	7. 02	1	8. 42
3	. 06	2	1. 44	2	2. 84	2	4. 24	2	5. 64	2	7. 04	2	8. 44
4	. 08	3	1. 46	3	2. 86	3	4. 26	3	5. 66	3	7. 06	3	8. 46
5	. 10	4	1. 48	4	2. 88	4	4. 28	4	5. 68	4	7. 08	4	8. 48
6	. 12	5	1. 50	5	2. 90	5	4. 30	5	5. 70	5	7. 10	5	8. 50
7	. 14	6	1. 52	6	2. 92	6	4. 32	6	5. 72	6	7. 12	6	8. 52
8	. 16	7	1. 54	7	2. 94	7	4. 34	7	5. 74	7	7. 14	7	8. 54
9	. 18	8	1. 56	8	2. 96	8	4. 36	8	5. 76	8	7. 16	8	8. 56
		9	1. 58	9	2. 98	9	4. 38	9	5. 78	9	7. 18	9	8. 58
10	. 20	80	1. 60	150	3. . .	220	4. 40	290	5. 80	360	7. 20	430	8. 60
1	. 22	1	1. 62	1	3. 02	1	4. 42	1	5. 82	1	7. 22	1	8. 62
2	. 24	2	1. 64	2	3. 04	2	4. 44	2	5. 84	2	7. 24	2	8. 64
3	. 26	3	1. 66	3	3. 06	3	4. 46	3	5. 86	3	7. 26	3	8. 66
4	. 28	4	1. 68	4	3. 08	4	4. 48	4	5. 88	4	7. 28	4	8. 68
5	. 30	5	1. 70	5	3. 10	5	4. 50	5	5. 90	5	7. 30	5	8. 70
6	. 32	6	1. 72	6	3. 12	6	4. 52	6	5. 92	6	7. 32	6	8. 72
7	. 34	7	1. 74	7	3. 14	7	4. 54	7	5. 94	7	7. 34	7	8. 74
8	. 36	8	1. 76	8	3. 16	8	4. 56	8	5. 96	8	7. 36	8	8. 76
9	. 38	9	1. 78	9	3. 18	9	4. 58	9	5. 98	9	7. 38	9	8. 78
20	. 40	90	1. 80	160	3. 20	230	4. 60	300	6. . .	370	7. 40	440	8. 80
1	. 42	1	1. 82	1	3. 22	1	4. 62	1	6. 02	1	7. 42	1	8. 82
2	. 44	2	1. 84	2	3. 24	2	4. 64	2	6. 04	2	7. 44	2	8. 84
3	. 46	3	1. 86	3	3. 26	3	4. 66	3	6. 06	3	7. 46	3	8. 86
4	. 48	4	1. 88	4	3. 28	4	4. 68	4	6. 08	4	7. 48	4	8. 88
5	. 50	5	1. 90	5	3. 30	5	4. 70	5	6. 10	5	7. 50	5	8. 90
6	. 52	6	1. 92	6	3. 32	6	4. 72	6	6. 12	6	7. 52	6	8. 92
7	. 54	7	1. 94	7	3. 34	7	4. 74	7	6. 14	7	7. 54	7	8. 94
8	. 56	8	1. 96	8	3. 36	8	4. 76	8	6. 16	8	7. 56	8	8. 96
9	. 58	9	1. 98	9	3. 38	9	4. 78	9	6. 18	9	7. 58	9	8. 98
30	. 60	100	2. . .	170	3. 40	240	4. 80	310	6. 20	380	7. 60	450	9. . .
1	. 62	1	2. 02	1	3. 42	1	4. 82	1	6. 22	1	7. 62	1	9. 02
2	. 64	2	2. 04	2	3. 44	2	4. 84	2	6. 24	2	7. 64	2	9. 04
3	. 66	3	2. 06	3	3. 46	3	4. 86	3	6. 26	3	7. 66	3	9. 06
4	. 68	4	2. 08	4	3. 48	4	4. 88	4	6. 28	4	7. 68	4	9. 08
5	. 70	5	2. 10	5	3. 50	5	4. 90	5	6. 30	5	7. 70	5	9. 10
6	. 72	6	2. 12	6	3. 52	6	4. 92	6	6. 32	6	7. 72	6	9. 12
7	. 74	7	2. 14	7	3. 54	7	4. 94	7	6. 34	7	7. 74	7	9. 14
8	. 76	8	2. 16	8	3. 56	8	4. 96	8	6. 36	8	7. 76	8	9. 16
9	. 78	9	2. 18	9	3. 58	9	4. 98	9	6. 38	9	7. 78	9	9. 18
40	. 80	110	2. 20	180	3. 60	250	5. . .	320	6. 40	390	7. 80	460	9. 20
1	. 82	1	2. 22	1	3. 62	1	5. 02	1	6. 42	1	7. 82	1	9. 22
2	. 84	2	2. 24	2	3. 64	2	5. 04	2	6. 44	2	7. 84	2	9. 24
3	. 86	3	2. 26	3	3. 66	3	5. 06	3	6. 46	3	7. 86	3	9. 26
4	. 88	4	2. 28	4	3. 68	4	5. 08	4	6. 48	4	7. 88	4	9. 28
5	. 90	5	2. 30	5	3. 70	5	5. 10	5	6. 50	5	7. 90	5	9. 30
6	. 92	6	2. 32	6	3. 72	6	5. 12	6	6. 52	6	7. 92	6	9. 32
7	. 94	7	2. 34	7	3. 74	7	5. 14	7	6. 54	7	7. 94	7	9. 34
8	. 96	8	2. 36	8	3. 76	8	5. 16	8	6. 56	8	7. 96	8	9. 36
9	. 98	9	2. 38	9	3. 78	9	5. 18	9	6. 58	9	7. 98	9	9. 38
50	1. . .	120	2. 40	190	3. 80	260	5. 20	330	6. 60	400	8. . .	470	9. 40
1	1. 02	1	2. 42	1	3. 82	1	5. 22	1	6. 62	1	8. 02	1	9. 42
2	1. 04	2	2. 44	2	3. 84	2	5. 24	2	6. 64	2	8. 04	2	9. 44
3	1. 06	3	2. 46	3	3. 86	3	5. 26	3	6. 66	3	8. 06	3	9. 46
4	1. 08	4	2. 48	4	3. 88	4	5. 28	4	6. 68	4	8. 08	4	9. 48
5	1. 10	5	2. 50	5	3. 90	5	5. 30	5	6. 70	5	8. 10	5	9. 50
6	1. 12	6	2. 52	6	3. 92	6	5. 32	6	6. 72	6	8. 12	6	9. 52
7	1. 14	7	2. 54	7	3. 94	7	5. 34	7	6. 74	7	8. 14	7	9. 54
8	1. 16	8	2. 56	8	3. 96	8	5. 36	8	6. 76	8	8. 16	8	9. 56
9	1. 18	9	2. 58	9	3. 98	9	5. 38	9	6. 78	9	8. 18	9	9. 58
60	1. 20	130	2. 60	200	4. . .	270	5. 40	340	6. 80	410	8. 20	480	9. 60
1	1. 22	1	2. 62	1	4. 02	1	5. 42	1	6. 82	1	8. 22	1	9. 62
2	1. 24	2	2. 64	2	4. 04	2	5. 44	2	6. 84	2	8. 24	2	9. 64
3	1. 26	3	2. 66	3	4. 06	3	5. 46	3	6. 86	3	8. 26	3	9. 66
4	1. 28	4	2. 68	4	4. 08	4	5. 48	4	6. 88	4	8. 28	4	9. 68
5	1. 30	5	2. 70	5	4. 10	5	5. 50	5	6. 90	5	8. 30	5	9. 70
6	1. 32	6	2. 72	6	4. 12	6	5. 52	6	6. 92	6	8. 32	6	9. 72
7	1. 34	7	2. 74	7	4. 14	7	5. 54	7	6. 94	7	8. 34	7	9. 74
8	1. 36	8	2. 76	8	4. 16	8	5. 56	8	6. 96	8	8. 36	8	9. 76
9	1. 38	9	2. 78	9	4. 18	9	5. 58	9	6. 98	9	8. 38	9	9. 78

Heures à 0.03ᶜ l'une.

Heures.	Sommes.	Heures.	Sommes.	Heures.	Sommes.	Heures.	Sommes.	Heures.	Sommes.	Heures.	Sommes.	Heures.	Sommes.
1	.03	70	2.10	140	4.20	210	6.30	280	8.40	350	10.50	420	12.60
2	.06	1	2.13	1	4.23	1	6.33	1	8.43	1	10.53	1	12.63
3	.09	2	2.16	2	4.26	2	6.36	2	8.46	2	10.56	2	12.66
4	.12	3	2.19	3	4.29	3	6.39	3	8.49	3	10.59	3	12.69
5	.15	4	2.22	4	4.32	4	6.42	4	8.52	4	10.62	4	12.72
6	.18	5	2.25	5	4.35	5	6.45	5	8.55	5	10.65	5	12.75
7	.21	6	2.28	6	4.38	6	6.48	6	8.58	6	10.68	6	12.78
8	.24	7	2.31	7	4.41	7	6.51	7	8.61	7	10.71	7	12.81
9	.27	8	2.34	8	4.44	8	6.54	8	8.64	8	10.74	8	12.84
		9	2.37	9	4.47	9	6.57	9	8.67	9	10.77	9	12.87
10	.30	80	2.40	150	4.50	220	6.60	290	8.70	360	10.80	430	12.90
1	.33	1	2.43	1	4.53	1	6.63	1	8.73	1	10.83	1	12.93
2	.36	2	2.46	2	4.56	2	6.66	2	8.76	2	10.86	2	12.96
3	.39	3	2.49	3	4.59	3	6.69	3	8.79	3	10.89	3	12.99
4	.42	4	2.52	4	4.62	4	6.72	4	8.82	4	10.92	4	13.02
5	.45	5	2.55	5	4.65	5	6.75	5	8.85	5	10.95	5	13.05
6	.48	6	2.58	6	4.68	6	6.78	6	8.88	6	10.98	6	13.08
7	.51	7	2.61	7	4.71	7	6.81	7	8.91	7	11.01	7	13.11
8	.54	8	2.64	8	4.74	8	6.84	8	8.94	8	11.04	8	13.14
9	.57	9	2.67	9	4.77	9	6.87	9	8.97	9	11.07	9	13.17
20	.60	90	2.70	160	4.80	230	6.90	300	9.00	370	11.10	440	13.20
1	.63	1	2.73	1	4.83	1	6.93	1	9.03	1	11.13	1	13.23
2	.66	2	2.76	2	4.86	2	6.96	2	9.06	2	11.16	2	13.26
3	.69	3	2.79	3	4.89	3	6.99	3	9.09	3	11.19	3	13.29
4	.72	4	2.82	4	4.92	4	7.02	4	9.12	4	11.22	4	13.32
5	.75	5	2.85	5	4.95	5	7.05	5	9.15	5	11.25	5	13.35
6	.78	6	2.88	6	4.98	6	7.08	6	9.18	6	11.28	6	13.38
7	.81	7	2.91	7	5.01	7	7.11	7	9.21	7	11.31	7	13.41
8	.84	8	2.94	8	5.04	8	7.14	8	9.24	8	11.34	8	13.44
9	.87	9	2.97	9	5.07	9	7.17	9	9.27	9	11.37	9	13.47
30	.90	100	3.00	170	5.10	240	7.20	310	9.30	380	11.40	450	13.50
1	.93	1	3.03	1	5.13	1	7.23	1	9.33	1	11.43	1	13.53
2	.96	2	3.06	2	5.16	2	7.26	2	9.36	2	11.46	2	13.56
3	.99	3	3.09	3	5.19	3	7.29	3	9.39	3	11.49	3	13.59
4	1.02	4	3.12	4	5.22	4	7.32	4	9.42	4	11.52	4	13.62
5	1.05	5	3.15	5	5.25	5	7.35	5	9.45	5	11.55	5	13.65
6	1.08	6	3.18	6	5.28	6	7.38	6	9.48	6	11.58	6	13.68
7	1.11	7	3.21	7	5.31	7	7.41	7	9.51	7	11.61	7	13.71
8	1.14	8	3.24	8	5.34	8	7.44	8	9.54	8	11.64	8	13.74
9	1.17	9	3.27	9	5.37	9	7.47	9	9.57	9	11.67	9	13.77
40	1.20	110	3.30	180	5.40	250	7.50	320	9.60	390	11.70	460	13.80
1	1.23	1	3.33	1	5.43	1	7.53	1	9.63	1	11.73	1	13.83
2	1.26	2	3.36	2	5.46	2	7.56	2	9.66	2	11.76	2	13.86
3	1.29	3	3.39	3	5.49	3	7.59	3	9.69	3	11.79	3	13.89
4	1.32	4	3.42	4	5.52	4	7.62	4	9.72	4	11.82	4	13.92
5	1.35	5	3.45	5	5.55	5	7.65	5	9.75	5	11.85	5	13.95
6	1.38	6	3.48	6	5.58	6	7.68	6	9.78	6	11.88	6	13.98
7	1.41	7	3.51	7	5.61	7	7.71	7	9.81	7	11.91	7	14.01
8	1.44	8	3.54	8	5.64	8	7.74	8	9.84	8	11.94	8	14.04
9	1.47	9	3.57	9	5.67	9	7.77	9	9.87	9	11.97	9	14.07
50	1.50	120	3.60	190	5.70	260	7.80	330	9.90	400	12.00	470	14.10
1	1.53	1	3.63	1	5.73	1	7.83	1	9.93	1	12.03	1	14.13
2	1.56	2	3.66	2	5.76	2	7.86	2	9.96	2	12.06	2	14.16
3	1.59	3	3.69	3	5.79	3	7.89	3	9.99	3	12.09	3	14.19
4	1.62	4	3.72	4	5.82	4	7.92	4	10.02	4	12.12	4	14.22
5	1.65	5	3.75	5	5.85	5	7.95	5	10.05	5	12.15	5	14.25
6	1.68	6	3.78	6	5.88	6	7.98	6	10.08	6	12.18	6	14.28
7	1.71	7	3.81	7	5.91	7	8.01	7	10.11	7	12.21	7	14.31
8	1.74	8	3.84	8	5.94	8	8.04	8	10.14	8	12.24	8	14.34
9	1.77	9	3.87	9	5.97	9	8.07	9	10.17	9	12.27	9	14.37
60	1.80	130	3.90	200	6.00	270	8.10	340	10.20	410	12.30	480	14.40
1	1.83	1	3.93	1	6.03	1	8.13	1	10.23	1	12.33	1	14.43
2	1.86	2	3.96	2	6.06	2	8.16	2	10.26	2	12.36	2	14.46
3	1.89	3	3.99	3	6.09	3	8.19	3	10.29	3	12.39	3	14.49
4	1.92	4	4.02	4	6.12	4	8.22	4	10.32	4	12.42	4	14.52
5	1.95	5	4.05	5	6.15	5	8.25	5	10.35	5	12.45	5	14.55
6	1.98	6	4.08	6	6.18	6	8.28	6	10.38	6	12.48	6	14.58
7	2.01	7	4.11	7	6.21	7	8.31	7	10.41	7	12.51	7	14.61
8	2.04	8	4.14	8	6.24	8	8.34	8	10.44	8	12.54	8	14.64
9	2.07	9	4.17	9	6.27	9	8.37	9	10.47	9	12.57	9	14.67

Heures	Sommes	Heures	Sommes	Heures	Sommes	Heures	Sommes	Heures	Sommes	Heures	Sommes	Heures	Sommes
1	. 04	70	2. 80	140	5. 60	210	8. 40	280	11. 20	350	14. ..	420	16. 80
2	. 08	1	2. 84	1	5. 64	1	8. 44	1	11. 24	1	14. 04	1	16. 84
3	. 12	2	2. 88	2	5. 68	2	8. 48	2	11. 28	2	14. 08	2	16. 88
4	. 16	3	2. 92	3	5. 72	3	8. 52	3	11. 32	3	14. 12	3	16. 92
5	. 20	4	2. 96	4	5. 76	4	8. 56	4	11. 36	4	14. 16	4	16. 96
6	. 24	5	3. ..	5	5. 80	5	8. 60	5	11. 40	5	14. 20	5	17. ..
7	. 28	6	3. 04	6	5. 84	6	8. 64	6	11. 44	6	14. 24	6	17. 04
8	. 32	7	3. 08	7	5. 88	7	8. 68	7	11. 48	7	14. 28	7	17. 08
9	. 36	8	3. 12	8	5. 92	8	8. 72	8	11. 52	8	14. 32	8	17. 12
		9	3. 16	9	5. 96	9	8. 76	9	11. 56	9	14. 36	9	17. 16
10	. 40	80	3. 20	150	6. ..	220	8. 80	290	11. 60	360	14. 40	430	17. 20
1	. 44	1	3. 24	1	6. 04	1	8. 84	1	11. 64	1	14. 44	1	17. 24
2	. 48	2	3. 28	2	6. 08	2	8. 88	2	11. 68	2	14. 48	2	17. 28
3	. 52	3	3. 32	3	6. 12	3	8. 92	3	11. 72	3	14. 52	3	17. 32
4	. 56	4	3. 36	4	6. 16	4	8. 96	4	11. 76	4	14. 56	4	17. 36
5	. 60	5	3. 40	5	6. 20	5	9. ..	5	11. 80	5	14. 60	5	17. 40
6	. 64	6	3. 44	6	6. 24	6	9. 04	6	11. 84	6	14. 64	6	17. 44
7	. 68	7	3. 48	7	6. 28	7	9. 08	7	11. 88	7	14. 68	7	17. 48
8	. 72	8	3. 52	8	6. 32	8	9. 12	8	11. 92	8	14. 72	8	17. 52
9	. 76	9	3. 56	9	6. 36	9	9. 16	9	11. 96	9	14. 76	9	17. 56
20	. 80	90	3. 60	160	6. 40	230	9. 20	300	12. ..	370	14. 80	440	17. 60
1	. 84	1	3. 64	1	6. 44	1	9. 24	1	12. 04	1	14. 84	1	17. 64
2	. 88	2	3. 68	2	6. 48	2	9. 28	2	12. 08	2	14. 88	2	17. 68
3	. 92	3	3. 72	3	6. 52	3	9. 32	3	12. 12	3	14. 92	3	17. 72
4	. 96	4	3. 76	4	6. 56	4	9. 36	4	12. 16	4	14. 96	4	17. 76
5	1. ..	5	3. 80	5	6. 60	5	9. 40	5	12. 20	5	15. ..	5	17. 80
6	1. 04	6	3. 84	6	6. 64	6	9. 44	6	12. 24	6	15. 04	6	17. 84
7	1. 08	7	3. 88	7	6. 68	7	9. 48	7	12. 28	7	15. 08	7	17. 88
8	1. 12	8	3. 92	8	6. 72	8	9. 52	8	12. 32	8	15. 12	8	17. 92
9	1. 16	9	3. 96	9	6. 76	9	9. 56	9	12. 36	9	15. 16	9	17. 96
30	1. 20	100	4. ..	170	6. 80	240	9. 60	310	12. 40	380	15. 20	450	18. ..
1	1. 24	1	4. 04	1	6. 84	1	9. 64	1	12. 44	1	15. 24	1	18. 04
2	1. 28	2	4. 08	2	6. 88	2	9. 68	2	12. 48	2	15. 28	2	18. 08
3	1. 32	3	4. 12	3	6. 92	3	9. 72	3	12. 52	3	15. 32	3	18. 12
4	1. 36	4	4. 16	4	6. 96	4	9. 76	4	12. 56	4	15. 36	4	18. 16
5	1. 40	5	4. 20	5	7. ..	5	9. 80	5	12. 60	5	15. 40	5	18. 20
6	1. 44	6	4. 24	6	7. 04	6	9. 84	6	12. 64	6	15. 44	6	18. 24
7	1. 48	7	4. 28	7	7. 08	7	9. 88	7	12. 68	7	15. 48	7	18. 28
8	1. 52	8	4. 32	8	7. 12	8	9. 92	8	12. 72	8	15. 52	8	18. 32
9	1. 56	9	4. 36	9	7. 16	9	9. 96	9	12. 76	9	15. 56	9	18. 36
40	1. 60	110	4. 40	180	7. 20	250	10. ..	320	12. 80	390	15. 60	460	18. 40
1	1. 64	1	4. 44	1	7. 24	1	10. 04	1	12. 84	1	15. 64	1	18. 44
2	1. 68	2	4. 48	2	7. 28	2	10. 08	2	12. 88	2	15. 68	2	18. 48
3	1. 72	3	4. 52	3	7. 32	3	10. 12	3	12. 92	3	15. 72	3	18. 52
4	1. 76	4	4. 56	4	7. 36	4	10. 16	4	12. 96	4	15. 76	4	18. 56
5	1. 80	5	4. 60	5	7. 40	5	10. 20	5	13. ..	5	15. 80	5	18. 60
6	1. 84	6	4. 64	6	7. 44	6	10. 24	6	13. 04	6	15. 84	6	18. 64
7	1. 88	7	4. 68	7	7. 48	7	10. 28	7	13. 08	7	15. 88	7	18. 68
8	1. 92	8	4. 72	8	7. 52	8	10. 32	8	13. 12	8	15. 92	8	18. 72
9	1. 96	9	4. 76	9	7. 56	9	10. 36	9	13. 16	9	15. 96	9	18. 76
50	2. ..	120	4. 80	190	7. 60	260	10. 40	330	13. 20	400	16. ..	470	18. 80
1	2. 04	1	4. 84	1	7. 64	1	10. 44	1	13. 24	1	16. 04	1	18. 84
2	2. 08	2	4. 88	2	7. 68	2	10. 48	2	13. 28	2	16. 08	2	18. 88
3	2. 12	3	4. 92	3	7. 72	3	10. 52	3	13. 32	3	16. 12	3	18. 92
4	2. 16	4	4. 96	4	7. 76	4	10. 56	4	13. 36	4	16. 16	4	18. 96
5	2. 20	5	5. ..	5	7. 80	5	10. 60	5	13. 40	5	16. 20	5	19. ..
6	2. 24	6	5. 04	6	7. 84	6	10. 64	6	13. 44	6	16. 24	6	19. 04
7	2. 28	7	5. 08	7	7. 88	7	10. 68	7	13. 48	7	16. 28	7	19. 08
8	2. 32	8	5. 12	8	7. 92	8	10. 72	8	13. 52	8	16. 32	8	19. 12
9	2. 36	9	5. 16	9	7. 96	9	10. 76	9	13. 56	9	16. 36	9	19. 16
60	2. 40	130	5. 20	200	8. ..	270	10. 80	340	13. 60	410	16. 40	480	19. 20
1	2. 44	1	5. 24	1	8. 04	1	10. 84	1	13. 64	1	16. 44	1	19. 24
2	2. 48	2	5. 28	2	8. 08	2	10. 88	2	13. 68	2	16. 48	2	19. 28
3	2. 52	3	5. 32	3	8. 12	3	10. 92	3	13. 72	3	16. 52	3	19. 32
4	2. 56	4	5. 36	4	8. 16	4	10. 96	4	13. 76	4	16. 56	4	19. 36
5	2. 60	5	5. 40	5	8. 20	5	11. ..	5	13. 80	5	16. 60	5	19. 40
6	2. 64	6	5. 44	6	8. 24	6	11. 04	6	13. 84	6	16. 64	6	19. 44
7	2. 68	7	5. 48	7	8. 28	7	11. 08	7	13. 88	7	16. 68	7	19. 48
8	2. 72	8	5. 52	8	8. 32	8	11. 12	8	13. 92	8	16. 72	8	19. 52
9	2. 76	9	5. 56	9	8. 36	9	11. 16	9	13. 96	9	16. 76	9	19. 56

Heures à 0.05 ⅌ l'une.

Heures.	Sommes.	Heures.	Sommes.	Heures.	Sommes.	Heures.	Sommes.	Heures.	Sommes.	Heures.	Sommes.	Heures.	Sommes.
1	„ 05	70	3.50	140	7. „	210	10.50	280	14. „	350	17.50	420	21. „
2	„ 10	1	3.55	1	7.05	1	10.55	1	14.05	1	17.55	1	21.05
3	„ 15	2	3.60	2	7.10	2	10.60	2	14.10	2	17.60	2	21.10
4	„ 20	3	3.65	3	7.15	3	10.65	3	14.15	3	17.65	3	21.15
5	„ 25	4	3.70	4	7.20	4	10.70	4	14.20	4	17.70	4	21.20
6	„ 30	5	3.75	5	7.25	5	10.75	5	14.25	5	17.75	5	21.25
7	„ 35	6	3.80	6	7.30	6	10.80	6	14.30	6	17.80	6	21.30
8	„ 40	7	3.85	7	7.35	7	10.85	7	14.35	7	17.85	7	21.35
9	„ 45	8	3.90	8	7.40	8	10.90	8	14.40	8	17.90	8	21.40
		9	3.95	9	7.45	9	10.95	9	14.45	9	17.95	9	21.45
10	„ 50	80	4. „	150	7.50	220	11. „	290	14.50	360	18. „	430	21.50
1	„ 55	1	4.05	1	7.55	1	11.05	1	14.55	1	18.05	1	21.55
2	„ 60	2	4.10	2	7.60	2	11.10	2	14.60	2	18.10	2	21.60
3	„ 65	3	4.15	3	7.65	3	11.15	3	14.65	3	18.15	3	21.65
4	„ 70	4	4.20	4	7.70	4	11.20	4	14.70	4	18.20	4	21.70
5	„ 75	5	4.25	5	7.75	5	11.25	5	14.75	5	18.25	5	21.75
6	„ 80	6	4.30	6	7.80	6	11.30	6	14.80	6	18.30	6	21.80
7	„ 85	7	4.35	7	7.85	7	11.35	7	14.85	7	18.35	7	21.85
8	„ 90	8	4.40	8	7.90	8	11.40	8	14.90	8	18.40	8	21.90
9	„ 95	9	4.45	9	7.95	9	11.45	9	14.95	9	18.45	9	21.95
20	1. „	90	4.50	160	8. „	230	11.50	300	15. „	370	18.50	440	22. „
1	1.05	1	4.55	1	8.05	1	11.55	1	15.05	1	18.55	1	22.05
2	1.10	2	4.60	2	8.10	2	11.60	2	15.10	2	18.60	2	22.10
3	1.15	3	4.65	3	8.15	3	11.65	3	15.15	3	18.65	3	22.15
4	1.20	4	4.70	4	8.20	4	11.70	4	15.20	4	18.70	4	22.20
5	1.25	5	4.75	5	8.25	5	11.75	5	15.25	5	18.75	5	22.25
6	1.30	6	4.80	6	8.30	6	11.80	6	15.30	6	18.80	6	22.30
7	1.35	7	4.85	7	8.35	7	11.85	7	15.35	7	18.85	7	22.35
8	1.40	8	4.90	8	8.40	8	11.90	8	15.40	8	18.90	8	22.40
9	1.45	9	4.95	9	8.45	9	11.95	9	15.45	9	18.95	9	22.45
30	1.50	100	5. „	170	8.50	240	12. „	310	15.50	380	19. „	450	22.50
1	1.55	1	5.05	1	8.55	1	12.05	1	15.55	1	19.05	1	22.55
2	1.60	2	5.10	2	8.60	2	12.10	2	15.60	2	19.10	2	22.60
3	1.65	3	5.15	3	8.65	3	12.15	3	15.65	3	19.15	3	22.65
4	1.70	4	5.20	4	8.70	4	12.20	4	15.70	4	19.20	4	22.70
5	1.75	5	5.25	5	8.75	5	12.25	5	15.75	5	19.25	5	22.75
6	1.80	6	5.30	6	8.80	6	12.30	6	15.80	6	19.30	6	22.80
7	1.85	7	5.35	7	8.85	7	12.35	7	15.85	7	19.35	7	22.85
8	1.90	8	5.40	8	8.90	8	12.40	8	15.90	8	19.40	8	22.90
9	1.95	9	5.45	9	8.95	9	12.45	9	15.95	9	19.45	9	22.95
40	2. „	110	5.50	180	9. „	250	12.50	320	16. „	390	19.50	460	23. „
1	2.05	1	5.55	1	9.05	1	12.55	1	16.05	1	19.55	1	23.05
2	2.10	2	5.60	2	9.10	2	12.60	2	16.10	2	19.60	2	23.10
3	2.15	3	5.65	3	9.15	3	12.65	3	16.15	3	19.65	3	23.15
4	2.20	4	5.70	4	9.20	4	12.70	4	16.20	4	19.70	4	23.20
5	2.25	5	5.75	5	9.25	5	12.75	5	16.25	5	19.75	5	23.25
6	2.30	6	5.80	6	9.30	6	12.80	6	16.30	6	19.80	6	23.30
7	2.35	7	5.85	7	9.35	7	12.85	7	16.35	7	19.85	7	23.35
8	2.40	8	5.90	8	9.40	8	12.90	8	16.40	8	19.90	8	23.40
9	2.45	9	5.95	9	9.45	9	12.95	9	16.45	9	19.95	9	23.45
50	2.50	120	6. „	190	9.50	260	13. „	330	16.50	400	20. „	470	23.50
1	2.55	1	6.05	1	9.55	1	13.05	1	16.55	1	20.05	1	23.55
2	2.60	2	6.10	2	9.60	2	13.10	2	16.60	2	20.10	2	23.60
3	2.65	3	6.15	3	9.65	3	13.15	3	16.65	3	20.15	3	23.65
4	2.70	4	6.20	4	9.70	4	13.20	4	16.70	4	20.20	4	23.70
5	2.75	5	6.25	5	9.75	5	13.25	5	16.75	5	20.25	5	23.75
6	2.80	6	6.30	6	9.80	6	13.30	6	16.80	6	20.30	6	23.80
7	2.85	7	6.35	7	9.85	7	13.35	7	16.85	7	20.35	7	23.85
8	2.90	8	6.40	8	9.90	8	13.40	8	16.90	8	20.40	8	23.90
9	2.95	9	6.45	9	9.95	9	13.45	9	16.95	9	20.45	9	23.95
60	3. „	130	6.50	200	10. „	270	13.50	340	17. „	410	20.50	480	24. „
1	3.05	1	6.55	1	10.05	1	13.55	1	17.05	1	20.55	1	24.05
2	3.10	2	6.60	2	10.10	2	13.60	2	17.10	2	20.60	2	24.10
3	3.15	3	6.65	3	10.15	3	13.65	3	17.15	3	20.65	3	24.15
4	3.20	4	6.70	4	10.20	4	13.70	4	17.20	4	20.70	4	24.20
5	3.25	5	6.75	5	10.25	5	13.75	5	17.25	5	20.75	5	24.25
6	3.30	6	6.80	6	10.30	6	13.80	6	17.30	6	20.80	6	24.30
7	3.35	7	6.85	7	10.35	7	13.85	7	17.35	7	20.85	7	24.35
8	3.40	8	6.90	8	10.40	8	13.90	8	17.40	8	20.90	8	24.40
9	3.45	9	6.95	9	10.45	9	13.95	9	17.45	9	20.95	9	24.45

Heures à 0.06ᵍ l'une.

Heures	Sommes	Heures	Sommes	Heures	Sommes	Heures	Sommes	Heures	Sommes	Heures	Sommes	Heures	Sommes
1	.06	70	4.20	140	8.40	210	12.60	280	16.80	350	21. ..	420	25.20
2	.12	1	4.26	1	8.46	1	12.66	1	16.86	1	21.06	1	25.26
3	.18	2	4.32	2	8.52	2	12.72	2	16.92	2	21.12	2	25.32
4	.24	3	4.38	3	8.58	3	12.78	3	16.98	3	21.18	3	25.38
5	.30	4	4.44	4	8.64	4	12.84	4	17.04	4	21.24	4	25.44
6	.36	5	4.50	5	8.70	5	12.90	5	17.10	5	21.30	5	25.50
7	.42	6	4.56	6	8.76	6	12.96	6	17.16	6	21.36	6	25.56
8	.48	7	4.62	7	8.82	7	13.02	7	17.22	7	21.42	7	25.62
9	.54	8	4.68	8	8.88	8	13.08	8	17.28	8	21.48	8	25.68
		9	4.74	9	8.94	9	13.14	9	17.34	9	21.54	9	25.74
10	.60	80	4.80	150	9. ..	220	13.20	290	17.40	360	21.60	430	25.80
1	.66	1	4.86	1	9.06	1	13.26	1	17.46	1	21.66	1	25.86
2	.72	2	4.92	2	9.12	2	13.32	2	17.52	2	21.72	2	25.92
3	.78	3	4.98	3	9.18	3	13.38	3	17.58	3	21.78	3	25.98
4	.84	4	5.04	4	9.24	4	13.44	4	17.64	4	21.84	4	26.04
5	.90	5	5.10	5	9.30	5	13.50	5	17.70	5	21.90	5	26.10
6	.96	6	5.16	6	9.36	6	13.56	6	17.76	6	21.96	6	26.16
7	1.02	7	5.22	7	9.42	7	13.62	7	17.82	7	22.02	7	26.22
8	1.08	8	5.28	8	9.48	8	13.68	8	17.88	8	22.08	8	26.28
9	1.14	9	5.34	9	9.54	9	13.74	9	17.94	9	22.14	9	26.34
20	1.20	90	5.40	160	9.60	230	13.80	300	18. ..	370	22.20	440	26.40
1	1.26	1	5.46	1	9.66	1	13.86	1	18.06	1	22.26	1	26.46
2	1.32	2	5.52	2	9.72	2	13.92	2	18.12	2	22.32	2	26.52
3	1.38	3	5.58	3	9.78	3	13.98	3	18.18	3	22.38	3	26.58
4	1.44	4	5.64	4	9.84	4	14.04	4	18.24	4	22.44	4	26.64
5	1.50	5	5.70	5	9.90	5	14.10	5	18.30	5	22.50	5	26.70
6	1.56	6	5.76	6	9.96	6	14.16	6	18.36	6	22.56	6	26.76
7	1.62	7	5.82	7	10.02	7	14.22	7	18.42	7	22.62	7	26.82
8	1.68	8	5.88	8	10.08	8	14.28	8	18.48	8	22.68	8	26.88
9	1.74	9	5.94	9	10.14	9	14.34	9	18.54	9	22.74	9	26.94
30	1.80	100	6. ..	170	10.20	240	14.40	310	18.60	380	22.80	450	27. ..
1	1.86	1	6.06	1	10.26	1	14.46	1	18.66	1	22.86	1	27.06
2	1.92	2	6.12	2	10.32	2	14.52	2	18.72	2	22.92	2	27.12
3	1.98	3	6.18	3	10.38	3	14.58	3	18.78	3	22.98	3	27.18
4	2.04	4	6.24	4	10.44	4	14.64	4	18.84	4	23.04	4	27.24
5	2.10	5	6.30	5	10.50	5	14.70	5	18.90	5	23.10	5	27.30
6	2.16	6	6.36	6	10.56	6	14.76	6	18.96	6	23.16	6	27.36
7	2.22	7	6.42	7	10.62	7	14.82	7	19.02	7	23.22	7	27.42
8	2.28	8	6.48	8	10.68	8	14.88	8	19.08	8	23.28	8	27.48
9	2.34	9	6.54	9	10.74	9	14.94	9	19.14	9	23.34	9	27.54
40	2.40	110	6.60	180	10.80	250	15. ..	320	19.20	390	23.40	460	27.60
1	2.46	1	6.66	1	10.86	1	15.06	1	19.26	1	23.46	1	27.66
2	2.52	2	6.72	2	10.92	2	15.12	2	19.32	2	23.52	2	27.72
3	2.58	3	6.78	3	10.98	3	15.18	3	19.38	3	23.58	3	27.78
4	2.64	4	6.84	4	11.04	4	15.24	4	19.44	4	23.64	4	27.84
5	2.70	5	6.90	5	11.10	5	15.30	5	19.50	5	23.70	5	27.90
6	2.76	6	6.96	6	11.16	6	15.36	6	19.56	6	23.76	6	27.96
7	2.82	7	7.02	7	11.22	7	15.42	7	19.62	7	23.82	7	28.02
8	2.88	8	7.08	8	11.28	8	15.48	8	19.68	8	23.88	8	28.08
9	2.94	9	7.14	9	11.34	5	15.54	9	19.74	9	23.94	9	28.14
50	3. ..	120	7.20	190	11.40	260	15.60	330	19.80	400	24. ..	470	28.20
1	3.06	1	7.26	1	11.46	1	15.66	1	19.86	1	24.06	1	28.26
2	3.12	2	7.32	2	11.52	2	15.72	2	19.92	2	24.12	2	28.32
3	3.18	3	7.38	3	11.58	3	15.78	3	19.98	3	24.18	3	28.38
4	3.24	4	7.44	4	11.64	4	15.84	4	20.04	4	24.24	4	28.44
5	3.30	5	7.50	5	11.70	5	15.90	5	20.10	5	24.30	5	28.50
6	3.36	6	7.56	6	11.76	6	15.96	6	20.16	6	24.36	6	28.56
7	3.42	7	7.62	7	11.82	7	16.02	7	20.22	7	24.42	7	28.62
8	3.48	8	7.68	8	11.88	8	16.08	8	20.28	8	24.48	8	28.68
9	3.54	9	7.74	9	11.94	9	16.14	9	20.34	9	24.54	9	28.74
60	3.60	130	7.80	200	12. ..	270	16.20	340	20.40	410	24.60	480	28.80
1	3.66	1	7.86	1	12.06	1	16.26	1	20.46	1	24.66	1	28.86
2	3.72	2	7.92	2	12.12	2	16.32	2	20.52	2	24.72	2	28.92
3	3.78	3	7.98	3	12.18	3	16.38	3	20.58	3	24.78	3	28.98
4	3.84	4	8.04	4	12.24	4	16.44	4	20.64	4	24.84	4	29.04
5	3.90	5	8.10	5	12.30	5	16.50	5	20.70	5	24.90	5	29.10
6	3.96	6	8.16	6	12.36	6	16.56	6	20.76	6	24.96	6	29.16
7	4.02	7	8.22	7	12.42	7	16.62	7	20.82	7	25.02	7	29.22
8	4.08	8	8.28	8	12.48	8	16.68	8	20.88	8	25.08	8	29.28
9	4.14	9	8.34	9	12.54	9	16.74	9	20.94	9	25.14	9	29.34

Heures à 0.07 ℓ l'une.

Heures.	Sommes.	Heures.	Sommes.	Heures.	Sommes.	Heures.	Sommes.	Heures.	Sommes.	Heures.	Sommes.	Heures.	Sommes.
1	" 07	70	4. 90	140	9. 80	210	14. 70	280	19. 60	350	24. 50	420	29. 40
2	" 14	1	4. 97	1	9. 87	1	14. 77	1	19. 67	1	24. 57	1	29. 47
3	" 21	2	5. 04	2	9. 94	2	14. 84	2	19. 74	2	24. 64	2	29. 54
4	" 28	3	5. 11	3	10. 01	3	14. 91	3	19. 81	3	24. 71	3	29. 61
5	" 35	4	5. 18	4	10. 08	4	14. 98	4	19. 88	4	24. 78	4	29. 68
6	" 42	5	5. 25	5	10. 15	5	15. 05	5	19. 95	5	24. 85	5	29. 75
7	" 49	6	5. 32	6	10. 22	6	15. 12	6	20. 02	6	24. 92	6	29. 82
8	" 56	7	5. 39	7	10. 29	7	15. 19	7	20. 09	7	24. 99	7	29. 89
9	" 63	8	5. 46	8	10. 36	8	15. 26	8	20. 16	8	25. 06	8	29. 96
		9	5. 53	9	10. 43	9	15. 33	9	20. 23	9	25. 13	9	30. 03
10	" 70	80	5. 60	150	10. 50	220	15. 40	290	20. 30	360	25. 20	430	30. 10
1	" 77	1	5. 67	1	10. 57	1	15. 47	1	20. 37	1	25. 27	1	30. 17
2	" 84	2	5. 74	2	10. 64	2	15. 54	2	20. 44	2	25. 34	2	30. 24
3	" 91	3	5. 81	3	10. 71	3	15. 61	3	20. 51	3	25. 41	3	30. 31
4	" 98	4	5. 88	4	10. 78	4	15. 68	4	20. 58	4	25. 48	4	30. 38
5	1. 05	5	5. 95	5	10. 85	5	15. 75	5	20. 65	5	25. 55	5	30. 45
6	1. 12	6	6. 02	6	10. 92	6	15. 82	6	20. 72	6	25. 62	6	30. 52
7	1. 19	7	6. 09	7	10. 99	7	15. 89	7	20. 79	7	25. 69	7	30. 59
8	1. 26	8	6. 16	8	11. 06	8	15. 96	8	20. 86	8	25. 76	8	30. 66
9	1. 33	9	6. 23	9	11. 13	9	16. 03	9	20. 93	9	25. 83	9	30. 73
20	1. 40	90	6. 30	160	11. 20	230	16. 10	300	21. ""	370	25. 90	440	30. 80
1	1. 47	1	6. 37	1	11. 27	1	16. 17	1	21. 07	1	25. 97	1	30. 87
2	1. 54	2	6. 44	2	11. 34	2	16. 24	2	21. 14	2	26. 04	2	30. 94
3	1. 61	3	6. 51	3	11. 41	3	16. 31	3	21. 21	3	26. 11	3	31. 01
4	1. 68	4	6. 58	4	11. 48	4	16. 38	4	21. 28	4	26. 18	4	31. 08
5	1. 75	5	6. 65	5	11. 55	5	16. 45	5	21. 35	5	26. 25	5	31. 15
6	1. 82	6	6. 72	6	11. 62	6	16. 52	6	21. 42	6	26. 32	6	31. 22
7	1. 89	7	6. 79	7	11. 69	7	16. 59	7	21. 49	7	26. 39	7	31. 29
8	1. 96	8	6. 86	8	11. 76	8	16. 66	8	21. 56	8	26. 46	8	31. 36
9	2. 03	9	6. 93	9	11. 83	9	16. 73	9	21. 63	9	26. 53	9	31. 43
30	2. 10	100	7. ""	170	11. 90	240	16. 80	310	21. 70	380	26. 60	450	31. 50
1	2. 17	1	7. 07	1	11. 97	1	16. 87	1	21. 77	1	26. 67	1	31. 57
2	2. 24	2	7. 14	2	12. 04	2	16. 94	2	21. 84	2	26. 74	2	31. 64
3	2. 31	3	7. 21	3	12. 11	3	17. 01	3	21. 91	3	26. 81	3	31. 71
4	2. 38	4	7. 28	4	12. 18	4	17. 08	4	21. 98	4	26. 88	4	31. 78
5	2. 45	5	7. 35	5	12. 25	5	17. 15	5	22. 05	5	26. 95	5	31. 85
6	2. 52	6	7. 42	6	12. 32	6	17. 22	6	22. 12	6	27. 02	6	31. 92
7	2. 59	7	7. 49	7	12. 39	7	17. 29	7	22. 19	7	27. 09	7	31. 99
8	2. 66	8	7. 56	8	12. 46	8	17. 36	8	22. 26	8	27. 16	8	32. 06
9	2. 73	9	7. 63	9	12. 53	9	17. 43	9	22. 33	9	27. 23	9	32. 13
40	2. 80	110	7. 70	180	12. 60	250	17. 50	320	22. 40	390	27. 30	460	32. 20
1	2. 87	1	7. 77	1	12. 67	1	17. 57	1	22. 47	1	27. 37	1	32. 27
2	2. 94	2	7. 84	2	12. 74	2	17. 64	2	22. 54	2	27. 44	2	32. 34
3	3. 01	3	7. 91	3	12. 81	3	17. 71	3	22. 61	3	27. 51	3	32. 41
4	3. 08	4	7. 98	4	12. 88	4	17. 78	4	22. 68	4	27. 58	4	32. 48
5	3. 15	5	8. 05	5	12. 95	5	17. 85	5	22. 75	5	27. 65	5	32. 55
6	3. 22	6	8. 12	6	13. 02	6	17. 92	6	22. 82	6	27. 72	6	32. 62
7	3. 29	7	8. 19	7	13. 09	7	17. 99	7	22. 89	7	27. 79	7	32. 69
8	3. 36	8	8. 26	8	13. 16	8	18. 06	8	22. 96	8	27. 86	8	32. 76
9	3. 43	9	8. 33	9	13. 23	9	18. 13	9	23. 03	9	27. 93	9	32. 83
50	3. 50	120	8. 40	190	13. 30	260	18. 20	330	23. 10	400	28. ""	470	32. 90
1	3. 57	1	8. 47	1	13. 37	1	18. 27	1	23. 17	1	28. 07	1	32. 97
2	3. 64	2	8. 54	2	13. 44	2	18. 34	2	23. 24	2	28. 14	2	33. 04
3	3. 71	3	8. 61	3	13. 51	3	18. 41	3	23. 31	3	28. 21	3	33. 11
4	3. 78	4	8. 68	4	13. 58	4	18. 48	4	23. 38	4	28. 28	4	33. 18
5	3. 85	5	8. 75	5	13. 65	5	18. 55	5	23. 45	5	28. 35	5	33. 25
6	3. 92	6	8. 82	6	13. 72	6	18. 62	6	23. 52	6	28. 42	6	33. 32
7	3. 99	7	8. 89	7	13. 79	7	18. 69	7	23. 59	7	28. 49	7	33. 39
8	4. 06	8	8. 96	8	13. 86	8	18. 76	8	23. 66	8	28. 56	8	33. 46
9	4. 13	9	9. 03	9	13. 93	9	18. 83	9	23. 73	9	28. 63	9	33. 53
60	4. 20	130	9. 10	200	14. ""	270	18. 90	340	23. 80	410	28. 70	480	33. 60
1	4. 27	1	9. 17	1	14. 07	1	18. 97	1	23. 87	1	28. 77	1	33. 67
2	4. 34	2	9. 24	2	14. 14	2	19. 04	2	23. 94	2	28. 84	2	33. 74
3	4. 41	3	9. 31	3	14. 21	3	19. 11	3	24. 01	3	28. 91	3	33. 81
4	4. 48	4	9. 38	4	14. 28	4	19. 18	4	24. 08	4	28. 98	4	33. 88
5	4. 55	5	9. 45	5	14. 35	5	19. 25	5	24. 15	5	29. 05	5	33. 95
6	4. 62	6	9. 52	6	14. 42	6	19. 32	6	24. 22	6	29. 12	6	34. 02
7	4. 69	7	9. 59	7	14. 49	7	19. 39	7	24. 29	7	29. 19	7	34. 09
8	4. 76	8	9. 66	8	14. 56	8	19. 46	8	24. 36	8	29. 26	8	34. 16
9	4. 83	9	9. 73	9	14. 63	9	19. 53	9	24. 43	9	29. 33	9	34. 23

Heures à 0.08 f. l'une.

Heures.	Sommes.	Heures.	Sommes.	Heures.	Sommes.	Heures.	Sommes.	Heures.	Sommes.	Heures.	Sommes.	Heures.	Sommes.
1	" 08	70	5.60	140	11.20	210	16.80	280	22.40	350	28. ""	420	33.60
2	" 16	1	5.68	1	11.28	1	16.88	1	22.48	1	28.08	1	33.68
3	" 24	2	5.76	2	11.36	2	16.96	2	22.56	2	28.16	2	33.76
4	" 32	3	5.84	3	11.44	3	17.04	3	22.64	3	28.24	3	33.84
5	" 40	4	5.92	4	11.52	4	17.12	4	22.72	4	28.32	4	33.92
6	" 48	5	6. ""	5	11.60	5	17.20	5	22.80	5	28.40	5	34. ""
7	" 56	6	6.08	6	11.68	6	17.28	6	22.88	6	28.48	6	34.08
8	" 64	7	6.16	7	11.76	7	17.36	7	22.96	7	28.56	7	34.16
9	" 72	8	6.24	8	11.84	8	17.44	8	23.04	8	28.64	8	34.24
		9	6.32	9	11.92	9	17.52	9	23.12	9	28.72	9	34.32
10	" 80	80	6.40	150	12. ""	220	17.60	290	23.20	360	28.80	430	34.40
1	" 88	1	6.48	1	12.08	1	17.68	1	23.28	1	28.88	1	34.48
2	" 96	2	6.56	2	12.16	2	17.76	2	23.36	2	28.96	2	34.56
3	1.04	3	6.64	3	12.24	3	17.84	3	23.44	3	29.04	3	34.64
4	1.12	4	6.72	4	12.32	4	17.92	4	23.52	4	29.12	4	34.72
5	1.20	5	6.80	5	12.40	5	18. ""	5	23.60	5	29.20	5	34.80
6	1.28	6	6.88	6	12.48	6	18.08	6	23.68	6	29.28	6	34.88
7	1.36	7	6.96	7	12.56	7	18.16	7	23.76	7	29.36	7	34.96
8	1.44	8	7.04	8	12.64	8	18.24	8	23.84	8	29.44	8	35.04
9	1.52	9	7.12	9	12.72	9	18.32	9	23.92	9	29.52	9	35.12
20	1.60	90	7.20	160	12.80	230	18.40	300	24. ""	370	29.60	440	35.20
1	1.68	1	7.28	1	12.88	1	18.48	1	24.08	1	29.68	1	35.28
2	1.76	2	7.36	2	12.96	2	18.56	2	24.16	2	29.76	2	35.36
3	1.84	3	7.44	3	13.04	3	18.64	3	24.24	3	29.84	3	35.44
4	1.92	4	7.52	4	13.12	4	18.72	4	24.32	4	29.92	4	35.52
5	2. ""	5	7.60	5	13.20	5	18.80	5	24.40	5	30. ""	5	35.60
6	2.08	6	7.68	6	13.28	6	18.88	6	24.48	6	30.08	6	35.68
7	2.16	7	7.76	7	13.36	7	18.96	7	24.56	7	30.16	7	35.76
8	2.24	8	7.84	8	13.44	8	19.04	8	24.64	8	30.24	8	35.84
9	2.32	9	7.92	9	13.52	9	19.12	9	24.72	9	30.32	9	35.92
30	2.40	100	8. ""	170	13.60	240	19.20	310	24.80	380	30.40	450	36. ""
1	2.48	1	8.08	1	13.68	1	19.28	1	24.88	1	30.48	1	36.08
2	2.56	2	8.16	2	13.76	2	19.36	2	24.96	2	30.56	2	36.16
3	2.64	3	8.24	3	13.84	3	19.44	3	25.04	3	30.64	3	36.24
4	2.72	4	8.32	4	13.92	4	19.52	4	25.12	4	30.72	4	36.32
5	2.80	5	8.40	5	14. ""	5	19.60	5	25.20	5	30.80	5	36.40
6	2.88	6	8.48	6	14.08	6	19.68	6	25.28	6	30.88	6	36.48
7	2.96	7	8.56	7	14.16	7	19.76	7	25.36	7	30.96	7	36.56
8	3.04	8	8.64	8	14.24	8	19.84	8	25.44	8	31.04	8	36.64
9	3.12	9	8.72	9	14.32	9	19.92	9	25.52	9	31.12	9	36.72
40	3.20	110	8.80	180	14.40	250	20. ""	320	25.60	390	31.20	460	36.80
1	3.28	1	8.88	1	14.48	1	20.08	1	25.68	1	31.28	1	36.88
2	3.36	2	8.96	2	14.56	2	20.16	2	25.76	2	31.36	2	36.96
3	3.44	3	9.04	3	14.64	3	20.24	3	25.84	3	31.44	3	37.04
4	3.52	4	9.12	4	14.72	4	20.32	4	25.92	4	31.52	4	37.12
5	3.60	5	9.20	5	14.80	5	20.40	5	26. ""	5	31.60	5	37.20
6	3.68	6	9.28	6	14.88	6	20.48	6	26.08	6	31.68	6	37.28
7	3.76	7	9.36	7	14.96	7	20.56	7	26.16	7	31.76	7	37.36
8	3.84	8	9.44	8	15.04	8	20.64	8	26.24	8	31.84	8	37.44
9	3.92	9	9.52	9	15.12	9	20.72	9	26.32	9	31.92	9	37.52
50	4. ""	120	9.60	190	15.20	260	20.80	330	26.40	400	32. ""	470	37.60
1	4.08	1	9.68	1	15.28	1	20.88	1	26.48	1	32.08	1	37.68
2	4.16	2	9.76	2	15.36	2	20.96	2	26.56	2	32.16	2	37.76
3	4.24	3	9.84	3	15.44	3	21.04	3	26.64	3	32.24	3	37.84
4	4.32	4	9.92	4	15.52	4	21.12	4	26.72	4	32.32	4	37.92
5	4.40	5	10. ""	5	15.60	5	21.20	5	26.80	5	32.40	5	38. ""
6	4.48	6	10.08	6	15.68	6	21.28	6	26.88	6	32.48	6	38.08
7	4.56	7	10.16	7	15.76	7	21.36	7	26.96	7	32.56	7	38.16
8	4.64	8	10.24	8	15.84	8	21.44	8	27.04	8	32.64	8	38.24
9	4.72	9	10.32	9	15.92	9	21.52	9	27.12	9	32.72	9	38.32
60	4.80	130	10.40	200	16. ""	270	21.60	340	27.20	410	32.80	480	38.40
1	4.88	1	10.48	1	16.08	1	21.68	1	27.28	1	32.88	1	38.48
2	4.96	2	10.56	2	16.16	2	21.76	2	27.36	2	32.96	2	38.56
3	5.04	3	10.64	3	16.24	3	21.84	3	27.44	3	33.04	3	38.64
4	5.12	4	10.72	4	16.32	4	21.92	4	27.52	4	33.12	4	38.72
5	5.20	5	10.80	5	16.40	5	22. ""	5	27.60	5	33.20	5	38.80
6	5.28	6	10.88	6	16.48	6	22.08	6	27.68	6	33.28	6	38.88
7	5.36	7	10.96	7	16.56	7	22.16	7	27.76	7	33.36	7	38.96
8	5.44	8	11.04	8	16.64	8	22.24	8	27.84	8	33.44	8	39.04
9	5.52	9	11.12	9	16.72	9	22.32	9	27.92	9	33.52	9	39.12

Heures.	Sommes.	Heures.	Sommes.	Heures.	Sommes.	Heures.	Sommes.	Heures.	Sommes.	Heures.	Sommes.	Heures.	Sommes.
1	.09	70	6.30	140	12.60	210	18.90	280	25.20	350	31.50	420	37.80
2	.18	1	6.39	1	12.69	1	18.99	1	25.29	1	31.59	1	37.89
3	.27	2	6.48	2	12.78	2	19.08	2	25.38	2	31.68	2	37.98
4	.36	3	6.57	3	12.87	3	19.17	3	25.47	3	31.77	3	38.07
5	.45	4	6.66	4	12.96	4	19.26	4	25.56	4	31.86	4	38.16
6	.54	5	6.75	5	13.05	5	19.35	5	25.65	5	31.95	5	38.25
7	.63	6	6.84	6	13.14	6	19.44	6	25.74	6	32.04	6	38.34
8	.72	7	6.93	7	13.23	7	19.53	7	25.83	7	32.13	7	38.43
9	.81	8	7.02	8	13.32	8	19.62	8	25.92	8	32.22	8	38.52
		9	7.11	9	13.41	9	19.71	9	26.01	9	32.31	9	38.61
10	.90	80	7.20	150	13.50	220	19.80	290	26.10	360	32.40	430	38.70
1	.99	1	7.29	1	13.59	1	19.89	1	26.19	1	32.49	1	38.79
2	1.08	2	7.38	2	13.68	2	19.98	2	26.28	2	32.58	2	38.88
3	1.17	3	7.47	3	13.77	3	20.07	3	26.37	3	32.67	3	38.97
4	1.26	4	7.56	4	13.86	4	20.16	4	26.46	4	32.76	4	39.06
5	1.35	5	7.65	5	13.95	5	20.25	5	26.55	5	32.85	5	39.15
6	1.44	6	7.74	6	14.04	6	20.34	6	26.64	6	32.94	6	39.24
7	1.53	7	7.83	7	14.13	7	20.43	7	26.73	7	33.03	7	39.33
8	1.62	8	7.92	8	14.22	8	20.52	8	26.82	8	33.12	8	39.42
9	1.71	9	8.01	9	14.31	9	20.61	9	26.91	9	33.21	9	39.51
20	1.80	90	8.10	160	14.40	230	20.70	300	27.00	370	33.30	440	39.60
1	1.89	1	8.19	1	14.49	1	20.79	1	27.09	1	33.39	1	39.69
2	1.98	2	8.28	2	14.58	2	20.88	2	27.18	2	33.48	2	39.78
3	2.07	3	8.37	3	14.67	3	20.97	3	27.27	3	33.57	3	39.87
4	2.16	4	8.46	4	14.76	4	21.06	4	27.36	4	33.66	4	39.96
5	2.25	5	8.55	5	14.85	5	21.15	5	27.45	5	33.75	5	40.05
6	2.34	6	8.64	6	14.94	6	21.24	6	27.54	6	33.84	6	40.14
7	2.43	7	8.73	7	15.03	7	21.33	7	27.63	7	33.93	7	40.23
8	2.52	8	8.82	8	15.12	8	21.42	8	27.72	8	34.02	8	40.32
9	2.61	9	8.91	9	15.21	9	21.51	9	27.81	9	34.11	9	40.41
30	2.70	100	9.00	170	15.30	240	21.60	310	27.90	380	34.20	450	40.50
1	2.79	1	9.09	1	15.39	1	21.69	1	27.99	1	34.29	1	40.59
2	2.88	2	9.18	2	15.48	2	21.78	2	28.08	2	34.38	2	40.68
3	2.97	3	9.27	3	15.57	3	21.87	3	28.17	3	34.47	3	40.77
4	3.06	4	9.36	4	15.66	4	21.96	4	28.26	4	34.56	4	40.86
5	3.15	5	9.45	5	15.75	5	22.05	5	28.35	5	34.65	5	40.95
6	3.24	6	9.54	6	15.84	6	22.14	6	28.44	6	34.74	6	41.04
7	3.33	7	9.63	7	15.93	7	22.23	7	28.53	7	34.83	7	41.13
8	3.42	8	9.72	8	16.02	8	22.32	8	28.62	8	34.92	8	41.22
9	3.51	9	9.81	9	16.11	9	22.41	9	28.71	9	35.01	9	41.31
40	3.60	110	9.90	180	16.20	250	22.50	320	28.80	390	35.10	460	41.40
1	3.69	1	9.99	1	16.29	1	22.59	1	28.89	1	35.19	1	41.49
2	3.78	2	10.08	2	16.38	2	22.68	2	28.98	2	35.28	2	41.58
3	3.87	3	10.17	3	16.47	3	22.77	3	29.07	3	35.37	3	41.67
4	3.96	4	10.26	4	16.56	4	22.86	4	29.16	4	35.46	4	41.76
5	4.05	5	10.35	5	16.65	5	22.95	5	29.25	5	35.55	5	41.85
6	4.14	6	10.44	6	16.74	6	23.04	6	29.34	6	35.64	6	41.94
7	4.23	7	10.53	7	16.83	7	23.13	7	29.43	7	35.73	7	42.03
8	4.32	8	10.62	8	16.92	8	23.22	8	29.52	8	35.82	8	42.12
9	4.41	9	10.71	9	17.01	9	23.31	9	29.61	9	35.91	9	42.21
50	4.50	120	10.80	190	17.10	260	23.40	330	29.70	400	36.00	470	42.30
1	4.59	1	10.89	1	17.19	1	23.49	1	29.79	1	36.09	1	42.39
2	4.68	2	10.98	2	17.28	2	23.58	2	29.88	2	36.18	2	42.48
3	4.77	3	11.07	3	17.37	3	23.67	3	29.97	3	36.27	3	42.57
4	4.86	4	11.16	4	17.46	4	23.76	4	30.06	4	36.36	4	42.66
5	4.95	5	11.25	5	17.55	5	23.85	5	30.15	5	36.45	5	42.75
6	5.04	6	11.34	6	17.64	6	23.94	6	30.24	6	36.54	6	42.84
7	5.13	7	11.43	7	17.73	7	24.03	7	30.33	7	36.63	7	42.93
8	5.22	8	11.52	8	17.82	8	24.12	8	30.42	8	36.72	8	43.02
9	5.31	9	11.61	9	17.91	9	24.21	9	30.51	9	36.81	9	43.11
60	5.40	130	11.70	200	18.00	270	24.30	340	30.60	410	36.90	480	43.20
1	5.49	1	11.79	1	18.09	1	24.39	1	30.69	1	36.99	1	43.29
2	5.58	2	11.88	2	18.18	2	24.48	2	30.78	2	37.08	2	43.38
3	5.67	3	11.97	3	18.27	3	24.57	3	30.87	3	37.17	3	43.47
4	5.76	4	12.06	4	18.36	4	24.66	4	30.96	4	37.26	4	43.56
5	5.85	5	12.15	5	18.45	5	24.75	5	31.05	5	37.35	5	43.65
6	5.94	6	12.24	6	18.54	6	24.84	6	31.14	6	37.44	6	43.74
7	6.03	7	12.33	7	18.63	7	24.93	7	31.23	7	37.53	7	43.83
8	6.12	8	12.42	8	18.72	8	25.02	8	31.32	8	37.62	8	43.92
9	6.21	9	12.51	9	18.81	9	25.11	9	31.41	9	37.71	9	44.01

Heures	Sommes	Heures	Sommes	Heures	Sommes	Heures	Sommes	Heures	Sommes	Heures	Sommes	Heures	Sommes
1	. 10	70	7. ..	140	14. ..	210	21. ..	280	28. ..	350	35. ..	420	42. ..
2	. 20	1	7. 10	1	14. 10	1	21. 10	1	28. 10	1	35. 10	1	42. 10
3	. 30	2	7. 20	2	14. 20	2	21. 20	2	28. 20	2	35. 20	2	42. 20
4	. 40	3	7. 30	3	14. 30	3	21. 30	3	28. 30	3	35. 30	3	42. 30
5	. 50	4	7. 40	4	14. 40	4	21. 40	4	28. 40	4	35. 40	4	42. 40
6	. 60	5	7. 50	5	14. 50	5	21. 50	5	28. 50	5	35. 50	5	42. 50
7	. 70	6	7. 60	6	14. 60	6	21. 60	6	28. 60	6	35. 60	6	42. 60
8	. 80	7	7. 70	7	14. 70	7	21. 70	7	28. 70	7	35. 70	7	42. 70
9	. 90	8	7. 80	8	14. 80	8	21. 80	8	28. 80	8	35. 80	8	42. 80
		9	7. 90	9	14. 90	9	21. 90	9	28. 90	9	35. 90	9	42. 90
10	1. ..	80	8. ..	150	15. ..	220	22. ..	290	29. ..	360	36. ..	430	43. ..
1	1. 10	1	8. 10	1	15. 10	1	22. 10	1	29. 10	1	36. 10	1	43. 10
2	1. 20	2	8. 20	2	15. 20	2	22. 20	2	29. 20	2	36. 20	2	43. 20
3	1. 30	3	8. 30	3	15. 30	3	22. 30	3	29. 30	3	36. 30	3	43. 30
4	1. 40	4	8. 40	4	15. 40	4	22. 40	4	29. 40	4	36. 40	4	43. 40
5	1. 50	5	8. 50	5	15. 50	5	22. 50	5	29. 50	5	36. 50	5	43. 50
6	1. 60	6	8. 60	6	15. 60	6	22. 60	6	29. 60	6	36. 60	6	43. 60
7	1. 70	7	8. 70	7	15. 70	7	22. 70	7	29. 70	7	36. 70	7	43. 70
8	1. 80	8	8. 80	8	15. 80	8	22. 80	8	29. 80	8	36. 80	8	43. 80
9	1. 90	9	8. 90	9	15. 90	9	22. 90	9	29. 90	9	36. 90	9	43. 90
20	2. ..	90	9. ..	160	16. ..	230	23. ..	300	30. ..	370	37. ..	440	44. ..
1	2. 10	1	9. 10	1	16. 10	1	23. 10	1	30. 10	1	37. 10	1	44. 10
2	2. 20	2	9. 20	2	16. 20	2	23. 20	2	30. 20	2	37. 20	2	44. 20
3	2. 30	3	9. 30	3	16. 30	3	23. 30	3	30. 30	3	37. 30	3	44. 30
4	2. 40	4	9. 40	4	16. 40	4	23. 40	4	30. 40	4	37. 40	4	44. 40
5	2. 50	5	9. 50	5	16. 50	5	23. 50	5	30. 50	5	37. 50	5	44. 50
6	2. 60	6	9. 60	6	16. 60	6	23. 60	6	30. 60	6	37. 60	6	44. 60
7	2. 70	7	9. 70	7	16. 70	7	23. 70	7	30. 70	7	37. 70	7	44. 70
8	2. 80	8	9. 80	8	16. 80	8	23. 80	8	30. 80	8	37. 80	8	44. 80
9	2. 90	9	9. 90	9	16. 90	9	23. 90	9	30. 90	9	37. 90	9	44. 90
30	3. ..	100	10. ..	170	17. ..	240	24. ..	310	31. ..	380	38. ..	450	45. ..
1	3. 10	1	10. 10	1	17. 10	1	24. 10	1	31. 10	1	38. 10	1	45. 10
2	3. 20	2	10. 20	2	17. 20	2	24. 20	2	31. 20	2	38. 20	2	45. 20
3	3. 30	3	10. 30	3	17. 30	3	24. 30	3	31. 30	3	38. 30	3	45. 30
4	3. 40	4	10. 40	4	17. 40	4	24. 40	4	31. 40	4	38. 40	4	45. 40
5	3. 50	5	10. 50	5	17. 50	5	24. 50	5	31. 50	5	38. 50	5	45. 50
6	3. 60	6	10. 60	6	17. 60	6	24. 60	6	31. 60	6	38. 60	6	45. 60
7	3. 70	7	10. 70	7	17. 70	7	24. 70	7	31. 70	7	38. 70	7	45. 70
8	3. 80	8	10. 80	8	17. 80	8	24. 80	8	31. 80	8	38. 80	8	45. 80
9	3. 90	9	10. 90	9	17. 90	9	24. 90	9	31. 90	9	38. 90	9	45. 90
40	4. ..	110	11. ..	180	18. ..	250	25. ..	320	32. ..	390	39. ..	460	46. ..
1	4. 10	1	11. 10	1	18. 10	1	25. 10	1	32. 10	1	39. 10	1	46. 10
2	4. 20	2	11. 20	2	18. 20	2	25. 20	2	32. 20	2	39. 20	2	46. 20
3	4. 30	3	11. 30	3	18. 30	3	25. 30	3	32. 30	3	39. 30	3	46. 30
4	4. 40	4	11. 40	4	18. 40	4	25. 40	4	32. 40	4	39. 40	4	46. 40
5	4. 50	5	11. 50	5	18. 50	5	25. 50	5	32. 50	5	39. 50	5	46. 50
6	4. 60	6	11. 60	6	18. 60	6	25. 60	6	32. 60	6	39. 60	6	46. 60
7	4. 70	7	11. 70	7	18. 70	7	25. 70	7	32. 70	7	39. 70	7	46. 70
8	4. 80	8	11. 80	8	18. 80	8	25. 80	8	32. 80	8	39. 80	8	46. 80
9	4. 90	9	11. 90	9	18. 90	9	25. 90	9	32. 90	9	39. 90	9	46. 90
50	5. ..	120	12. ..	190	19. ..	260	26. ..	330	33. ..	400	40. ..	470	47. ..
1	5. 10	1	12. 10	1	19. 10	1	26. 10	1	33. 10	1	40. 10	1	47. 10
2	5. 20	2	12. 20	2	19. 20	2	26. 20	2	33. 20	2	40. 20	2	47. 20
3	5. 30	3	12. 30	3	19. 30	3	26. 30	3	33. 30	3	40. 30	3	47. 30
4	5. 40	4	12. 40	4	19. 40	4	26. 40	4	33. 40	4	40. 40	4	47. 40
5	5. 50	5	12. 50	5	19. 50	5	26. 50	5	33. 50	5	40. 50	5	47. 50
6	5. 60	6	12. 60	6	19. 60	6	26. 60	6	33. 60	6	40. 60	6	47. 60
7	5. 70	7	12. 70	7	19. 70	7	26. 70	7	33. 70	7	40. 70	7	47. 70
8	5. 80	8	12. 80	8	19. 80	8	26. 80	8	33. 80	8	40. 80	8	47. 80
9	5. 90	9	12. 90	9	19. 90	9	26. 90	9	33. 90	9	40. 90	9	47. 90
60	6. ..	130	13. ..	200	20. ..	270	27. ..	340	34. ..	410	41. ..	480	48. ..
1	6. 10	1	13. 10	1	20. 10	1	27. 10	1	34. 10	1	41. 10	1	48. 10
2	6. 20	2	13. 20	2	20. 20	2	27. 20	2	34. 20	2	41. 20	2	48. 20
3	6. 30	3	13. 30	3	20. 30	3	27. 30	3	34. 30	3	41. 30	3	48. 30
4	6. 40	4	13. 40	4	20. 40	4	27. 40	4	34. 40	4	41. 40	4	48. 40
5	6. 50	5	13. 50	5	20. 50	5	27. 50	5	34. 50	5	41. 50	5	48. 50
6	6. 60	6	13. 60	6	20. 60	6	27. 60	6	34. 60	6	41. 60	6	48. 60
7	6. 70	7	13. 70	7	20. 70	7	27. 70	7	34. 70	7	41. 70	7	48. 70
8	6. 80	8	13. 80	8	20. 80	8	27. 80	8	34. 80	8	41. 80	8	48. 80
9	6. 90	9	13. 90	9	20. 90	9	27. 90	9	34. 90	9	41. 90	9	48. 90

Heures à 0.11 ƒ l'une.

0.11

Heures.	Sommes.	Heures.	Sommes.	Heures.	Sommes.	Heures.	Sommes.	Heures.	Sommes.	Heures.	Sommes.	Heures.	Sommes.
1	,11	70	7.70	140	15.40	210	23.10	280	30.80	350	38.50	420	46.20
2	,22	1	7.81	1	15.51	1	23.21	1	30.91	1	38.61	1	46.31
3	,33	2	7.92	2	15.62	2	23.32	2	31.02	2	38.72	2	46.42
4	,44	3	8.03	3	15.73	3	23.43	3	31.13	3	38.83	3	46.53
5	,55	4	8.14	4	15.84	4	23.54	4	31.24	4	38.94	4	46.64
6	,66	5	8.25	5	15.95	5	23.65	5	31.35	5	39.05	5	46.75
7	,77	6	8.36	6	16.06	6	23.76	6	31.46	6	39.16	6	46.86
8	,88	7	8.47	7	16.17	7	23.87	7	31.57	7	39.27	7	46.97
9	,99	8	8.58	8	16.28	8	23.98	8	31.68	8	39.38	8	47.08
		9	8.69	9	16.39	9	24.09	9	31.79	9	39.49	9	47.19
10	1.10	80	8.80	150	16.50	220	24.20	290	31.90	360	39.60	430	47.30
1	1.21	1	8.91	1	16.61	1	24.31	1	32.01	1	39.71	1	47.41
2	1.32	2	9.02	2	16.72	2	24.42	2	32.12	2	39.82	2	47.52
3	1.43	3	9.13	3	16.83	3	24.53	3	32.23	3	39.93	3	47.63
4	1.54	4	9.24	4	16.94	4	24.64	4	32.34	4	40.04	4	47.74
5	1.65	5	9.35	5	17.05	5	24.75	5	32.45	5	40.15	5	47.85
6	1.76	6	9.46	6	17.16	6	24.86	6	32.56	6	40.26	6	47.96
7	1.87	7	9.57	7	17.27	7	24.97	7	32.67	7	40.37	7	48.07
8	1.98	8	9.68	8	17.38	8	25.08	8	32.78	8	40.48	8	48.18
9	2.09	9	9.79	9	17.49	9	25.19	9	32.89	9	40.59	9	48.29
20	2.20	90	9.90	160	17.60	230	25.30	300	33. ,,	370	40.70	440	48.40
1	2.31	1	10.01	1	17.71	1	25.41	1	33.11	1	40.81	1	48.51
2	2.42	2	10.12	2	17.82	2	25.52	2	33.22	2	40.92	2	48.62
3	2.53	3	10.23	3	17.93	3	25.63	3	33.33	3	41.03	3	48.73
4	2.64	4	10.34	4	18.04	4	25.74	4	33.44	4	41.14	4	48.84
5	2.75	5	10.45	5	18.15	5	25.85	5	33.55	5	41.25	5	48.95
6	2.86	6	10.56	6	18.26	6	25.96	6	33.66	6	41.36	6	49.06
7	2.97	7	10.67	7	18.37	7	26.07	7	33.77	7	41.47	7	49.17
8	3.08	8	10.78	8	18.48	8	26.18	8	33.88	8	41.58	8	49.28
9	3.19	9	10.89	9	18.59	9	26.29	9	33.99	9	41.69	9	49.39
30	3.30	100	11. ,,	170	18.70	240	26.40	310	34.10	380	41.80	450	49.50
1	3.41	1	11.11	1	18.81	1	26.51	1	34.21	1	41.91	1	49.61
2	3.52	2	11.22	2	18.92	2	26.62	2	34.32	2	42.02	2	49.72
3	3.63	3	11.33	3	19.03	3	26.73	3	34.43	3	42.13	3	49.83
4	3.74	4	11.44	4	19.14	4	26.84	4	34.54	4	42.24	4	49.94
5	3.85	5	11.55	5	19.25	5	26.95	5	34.65	5	42.35	5	50.05
6	3.96	6	11.66	6	19.36	6	27.06	6	34.76	6	42.46	6	50.16
7	4.07	7	11.77	7	19.47	7	27.17	7	34.87	7	42.57	7	50.27
8	4.18	8	11.88	8	19.58	8	27.28	8	34.98	8	42.68	8	50.38
9	4.29	9	11.99	9	19.69	9	27.39	9	35.09	9	42.79	9	50.49
40	4.40	110	12.10	180	19.80	250	27.50	320	35.20	390	42.90	460	50.60
1	4.51	1	12.21	1	19.91	1	27.61	1	35.31	1	43.01	1	50.71
2	4.62	2	12.32	2	20.02	2	27.72	2	35.42	2	43.12	2	50.82
3	4.73	3	12.43	3	20.13	3	27.83	3	35.53	3	43.23	3	50.93
4	4.84	4	12.54	4	20.24	4	27.94	4	35.64	4	43.34	4	51.04
5	4.95	5	12.65	5	20.35	5	28.05	5	35.75	5	43.45	5	51.15
6	5.06	6	12.76	6	20.46	6	28.16	6	35.86	6	43.56	6	51.26
7	5.17	7	12.87	7	20.57	7	28.27	7	35.97	7	43.67	7	51.37
8	5.28	8	12.98	8	20.68	8	28.38	8	36.08	8	43.78	8	51.48
9	5.39	9	13.09	9	20.79	9	28.49	9	36.19	9	43.89	9	51.59
50	5.50	120	13.20	190	20.90	260	28.60	330	36.30	400	44. ,,	470	51.70
1	5.61	1	13.31	1	21.01	1	28.71	1	36.41	1	44.11	1	51.81
2	5.72	2	13.42	2	21.12	2	28.82	2	36.52	2	44.22	2	51.92
3	5.83	3	13.53	3	21.23	3	28.93	3	36.63	3	44.33	3	52.03
4	5.94	4	13.64	4	21.34	4	29.04	4	36.74	4	44.44	4	52.14
5	6.05	5	13.75	5	21.45	5	29.15	5	36.85	5	44.55	5	52.25
6	6.16	6	13.86	6	21.56	6	29.26	6	36.96	6	44.66	6	52.36
7	6.27	7	13.97	7	21.67	7	29.37	7	37.07	7	44.77	7	52.47
8	6.38	8	14.08	8	21.78	8	29.48	8	37.18	8	44.88	8	52.58
9	6.49	9	14.19	9	21.89	9	29.59	9	37.29	9	44.99	9	52.69
60	6.60	130	14.30	200	22. ,,	270	29.70	340	37.40	410	45.10	480	52.80
1	6.71	1	14.41	1	22.11	1	29.81	1	37.51	1	45.21	1	52.91
2	6.82	2	14.52	2	22.22	2	29.92	2	37.62	2	45.32	2	53.02
3	6.93	3	14.63	3	22.33	3	30.03	3	37.73	3	45.43	3	53.13
4	7.04	4	14.74	4	22.44	4	30.14	4	37.84	4	45.54	4	53.24
5	7.15	5	14.85	5	22.55	5	30.25	5	37.95	5	45.65	5	53.35
6	7.26	6	14.96	6	22.66	6	30.36	6	38.06	6	45.76	6	53.46
7	7.37	7	15.07	7	22.77	7	30.47	7	38.17	7	45.87	7	53.57
8	7.48	8	15.18	8	22.88	8	30.58	8	38.28	8	45.98	8	53.68
9	7.59	9	15.29	9	22.99	9	30.69	9	38.39	9	46.09	9	53.79

Heures à 0.12 f l'une.

Heures	Sommes	Heures	Sommes	Heures	Sommes	Heures	Sommes	Heures	Sommes	Heures	Sommes	Heures	Sommes
1	" 12	70	8.40	140	16.80	210	25.20	280	33.60	350	42. ""	420	50.40
2	" 24	1	8.52	1	16.92	1	25.32	1	33.72	1	42.12	1	50.52
3	" 36	2	8.64	2	17.04	2	25.44	2	33.84	2	42.24	2	50.64
4	" 48	3	8.76	3	17.16	3	25.56	3	33.96	3	42.36	3	50.76
5	" 60	4	8.88	4	17.28	4	25.68	4	34.08	4	42.48	4	50.88
6	" 72	5	9. 1.Min	5	17.40	5	25.80	5	34.20	5	42.60	5	51. ""
7	" 84	6	9.12	6	17.52	6	25.92	6	34.32	6	42.72	6	51.12
8	" 96	7	9.24	7	17.64	7	26.04	7	34.44	7	42.84	7	51.24
9	1. 08	8	9.36	8	17.76	8	26.16	8	34.56	8	42.96	8	51.36
		9	9.48	9	17.88	9	26.28	9	34.68	9	43.08	9	51.48
10	1. 20	80	9.60	150	18. ""	220	26.40	290	34.80	360	43.20	430	51.60
1	1. 32	1	9.72	1	18.12	1	26.52	1	34.92	1	43.32	1	51.72
2	1. 44	2	9.84	2	18.24	2	26.64	2	35.04	2	43.44	2	51.84
3	1. 56	3	9.96	3	18.36	3	26.76	3	35.16	3	43.56	3	51.96
4	1. 68	4	10.08	4	18.48	4	26.88	4	35.28	4	43.68	4	52.08
5	1. 80	5	10.20	5	18.60	5	27. ""	5	35.40	5	43.80	5	52.20
6	1. 92	6	10.32	6	18.72	6	27.12	6	35.52	6	43.92	6	52.32
7	2. 04	7	10.44	7	18.84	7	27.24	7	35.64	7	44.04	7	52.44
8	2. 16	8	10.56	8	18.96	8	27.36	8	35.76	8	44.16	8	52.56
9	2. 28	9	10.68	9	19.08	9	27.48	9	35.88	9	44.28	9	52.68
20	2. 40	90	10.80	160	19.20	230	27.60	300	36. ""	370	44.40	440	52.80
1	2. 52	1	10.92	1	19.32	1	27.72	1	36.12	1	44.52	1	52.92
2	2. 64	2	11.04	2	19.44	2	27.84	2	36.24	2	44.64	2	53.04
3	2. 76	3	11.16	3	19.56	3	27.96	3	36.36	3	44.76	3	53.16
4	2. 88	4	11.28	4	19.68	4	28.08	4	36.48	4	44.88	4	53.28
5	3. ""	5	11.40	5	19.80	5	28.20	5	36.60	5	45. ""	5	53.40
6	3. 12	6	11.52	6	19.92	6	28.32	6	36.72	6	45.12	6	53.52
7	3. 24	7	11.64	7	20.04	7	28.44	7	36.84	7	45.24	7	53.64
8	3. 36	8	11.76	8	20.16	8	28.56	8	36.96	8	45.36	8	53.76
9	3. 48	9	11.88	9	20.28	9	28.68	9	37.08	9	45.48	9	53.88
30	3. 60	100	12. ""	170	20.40	240	28.80	310	37.20	380	45.60	450	54. ""
1	3. 72	1	12.12	1	20.52	1	28.92	1	37.32	1	45.72	1	54.12
2	3. 84	2	12.24	2	20.64	2	29.04	2	37.44	2	45.84	2	54.24
3	3. 96	3	12.36	3	20.76	3	29.16	3	37.56	3	45.96	3	54.36
4	4. 08	4	12.48	4	20.88	4	29.28	4	37.68	4	46.08	4	54.48
5	4. 20	5	12.60	5	21. ""	5	29.40	5	37.80	5	46.20	5	54.60
6	4. 32	6	12.72	6	21.12	6	29.52	6	37.92	6	46.32	6	54.72
7	4. 44	7	12.84	7	21.24	7	29.64	7	38.04	7	46.44	7	54.84
8	4. 56	8	12.96	8	21.36	8	29.76	8	38.16	8	46.56	8	54.96
9	4. 68	9	13.08	9	21.48	9	29.88	9	38.28	9	46.68	9	55.08
40	4. 80	110	13.20	180	21.60	250	30. ""	320	38.40	390	46.80	460	55.20
1	4. 92	1	13.32	1	21.72	1	30.12	1	38.52	1	46.92	1	55.32
2	5. 04	2	13.44	2	21.84	2	30.24	2	38.64	2	47.04	2	55.44
3	5. 16	3	13.56	3	21.96	3	30.36	3	38.76	3	47.16	3	55.56
4	5. 28	4	13.68	4	22.08	4	30.48	4	38.88	4	47.28	4	55.68
5	5. 40	5	13.80	5	22.20	5	30.60	5	39. ""	5	47.40	5	55.80
6	5. 52	6	13.92	6	22.32	6	30.72	6	39.12	6	47.52	6	55.92
7	5. 64	7	14.04	7	22.44	7	30.84	7	39.24	7	47.64	7	56.04
8	5. 76	8	14.16	8	22.56	8	30.96	8	39.36	8	47.76	8	56.16
9	5. 88	9	14.28	9	22.68	9	31.08	9	39.48	9	47.88	9	56.28
50	6. ""	120	14.40	190	22.80	260	31.20	330	39.60	400	48. ""	470	56.40
1	6. 12	1	14.52	1	22.92	1	31.32	1	39.72	1	48.12	1	56.52
2	6. 24	2	14.64	2	23.04	2	31.44	2	39.84	2	48.24	2	56.64
3	6. 36	3	14.76	3	23.16	3	31.56	3	39.96	3	48.36	3	56.76
4	6. 48	4	14.88	4	23.28	4	31.68	4	40.08	4	48.48	4	56.88
5	6. 60	5	15. ""	5	23.40	5	31.80	5	40.20	5	48.60	5	57. ""
6	6. 72	6	15.12	6	23.52	6	31.92	6	40.32	6	48.72	6	57.12
7	6. 84	7	15.24	7	23.64	7	32.04	7	40.44	7	48.84	7	57.24
8	6. 96	8	15.36	8	23.76	8	32.16	8	40.56	8	48.96	8	57.36
9	7. 08	9	15.48	9	23.88	9	32.28	9	40.68	9	49.08	9	57.48
60	7. 20	130	15.60	200	24. ""	270	32.40	340	40.80	410	49.20	480	57.60
1	7. 32	1	15.72	1	24.12	1	32.52	1	40.92	1	49.32	1	57.72
2	7. 44	2	15.84	2	24.24	2	32.64	2	41.04	2	49.44	2	57.84
3	7. 56	3	15.96	3	24.36	3	32.76	3	41.16	3	49.56	3	57.96
4	7. 68	4	16.08	4	24.48	4	32.88	4	41.28	4	49.68	4	58.08
5	7. 80	5	16.20	5	24.60	5	33. ""	5	41.40	5	49.80	5	58.20
6	7. 92	6	16.32	6	24.72	6	33.12	6	41.52	6	49.92	6	58.32
7	8. 04	7	16.44	7	24.84	7	33.24	7	41.64	7	50.04	7	58.44
8	8. 16	8	16.56	8	24.96	8	33.36	8	41.76	8	50.16	8	58.56
9	8. 28	9	16.68	9	25.08	9	33.48	9	41.88	9	50.28	9	58.68

Heures	Sommes	Heures	Sommes	Heures	Sommes	Heures	Sommes	Heures	Sommes	Heures	Sommes	Heures	Sommes
1	.13	70	9.10	140	18.20	210	27.30	280	36.40	350	45.50	420	54.60
2	.26	1	9.23	1	18.33	1	27.43	1	36.53	1	45.63	1	54.73
3	.39	2	9.36	2	18.46	2	27.56	2	36.66	2	45.76	2	54.86
4	.52	3	9.49	3	18.59	3	27.69	3	36.79	3	45.89	3	54.99
5	.65	4	9.62	4	18.72	4	27.82	4	36.92	4	46.02	4	55.12
6	.78	5	9.75	5	18.85	5	27.95	5	37.05	5	46.15	5	55.25
7	.91	6	9.88	6	18.98	6	28.08	6	37.18	6	46.28	6	55.38
8	1.04	7	10.01	7	19.11	7	28.21	7	37.31	7	46.41	7	55.51
9	1.17	8	10.14	8	19.24	8	28.34	8	37.44	8	46.54	8	55.64
		9	10.27	9	19.37	9	28.47	9	37.57	9	46.67	9	55.77
10	1.30	80	10.40	150	19.50	220	28.60	290	37.70	360	46.80	430	55.90
1	1.43	1	10.53	1	19.63	1	28.73	1	37.83	1	46.93	1	56.03
2	1.56	2	10.66	2	19.76	2	28.86	2	37.96	2	47.06	2	56.16
3	1.69	3	10.79	3	19.89	3	28.99	3	38.09	3	47.19	3	56.29
4	1.82	4	10.92	4	20.02	4	29.12	4	38.22	4	47.32	4	56.42
5	1.95	5	11.05	5	20.15	5	29.25	5	38.35	5	47.45	5	56.55
6	2.08	6	11.18	6	20.28	6	29.38	6	38.48	6	47.58	6	56.68
7	2.21	7	11.31	7	20.41	7	29.51	7	38.61	7	47.71	7	56.81
8	2.34	8	11.44	8	20.54	8	29.64	8	38.74	8	47.84	8	56.94
9	2.47	9	11.57	9	20.67	9	29.77	9	38.87	9	47.97	9	57.07
20	2.60	90	11.70	160	20.80	230	29.90	300	39.00	370	48.10	440	57.20
1	2.73	1	11.83	1	20.93	1	30.03	1	39.13	1	48.23	1	57.33
2	2.86	2	11.96	2	21.06	2	30.16	2	39.26	2	48.36	2	57.46
3	2.99	3	12.09	3	21.19	3	30.29	3	39.39	3	48.49	3	57.59
4	3.12	4	12.22	4	21.32	4	30.42	4	39.52	4	48.62	4	57.72
5	3.25	5	12.35	5	21.45	5	30.55	5	39.65	5	48.75	5	57.85
6	3.38	6	12.48	6	21.58	6	30.68	6	39.78	6	48.88	6	57.98
7	3.51	7	12.61	7	21.71	7	30.81	7	39.91	7	49.01	7	58.11
8	3.64	8	12.74	8	21.84	8	30.94	8	40.04	8	49.14	8	58.24
9	3.77	9	12.87	9	21.97	9	31.07	9	40.17	9	49.27	9	58.37
30	3.90	100	13.00	170	22.10	240	31.20	310	40.30	380	49.40	450	58.50
1	4.03	1	13.13	1	22.23	1	31.33	1	40.43	1	49.53	1	58.63
2	4.16	2	13.26	2	22.36	2	31.46	2	40.56	2	49.66	2	58.76
3	4.29	3	13.39	3	22.49	3	31.59	3	40.69	3	49.79	3	58.89
4	4.42	4	13.52	4	22.62	4	31.72	4	40.82	4	49.92	4	59.02
5	4.55	5	13.65	5	22.75	5	31.85	5	40.95	5	50.05	5	59.15
6	4.68	6	13.78	6	22.88	6	31.98	6	41.08	6	50.18	6	59.28
7	4.81	7	13.91	7	23.01	7	32.11	7	41.21	7	50.31	7	59.41
8	4.94	8	14.04	8	23.14	8	32.24	8	41.34	8	50.44	8	59.54
9	5.07	9	14.17	9	23.27	9	32.37	9	41.47	9	50.57	9	59.67
40	5.20	110	14.30	180	23.40	250	32.50	320	41.60	390	50.70	460	59.80
1	5.33	1	14.43	1	23.53	1	32.63	1	41.73	1	50.83	1	59.93
2	5.46	2	14.56	2	23.66	2	32.76	2	41.86	2	50.96	2	60.06
3	5.59	3	14.69	3	23.79	3	32.89	3	41.99	3	51.09	3	60.19
4	5.72	4	14.82	4	23.92	4	33.02	4	42.12	4	51.22	4	60.32
5	5.85	5	14.95	5	24.05	5	33.15	5	42.25	5	51.35	5	60.45
6	5.98	6	15.08	6	24.18	6	33.28	6	42.38	6	51.48	6	60.58
7	6.11	7	15.21	7	24.31	7	33.41	7	42.51	7	51.61	7	60.71
8	6.24	8	15.34	8	24.44	8	33.54	8	42.64	8	51.74	8	60.84
9	6.37	9	15.47	9	24.57	9	33.67	9	42.77	9	51.87	9	60.97
50	6.50	120	15.60	190	24.70	260	33.80	330	42.90	400	52.00	470	61.10
1	6.63	1	15.73	1	24.83	1	33.93	1	43.03	1	52.13	1	61.23
2	6.76	2	15.86	2	24.96	2	34.06	2	43.16	2	52.26	2	61.36
3	6.89	3	15.99	3	25.09	3	34.19	3	43.29	3	52.39	3	61.49
4	7.02	4	16.12	4	25.22	4	34.32	4	43.42	4	52.52	4	61.62
5	7.15	5	16.25	5	25.35	5	34.45	5	43.55	5	52.65	5	61.75
6	7.28	6	16.38	6	25.48	6	34.58	6	43.68	6	52.78	6	61.88
7	7.41	7	16.51	7	25.61	7	34.71	7	43.81	7	52.91	7	62.01
8	7.54	8	16.64	8	25.74	8	34.84	8	43.94	8	53.04	8	62.14
9	7.67	9	16.77	9	25.87	9	34.97	9	44.07	9	53.17	9	62.27
60	7.80	130	16.90	200	26.00	270	35.10	340	44.20	410	53.30	480	62.40
1	7.93	1	17.03	1	26.13	1	35.23	1	44.33	1	53.43	1	62.53
2	8.06	2	17.16	2	26.26	2	35.36	2	44.46	2	53.56	2	62.66
3	8.19	3	17.29	3	26.39	3	35.49	3	44.59	3	53.69	3	62.79
4	8.32	4	17.42	4	26.52	4	35.62	4	44.72	4	53.82	4	62.92
5	8.45	5	17.55	5	26.65	5	35.75	5	44.85	5	53.95	5	63.05
6	8.58	6	17.68	6	26.78	6	35.88	6	44.98	6	54.08	6	63.18
7	8.71	7	17.81	7	26.91	7	36.01	7	45.11	7	54.21	7	63.31
8	8.84	8	17.94	8	27.04	8	36.14	8	45.24	8	54.34	8	63.44
9	8.97	9	18.07	9	27.17	9	36.27	9	45.37	9	54.47	9	63.57

Heures à 0.14 ♀ l'une.

Heures	Sommes	Heures	Sommes	Heures	Sommes	Heures	Sommes	Heures	Sommes	Heures	Sommes	Heures	Sommes
1	" 14	70	9. 80	140	19. 60	210	29. 40	280	39. 20	350	49. ""	420	58. 80
2	" 28	1	9. 94	1	19. 74	1	29. 54	1	39. 34	1	49. 14	1	58. 94
3	" 42	2	10. 08	2	19. 88	2	29. 68	2	39. 48	2	49. 28	2	59. 08
4	" 56	3	10. 22	3	20. 02	3	29. 82	3	39. 62	3	49. 42	3	59. 22
5	" 70	4	10. 36	4	20. 16	4	29. 96	4	39. 76	4	49. 56	4	59. 36
6	" 84	5	10. 50	5	20. 30	5	30. 10	5	39. 90	5	49. 70	5	59. 50
7	' 98	6	10. 64	6	20. 44	6	30. 24	6	40. 04	6	49. 84	6	59. 64
8	1. 12	7	10. 78	7	20. 58	7	30. 38	7	40. 18	7	49. 98	7	59. 78
9	1. 26	8	10. 92	8	20. 72	8	30. 52	8	40. 32	8	50. 12	8	59. 92
		9	11. 06	9	20. 86	9	30. 66	9	40. 46	9	50. 26	9	60. 06
10	1. 40	80	11. 20	150	21. ""	220	30. 80	290	40. 60	360	50. 40	430	60. 20
1	1. 54	1	11. 34	1	21. 14	1	30. 94	1	40. 74	1	50. 54	1	60. 34
2	1. 68	2	11. 48	2	21. 28	2	31. 08	2	40. 88	2	50. 68	2	60. 48
3	1. 82	3	11. 62	3	21. 42	3	31. 22	3	41. 02	3	50. 82	3	60. 62
4	1. 96	4	11. 76	4	21. 56	4	31. 36	4	41. 16	4	50. 96	4	60. 76
5	2. 10	5	11. 90	5	21. 70	5	31. 50	5	41. 30	5	51. 10	5	60. 90
6	2. 24	6	12. 04	6	21. 84	6	31. 64	6	41. 44	6	51. 24	6	61. 04
7	2. 38	7	12. 18	7	21. 98	7	31. 78	7	41. 58	7	51. 38	7	61. 18
8	2. 52	8	12. 32	8	22. 12	8	31. 92	8	41. 72	8	51. 52	8	61. 32
9	2. 66	9	12. 46	9	22. 26	9	32. 06	9	41. 86	9	51. 66	9	61. 46
20	2. 80	90	12. 60	160	22. 40	230	32. 20	300	42. ""	370	51. 80	440	61. 60
1	2. 94	1	12. 74	1	22. 54	1	32. 34	1	42. 14	1	51. 94	1	61. 74
2	3. 08	2	12. 88	2	22. 68	2	32. 48	2	42. 28	2	52. 08	2	61. 88
3	3. 22	3	13. 02	3	22. 82	3	32. 62	3	42. 42	3	52. 22	3	62. 02
4	3. 36	4	13. 16	4	22. 96	4	32. 76	4	42. 56	4	52. 36	4	62. 16
5	3. 50	5	13. 30	5	23. 10	5	32. 90	5	42. 70	5	52. 50	5	62. 30
6	3. 64	6	13. 44	6	23. 24	6	33. 04	6	42. 84	6	52. 64	6	62. 44
7	3. 78	7	13. 58	7	23. 38	7	33. 18	7	42. 98	7	52. 78	7	62. 58
8	3. 92	8	13. 72	8	23. 52	8	33. 32	8	43. 12	8	52. 92	8	62. 72
9	4. 06	9	13. 86	9	23. 66	9	33. 46	9	43. 26	9	53. 06	9	62. 86
30	4. 20	100	14. ""	170	23. 80	240	33. 60	310	43. 40	380	53. 20	450	63. ""
1	4. 34	1	14. 14	1	23. 94	1	33. 74	1	43. 54	1	53. 34	1	63. 14
2	4. 48	2	14. 28	2	24. 08	2	33. 88	2	43. 68	2	53. 48	2	63. 28
3	4. 62	3	14. 42	3	24. 22	3	34. 02	3	43. 82	3	53. 62	3	63. 42
4	4. 76	4	14. 56	4	24. 36	4	34. 16	4	43. 96	4	53. 76	4	63. 56
5	4. 90	5	14. 70	5	24. 50	5	34. 30	5	44. 10	5	53. 90	5	63. 70
6	5. 04	6	14. 84	6	24. 64	6	34. 44	6	44. 24	6	54. 04	6	63. 84
7	5. 18	7	14. 98	7	24. 78	7	34. 58	7	44. 38	7	54. 18	7	63. 98
8	5. 32	8	15. 12	8	24. 92	8	34. 72	8	44. 52	8	54. 32	8	64. 12
9	5. 46	9	15. 26	9	25. 06	9	34. 86	9	44. 66	9	54. 46	9	64. 26
40	5. 60	110	15. 40	180	25. 20	250	35. ""	320	44. 80	390	54. 60	460	64. 40
1	5. 74	1	15. 54	1	25. 34	1	35. 14	1	44. 94	1	54. 74	1	64. 54
2	5. 88	2	15. 68	2	25. 48	2	35. 28	2	45. 08	2	54. 88	2	64. 68
3	6. 02	3	15. 82	3	25. 62	3	35. 42	3	45. 22	3	55. 02	3	64. 82
4	6. 16	4	15. 96	4	25. 76	4	35. 56	4	45. 36	4	55. 16	4	64. 96
5	6. 30	5	16. 10	5	25. 90	5	35. 70	5	45. 50	5	55. 30	5	65. 10
6	6. 44	6	16. 24	6	26. 04	6	35. 84	6	45. 64	6	55. 44	6	65. 24
7	6. 58	7	16. 38	7	26. 18	7	35. 98	7	45. 78	7	55. 58	7	65. 38
8	6. 72	8	16. 52	8	26. 32	8	36. 12	8	45. 92	8	55. 72	8	65. 52
9	6. 86	9	16. 66	9	26. 46	9	36. 26	9	46. 06	9	55. 86	9	65. 66
50	7. ""	120	16. 80	190	26. 60	260	36. 40	330	46. 20	400	56. ""	470	65. 80
1	7. 14	1	16. 94	1	26. 74	1	36. 54	1	46. 34	1	56. 14	1	65. 94
2	7. 28	2	17. 08	2	26. 88	2	36. 68	2	46. 48	2	56. 28	2	66. 08
3	7. 42	3	17. 22	3	27. 02	3	36. 82	3	46. 62	3	56. 42	3	66. 22
4	7. 56	4	17. 36	4	27. 16	4	36. 96	4	46. 76	4	56. 56	4	66. 36
5	7. 70	5	17. 50	5	27. 30	5	37. 10	5	46. 90	5	56. 70	5	66. 50
6	7. 84	6	17. 64	6	27. 44	6	37. 24	6	47. 04	6	56. 84	6	66. 64
7	7. 98	7	17. 78	7	27. 58	7	37. 38	7	47. 18	7	56. 98	7	66. 78
8	8. 12	8	17. 92	8	27. 72	8	37. 52	8	47. 32	8	57. 12	8	66. 92
9	8. 26	9	18. 06	9	27. 86	9	37. 66	9	47. 46	9	57. 26	9	67. 06
60	8. 40	130	18. 20	200	28. ""	270	37. 80	340	47. 60	410	57. 40	480	67. 20
1	8. 54	1	18. 34	1	28. 14	1	37. 94	1	47. 74	1	57. 54	1	67. 34
2	8. 68	2	18. 48	2	28. 28	2	38. 08	2	47. 88	2	57. 68	2	67. 48
3	8. 82	3	18. 62	3	28. 42	3	38. 22	3	48. 02	3	57. 82	3	67. 62
4	8. 96	4	18. 76	4	28. 56	4	38. 36	4	48. 16	4	57. 96	4	67. 76
5	9. 10	5	18. 90	5	28. 70	5	38. 50	5	48. 30	5	58. 10	5	67. 90
6	9. 24	6	19. 04	6	28. 84	6	38. 64	6	48. 44	6	58. 24	6	68. 04
7	9. 38	7	19. 18	7	28. 98	7	38. 78	7	48. 58	7	58. 38	7	68. 18
8	9. 52	8	19. 32	8	29. 12	8	38. 92	8	48. 72	8	58. 52	8	68. 32
9	9. 66	9	19. 46	9	29. 26	9	39. 06	9	48. 86	9	58. 66	9	68. 46

Heures	Sommes	Heures	Sommes	Heures	Sommes	Heures	Sommes	Heures	Sommes	Heures	Sommes	Heures	Sommes
1	0. 15	70	10. 50	140	21. „	210	31. 50	280	42. „	350	52. 50	420	63. „
2	„ 30	1	10. 65	1	21. 15	1	31. 65	1	42. 15	1	52. 65	1	63. 15
3	„ 45	2	10. 80	2	21. 30	2	31. 80	2	42. 30	2	52. 80	2	63. 30
4	„ 60	3	10. 95	3	21. 45	3	31. 95	3	42. 45	3	52. 95	3	63. 45
5	„ 75	4	11. 10	4	21. 60	4	32. 10	4	42. 60	4	53. 10	4	63. 60
6	„ 90	5	11. 25	5	21. 75	5	32. 25	5	42. 75	5	53. 25	5	63. 75
7	1. 05	6	11. 40	6	21. 90	6	32. 40	6	42. 90	6	53. 40	6	63. 90
8	1. 20	7	11. 55	7	22. 05	7	32. 55	7	43. 05	7	53. 55	7	64. 05
9	1. 35	8	11. 70	8	22. 20	8	32. 70	8	43. 20	8	53. 70	8	64. 20
		9	11. 85	9	22. 35	9	32. 85	9	43. 35	9	53. 85	9	64. 35
10	1. 50	80	12. „	150	22. 50	220	33. „	290	43. 50	360	54. „	430	64. 50
1	1. 65	1	12. 15	1	22. 65	1	33. 15	1	43. 65	1	54. 15	1	64. 65
2	1. 80	2	12. 30	2	22. 80	2	33. 30	2	43. 80	2	54. 30	2	64. 80
3	1. 95	3	12. 45	3	22. 95	3	33. 45	3	43. 95	3	54. 45	3	64. 95
4	2. 10	4	12. 60	4	23. 10	4	33. 60	4	44. 10	4	54. 60	4	65. 10
5	2. 25	5	12. 75	5	23. 25	5	33. 75	5	44. 25	5	54. 75	5	65. 25
6	2. 40	6	12. 90	6	23. 40	6	33. 90	6	44. 40	6	54. 90	6	65. 40
7	2. 55	7	13. 05	7	23. 55	7	34. 05	7	44. 55	7	55. 05	7	65. 55
8	2. 70	8	13. 20	8	23. 70	8	34. 20	8	44. 70	8	55. 20	8	65. 70
9	2. 85	9	13. 35	9	23. 85	9	34. 35	9	44. 85	9	55. 35	9	65. 85
20	3. „	90	13. 50	160	24. „	230	34. 50	300	45. „	370	55. 50	440	66. „
1	3. 15	1	13. 65	1	24. 15	1	34. 65	1	45. 15	1	55. 65	1	66. 15
2	3. 30	2	13. 80	2	24. 30	2	34. 80	2	45. 30	2	55. 80	2	66. 30
3	3. 45	3	13. 95	3	24. 45	3	34. 95	3	45. 45	3	55. 95	3	66. 45
4	3. 60	4	14. 10	4	24. 60	4	35. 10	4	45. 60	4	56. 10	4	66. 60
5	3. 75	5	14. 25	5	24. 75	5	35. 25	5	45. 75	5	56. 25	5	66. 75
6	3. 90	6	14. 40	6	24. 90	6	35. 40	6	45. 90	6	56. 40	6	66. 90
7	4. 05	7	14. 55	7	25. 05	7	35. 55	7	46. 05	7	56. 55	7	67. 05
8	4. 20	8	14. 70	8	25. 20	8	35. 70	8	46. 20	8	56. 70	8	67. 20
9	4. 35	9	14. 85	9	25. 35	9	35. 85	9	46. 35	9	56. 85	9	67. 35
30	4. 50	100	15. „	170	25. 50	240	36. „	310	46. 50	380	57. „	450	67. 50
1	4. 65	1	15. 15	1	25. 65	1	36. 15	1	46. 65	1	57. 15	1	67. 65
2	4. 80	2	15. 30	2	25. 80	2	36. 30	2	46. 80	2	57. 30	2	67. 80
3	4. 95	3	15. 45	3	25. 95	3	36. 45	3	46. 95	3	57. 45	3	67. 95
4	5. 10	4	15. 60	4	26. 10	4	36. 60	4	47. 10	4	57. 60	4	68. 10
5	5. 25	5	15. 75	5	26. 25	5	36. 75	5	47. 25	5	57. 75	5	68. 25
6	5. 40	6	15. 90	6	26. 40	6	36. 90	6	47. 40	6	57. 90	6	68. 40
7	5. 55	7	16. 05	7	26. 55	7	37. 05	7	47. 55	7	58. 05	7	68. 55
8	5. 70	8	16. 20	8	26. 70	8	37. 20	8	47. 70	8	58. 20	8	68. 70
9	5. 85	9	16. 35	9	26. 85	9	37. 35	9	47. 85	9	58. 35	9	68. 85
40	6. „	110	16. 50	180	27. „	250	37. 50	320	48. „	390	58. 50	460	69. „
1	6. 15	1	16. 65	1	27. 15	1	37. 65	1	48. 15	1	58. 65	1	69. 15
2	6. 30	2	16. 80	2	27. 30	2	37. 80	2	48. 30	2	58. 80	2	69. 30
3	6. 45	3	16. 95	3	17. 45	3	37. 95	3	48. 45	3	58. 95	3	69. 45
4	6. 60	4	17. 10	4	27. 60	4	38. 10	4	48. 60	4	59. 10	4	69. 60
5	6. 75	5	17. 25	5	27. 75	5	38. 25	5	48. 75	5	59. 25	5	69. 75
6	6. 90	6	17. 40	6	27. 90	6	38. 40	6	48. 90	6	59. 40	6	69. 90
7	7. 05	7	17. 55	7	28. 05	7	38. 55	7	49. 05	7	59. 55	7	70. 05
8	7. 20	8	17. 70	8	28. 20	8	38. 70	8	49. 20	8	59. 70	8	70. 20
9	7. 35	9	17. 85	9	28. 35	9	38. 85	9	49. 35	9	59. 85	9	70. 35
50	7. 50	120	18. „	190	28. 50	260	39. „	330	49. 50	400	60. „	470	70. 50
1	7. 65	1	18. 15	1	28. 65	1	39. 15	1	49. 65	1	60. 15	1	70. 65
2	7. 80	2	18. 30	2	28. 80	2	39. 30	2	49. 80	2	60. 30	2	70. 80
3	7. 95	3	18. 45	3	29. 95	3	39. 45	3	49. 95	3	60. 45	3	70. 95
4	8. 10	4	18. 60	4	29. 10	4	39. 60	4	50. 10	4	60. 60	4	71. 10
5	8. 25	5	18. 75	5	29. 25	5	39. 75	5	50. 25	5	60. 75	5	71. 25
6	8. 40	6	18. 90	6	29. 40	6	39. 90	6	50. 40	6	60. 90	6	71. 40
7	8. 55	7	19. 05	7	29. 55	7	40. 05	7	50. 55	7	61. 05	7	71. 55
8	8. 70	8	19. 20	8	29. 70	8	40. 20	8	50. 70	8	61. 20	8	71. 70
9	8. 85	9	19. 35	9	29. 85	9	40. 35	9	50. 85	9	61. 35	9	71. 85
60	9. „	130	19. 50	200	30. „	270	40. 50	340	51. „	410	61. 50	480	72. „
1	9. 15	1	19. 65	1	30. 15	1	40. 65	1	51. 15	1	61. 65	1	72. 15
2	9. 30	2	19. 80	2	30. 30	2	40. 80	2	51. 30	2	61. 80	2	72. 30
3	9. 45	3	19. 95	3	30. 45	3	40. 95	3	51. 45	3	61. 95	3	72. 45
4	9. 60	4	20. 10	4	30. 60	4	41. 10	4	51. 60	4	62. 10	4	72. 60
5	9. 75	5	20. 25	5	30. 75	5	41. 25	5	51. 75	5	62. 25	5	72. 75
6	9. 90	6	20. 40	6	30. 90	6	41. 40	6	51. 90	6	62. 40	6	72. 90
7	10. 05	7	20. 55	7	31. 05	7	41. 55	7	52. 05	7	62. 55	7	73. 05
8	10. 20	8	20. 70	8	31. 20	8	41. 70	8	52. 20	8	62. 70	8	73. 20
9	10. 35	9	20. 85	9	31. 35	9	41. 85	9	52. 35	9	62. 85	9	73. 35

Heures à 0.15 ₣ l'une.

Heures à 0.16 ℔ l'une.

Heures	Sommes	Heures	Sommes	Heures	Sommes	Heures	Sommes	Heures	Sommes	Heures	Sommes	Heures	Sommes
1	" 16	70	11.20	140	22.40	210	33.60	280	44.80	350	56. " "	420	67.20
2	" 32	1	11.36	1	22.56	1	33.76	1	44.96	1	56.16	1	67.36
3	" 48	2	11.52	2	22.72	2	33.92	2	45.12	2	56.32	2	67.52
4	" 64	3	11.68	3	22.88	3	34.08	3	45.28	3	56.48	3	67.68
5	" 80	4	11.84	4	23.04	4	34.24	4	45.44	4	56.64	4	67.84
6	" 96	5	12. " "	5	23.20	5	34.40	5	45.60	5	56.80	5	68. " "
7	1.12	6	12.16	6	23.36	6	34.56	6	45.76	6	56.96	6	68.16
8	1.28	7	12.32	7	23.52	7	34.72	7	45.92	7	57.12	7	68.32
9	1.44	8	12.48	8	23.68	8	34.88	8	46.08	8	57.28	8	68.48
		9	12.64	9	23.84	9	35.04	9	46.24	9	57.44	9	68.64
10	1.60	80	12.80	150	24. " "	220	35.20	290	46.40	360	57.60	430	68.80
1	1.76	1	12.96	1	24.16	1	35.36	1	46.56	1	57.76	1	68.96
2	1.92	2	13.12	2	24.32	2	35.52	2	46.72	2	57.92	2	69.12
3	2.08	3	13.28	3	24.48	3	35.68	3	46.88	3	58.08	3	69.28
4	2.24	4	13.44	4	24.64	4	35.84	4	47.04	4	58.24	4	69.44
5	2.40	5	13.60	5	24.80	5	36. " "	5	47.20	5	58.40	5	69.60
6	2.56	6	13.76	6	24.96	6	36.16	6	47.36	6	58.56	6	69.76
7	2.72	7	13.92	7	25.12	7	36.32	7	47.52	7	58.72	7	69.92
8	2.88	8	14.08	8	25.28	8	36.48	8	47.68	8	58.88	8	70.08
9	3.04	9	14.24	9	25.44	9	36.64	9	47.84	9	59.04	9	70.24
20	3.20	90	14.40	160	25.60	230	36.80	300	48. " "	370	59.20	440	70.40
1	3.36	1	14.56	1	25.76	1	36.96	1	48.16	1	59.36	1	70.56
2	3.52	2	14.72	2	25.92	2	37.12	2	48.32	2	59.52	2	70.72
3	3.68	3	14.88	3	26.08	3	37.28	3	48.48	3	59.68	3	70.88
4	3.84	4	15.04	4	26.24	4	37.44	4	48.64	4	59.84	4	71.04
5	4. " "	5	15.20	5	26.40	5	37.60	5	48.80	5	60. " "	5	71.20
6	4.16	6	15.36	6	26.56	6	37.76	6	48.96	6	60.16	6	71.36
7	4.32	7	15.52	7	26.72	7	37.92	7	49.12	7	60.32	7	71.52
8	4.48	8	15.68	8	26.88	8	38.08	8	49.28	8	60.48	8	71.68
9	4.64	9	15.84	9	27.04	9	38.24	9	49.44	9	60.64	9	71.84
30	4.80	100	16. " "	170	27.20	240	38.40	310	49.60	380	60.80	450	72. " "
1	4.96	1	16.16	1	27.36	1	38.56	1	49.76	1	60.96	1	72.16
2	5.12	2	16.32	2	27.52	2	38.72	2	49.92	2	61.12	2	72.32
3	5.28	3	16.48	3	27.68	3	38.88	3	50.08	3	61.28	3	72.48
4	5.44	4	16.64	4	27.84	4	39.04	4	50.24	4	61.44	4	72.64
5	5.60	5	16.80	5	28. " "	5	39.20	5	50.40	5	61.60	5	72.80
6	5.76	6	16.96	6	28.16	6	39.36	6	50.56	6	61.76	6	72.96
7	5.92	7	17.12	7	28.32	7	39.52	7	50.72	7	61.92	7	73.12
8	6.08	8	17.28	8	28.48	8	39.68	8	50.88	8	62.08	8	73.28
9	6.24	9	17.44	9	28.64	9	39.84	9	51.04	9	62.24	9	73.44
40	6.40	110	17.60	180	28.80	250	40. " "	320	51.20	390	62.40	460	73.60
1	6.56	1	17.76	1	28.96	1	40.16	1	51.36	1	62.56	1	73.76
2	6.72	2	17.92	2	29.12	2	40.32	2	51.52	2	62.72	2	73.92
3	6.88	3	18.08	3	29.28	3	40.48	3	51.68	3	62.88	3	74.08
4	7.04	4	18.24	4	29.44	4	40.64	4	51.84	4	63.04	4	74.24
5	7.20	5	18.40	5	29.60	5	40.80	5	52. " "	5	63.20	5	74.40
6	7.36	6	18.56	6	29.76	6	40.96	6	52.16	6	63.36	6	74.56
7	7.52	7	18.72	7	29.92	7	41.12	7	52.32	7	63.52	7	74.72
8	7.68	8	18.88	8	30.08	8	41.28	8	52.48	8	63.68	8	74.88
9	7.84	9	19.04	9	30.24	9	41.44	9	52.64	9	63.84	9	75.04
50	8. " "	120	19.20	190	30.40	260	41.60	330	52.80	400	64. " "	470	75.20
1	8.16	1	19.36	1	30.56	1	41.76	1	52.96	1	64.16	1	75.36
2	8.32	2	19.52	2	30.72	2	41.92	2	53.12	2	64.32	2	75.52
3	8.48	3	19.68	3	30.88	3	42.08	3	53.28	3	64.48	3	75.68
4	8.64	4	19.84	4	31.04	4	42.24	4	53.44	4	64.64	4	75.84
5	8.80	5	20. " "	5	31.20	5	42.40	5	53.60	5	64.80	5	76. " "
6	8.96	6	20.16	6	31.36	6	42.56	6	53.76	6	64.96	6	76.16
7	9.12	7	20.32	7	31.52	7	42.72	7	53.92	7	65.12	7	76.32
8	9.28	8	20.48	8	31.68	8	42.88	8	54.08	8	65.28	8	76.48
9	9.44	9	20.64	9	31.84	9	43.04	9	54.24	9	65.44	9	76.64
60	9.60	130	20.80	200	32. " "	270	43.20	340	54.40	410	65.60	480	76.80
1	9.76	1	20.96	1	32.16	1	43.36	1	54.56	1	65.76	1	76.96
2	9.92	2	21.12	2	32.32	2	43.52	2	54.72	2	65.92	2	77.12
3	10.08	3	21.28	3	32.48	3	43.68	3	54.88	3	66.08	3	77.28
4	10.24	4	21.44	4	32.64	4	43.84	4	55.04	4	66.24	4	77.44
5	10.40	5	21.60	5	32.80	5	44. " "	5	55.20	5	66.40	5	77.60
6	10.56	6	21.76	6	32.96	6	44.16	6	55.36	6	66.56	6	77.76
7	10.72	7	21.92	7	33.12	7	44.32	7	55.52	7	66.72	7	77.92
8	10.88	8	22.08	8	33.28	8	44.48	8	55.68	8	66.88	8	78.08
9	11.04	9	22.24	9	33.44	9	44.64	9	55.84	9	67.04	9	78.24

Heures.	Sommes.	Heures.	Sommes.	Heures.	Sommes.	Heures.	Sommes.	Heures.	Sommes.	Heures	Sommes.	Heures.	Sommes.
1	. 17	70	11. 90	140	23. 80	210	35. 70	280	47. 60	350	59. 50	420	71. 40
2	. 34	1	12. 07	1	23. 97	1	35. 87	1	47. 77	1	59. 67	1	71. 57
3	. 51	2	12. 24	2	24. 14	2	36. 04	2	47. 94	2	59. 84	2	71. 74
4	. 68	3	12. 41	3	24. 31	3	36. 21	3	48. 11	3	60. 01	3	71. 91
5	. 85	4	12. 58	4	24. 48	4	36. 38	4	48. 28	4	60. 18	4	72. 08
6	1. 02	5	12. 75	5	24. 65	5	36. 55	5	48. 45	5	60. 35	5	72. 25
7	1. 19	6	12. 92	6	24. 82	6	36. 72	6	48. 62	6	60. 52	6	72. 42
8	1. 36	7	13. 09	7	24. 99	7	36. 89	7	48. 79	7	60. 69	7	72. 59
9	1. 53	8	13. 26	8	25. 16	8	37. 06	8	48. 96	8	60. 86	8	72. 76
		9	13. 43	9	25. 33	9	37. 23	9	49. 13	9	61. 03	9	72. 93
10	1. 70	80	13. 60	150	25. 50	220	37. 40	290	49. 30	360	61. 20	430	73. 10
1	1. 87	1	13. 77	1	25. 67	1	37. 57	1	49. 47	1	61. 37	1	73. 27
2	2. 04	2	13. 94	2	25. 84	2	37. 74	2	49. 64	2	61. 54	2	73. 44
3	2. 21	3	14. 11	3	26. 01	3	37. 91	3	49. 81	3	61. 71	3	73. 61
4	2. 38	4	14. 28	4	26. 18	4	38. 08	4	49. 98	4	61. 88	4	73. 78
5	2. 55	5	14. 45	5	26. 35	5	38. 25	5	50. 15	5	62. 05	5	73. 95
6	2. 72	6	14. 62	6	26. 52	6	38. 42	6	50. 32	6	62. 22	6	74. 12
7	2. 89	7	14. 79	7	26. 69	7	38. 59	7	50. 49	7	62. 39	7	74. 29
8	3. 06	8	14. 96	8	26. 86	8	38. 76	8	50. 66	8	62. 56	8	74. 46
9	3. 23	9	15. 13	9	27. 03	9	38. 93	9	50. 83	9	62. 73	9	74. 63
20	3. 40	90	15. 30	160	27. 20	230	39. 10	300	51. 00	370	62. 90	440	74. 80
1	3. 57	1	15. 47	1	27. 37	1	39. 27	1	51. 17	1	63. 07	1	74. 97
2	3. 74	2	15. 64	2	27. 54	2	39. 44	2	51. 34	2	63. 24	2	75. 14
3	3. 91	3	15. 81	3	27. 71	3	39. 61	3	51. 51	3	63. 41	3	75. 31
4	4. 08	4	15. 98	4	27. 88	4	39. 78	4	51. 68	4	63. 58	4	75. 48
5	4. 25	5	16. 15	5	28. 05	5	39. 95	5	51. 85	5	63. 75	5	75. 65
6	4. 42	6	16. 32	6	28. 22	6	40. 12	6	52. 02	6	63. 92	6	75. 82
7	4. 59	7	16. 49	7	28. 39	7	40. 29	7	52. 19	7	64. 09	7	75. 99
8	4. 76	8	16. 66	8	28. 56	8	40. 46	8	52. 36	8	64. 26	8	76. 16
9	4. 93	9	16. 83	9	28. 73	9	40. 63	9	52. 53	9	64. 43	9	76. 33
30	5. 10	100	17. 00	170	28. 90	240	40. 80	310	52. 70	380	64. 60	450	76. 50
1	5. 27	1	17. 17	1	29. 07	1	40. 97	1	52. 87	1	64. 77	1	76. 67
2	5. 44	2	17. 34	2	29. 24	2	41. 14	2	53. 04	2	64. 94	2	76. 84
3	5. 61	3	17. 51	3	29. 41	3	41. 31	3	53. 21	3	65. 11	3	77. 01
4	5. 78	4	17. 68	4	29. 58	4	41. 48	4	53. 38	4	65. 28	4	77. 18
5	5. 95	5	17. 85	5	29. 75	5	41. 65	5	53. 55	5	65. 45	5	77. 35
6	6. 12	6	18. 02	6	29. 92	6	41. 82	6	53. 72	6	65. 62	6	77. 52
7	6. 29	7	18. 19	7	30. 09	7	41. 99	7	53. 89	7	65. 79	7	77. 69
8	6. 46	8	18. 36	8	30. 26	8	42. 16	8	54. 06	8	65. 96	8	77. 86
9	6. 63	9	18. 53	9	30. 43	9	42. 33	9	54. 23	9	66. 13	9	78. 03
40	6. 80	110	18. 70	180	30. 60	250	42. 50	320	54. 40	390	66. 30	460	78. 20
1	6. 97	1	18. 87	1	30. 77	1	42. 67	1	54. 57	1	66. 47	1	78. 37
2	7. 14	2	19. 04	2	30. 94	2	42. 84	2	54. 74	2	66. 64	2	78. 54
3	7. 31	3	19. 21	3	31. 11	3	43. 01	3	54. 91	3	66. 81	3	78. 71
4	7. 48	4	19. 38	4	31. 28	4	43. 18	4	55. 08	4	66. 98	4	78. 88
5	7. 65	5	19. 55	5	31. 45	5	43. 35	5	55. 25	5	67. 15	5	79. 05
6	7. 82	6	19. 72	6	31. 62	6	43. 52	6	55. 42	6	67. 32	6	79. 22
7	7. 99	7	19. 89	7	31. 79	7	43. 69	7	55. 59	7	67. 49	7	79. 39
8	8. 16	8	20. 06	8	31. 96	8	43. 86	8	55. 76	8	67. 66	8	79. 56
9	8. 33	9	20. 23	9	32. 13	9	44. 03	9	55. 93	9	67. 83	9	79. 73
50	8. 50	120	20. 40	190	32. 30	260	44. 20	330	56. 10	400	68. 00	470	79. 90
1	8. 67	1	20. 57	1	32. 47	1	44. 37	1	56. 27	1	68. 17	1	80. 07
2	8. 84	2	20. 74	2	32. 64	2	44. 54	2	56. 44	2	68. 34	2	80. 24
3	9. 01	3	20. 91	3	32. 81	3	44. 71	3	56. 61	3	68. 51	3	80. 41
4	9. 18	4	21. 08	4	32. 98	4	44. 88	4	56. 78	4	68. 68	4	80. 58
5	9. 35	5	21. 25	5	33. 15	5	45. 05	5	56. 95	5	68. 85	5	80. 75
6	9. 52	6	21. 42	6	33. 32	6	45. 22	6	57. 12	6	69. 02	6	80. 92
7	9. 69	7	21. 59	7	33. 49	7	45. 39	7	57. 29	7	69. 19	7	81. 09
8	9. 86	8	21. 76	8	33. 66	8	45. 56	8	57. 46	8	69. 36	8	81. 26
9	10. 03	9	21. 93	9	33. 83	9	45. 73	9	57. 63	9	69. 53	9	81. 43
60	10. 20	130	22. 10	200	34. 00	270	45. 90	340	57. 80	410	69. 70	480	81. 60
1	10. 37	1	22. 27	1	34. 17	1	46. 07	1	57. 97	1	69. 87	1	81. 77
2	10. 54	2	22. 44	2	34. 34	2	46. 24	2	58. 14	2	70. 04	2	81. 94
3	10. 71	3	22. 61	3	34. 51	3	46. 41	3	58. 31	3	70. 21	3	82. 11
4	10. 88	4	22. 78	4	34. 68	4	46. 58	4	58. 48	4	70. 38	4	82. 28
5	11. 05	5	22. 95	5	34. 85	5	46. 75	5	58. 65	5	70. 55	5	82. 45
6	11. 22	6	23. 12	6	35. 02	6	46. 92	6	58. 82	6	70. 72	6	82. 62
7	11. 39	7	23. 29	7	35. 19	7	47. 09	7	58. 99	7	70. 89	7	82. 79
8	11. 56	8	23. 46	8	35. 36	8	47. 26	8	59. 16	8	71. 06	8	82. 96
9	11. 73	9	23. 63	9	35. 53	9	47. 43	9	59. 33	9	71. 23	9	83. 13

Heures à 0.18 f l'une.

Heures	Sommes	Heures	Sommes	Heures	Sommes	Heures	Sommes	Heures	Sommes	Heures	Sommes	Heures	Sommes
1	. 18	70	12. 60	140	25. 20	210	37. 80	280	50. 40	350	63. ..	420	75. 60
2	. 36	1	12. 78	1	25. 38	1	37. 98	1	50. 58	1	63. 18	1	75. 78
3	. 54	2	12. 96	2	25. 56	2	38. 16	2	50. 76	2	63. 36	2	75. 96
4	. 72	3	13. 14	3	25. 74	3	38. 34	3	50. 94	3	63. 54	3	76. 14
5	. 90	4	13. 32	4	25. 92	4	38. 52	4	51. 12	4	63. 72	4	76. 32
6	1. 08	5	13. 50	5	26. 10	5	38. 70	5	51. 30	5	63. 90	5	76. 50
7	1. 26	6	13. 68	6	26. 28	6	38. 88	6	51. 48	6	64. 08	6	76. 68
8	1. 44	7	13. 86	7	26. 46	7	39. 06	7	51. 66	7	64. 26	7	76. 86
9	1. 62	8	14. 04	8	26. 64	8	39. 24	8	51. 84	8	64. 44	8	77. 04
		9	14. 22	9	26. 82	9	39. 42	9	52. 02	9	64. 62	9	77. 22
10	1. 80	80	14. 40	150	27. ..	220	39. 60	290	52. 20	360	64. 80	430	77. 40
1	1. 98	1	14. 58	1	27. 18	1	39. 78	1	52. 38	1	64. 98	1	77. 58
2	2. 16	2	14. 76	2	27. 36	2	39. 96	2	52. 56	2	65. 16	2	77. 76
3	2. 34	3	14. 94	3	27. 54	3	40. 14	3	52. 74	3	65. 34	3	77. 94
4	2. 52	4	15. 12	4	27. 72	4	40. 32	4	52. 92	4	65. 52	4	78. 12
5	2. 70	5	15. 30	5	27. 90	5	40. 50	5	53. 10	5	65. 70	5	78. 30
6	2. 88	6	15. 48	6	28. 08	6	40. 68	6	53. 28	6	65. 88	6	78. 48
7	3. 06	7	15. 66	7	28. 26	7	40. 86	7	53. 46	7	66. 06	7	78. 66
8	3. 24	8	15. 84	8	28. 44	8	41. 04	8	53. 64	8	66. 24	8	78. 84
9	3. 42	9	16. 02	9	28. 62	9	41. 22	9	53. 82	9	66. 42	9	79. 02
20	3. 60	90	16. 20	160	28. 80	230	41. 40	300	54. ..	370	66. 60	440	79. 20
1	3. 78	1	16. 38	1	28. 98	1	41. 58	1	54. 18	1	66. 78	1	79. 38
2	3. 96	2	16. 56	2	29. 16	2	41. 76	2	54. 36	2	66. 96	2	79. 56
3	4. 14	3	16. 74	3	29. 34	3	41. 94	3	54. 54	3	67. 14	3	79. 74
4	4. 32	4	16. 92	4	29. 52	4	42. 12	4	54. 72	4	67. 32	4	79. 92
5	4. 50	5	17. 10	5	29. 70	5	42. 30	5	54. 90	5	67. 50	5	80. 10
6	4. 68	6	17. 28	6	29. 88	6	42. 48	6	55. 08	6	67. 68	6	80. 28
7	4. 86	7	17. 46	7	30. 06	7	42. 66	7	55. 26	7	67. 86	7	80. 46
8	5. 04	8	17. 64	8	30. 24	8	42. 84	8	55. 44	8	68. 04	8	80. 64
9	5. 22	9	17. 82	9	30. 42	9	43. 02	9	55. 62	9	68. 22	9	80. 82
30	5. 40	100	18. ..	170	30. 60	240	43. 20	310	55. 80	380	68. 40	450	81. ..
1	5. 58	1	18. 18	1	30. 78	1	43. 38	1	55. 98	1	68. 58	1	81. 18
2	5. 76	2	18. 36	2	30. 96	2	43. 56	2	56. 16	2	68. 76	2	81. 36
3	5. 94	3	18. 54	3	31. 14	3	43. 74	3	56. 34	3	68. 94	3	81. 54
4	6. 12	4	18. 72	4	31. 32	4	43. 92	4	56. 52	4	69. 12	4	81. 72
5	6. 30	5	18. 90	5	31. 50	5	44. 10	5	56. 70	5	69. 30	5	81. 90
6	6. 48	6	19. 08	6	31. 68	6	44. 28	6	56. 88	6	69. 48	6	82. 08
7	6. 66	7	19. 26	7	31. 86	7	44. 46	7	57. 06	7	69. 66	7	82. 26
8	6. 84	8	19. 44	8	32. 04	8	44. 64	8	57. 24	8	69. 84	8	82. 44
9	7. 02	9	19. 62	9	32. 22	9	44. 82	9	57. 42	9	70. 02	9	82. 62
40	7. 20	110	19. 80	180	32. 40	250	45. ..	320	57. 60	390	70. 20	460	82. 80
1	7. 38	1	19. 98	1	32. 58	1	45. 18	1	57. 78	1	70. 38	1	82. 98
2	7. 56	2	20. 16	2	32. 76	2	45. 36	2	57. 96	2	70. 56	2	83. 16
3	7. 74	3	20. 34	3	32. 94	3	45. 54	3	58. 14	3	70. 74	3	83. 34
4	7. 92	4	20. 52	4	33. 12	4	45. 72	4	58. 32	4	70. 92	4	83. 52
5	8. 10	5	20. 70	5	33. 30	5	45. 90	5	58. 50	5	71. 10	5	83. 70
6	8. 28	6	20. 88	6	33. 48	6	46. 08	6	58. 68	6	71. 28	6	83. 88
7	8. 46	7	21. 06	7	33. 66	7	46. 26	7	58. 86	7	71. 46	7	84. 06
8	8. 64	8	21. 24	8	33. 84	8	46. 44	8	59. 04	8	71. 64	8	84. 24
9	8. 82	9	21. 42	9	34. 02	9	46. 62	9	59. 22	9	71. 82	9	84. 42
50	9. ..	120	21. 60	190	34. 20	260	46. 80	330	59. 40	400	72. ..	470	84. 60
1	9. 18	1	21. 78	1	34. 38	1	46. 98	1	59. 58	1	72. 18	1	84. 78
2	9. 36	2	21. 96	2	34. 56	2	47. 16	2	59. 76	2	72. 36	2	84. 96
3	9. 54	3	22. 14	3	34. 74	3	47. 34	3	59. 94	3	72. 54	3	85. 14
4	9. 72	4	22. 32	4	34. 92	4	47. 52	4	60. 12	4	72. 72	4	85. 32
5	9. 90	5	22. 50	5	35. 10	5	47. 70	5	60. 30	5	72. 90	5	85. 50
6	10. 08	6	22. 68	6	35. 28	6	47. 88	6	60. 48	6	73. 08	6	85. 68
7	10. 26	7	22. 86	7	35. 46	7	48. 06	7	60. 66	7	73. 26	7	85. 86
8	10. 44	8	23. 04	8	35. 64	8	48. 24	8	60. 84	8	73. 44	8	86. 04
9	10. 62	9	23. 22	9	35. 82	9	48. 42	9	61. 02	9	73. 62	9	86. 22
60	10. 80	130	23. 40	200	36. ..	270	48. 60	340	61. 20	410	73. 80	480	86. 40
1	10. 98	1	23. 58	1	36. 18	1	48. 78	1	61. 38	1	73. 98	1	86. 58
2	11. 16	2	23. 76	2	36. 36	2	48. 96	2	61. 56	2	74. 16	2	86. 76
3	11. 34	3	23. 94	3	36. 54	3	49. 14	3	61. 74	3	74. 34	3	86. 94
4	11. 52	4	24. 12	4	36. 72	4	49. 32	4	61. 92	4	74. 52	4	87. 12
5	11. 70	5	24. 30	5	36. 90	5	49. 50	5	62. 10	5	74. 70	5	87. 30
6	11. 88	6	24. 48	6	37. 08	6	49. 68	6	62. 28	6	74. 88	6	87. 48
7	12. 06	7	24. 66	7	37. 26	7	49. 86	7	62. 46	7	75. 06	7	87. 66
8	12. 24	8	24. 84	8	37. 44	8	50. 04	8	62. 64	8	75. 24	8	87. 84
9	12. 42	9	25. 02	9	37. 62	9	50. 22	9	62. 82	9	75. 42	9	88. 02

Heures.	Sommes.	Heures.	Sommes.	Heures.	Sommes.	Heures.	Sommes.	Heures.	Sommes.	Heures.	Sommes.	Heures.	Sommes.
1	, 19	70	13. 30	140	26. 60	210	39. 90	280	53. 20	350	66. 50	420	79. 80
2	, 38	1	13. 49	1	26. 79	1	40. 09	1	53. 39	1	66. 69	1	79. 99
3	, 57	2	13. 68	2	26. 98	2	40. 28	2	53. 58	2	66. 88	2	80. 18
4	, 76	3	13. 87	3	27. 17	3	40. 47	3	53. 77	3	67. 07	3	80. 37
5	, 95	4	14. 06	4	27. 36	4	40. 66	4	53. 96	4	67. 26	4	80. 56
6	1. 14	5	14. 25	5	27. 55	5	40. 85	5	54. 15	5	67. 45	5	80. 75
7	1. 33	6	14. 44	6	27. 74	6	41. 04	6	54. 34	6	67. 64	6	80. 94
8	1. 52	7	14. 63	7	27. 93	7	41. 23	7	54. 53	7	67. 83	7	81. 13
9	1. 71	8	14. 82	8	28. 12	8	41. 42	8	54. 72	8	68. 02	8	81. 32
		9	15. 01	9	28. 31	9	41. 61	9	54. 91	9	68. 21	9	81. 51
10	1. 90	80	15. 20	150	28. 50	220	41. 80	290	55. 10	360	68. 40	430	81. 70
1	2. 09	1	15. 39	1	28. 69	1	41. 99	1	55. 29	1	68. 59	1	81. 89
2	2. 28	2	15. 58	2	28. 88	2	42. 18	2	55. 48	2	68. 78	2	82. 08
3	2. 47	3	15. 77	3	29. 07	3	42. 37	3	55. 67	3	68. 97	3	82. 27
4	2. 66	4	15. 96	4	29. 26	4	42. 56	4	55. 86	4	69. 16	4	82. 46
5	2. 85	5	16. 15	5	29. 45	5	42. 75	5	56. 05	5	69. 35	5	82. 65
6	3. 04	6	16. 34	6	29. 64	6	42. 94	6	56. 24	6	69. 54	6	82. 84
7	3. 23	7	16. 53	7	29. 83	7	43. 13	7	56. 43	7	69. 73	7	83. 03
8	3. 42	8	16. 72	8	30. 02	8	43. 32	8	56. 62	8	69. 92	8	83. 22
9	3. 61	9	16. 91	9	30. 21	9	43. 51	9	56. 81	9	70. 11	9	83. 41
20	3. 80	90	17. 10	160	30. 40	230	43. 70	300	57. ″	370	70. 30	440	83. 60
1	3. 99	1	17. 29	1	30. 59	1	43. 89	1	57. 19	1	70. 49	1	83. 79
2	4. 18	2	17. 48	2	30. 78	2	44. 08	2	57. 38	2	70. 68	2	83. 98
3	4. 37	3	17. 67	3	30. 97	3	44. 27	3	57. 57	3	70. 87	3	84. 17
4	4. 56	4	17. 86	4	31. 16	4	44. 46	4	57. 76	4	71. 06	4	84. 36
5	4. 75	5	18. 05	5	31. 35	5	44. 65	5	57. 95	5	71. 25	5	84. 55
6	4. 94	6	18. 24	6	31. 54	6	44. 84	6	58. 14	6	71. 44	6	84. 74
7	5. 13	7	18. 43	7	31. 73	7	45. 03	7	58. 33	7	71. 63	7	84. 93
8	5. 32	8	18. 62	8	31. 92	8	45. 22	8	58. 52	8	71. 82	8	85. 12
9	5. 51	9	18. 81	9	32. 11	9	45. 41	9	58. 71	9	72. 01	9	85. 31
30	5. 70	100	19. ″	170	32. 30	240	45. 60	310	58. 90	380	72. 20	450	85. 50
1	5. 89	1	19. 19	1	32. 49	1	45. 79	1	59. 09	1	72. 39	1	85. 69
2	6. 08	2	19. 38	2	32. 68	2	45. 98	2	59. 28	2	72. 58	2	85. 88
3	6. 27	3	19. 57	3	32. 87	3	46. 17	3	59. 47	3	72. 77	3	86. 07
4	6. 46	4	19. 76	4	33. 06	4	46. 36	4	59. 66	4	72. 96	4	86. 26
5	6. 65	5	19. 95	5	33. 25	5	46. 55	5	59. 85	5	73. 15	5	86. 45
6	6. 84	6	20. 14	6	33. 44	6	46. 74	6	60. 04	6	73. 34	6	86. 64
7	7. 03	7	20. 33	7	33. 63	7	46. 93	7	60. 23	7	73. 53	7	86. 83
8	7. 22	8	20. 52	8	33. 82	8	47. 12	8	60. 42	8	73. 72	8	87. 02
9	7. 41	9	20. 71	9	34. 01	9	47. 31	9	60. 61	9	73. 91	9	87. 21
40	7. 60	110	20. 90	180	34. 20	250	47. 50	320	60. 80	390	74. 10	460	87. 40
1	7. 79	1	21. 09	1	34. 39	1	47. 69	1	60. 99	1	74. 29	1	87. 59
2	7. 98	2	21. 28	2	34. 58	2	47. 88	2	61. 18	2	74. 48	2	87. 78
3	8. 17	3	21. 47	3	34. 77	3	48. 07	3	61. 37	3	74. 67	3	87. 97
4	8. 36	4	21. 66	4	34. 96	4	48. 26	4	61. 56	4	74. 86	4	88. 16
5	8. 55	5	21. 85	5	35. 15	5	48. 45	5	61. 75	5	75. 05	5	88. 35
6	8. 74	6	22. 04	6	35. 34	6	48. 64	6	61. 94	6	75. 24	6	88. 54
7	8. 93	7	22. 23	7	35. 53	7	48. 83	7	62. 13	7	75. 43	7	88. 73
8	9. 12	8	22. 42	8	35. 72	8	49. 02	8	62. 32	8	75. 62	8	88. 92
9	9. 31	9	22. 61	9	35. 91	9	49. 21	9	62. 51	9	75. 81	9	89. 11
50	9. 50	120	22. 80	190	36. 10	260	49. 40	330	62. 70	400	76. ″	470	89. 30
1	9. 69	1	22. 99	1	36. 29	1	49. 59	1	62. 89	1	76. 19	1	89. 49
2	9. 88	2	23. 18	2	36. 48	2	49. 78	2	63. 08	2	76. 38	2	89. 68
3	10. 07	3	23. 37	3	36. 67	3	49. 97	3	63. 27	3	76. 57	3	89. 87
4	10. 26	4	23. 56	4	36. 86	4	50. 16	4	63. 46	4	76. 76	4	90. 06
5	10. 45	5	23. 75	5	37. 05	5	50. 35	5	63. 65	5	76. 95	5	90. 25
6	10. 64	6	23. 94	6	37. 24	6	50. 54	6	63. 84	6	77. 14	6	90. 44
7	10. 83	7	24. 13	7	37. 43	7	50. 73	7	64. 03	7	77. 33	7	90. 63
8	11. 02	8	24. 32	8	37. 62	8	50. 92	8	64. 22	8	77. 52	8	90. 82
9	11. 21	9	24. 51	9	37. 81	9	51. 11	9	64. 41	9	77. 71	9	91. 01
60	11. 40	130	24. 70	200	38. ″	270	51. 30	340	64. 60	410	77. 90	480	91. 20
1	11. 59	1	24. 89	1	38. 19	1	51. 49	1	64. 79	1	78. 09	1	91. 39
2	11. 78	2	25. 08	2	38. 38	2	51. 68	2	64. 98	2	78. 28	2	91. 58
3	11. 97	3	25. 27	3	38. 57	3	51. 87	3	65. 17	3	78. 47	3	91. 77
4	12. 16	4	25. 46	4	38. 76	4	52. 06	4	65. 36	4	78. 66	4	91. 96
5	12. 35	5	25. 65	5	38. 95	5	52. 25	5	65. 55	5	78. 85	5	92. 15
6	12. 54	6	25. 84	6	39. 14	6	52. 44	6	65. 74	6	79. 04	6	92. 34
7	12. 73	7	26. 03	7	39. 33	7	52. 63	7	65. 93	7	79. 23	7	92. 53
8	12. 93	8	26. 22	8	39. 52	8	52. 82	8	66. 12	8	79. 42	8	92. 72
9	13. 11	9	26. 41	9	39. 71	9	53. 01	9	66. 31	9	79. 61	9	92. 91

Heures à 0.20f l'une.

Heures.	Sommes.	Heures.	Sommes.	Heures.	Sommes.	Heures.	Sommes.	Heures.	Sommes.	Heures.	Sommes.	Heures.	Sommes.
1	. 20	70	14. ..	140	28. ..	210	42. ..	280	56. ..	350	70. ..	420	84. ..
2	. 40	1	14. 20	1	28. 20	1	42. 20	1	56. 20	1	70. 20	1	84. 20
3	. 60	2	14. 40	2	28. 40	2	42. 40	2	56. 40	2	70. 40	2	84. 40
4	. 80	3	14. 60	3	28. 60	3	42. 60	3	56. 60	3	70. 60	3	84. 60
5	1. ..	4	14. 80	4	28. 80	4	42. 80	4	56. 80	4	70. 80	4	84. 80
6	1. 20	5	15. ..	5	29. ..	5	43. ..	5	57. ..	5	71. ..	5	85. ..
7	1. 40	6	15. 20	6	29. 20	6	43. 20	6	57. 20	6	71. 20	6	85. 20
8	1. 60	7	15. 40	7	29. 40	7	43. 40	7	57. 40	7	71. 40	7	85. 40
9	1. 80	8	15. 60	8	29. 60	8	43. 60	8	57. 60	8	71. 60	8	85. 60
		9	15. 80	9	29. 80	9	43. 80	9	57. 80	9	71. 80	9	85. 80
10	2. ..	80	16. ..	150	30. ..	220	44. ..	290	58. ..	360	72. ..	430	86. ..
1	2. 20	1	16. 20	1	30. 20	1	44. 20	1	58. 20	1	72. 20	1	86. 20
2	2. 40	2	16. 40	2	30. 40	2	44. 40	2	58. 40	2	72. 40	2	86. 40
3	2. 60	3	16. 60	3	30. 60	3	44. 60	3	58. 60	3	72. 60	3	86. 60
4	2. 80	4	16. 80	4	30. 80	4	44. 80	4	58. 80	4	72. 80	4	86. 80
5	3. ..	5	17. ..	5	31. ..	5	45. ..	5	59. ..	5	73. ..	5	87. ..
6	3. 20	6	17. 20	6	31. 20	6	45. 20	6	59. 20	6	73. 20	6	87. 20
7	3. 40	7	17. 40	7	31. 40	7	45. 40	7	59. 40	7	73. 40	7	87. 40
8	3. 60	8	17. 60	8	31. 60	8	45. 60	8	59. 60	8	73. 60	8	87. 60
9	3. 80	9	17. 80	9	31. 80	9	45. 80	9	59. 80	9	73. 80	9	87. 80
20	4. ..	90	18. ..	160	32. ..	230	46. ..	300	60. ..	370	74. ..	440	88. ..
1	4. 20	1	18. 20	1	32. 20	1	46. 20	1	60. 20	1	74. 20	1	88. 20
2	4. 40	2	18. 40	2	32. 40	2	46. 40	2	60. 40	2	74. 40	2	88. 40
3	4. 60	3	18. 60	3	32. 60	3	46. 60	3	60. 60	3	74. 60	3	88. 60
4	4. 80	4	18. 80	4	32. 80	4	46. 80	4	60. 80	4	74. 80	4	88. 80
5	5. ..	5	19. ..	5	33. ..	5	47. ..	5	61. ..	5	75. ..	5	89. ..
6	5. 20	6	19. 20	6	33. 20	6	47. 20	6	61. 20	6	75. 20	6	89. 20
7	5. 40	7	19. 40	7	33. 40	7	47. 40	7	61. 40	7	75. 40	7	89. 40
8	5. 60	8	19. 60	8	33. 60	8	47. 60	8	61. 60	8	75. 60	8	89. 60
9	5. 80	9	19. 80	9	33. 80	9	47. 80	9	61. 80	9	75. 80	9	89. 80
30	6. ..	100	20. ..	170	34. ..	240	48. ..	310	62. ..	380	76. ..	450	90. ..
1	6. 20	1	20. 20	1	34. 20	1	48. 20	1	62. 20	1	76. 20	1	90. 20
2	6. 40	2	20. 40	2	34. 40	2	48. 40	2	62. 40	2	76. 40	2	90. 40
3	6. 60	3	20. 60	3	34. 60	3	48. 60	3	62. 60	3	76. 60	3	90. 60
4	6. 80	4	20. 80	4	34. 80	4	48. 80	4	62. 80	4	76. 80	4	90. 80
5	7. ..	5	21. ..	5	35. ..	5	49. ..	5	63. ..	5	77. ..	5	91. ..
6	7. 20	6	21. 20	6	35. 20	6	49. 20	6	63. 20	6	77. 20	6	91. 20
7	7. 40	7	21. 40	7	35. 40	7	49. 40	7	63. 40	7	77. 40	7	91. 40
8	7. 60	8	21. 60	8	35. 60	8	49. 60	8	63. 60	8	77. 60	8	91. 60
9	7. 80	9	21. 80	9	35. 80	9	49. 80	9	63. 80	9	77. 80	9	91. 80
40	8. ..	110	22. ..	180	36. ..	250	50. ..	320	64. ..	390	78. ..	460	92. ..
1	8. 20	1	22. 20	1	36. 20	1	50. 20	1	64. 20	1	78. 20	1	92. 20
2	8. 40	2	22. 40	2	36. 40	2	50. 40	2	64. 40	2	78. 40	2	92. 40
3	8. 60	3	22. 60	3	36. 60	3	50. 60	3	64. 60	3	78. 60	3	92. 60
4	8. 80	4	22. 80	4	36. 80	4	50. 80	4	64. 80	4	78. 80	4	92. 80
5	9. ..	5	23. ..	5	37. ..	5	51. ..	5	65. ..	5	79. ..	5	93. ..
6	9. 20	6	23. 20	6	37. 20	6	51. 20	6	65. 20	6	79. 20	6	93. 20
7	9. 40	7	23. 40	7	37. 40	7	51. 40	7	65. 40	7	79. 40	7	93. 40
8	9. 60	8	23. 60	8	37. 60	8	51. 60	8	65. 60	8	79. 60	8	93. 60
9	9. 80	9	23. 80	9	37. 80	9	51. 80	9	65. 80	9	79. 80	9	93. 80
50	10. ..	120	24. ..	190	38. ..	260	52. ..	330	66. ..	400	80. ..	470	94. ..
1	10. 20	1	24. 20	1	38. 20	1	52. 20	1	66. 20	1	80. 20	1	94. 20
2	10. 40	2	24. 40	2	38. 40	2	52. 40	2	66. 40	2	80. 40	2	94. 40
3	10. 60	3	24. 60	3	38. 60	3	52. 60	3	66. 60	3	80. 60	3	94. 60
4	10. 80	4	24. 80	4	38. 80	4	52. 80	4	66. 80	4	80. 80	4	94. 80
5	11. ..	5	25. ..	5	39. ..	5	53. ..	5	67. ..	5	81. ..	5	95. ..
6	11. 20	6	25. 20	6	39. 20	6	53. 20	6	67. 20	6	81. 20	6	95. 20
7	11. 40	7	25. 40	7	39. 40	7	53. 40	7	67. 40	7	81. 40	7	95. 40
8	11. 60	8	25. 60	8	39. 60	8	53. 60	8	67. 60	8	81. 60	8	95. 60
9	11. 80	9	25. 80	9	39. 80	9	53. 80	9	67. 80	9	81. 80	9	95. 80
60	12. ..	130	26. ..	200	40. ..	270	54. ..	340	68. ..	410	82. ..	480	96. ..
1	12. 20	1	26. 20	1	40. 20	1	54. 20	1	68. 20	1	82. 20	1	96. 20
2	12. 40	2	26. 40	2	40. 40	2	54. 40	2	68. 40	2	82. 40	2	96. 40
3	12. 60	3	26. 60	3	40. 60	3	54. 60	3	68. 60	3	82. 60	3	96. 60
4	12. 80	4	26. 80	4	40. 80	4	54. 80	4	68. 80	4	82. 80	4	96. 80
5	13. ..	5	27. ..	5	41. ..	5	55. ..	5	69. ..	5	83. ..	5	97. ..
6	13. 20	6	27. 20	6	41. 20	6	55. 20	6	69. 20	6	83. 20	6	97. 20
7	13. 40	7	27. 40	7	41. 40	7	55. 40	7	69. 40	7	83. 40	7	97. 40
8	13. 60	8	27. 60	8	41. 60	8	55. 60	8	69. 60	8	83. 60	8	97. 60
9	13. 80	9	27. 80	9	41. 80	9	55. 80	9	69. 80	9	83. 80	9	97. 80

Heures à 0.21 ⅌ l'une.

Heures	Sommes	Heures	Sommes	Heures	Sommes	Heures	Sommes	Heures	Sommes	Heures	Sommes	Heures	Sommes
1	.21	70	14.70	140	29.40	210	44.10	280	58.80	350	73.60	420	88.20
2	.42	1	14.91	1	29.61	1	44.31	1	59.01	1	73.71	1	88.41
3	.63	2	15.12	2	29.82	2	44.52	2	59.22	2	73.92	2	88.62
4	.84	3	15.33	3	30.03	3	44.73	3	59.43	3	74.13	3	88.83
5	1.05	4	15.54	4	30.24	4	44.94	4	59.64	4	74.34	4	89.04
6	1.26	5	15.75	5	30.45	5	45.15	5	59.85	5	74.55	5	89.25
7	1.47	6	15.96	6	30.66	6	45.36	6	60.06	6	74.76	6	89.46
8	1.68	7	16.17	7	30.87	7	45.57	7	60.27	7	74.97	7	89.67
9	1.89	8	16.38	8	31.08	8	45.78	8	60.48	8	75.18	8	89.88
		9	16.59	9	31.29	9	45.99	9	60.69	9	75.39	9	90.09
10	2.10	80	16.80	150	31.56	220	46.20	290	60.90	360	75.60	430	90.30
1	2.31	1	17.01	1	31.71	1	46.41	1	61.11	1	75.81	1	90.51
2	2.52	2	17.22	2	31.92	2	46.62	2	61.32	2	76.02	2	90.72
3	2.73	3	17.43	3	32.13	3	46.83	3	61.53	3	76.23	3	90.93
4	2.94	4	17.64	4	32.34	4	47.04	4	61.74	4	76.44	4	91.14
5	3.15	5	17.85	5	32.55	5	47.25	5	61.95	5	76.65	5	91.35
6	3.36	6	18.06	6	32.76	6	47.46	6	62.16	6	76.86	6	91.56
7	3.57	7	18.27	7	32.97	7	47.67	7	62.37	7	77.07	7	91.77
8	3.78	8	18.48	8	33.18	8	47.88	8	62.58	8	77.28	8	91.98
9	3.99	9	18.69	9	33.39	9	48.09	9	62.79	9	77.49	9	92.19
20	4.20	90	18.90	160	33.60	230	48.30	300	63. ,,	370	77.70	440	92.40
1	4.41	1	19.11	1	33.81	1	48.51	1	63.21	1	77.91	1	92.61
2	4.62	2	19.32	2	34.02	2	48.72	2	63.42	2	78.12	2	92.82
3	4.83	3	19.53	3	34.23	3	48.93	3	63.63	3	78.33	3	93.03
4	5.04	4	19.74	4	34.44	4	49.14	4	63.84	4	78.54	4	93.24
5	5.25	5	19.95	5	34.65	5	49.35	5	64.05	5	78.75	5	93.45
6	5.46	6	20.16	6	34.86	6	49.56	6	64.26	6	78.96	6	93.66
7	5.67	7	20.37	7	35.07	7	49.77	7	64.47	7	79.17	7	93.87
8	5.88	8	20.58	8	35.28	8	49.98	8	64.68	8	79.38	8	94.08
9	6.09	9	20.79	9	35.49	9	50.19	9	64.89	9	79.59	9	94.29
30	6.30	100	21. ,,	170	35.70	240	50.40	310	65.10	380	79.80	450	94.50
1	6.51	1	21.21	1	35.91	1	50.61	1	65.31	1	80.01	1	94.71
2	6.72	2	21.42	2	36.12	2	50.82	2	65.52	2	80.22	2	94.92
3	6.93	3	21.63	3	36.33	3	51.03	3	65.73	3	80.43	3	95.13
4	7.14	4	21.84	4	36.54	4	51.24	4	65.94	4	80.64	4	95.34
5	7.35	5	22.05	5	36.75	5	51.45	5	66.15	5	80.85	5	95.55
6	7.56	6	22.26	6	36.96	6	51.66	6	66.36	6	81.06	6	95.76
7	7.77	7	22.47	7	37.17	7	51.87	7	66.57	7	81.27	7	95.97
8	7.98	8	22.68	8	37.38	8	52.08	8	66.78	8	81.48	8	96.18
9	8.19	9	22.89	9	37.59	9	52.29	9	66.99	9	81.69	9	96.39
40	8.40	110	23.10	180	37.80	250	52.50	320	67.20	390	81.90	460	96.60
1	8.61	1	23.31	1	38.01	1	52.71	1	67.41	1	82.11	1	96.81
2	8.82	2	23.52	2	38.22	2	52.92	2	67.62	2	82.32	2	97.02
3	9.03	3	23.73	3	38.43	3	53.13	3	67.83	3	82.53	3	97.23
4	9.24	4	23.94	4	38.64	4	53.34	4	68.04	4	82.74	4	97.44
5	9.45	5	24.15	5	38.85	5	53.55	5	68.25	5	82.95	5	97.65
6	9.66	6	24.36	6	39.06	6	53.76	6	68.46	6	83.16	6	97.86
7	9.87	7	24.57	7	39.27	7	53.97	7	68.67	7	83.37	7	98.07
8	10.08	8	24.78	8	39.48	8	54.18	8	68.88	8	83.58	8	98.28
9	10.29	9	24.99	9	39.69	9	54.39	9	69.09	9	83.79	9	98.49
50	10.50	120	25.20	190	39.90	260	54.60	330	69.30	400	84. ,,	470	98.70
1	10.71	1	25.41	1	40.11	1	54.81	1	69.51	1	84.21	1	98.91
2	10.92	2	25.62	2	40.32	2	55.02	2	69.72	2	84.42	2	99.12
3	11.13	3	25.83	3	40.53	3	55.23	3	69.93	3	84.63	3	99.33
4	11.34	4	26.04	4	40.74	4	55.44	4	70.14	4	84.84	4	99.54
5	11.55	5	26.25	5	40.95	5	55.65	5	70.35	5	85.05	5	99.75
6	11.76	6	26.46	6	41.16	6	55.86	6	70.56	6	85.26	6	99.96
7	11.97	7	26.67	7	41.37	7	56.07	7	70.77	7	85.47	7	100.17
8	12.18	8	26.88	8	41.58	8	56.28	8	70.98	8	85.68	8	100.38
9	12.39	9	27.09	9	41.79	9	56.49	9	71.19	9	85.89	9	100.59
60	12.60	130	27.30	200	42. ,,	270	56.70	340	71.40	410	86.10	480	100.80
1	12.81	1	27.51	1	42.21	1	56.91	1	71.61	1	86.31	1	101.01
2	13.02	2	27.72	2	42.42	2	57.12	2	71.82	2	86.52	2	101.22
3	13.23	3	27.93	3	42.63	3	57.33	3	72.03	3	86.73	3	101.43
4	13.44	4	28.14	4	42.84	4	57.54	4	72.24	4	86.94	4	101.64
5	13.65	5	28.35	5	43.05	5	57.75	5	72.45	5	87.15	5	101.85
6	13.86	6	28.56	6	43.26	6	57.96	6	72.66	6	87.36	6	102.06
7	14.07	7	28.77	7	43.47	7	58.17	7	72.87	7	87.57	7	102.27
8	14.28	8	28.98	8	43.68	8	58.38	8	73.08	8	87.78	8	102.48
9	14.49	9	29.19	9	43.89	9	58.59	9	73.29	9	87.99	9	102.69

Heures à 0.22 f l'une.

Heures.	Sommes.	Heures.	Sommes.	Heures.	Sommes.	Heures.	Sommes.	Heures.	Sommes.	Heures.	Sommes.	Heures.	Sommes.
1	, 22	70	15. 40	140	30. 80	210	46. 20	280	61. 60	350	77. ,,	420	92. 40
2	, 44	1	15. 62	1	31. 02	1	46. 42	1	61. 82	1	77. 22	1	92. 62
3	, 66	2	15. 84	2	31. 24	2	46. 64	2	62. 04	2	77. 44	2	92. 84
4	, 88	3	16. 06	3	31. 46	3	46. 86	3	62. 26	3	77. 66	3	93. 06
5	1. 10	4	16. 28	4	31. 68	4	47. 08	4	62. 48	4	77. 88	4	93. 28
6	1. 32	5	16. 50	5	31. 90	5	47. 30	5	62. 70	5	78. 10	5	93. 50
7	1. 54	6	16. 72	6	32. 12	6	47. 52	6	62. 92	6	78. 32	6	93. 72
8	1. 76	7	16. 94	7	32. 34	7	47. 74	7	63. 14	7	78. 54	7	93. 94
9	1. 98	8	17. 16	8	32. 56	8	47. 96	8	63. 36	8	78. 76	8	94. 16
		9	17. 38	9	32. 78	9	48. 18	9	63. 58	9	78. 98	9	94. 38
10	2. 20	80	17. 60	150	33. ,,	220	48. 40	290	63. 80	360	79. 20	430	94. 60
1	2. 42	1	17. 82	1	33. 22	1	48. 62	1	64. 02	1	79. 42	1	94. 82
2	2. 64	2	18. 04	2	33. 44	2	48. 84	2	64. 24	2	79. 64	2	95. 04
3	2. 86	3	18. 26	3	33. 66	3	49. 06	3	64. 46	3	79. 86	3	95. 26
4	3. 08	4	18. 48	4	33. 88	4	49. 28	4	64. 68	4	80. 08	4	95. 48
5	3. 30	5	18. 70	5	34. 10	5	49. 50	5	64. 90	5	80. 30	5	95. 70
6	3. 52	6	18. 92	6	34. 32	6	49. 72	6	65. 12	6	80. 52	6	95. 92
7	3. 74	7	19. 14	7	34. 54	7	49. 94	7	65. 34	7	80. 74	7	96. 14
8	3. 96	8	19. 36	8	34. 76	8	50. 16	8	65. 56	8	80. 96	8	96. 36
9	4. 18	9	19. 58	9	34. 98	9	50. 38	9	65. 78	9	81. 18	9	96. 58
20	4. 40	90	19. 80	160	35. 20	230	50. 60	300	66. ,,	370	81. 40	440	96. 80
1	4. 62	1	20. 02	1	35. 42	1	50. 82	1	66. 22	1	81. 62	1	97. 02
2	4. 84	2	20. 24	2	35. 64	2	51. 04	2	66. 44	2	81. 84	2	97. 24
3	5. 06	3	20. 46	3	35. 86	3	51. 26	3	66. 66	3	82. 06	3	97. 46
4	5. 28	4	20. 68	4	36. 08	4	51. 48	4	66. 88	4	82. 28	4	97. 68
5	5. 50	5	20. 90	5	36. 30	5	51. 70	5	67. 10	5	82. 50	5	97. 90
6	5. 72	6	21. 12	6	36. 52	6	51. 92	6	67. 32	6	82. 72	6	98. 12
7	5. 94	7	21. 34	7	36. 74	7	52. 14	7	67. 54	7	82. 94	7	98. 34
8	6. 16	8	21. 56	8	36. 95	8	52. 36	8	67. 76	8	83. 16	8	98. 55
9	6. 38	9	21. 78	9	37. 18	9	52. 58	9	67. 98	9	83. 38	9	98. 78
30	6. 60	100	22. ,,	170	37. 40	240	52. 80	310	68. 20	380	83. 60	450	99. ,,
1	6. 82	1	22. 22	1	37. 62	1	53. 02	1	68. 42	1	83. 82	1	99. 22
2	7. 04	2	22. 44	2	37. 84	2	53. 24	2	68. 64	2	84. 04	2	99. 44
3	7. 26	3	22. 66	3	38. 06	3	53. 46	3	68. 86	3	84. 26	3	99. 66
4	7. 48	4	22. 88	4	38. 28	4	53. 68	4	69. 08	4	84. 48	4	99. 88
5	7. 70	5	23. 10	5	38. 50	5	53. 90	5	69. 30	5	84. 70	5	100. 10
6	7. 92	6	23. 32	6	38. 72	6	54. 12	6	69. 52	6	84. 92	6	100. 32
7	8. 14	7	23. 54	7	38. 94	7	54. 34	7	69. 74	7	85. 14	7	100. 54
8	8. 36	8	23. 76	8	39. 16	8	54. 56	8	69. 96	8	85. 36	8	100. 76
9	8. 58	9	23. 98	9	39. 38	9	54. 78	9	70. 18	9	85. 58	9	100. 98
40	8. 80	110	24. 20	180	39. 60	250	55. ,,	320	70. 40	390	85. 80	460	101. 20
1	9. 02	1	24. 42	1	39. 82	1	55. 22	1	70. 62	1	86. 02	1	101. 42
2	9. 24	2	24. 64	2	40. 04	2	55. 44	2	70. 84	2	86. 24	2	101. 64
3	9. 46	3	24. 86	3	40. 26	3	55. 66	3	71. 06	3	86. 46	3	101. 86
4	9. 68	4	25. 08	4	40. 48	4	55. 88	4	71. 28	4	86. 68	4	102. 08
5	9. 90	5	25. 30	5	40. 70	5	56. 10	5	71. 50	5	86. 90	5	102. 30
6	10. 12	6	25. 52	6	40. 92	6	56. 32	6	71. 72	6	87. 12	6	102. 52
7	10. 34	7	25. 74	7	41. 14	7	56. 54	7	71. 94	7	87. 34	7	102. 74
8	10. 56	8	25. 96	8	41. 36	8	56. 76	8	72. 16	8	87. 56	8	102. 96
9	10. 78	9	26. 18	9	41. 58	9	56. 98	9	72. 38	9	87. 78	9	103. 18
50	11. ,,	120	26. 40	190	41. 80	260	57. 20	330	72. 60	400	88. ,,	470	103. 40
1	11. 22	1	26. 62	1	42. 02	1	57. 42	1	72. 82	1	88. 22	1	103. 62
2	11. 44	2	26. 84	2	42. 24	2	57. 64	2	73. 04	2	88. 44	2	103. 84
3	11. 66	3	27. 06	3	42. 46	3	57. 86	3	73. 26	3	88. 66	3	104. 06
4	11. 88	4	27. 28	4	42. 68	4	58. 08	4	73. 48	4	88. 88	4	104. 28
5	12. 10	5	27. 50	5	42. 90	5	58. 30	5	73. 70	5	89. 10	5	104. 50
6	12. 32	6	27. 72	6	43. 12	6	58. 52	6	73. 92	6	89. 32	6	104. 72
7	12. 54	7	27. 94	7	43. 34	7	58. 74	7	74. 14	7	89. 54	7	104. 94
8	12. 76	8	28. 16	8	43. 56	8	58. 96	8	74. 36	8	89. 76	8	105. 16
9	12. 98	9	28. 38	9	43. 78	9	59. 18	9	74. 58	9	89. 98	9	105. 38
60	13. 20	130	28. 60	200	44. ,,	270	59. 40	340	74. 80	410	90. 20	480	105. 60
1	13. 42	1	28. 82	1	44. 22	1	59. 62	1	75. 02	1	90. 42	1	105. 82
2	13. 64	2	29. 04	2	44. 44	2	59. 84	2	75. 24	2	90. 64	2	106. 04
3	13. 86	3	29. 26	3	44. 66	3	60. 06	3	75. 46	3	90. 86	3	106. 26
4	14. 08	4	29. 48	4	44. 88	4	60. 28	4	75. 68	4	91. 08	4	106. 48
5	14. 30	5	29. 70	5	45. 10	5	60. 50	5	75. 90	5	91. 30	5	106. 70
6	14. 52	6	29. 92	6	45. 32	6	60. 72	6	76. 12	6	91. 52	6	106. 92
7	14. 74	7	30. 14	7	45. 54	7	60. 94	7	76. 34	7	91. 74	7	107. 14
8	14. 96	8	30. 36	8	45. 76	8	61. 16	8	76. 56	8	91. 96	8	107. 36
9	15. 18	9	30. 58	9	45. 98	9	61. 38	9	76. 78	9	92. 18	9	107. 58

Heures à 0.23 ♃ l'une.

Heures.	Sommes.	Heures.	Sommes.	Heures.	Sommes.	Heures.	Sommes	Heures.	Sommes.	Heures.	Sommes.	Heures.	Sommes.
1	. 23	70	16. 10	140	32. 20	210	48. 30	280	64. 40	350	80. 50	420	96. 60
2	. 46	1	16. 33	1	32. 43	1	48. 53	1	64. 63	1	80. 73	1	96. 83
3	. 69	2	16. 56	2	32. 66	2	48. 76	2	64. 86	2	80. 96	2	97. 06
4	. 92	3	16. 79	3	32. 89	3	48. 99	3	65. 09	3	81. 19	3	97. 29
5	1. 15	4	17. 02	4	33. 12	4	49. 22	4	65. 32	4	81. 42	4	97. 52
6	1. 38	5	17. 25	5	33. 35	5	49. 45	5	65. 55	5	81. 65	5	97. 75
7	1. 61	6	17. 48	6	33. 58	6	49. 68	6	65. 78	6	81. 88	6	97. 98
8	1. 84	7	17. 71	7	33. 81	7	49. 91	7	66. 01	7	82. 11	7	98. 21
9	2. 07	8	17. 94	8	34. 04	8	50. 14	8	66. 24	8	82. 34	8	98. 44
		9	18. 17	9	34. 27	9	50. 37	9	66. 47	9	82. 57	9	98. 67
10	2. 30	80	18. 40	150	34. 50	220	50. 60	290	66. 70	360	82. 80	430	98. 90
1	2. 53	1	18. 63	1	34. 73	1	50. 83	1	66. 93	1	83. 03	1	99. 13
2	2. 76	2	18. 86	2	34. 96	2	51. 06	2	67. 16	2	83. 26	2	99. 36
3	2. 99	3	19. 09	3	35. 19	3	51. 29	3	67. 39	3	83. 49	3	99. 59
4	3. 22	4	19. 32	4	35. 42	4	51. 52	4	67. 62	4	83. 72	4	99. 82
5	3. 45	5	19. 55	5	35. 65	5	51. 75	5	67. 85	5	83. 95	5	100. 05
6	3. 68	6	19. 78	6	35. 88	6	51. 98	6	68. 08	6	84. 18	6	100. 28
7	3. 91	7	20. 01	7	36. 11	7	52. 21	7	68. 31	7	84. 41	7	100. 51
8	4. 14	8	20. 24	8	36. 34	8	52. 44	8	68. 54	8	84. 64	8	100. 74
9	4. 37	9	20. 47	9	36. 57	9	52. 67	9	68. 77	9	84. 87	9	100. 97
20	4. 60	90	20. 70	160	36. 80	230	52. 90	300	69. ..	370	85. 10	440	101. 20
1	4. 83	1	20. 95	1	37. 03	1	53. 13	1	69. 23	1	85. 33	1	101. 43
2	5. 06	2	21. 16	2	37. 26	2	53. 36	2	69. 46	2	85. 56	2	101. 66
3	5. 29	3	21. 39	3	37. 49	3	53. 59	3	69. 69	3	85. 79	3	101. 89
4	5. 52	4	21. 62	4	37. 72	4	53. 82	4	69. 92	4	86. 02	4	102. 12
5	5. 75	5	21. 85	5	37. 95	5	54. 05	5	70. 15	5	86. 25	5	102. 35
6	5. 98	6	22. 08	6	38. 18	6	54. 28	6	70. 38	6	86. 48	6	102. 58
7	6. 21	7	22. 31	7	38. 41	7	54. 51	7	70. 61	7	86. 71	7	102. 81
8	6. 44	8	22. 54	8	38. 64	8	54. 74	8	70. 84	8	86. 94	8	103. 04
9	6. 67	9	22. 77	9	38. 87	9	54. 97	9	71. 07	9	87. 17	9	103. 27
30	6. 90	100	23. ..	170	39. 10	240	55. 20	310	71. 30	380	87. 40	450	103. 50
1	7. 13	1	23. 23	1	39. 33	1	55. 43	1	71. 53	1	87. 63	1	103. 73
2	7. 36	2	23. 46	2	39. 56	2	55. 66	2	71. 76	2	87. 86	2	103. 96
3	7. 59	3	23. 69	3	39. 79	3	55. 89	3	71. 99	3	88. 09	3	104. 19
4	7. 82	4	23. 92	4	40. 02	4	56. 12	4	72. 22	4	88. 32	4	104. 42
5	8. 05	5	24. 15	5	40. 25	5	56. 35	5	72. 45	5	88. 55	5	104. 65
6	8. 28	6	24. 38	6	40. 48	6	56. 58	6	72. 68	6	88. 78	6	104. 88
7	8. 51	7	24. 61	7	40. 71	7	56. 81	7	72. 91	7	89. 01	7	105. 11
8	8. 74	8	24. 84	8	40. 94	8	57. 04	8	73. 14	8	89. 24	8	105. 34
9	8. 97	9	25. 07	9	41. 17	9	57. 27	9	73. 37	9	89. 47	9	105. 57
40	9. 20	110	25. 30	180	41. 40	250	57. 50	320	73. 60	390	89. 70	460	105. 80
1	9. 43	1	25. 53	1	41. 63	1	57. 73	1	73. 83	1	89. 93	1	106. 03
2	9. 66	2	25. 76	2	41. 86	2	57. 96	2	74. 06	2	90. 16	2	106. 26
3	9. 89	3	25. 99	3	42. 09	3	58. 19	3	74. 29	3	90. 39	3	106. 49
4	10. 12	4	26. 22	4	42. 32	4	58. 42	4	74. 52	4	90. 62	4	106. 72
5	10. 35	5	26. 45	5	42. 55	5	58. 65	5	74. 75	5	90. 85	5	106. 95
6	10. 58	6	26. 68	6	42. 78	6	58. 88	6	74. 98	6	91. 08	6	107. 18
7	10. 81	7	26. 91	7	43. 01	7	59. 11	7	75. 21	7	91. 31	7	107. 41
8	11. 04	8	27. 14	8	43. 24	8	59. 34	8	75. 44	8	91. 54	8	107. 64
9	11. 27	9	27. 37	9	43. 47	9	59. 57	9	75. 67	9	91. 77	9	107. 87
50	11. 50	120	27. 60	190	43. 70	260	59. 80	330	75. 90	400	92. ..	470	108. 10
1	11. 73	1	27. 83	1	43. 93	1	60. 03	1	76. 13	1	92. 23	1	108. 33
2	11. 96	2	28. 06	2	44. 16	2	60. 26	2	76. 36	2	92. 46	2	108. 56
3	12. 19	3	28. 29	3	44. 39	3	60. 49	3	76. 59	3	92. 69	3	108. 79
4	12. 42	4	28. 52	4	44. 62	4	60. 72	4	76. 82	4	92. 92	4	109. 02
5	12. 65	5	28. 75	5	44. 85	5	60. 95	5	77. 05	5	93. 15	5	109. 25
6	12. 88	6	28. 98	6	45. 08	6	61. 18	6	77. 28	6	93. 38	6	109. 48
7	13. 11	7	29. 21	7	45. 31	7	61. 41	7	77. 51	7	93. 61	7	109. 71
8	13. 34	8	29. 44	8	45. 54	8	61. 64	8	77. 74	8	93. 84	8	109. 94
9	13. 57	9	29. 67	9	45. 77	9	61. 87	9	77. 97	9	94. 07	9	110. 17
60	13. 80	130	29. 90	200	46. ..	270	62. 10	340	78. 20	410	94. 30	480	110. 40
1	14. 03	1	30. 13	1	46. 23	1	62. 33	1	78. 43	1	94. 53	1	110. 63
2	14. 26	2	30. 36	2	46. 46	2	62. 56	2	78. 66	2	94. 76	2	110. 86
3	14. 49	3	30. 59	3	46. 69	3	62. 79	3	78. 89	3	94. 99	3	111. 09
4	14. 72	4	30. 82	4	46. 92	4	63. 02	4	79. 12	4	95. 22	4	111. 32
5	14. 95	5	31. 05	5	47. 15	5	63. 25	5	79. 35	5	95. 45	5	111. 55
6	15. 18	6	31. 28	6	47. 38	6	63. 48	6	79. 58	6	95. 68	6	111. 78
7	15. 41	7	31. 51	7	47. 61	7	63. 71	7	79. 81	7	95. 91	7	112. 01
8	15. 64	8	31. 74	8	47. 84	8	63. 94	8	80. 04	8	96. 14	8	112. 24
9	15. 87	9	31. 97	9	48. 07	9	64. 17	9	80. 27	9	96. 37	9	112. 47

Heures.	Sommes.	Heures.	Sommes.	Heures.	Sommes.	Heures.	Sommes.	Heures.	Sommes.	Heures.	Sommes.	Heures.	Sommes.
1	„ 24	70	16. 80	140	33. 60	210	50. 40	280	67. 20	350	84. „	420	100. 80
2	„ 48	1	17. 04	1	33. 84	1	50. 64	1	67. 44	1	84. 24	1	101. 04
3	„ 72	2	17. 28	2	34. 08	2	50. 88	2	67. 68	2	84. 48	2	101. 28
4	„ 96	3	17. 52	3	34. 32	3	51. 12	3	67. 92	3	84. 72	3	101. 52
5	1. 20	4	17. 76	4	34. 56	4	51. 36	4	68. 16	4	84. 96	4	101. 76
6	1. 44	5	18. „	5	34. 80	5	51. 60	5	68. 40	5	85. 20	5	102. „
7	1. 68	6	18. 24	6	35. 04	6	51. 84	6	68. 64	6	85. 44	6	102. 24
8	1. 92	7	18. 48	7	35. 28	7	52. 08	7	68. 88	7	85. 68	7	102. 48
9	2. 16	8	18. 72	8	35. 52	8	52. 32	8	69. 12	8	85. 92	8	102. 72
		9	18. 96	9	35. 76	9	52. 56	9	69. 36	9	86. 16	9	102. 96
10	2. 40	80	19. 20	150	36. „	220	52. 80	290	69. 60	360	86. 40	430	103. 20
1	2. 64	1	19. 44	1	36. 24	1	53. 04	1	69. 84	1	86. 64	1	103. 44
2	2. 88	2	19. 68	2	36. 48	2	53. 28	2	70. 08	2	86. 88	2	103. 68
3	3. 12	3	19. 92	3	36. 72	3	53. 52	3	70. 32	3	87. 12	3	103. 92
4	3. 36	4	20. 16	4	36. 96	4	53. 76	4	70. 56	4	87. 36	4	104. 16
5	3. 60	5	20. 40	5	37. 20	5	54. „	5	70. 80	5	87. 60	5	104. 40
6	3. 84	6	20. 64	6	37. 44	6	54. 24	6	71. 04	6	87. 84	6	104. 64
7	4. 08	7	20. 88	7	37. 68	7	54. 48	7	71. 28	7	88. 08	7	104. 88
8	4. 32	8	21. 12	8	37. 92	8	54. 72	8	71. 52	8	88. 32	8	105. 12
9	4. 56	9	21. 36	9	38. 16	9	54. 96	9	71. 76	9	88. 56	9	105. 36
20	4. 80	90	21. 60	160	38. 40	230	55. 20	300	72. „	370	88. 80	440	105. 60
1	5. 04	1	21. 84	1	38. 64	1	55. 44	1	72. 24	1	89. 04	1	105. 84
2	5. 28	2	22. 08	2	38. 88	2	55. 68	2	72. 48	2	89. 28	2	106. 08
3	5. 52	3	22. 32	3	39. 12	3	55. 92	3	72. 72	3	89. 52	3	106. 32
4	5. 76	4	22. 56	4	39. 36	4	56. 16	4	72. 96	4	89. 76	4	106. 56
5	6. „	5	22. 80	5	39. 60	5	56. 40	5	73. 20	5	90. „	5	106. 80
6	6. 24	6	23. 04	6	39. 84	6	56. 64	6	73. 44	6	90. 24	6	107. 04
7	6. 48	7	23. 28	7	40. 08	7	56. 88	7	73. 68	7	90. 48	7	107. 28
8	6. 72	8	23. 52	8	40. 32	8	57. 12	8	73. 92	8	90. 72	8	107. 52
9	6. 96	9	23. 76	9	40. 56	9	57. 36	9	74. 16	9	90. 96	9	107. 76
30	7. 20	100	24. „	170	40. 80	240	57. 60	310	74. 40	380	91. 20	450	108. „
1	7. 44	1	24. 24	1	41. 04	1	57. 84	1	74. 64	1	91. 44	1	108. 24
2	7. 68	2	24. 48	2	41. 28	2	58. 08	2	74. 88	2	91. 68	2	108. 48
3	7. 92	3	24. 72	3	41. 52	3	58. 32	3	75. 12	3	91. 92	3	108. 72
4	8. 16	4	24. 96	4	41. 76	4	58. 56	4	75. 36	4	92. 16	4	108. 96
5	8. 40	5	25. 20	5	42. „	5	58. 80	5	75. 60	5	92. 40	5	109. 20
6	8. 64	6	25. 44	6	42. 24	6	59. 04	6	75. 84	6	92. 64	6	109. 44
7	8. 88	7	25. 68	7	42. 48	7	59. 28	7	76. 08	7	92. 88	7	109. 68
8	9. 12	8	25. 92	8	42. 72	8	59. 52	8	76. 32	8	93. 12	8	109. 92
9	9. 36	9	26. 16	9	42. 96	9	59. 76	9	76. 56	9	93. 36	9	110. 16
40	9. 60	110	26. 40	180	43. 20	250	60. „	320	76. 80	390	93. 60	460	110. 40
1	9. 84	1	26. 64	1	43. 44	1	60. 24	1	77. 04	1	93. 84	1	110. 64
2	10. 08	2	26. 88	2	43. 68	2	60. 48	2	77. 28	2	94. 08	2	110. 88
3	10. 32	3	27. 12	3	43. 92	3	60. 72	3	77. 52	3	94. 32	3	111. 12
4	10. 56	4	27. 36	4	44. 16	4	60. 96	4	77. 76	4	94. 56	4	111. 36
5	10. 80	5	27. 60	5	44. 40	5	61. 20	5	78. „	5	94. 80	5	111. 60
6	11. 04	6	27. 84	6	44. 64	6	61. 44	6	78. 24	6	95. 04	6	111. 84
7	11. 28	7	28. 08	7	44. 88	7	61. 68	7	78. 48	7	95. 28	7	112. 08
8	11. 52	8	28. 32	8	45. 12	8	61. 92	8	78. 72	8	95. 52	8	112. 32
9	11. 76	9	28. 56	9	45. 36	9	62. 16	9	78. 96	9	95. 76	9	112. 56
50	12. „	120	28. 80	190	45. 60	260	62. 40	330	79. 20	400	96. „	470	112. 80
1	12. 24	1	29. 04	1	45. 84	1	62. 64	1	79. 44	1	96. 24	1	113. 04
2	12. 48	2	29. 28	2	46. 08	2	62. 88	2	79. 68	2	96. 48	2	113. 28
3	12. 72	3	29. 52	3	46. 32	3	63. 12	3	79. 92	3	96. 72	3	113. 52
4	12. 96	4	29. 76	4	46. 56	4	63. 36	4	80. 16	4	96. 96	4	113. 76
5	13. 20	5	30. „	5	46. 80	5	63. 60	5	80. 40	5	97. 20	5	114. „
6	13. 44	6	30. 24	6	47. 04	6	63. 84	6	80. 64	6	97. 44	6	114. 24
7	13. 68	7	30. 48	7	47. 28	7	64. 08	7	80. 88	7	97. 68	7	114. 48
8	13. 92	8	30. 72	8	47. 52	8	64. 32	8	81. 12	8	97. 92	8	114. 72
9	14. 16	9	30. 96	9	47. 76	9	64. 56	9	81. 36	9	98. 16	9	114. 96
60	14. 40	130	31. 20	200	48. „	270	64. 80	340	81. 60	410	98. 40	480	115. 20
1	14. 64	1	31. 44	1	48. 24	1	65. 04	1	81. 84	1	98. 64	1	115. 44
2	14. 88	2	31. 68	2	48. 48	2	65. 28	2	82. 08	2	98. 88	2	115. 68
3	15. 12	3	31. 92	3	48. 72	3	65. 52	3	82. 32	3	99. 12	3	115. 92
4	15. 36	4	32. 16	4	48. 96	4	65. 76	4	82. 56	4	99. 36	4	116. 16
5	15. 60	5	32. 40	5	49. 20	5	66. „	5	82. 80	5	99. 60	5	116. 40
6	15. 84	6	32. 64	6	49. 44	6	66. 24	6	83. 04	6	99. 84	6	116. 64
7	16. 08	7	32. 88	7	49. 68	7	66. 48	7	83. 28	7	100. 08	7	116. 88
8	16. 32	8	33. 12	8	49. 92	8	66. 72	8	83. 52	8	100. 32	8	117. 12
9	16. 56	9	33. 36	9	50. 16	9	66. 96	9	83. 76	9	100. 56	9	117. 36

Heures à 0.25 f l'une.

Heures.	Sommes.	Heures.	Sommes.	Heures.	Sommes.	Heures.	Sommes.	Heures.	Sommes.	Heures.	Sommes.	Heures.	Sommes.
1	. 25	70	17. 50	140	35. ..	210	52. 50	280	70. ..	350	87. 50	420	105. ..
2	. 50	1	17. 75	1	35. 25	1	52. 75	1	70. 25	1	87. 75	1	105. 25
3	. 75	2	18. ..	2	35. 50	2	53. ..	2	70. 50	2	88. ..	2	105. 50
4	1. ..	3	18. 25	3	35. 75	3	53. 25	3	70. 75	3	88. 25	3	105. 75
5	1. 25	4	18. 50	4	36. ..	4	53. 50	4	71. ..	4	88. 50	4	106. ..
6	1. 50	5	18. 75	5	36. 25	5	53. 75	5	71. 25	5	88. 75	5	106. 25
7	1. 75	6	19. ..	6	36. 50	6	54. ..	6	71. 50	6	89. ..	6	106. 50
8	2. ..	7	19. 25	7	36. 75	7	54. 25	7	71. 75	7	89. 25	7	106. 75
9	2. 25	8	19. 50	8	37. ..	8	54. 50	8	72. ..	8	89. 50	8	107. ..
		9	19. 75	9	37. 25	9	54. 75	9	72. 25	9	89. 75	9	107. 25
10	2. 50	80	20. ..	150	37. 50	220	55. ..	290	72. 50	360	90. ..	430	107. 50
1	2. 75	1	20. 25	1	37. 75	1	55. 25	1	72. 75	1	90. 25	1	107. 75
2	3. ..	2	20. 50	2	38. ..	2	55. 50	2	73. ..	2	90. 50	2	108. ..
3	3. 25	3	20. 75	3	38. 25	3	55. 75	3	73. 25	3	90. 75	3	108. 25
4	3. 50	4	21. ..	4	38. 50	4	56. ..	4	73. 50	4	91. ..	4	108. 50
5	3. 75	5	21. 25	5	38. 75	5	56. 25	5	73. 75	5	91. 25	5	108. 75
6	4. ..	6	21. 50	6	39. ..	6	56. 50	6	74. ..	6	91. 50	6	109. ..
7	4. 25	7	21. 75	7	39. 25	7	56. 75	7	74. 25	7	91. 75	7	109. 25
8	4. 50	8	22. ..	8	39. 50	8	57. ..	8	74. 50	8	92. ..	8	109. 50
9	4. 75	9	22. 25	9	39. 75	9	57. 25	9	74. 75	9	92. 25	9	109. 75
20	5. ..	90	22. 50	160	40. ..	230	57. 50	300	75. ..	370	92. 50	440	110. ..
1	5. 25	1	22. 75	1	40. 25	1	57. 75	1	75. 25	1	92. 75	1	110. 25
2	5. 50	2	23. ..	2	40. 50	2	58. ..	2	75. 50	2	93. ..	2	110. 50
3	5. 75	3	23. 25	3	40. 75	3	58. 25	3	75. 75	3	93. 25	3	110. 75
4	6. ..	4	23. 50	4	41. ..	4	58. 50	4	76. ..	4	93. 50	4	111. ..
5	6. 25	5	23. 75	5	41. 25	5	58. 75	5	76. 25	5	93. 75	5	111. 25
6	6. 50	6	24. ..	6	41. 50	6	59. ..	6	76. 50	6	94. ..	6	111. 50
7	6. 75	7	24. 25	7	41. 75	7	59. 25	7	76. 75	7	94. 25	7	111. 75
8	7. ..	8	24. 50	8	42. ..	8	59. 50	8	77. ..	8	94. 50	8	112. ..
9	7. 25	9	24. 75	9	42. 25	9	59. 75	9	77. 25	9	94. 75	9	112. 25
30	7. 50	100	25. ..	170	42. 50	240	60. ..	310	77. 50	380	95. ..	450	112. 50
1	7. 75	1	25. 25	1	42. 75	1	60. 25	1	77. 75	1	95. 25	1	112. 75
2	8. ..	2	25. 50	2	43. ..	2	60. 50	2	78. ..	2	95. 50	2	113. ..
3	8. 25	3	25. 75	3	43. 25	3	60. 75	3	78. 25	3	95. 75	3	113. 25
4	8. 50	4	26. ..	4	43. 50	4	61. ..	4	78. 50	4	96. ..	4	113. 50
5	8. 75	5	26. 25	5	43. 75	5	61. 25	5	78. 75	5	96. 25	5	113. 75
6	9. ..	6	26. 50	6	44. ..	6	61. 50	6	79. ..	6	96. 50	6	114. ..
7	9. 25	7	26. 75	7	44. 25	7	61. 75	7	79. 25	7	96. 75	7	114. 25
8	9. 50	8	27. ..	8	44. 50	8	62. ..	8	79. 50	8	97. ..	8	114. 50
9	9. 75	9	27. 25	9	44. 75	9	62. 25	9	79. 75	9	97. 25	9	114. 75
40	10. ..	110	27. 50	180	45. ..	250	62. 50	320	80. ..	390	97. 50	460	115. ..
1	10. 25	1	27. 75	1	45. 25	1	62. 75	1	80. 25	1	97. 75	1	115. 25
2	10. 50	2	28. ..	2	45. 50	2	63. ..	2	80. 50	2	98. ..	2	115. 50
3	10. 75	3	28. 25	3	45. 75	3	63. 25	3	80. 75	3	98. 25	3	115. 75
4	11. ..	4	28. 50	4	46. ..	4	63. 50	4	81. ..	4	98. 50	4	116. ..
5	11. 25	5	28. 75	5	46. 25	5	63. 75	5	81. 25	5	98. 75	5	116. 25
6	11. 50	6	29. ..	6	46. 50	6	64. ..	6	81. 50	6	99. ..	6	116. 50
7	11. 75	7	29. 25	7	46. 75	7	64. 25	7	81. 75	7	99. 25	7	116. 75
8	12. ..	8	29. 50	8	47. ..	8	64. 50	8	82. ..	8	99. 50	8	117. ..
9	12. 25	9	29. 75	9	47. 25	9	64. 75	9	82. 25	9	99. 75	9	117. 25
50	12. 50	120	30. ..	190	47. 50	260	65. ..	330	82. 50	400	100. ..	470	117. 50
1	12. 75	1	30. 25	1	47. 75	1	65. 25	1	82. 75	1	100. 25	1	117. 75
2	13. ..	2	30. 50	2	48. ..	2	65. 50	2	83. ..	2	100. 50	2	118. ..
3	13. 25	3	30. 75	3	48. 25	3	65. 75	3	83. 25	3	100. 75	3	118. 25
4	13. 50	4	31. ..	4	48. 50	4	66. ..	4	83. 50	4	101. ..	4	118. 50
5	13. 75	5	31. 25	5	48. 75	5	66. 25	5	83. 75	5	101. 25	5	118. 75
6	14. ..	6	31. 50	6	49. ..	6	66. 50	6	84. ..	6	101. 50	6	119. ..
7	14. 25	7	31. 75	7	49. 25	7	66. 75	7	84. 25	7	101. 75	7	119. 25
8	14. 50	8	32. ..	8	49. 50	8	67. ..	8	84. 50	8	102. ..	8	119. 50
9	14. 75	9	32. 25	9	49. 75	9	67. 25	9	84. 75	9	102. 25	9	119. 75
60	15. ..	130	32. 50	200	50. ..	270	67. 50	340	85. ..	410	102. 50	480	120. ..
1	15. 25	1	32. 75	1	50. 25	1	67. 75	1	85. 25	1	102. 75	1	120. 25
2	15. 50	2	33. ..	2	50. 50	2	68. ..	2	85. 50	2	103. ..	2	120. 50
3	15. 75	3	33. 25	3	50. 75	3	68. 25	3	85. 75	3	103. 25	3	120. 75
4	16. ..	4	33. 50	4	51. ..	4	68. 50	4	86. ..	4	103. 50	4	121. ..
5	16. 25	5	33. 75	5	51. 25	5	68. 75	5	86. 25	5	103. 75	5	121. 25
6	16. 50	6	34. ..	6	51. 50	6	69. ..	6	86. 50	6	104. ..	6	121. 50
7	16. 75	7	34. 25	7	51. 75	7	69. 25	7	86. 75	7	104. 25	7	121. 75
8	17. ..	8	34. 50	8	52. ..	8	69. 50	8	87. ..	8	104. 50	8	122. ..
9	17. 25	9	34. 75	9	52. 25	9	69. 75	9	87. 25	9	104. 75	9	122. 25

Heures à 0.26 ℔ l'une.

Heures	Sommes	Heures	Sommes	Heures	Sommes	Heures	Sommes	Heures	Sommes	Heures	Sommes	Heures	Sommes
1	" 26	70	18. 20	140	36. 40	210	54. 60	280	72. 80	350	91. "	420	109. 20
2	" 52	1	18. 46	1	36. 66	1	54. 86	1	73. 06	1	91. 26	1	109. 46
3	" 78	2	18. 72	2	36. 92	2	55. 12	2	73. 32	2	91. 52	2	109. 72
4	1. 04	3	18. 98	3	37. 18	3	55. 38	3	73. 58	3	91. 78	3	109. 98
5	1. 30	4	19. 24	4	37. 44	4	55. 64	4	73. 84	4	92. 04	4	110. 24
6	1. 56	5	19. 50	5	37. 70	5	55. 90	5	74. 10	5	92. 30	5	110. 50
7	1. 82	6	19. 76	6	37. 96	6	56. 16	6	74. 36	6	92. 56	6	110. 76
8	2. 08	7	20. 02	7	38. 22	7	56. 42	7	74. 62	7	92. 82	7	111. 02
9	2. 34	8	20. 28	8	38. 48	8	56. 68	8	74. 88	8	93. 08	8	111. 28
		9	20. 54	9	38. 74	9	56. 94	9	75. 14	9	93. 34	9	111. 54
10	2. 60	80	20. 80	150	39. "	220	57. 20	290	75. 40	360	93. 60	430	111. 80
1	2. 86	1	21. 06	1	39. 26	1	57. 46	1	75. 66	1	93. 86	1	112. 06
2	3. 12	2	21. 32	2	39. 52	2	57. 72	2	75. 92	2	94. 12	2	112. 32
3	3. 38	3	21. 58	3	39. 78	3	57. 98	3	76. 18	3	94. 38	3	112. 58
4	3. 64	4	21. 84	4	40. 04	4	58. 24	4	76. 44	4	94. 64	4	112. 84
5	3. 90	5	22. 10	5	40. 30	5	58. 50	5	76. 70	5	94. 90	5	113. 10
6	4. 16	6	22. 36	6	40. 56	6	58. 76	6	76. 96	6	95. 16	6	113. 36
7	4. 42	7	22. 62	7	40. 82	7	59. 02	7	77. 22	7	95. 42	7	113. 62
8	4. 68	8	22. 88	8	41. 08	8	59. 28	8	77. 48	8	95. 68	8	113. 88
9	4. 94	9	23. 14	9	41. 34	9	59. 54	9	77. 74	9	95. 94	9	114. 14
20	5. 20	90	23. 40	160	41. 60	230	59. 80	300	78. "	370	96. 20	440	114. 40
1	5. 46	1	23. 66	1	41. 86	1	60. 06	1	78. 26	1	96. 46	1	114. 66
2	5. 72	2	23. 92	2	42. 12	2	60. 32	2	78. 52	2	96. 72	2	114. 92
3	5. 98	3	24. 18	3	42. 38	3	60. 58	3	78. 78	3	96. 98	3	115. 18
4	6. 24	4	24. 44	4	42. 64	4	60. 84	4	79. 04	4	97. 24	4	115. 44
5	6. 50	5	24. 70	5	42. 90	5	61. 10	5	79. 30	5	97. 50	5	115. 70
6	6. 76	6	24. 96	6	43. 16	6	61. 36	6	79. 56	6	97. 76	6	115. 96
7	7. 02	7	25. 22	7	43. 42	7	61. 62	7	79. 82	7	98. 02	7	116. 22
8	7. 28	8	25. 48	8	43. 68	8	61. 88	8	80. 08	8	98. 28	8	116. 48
9	7. 54	9	25. 74	9	43. 94	9	62. 14	9	80. 34	9	98. 54	9	116. 74
30	7. 80	100	26. "	170	44. 20	240	62. 40	310	80. 60	380	98. 80	450	117. "
1	8. 06	1	26. 26	1	44. 46	1	62. 66	1	80. 86	1	99. 06	1	117. 26
2	8. 32	2	26. 52	2	44. 72	2	62. 92	2	81. 12	2	99. 32	2	117. 52
3	8. 58	3	26. 78	3	44. 98	3	63. 18	3	81. 38	3	99. 58	3	117. 78
4	8. 84	4	27. 04	4	45. 24	4	63. 44	4	81. 64	4	99. 84	4	118. 04
5	9. 10	5	27. 30	5	45. 50	5	63. 70	5	81. 90	5	100. 10	5	118. 30
6	9. 36	6	27. 56	6	45. 76	6	63. 96	6	82. 16	6	100. 36	6	118. 56
7	9. 62	7	27. 82	7	46. 02	7	64. 22	7	82. 42	7	100. 62	7	118. 82
8	9. 88	8	28. 08	8	46. 28	8	64. 48	8	82. 68	8	100. 88	8	119. 08
9	10. 14	9	28. 34	9	46. 54	9	64. 74	9	82. 94	9	101. 14	9	119. 34
40	10. 40	110	28. 60	180	46. 80	250	65. "	320	83. 20	390	101. 40	460	119. 60
1	10. 66	1	28. 86	1	47. 06	1	65. 26	1	83. 46	1	101. 66	1	119. 86
2	10. 92	2	29. 12	2	47. 32	2	65. 52	2	83. 72	2	101. 92	2	120. 12
3	11. 18	3	29. 38	3	47. 58	3	65. 78	3	83. 98	3	102. 18	3	120. 38
4	11. 44	4	29. 64	4	47. 84	4	66. 04	4	84. 24	4	102. 44	4	120. 64
5	11. 70	5	29. 90	5	48. 10	5	66. 30	5	84. 50	5	102. 70	5	120. 90
6	11. 96	6	30. 16	6	48. 36	6	66. 56	6	84. 76	6	102. 96	6	121. 16
7	12. 22	7	30. 42	7	48. 62	7	66. 82	7	85. 02	7	103. 22	7	121. 42
8	12. 48	8	30. 68	8	48. 88	8	67. 08	8	85. 28	8	103. 48	8	121. 68
9	12. 74	9	30. 94	9	49. 14	9	67. 34	9	85. 54	9	103. 74	9	121. 94
50	13. "	120	31. 20	190	49. 40	260	67. 60	330	85. 80	400	104. "	470	122. 20
1	13. 26	1	31. 46	1	49. 66	1	67. 86	1	86. 06	1	104. 26	1	122. 46
2	13. 52	2	31. 72	2	49. 92	2	68. 12	2	86. 32	2	104. 52	2	122. 72
3	13. 78	3	31. 98	3	50. 18	3	68. 38	3	86. 58	3	104. 78	3	122. 98
4	14. 04	4	32. 24	4	50. 44	4	68. 64	4	86. 84	4	105. 04	4	123. 24
5	14. 30	5	32. 50	5	50. 70	5	68. 90	5	87. 10	5	105. 30	5	123. 50
6	14. 56	6	32. 76	6	50. 96	6	69. 16	6	87. 36	6	105. 56	6	123. 76
7	14. 82	7	33. 02	7	51. 22	7	69. 42	7	87. 62	7	105. 82	7	124. 02
8	15. 08	8	33. 28	8	51. 48	8	69. 68	8	87. 88	8	106. 08	8	124. 28
9	15. 34	9	33. 54	9	51. 74	9	69. 94	9	88. 14	9	106. 34	9	124. 54
60	15. 60	130	33. 80	200	52. "	270	70. 20	340	88. 40	410	106. 60	480	124. 80
1	15. 86	1	34. 06	1	52. 26	1	70. 46	1	88. 66	1	106. 86	1	125. 06
2	16. 12	2	34. 32	2	52. 52	2	70. 72	2	88. 92	2	107. 12	2	125. 32
3	16. 38	3	34. 58	3	52. 78	3	70. 98	3	89. 18	3	107. 38	3	125. 58
4	16. 64	4	34. 84	4	53. 04	4	71. 24	4	89. 44	4	107. 64	4	125. 84
5	16. 90	5	35. 10	5	53. 30	5	71. 50	5	89. 70	5	107. 90	5	126. 10
6	17. 16	6	35. 36	6	53. 56	6	71. 76	6	89. 96	6	108. 16	6	126. 36
7	17. 42	7	35. 62	7	53. 82	7	72. 02	7	90. 22	7	108. 42	7	126. 62
8	17. 68	8	35. 88	8	54. 08	8	72. 28	8	90. 48	8	108. 68	8	126. 88
9	17. 94	9	36. 14	9	54. 34	9	72. 54	9	90. 74	9	108. 94	9	127. 14

Heures.	Sommes.	Heures.	Sommes.	Heures.	Sommes.	Heures.	Sommes.	Heures.	Sommes.	Heures.	Sommes.	Heures.	Sommes.
1	.27	70	18.90	140	37.80	210	56.70	280	75.60	350	94.50	420	113.40
2	.54	1	19.17	1	38.07	1	56.97	1	75.87	1	94.77	1	113.67
3	.81	2	19.44	2	38.34	2	57.24	2	76.14	2	95.04	2	113.94
4	1.08	3	19.71	3	38.61	3	57.51	3	76.41	3	95.31	3	114.21
5	1.35	4	19.98	4	38.88	4	57.78	4	76.68	4	95.58	4	114.48
6	1.62	5	20.25	5	39.15	5	58.05	5	76.95	5	95.85	5	114.75
7	1.89	6	20.52	6	39.42	6	58.32	6	77.22	6	96.12	6	115.02
8	2.16	7	20.79	7	39.69	7	58.59	7	77.49	7	96.39	7	115.29
9	2.43	8	21.06	8	39.96	8	58.86	8	77.76	8	96.66	8	115.56
		9	21.33	9	40.23	9	59.13	9	78.03	9	96.93	9	115.83
10	2.70	80	21.60	150	40.50	220	59.40	290	78.30	360	97.20	430	116.10
1	2.97	1	21.87	1	40.77	1	59.67	1	78.57	1	97.47	1	116.37
2	3.24	2	22.14	2	41.04	2	59.94	2	78.84	2	97.74	2	116.64
3	3.51	3	22.41	3	41.31	3	60.21	3	79.11	3	98.01	3	116.91
4	3.78	4	22.68	4	41.58	4	60.48	4	79.38	4	98.28	4	117.18
5	4.05	5	22.95	5	41.85	5	60.75	5	79.65	5	98.55	5	117.45
6	4.32	6	23.22	6	42.12	6	61.02	6	79.92	6	98.82	6	117.72
7	4.59	7	23.49	7	42.39	7	61.29	7	80.19	7	99.09	7	117.99
8	4.86	8	23.76	8	42.66	8	61.56	8	80.46	8	99.36	8	118.26
9	5.13	9	24.03	9	42.93	9	61.83	9	80.73	9	99.63	9	118.53
20	5.40	90	24.30	160	43.20	230	62.10	300	81.	370	99.90	440	118.80
1	5.67	1	24.57	1	43.47	1	62.37	1	81.27	1	100.17	1	119.07
2	5.94	2	24.84	2	43.74	2	62.64	2	81.54	2	100.44	2	119.34
3	6.21	3	25.11	3	44.01	3	62.91	3	81.81	3	100.71	3	119.61
4	6.48	4	25.38	4	44.28	4	63.18	4	82.08	4	100.98	4	119.88
5	6.75	5	25.65	5	44.55	5	63.45	5	82.35	5	101.25	5	120.15
6	7.02	6	25.92	6	44.82	6	63.72	6	82.62	6	101.52	6	120.42
7	7.29	7	26.19	7	45.09	7	63.99	7	82.89	7	101.79	7	120.69
8	7.56	8	26.46	8	45.36	8	64.26	8	83.16	8	102.06	8	120.96
9	7.83	9	26.73	9	45.63	9	64.53	9	83.43	9	102.33	9	121.23
30	8.10	100	27.	170	45.90	240	64.80	310	83.70	380	102.60	450	121.50
1	8.37	1	27.27	1	46.17	1	65.07	1	83.97	1	102.87	1	121.77
2	8.64	2	27.54	2	46.44	2	65.34	2	84.24	2	103.14	2	122.04
3	8.91	3	27.81	3	46.71	3	65.61	3	84.51	3	103.41	3	122.31
4	9.18	4	28.08	4	46.98	4	65.88	4	84.78	4	103.68	4	122.58
5	9.45	5	28.35	5	47.25	5	66.15	5	85.05	5	103.95	5	122.85
6	9.72	6	28.62	6	47.52	6	66.42	6	85.32	6	104.22	6	123.12
7	9.99	7	28.89	7	47.79	7	66.69	7	85.59	7	104.49	7	123.39
8	10.26	8	29.16	8	48.06	8	66.96	8	85.86	8	104.76	8	123.66
9	10.53	9	29.43	9	48.33	9	67.23	9	86.13	9	105.03	9	123.93
40	10.80	110	29.70	180	48.60	250	67.50	320	86.40	390	105.30	460	124.20
1	11.07	1	29.97	1	48.87	1	67.77	1	86.67	1	105.57	1	124.47
2	11.34	2	30.24	2	49.14	2	68.04	2	86.94	2	105.84	2	124.74
3	11.61	3	30.51	3	49.41	3	68.31	3	87.21	3	106.11	3	125.01
4	11.88	4	30.78	4	49.68	4	68.58	4	87.48	4	106.38	4	125.28
5	12.15	5	31.05	5	49.95	5	68.85	5	87.75	5	106.65	5	125.55
6	12.42	6	31.32	6	50.22	6	69.12	6	88.02	6	106.92	6	125.82
7	12.69	7	31.59	7	50.49	7	69.39	7	88.29	7	107.19	7	126.09
8	12.96	8	31.86	8	50.76	8	69.66	8	88.56	8	107.46	8	126.36
9	13.23	9	32.13	9	51.03	9	69.93	9	88.83	9	107.73	9	126.63
50	13.50	120	32.40	190	51.30	260	70.20	330	89.10	400	108.	470	126.90
1	13.77	1	32.67	1	51.57	1	70.47	1	89.37	1	108.27	1	127.17
2	14.04	2	32.94	2	51.84	2	70.74	2	89.64	2	108.54	2	127.44
3	14.31	3	33.21	3	52.11	3	71.01	3	89.91	3	108.81	3	127.71
4	14.58	4	33.48	4	52.38	4	71.28	4	90.18	4	109.08	4	127.98
5	14.85	5	33.75	5	52.65	5	71.55	5	90.45	5	109.35	5	128.25
6	15.12	6	34.02	6	52.92	6	71.82	6	90.72	6	109.62	6	128.52
7	15.39	7	34.29	7	53.19	7	72.09	7	90.99	7	109.89	7	128.79
8	15.66	8	34.56	8	53.46	8	72.36	8	91.26	8	110.16	8	129.06
9	15.93	9	34.83	9	53.73	9	72.63	9	91.53	9	110.43	9	129.33
60	16.20	130	35.10	200	54.	270	72.90	340	91.80	410	110.70	480	129.60
1	16.47	1	35.37	1	54.27	1	73.17	1	92.07	1	110.97	1	129.87
2	16.74	2	35.64	2	54.54	2	73.44	2	92.34	2	111.24	2	130.14
3	17.01	3	35.91	3	54.81	3	73.71	3	92.61	3	111.51	3	130.41
4	17.28	4	36.18	4	55.08	4	73.98	4	92.88	4	111.78	4	130.68
5	17.55	5	36.45	5	55.35	5	74.25	5	93.15	5	112.05	5	130.95
6	17.82	6	36.72	6	55.62	6	74.52	6	93.42	6	112.32	6	131.22
7	18.09	7	36.99	7	55.89	7	74.79	7	93.69	7	112.59	7	131.49
8	18.36	8	37.26	8	56.16	8	75.06	8	93.96	8	112.86	8	131.76
9	18.63	9	37.53	9	56.43	9	75.33	9	94.23	9	113.13	9	132.03

Heures.	Sommes.	Heures.	Sommes.	Heures.	Sommes.	Heures.	Sommes.	Heures.	Sommes.	Heures.	Sommes.	Heures.	Sommes.
1	" 28	70	19. 60	140	39. 20	210	58. 80	280	78. 40	350	98. "	420	117. 60
2	" 56	1	19. 88	1	39. 48	1	59. 08	1	78. 68	1	98. 28	1	117. 88
3	" 84	2	20. 16	2	39. 76	2	59. 36	2	78. 96	2	98. 56	2	118. 16
4	1. 12	3	20. 44	3	40. 04	3	59. 64	3	79. 24	3	98. 84	3	118. 44
5	1. 40	4	20. 72	4	40. 32	4	59. 92	4	79. 52	4	99. 12	4	118. 72
6	1. 68	5	21. "	5	40. 60	5	60. 20	5	79. 80	5	99. 40	5	119. "
7	1. 96	6	21. 28	6	40. 88	6	60. 48	6	80. 08	6	99. 68	6	119. 28
8	2. 24	7	21. 56	7	41. 16	7	60. 76	7	80. 36	7	99. 96	7	119. 56
9	2. 52	8	21. 84	8	41. 44	8	61. 04	8	80. 64	8	100. 24	8	119. 84
		9	22. 12	9	41. 72	9	61. 32	9	80. 92	9	100. 52	9	120. 12
10	2. 80	80	22. 40	150	42. "	220	61. 60	290	81. 20	360	100. 80	430	120. 40
1	3. 08	1	22. 68	1	42. 28	1	61. 88	1	81. 48	1	101. 08	1	120. 68
2	3. 36	2	22. 96	2	42. 56	2	62. 16	2	81. 76	2	101. 36	2	120. 96
3	3. 64	3	23. 24	3	42. 84	3	62. 44	3	82. 04	3	101. 64	3	121. 24
4	3. 92	4	23. 52	4	43. 12	4	62. 72	4	82. 32	4	101. 92	4	121. 52
5	4. 20	5	23. 80	5	43. 40	5	63. "	5	82. 60	5	102. 20	5	121. 80
6	4. 48	6	24. 08	6	43. 68	6	63. 28	6	82. 88	6	102. 48	6	122. 08
7	4. 76	7	24. 36	7	43. 96	7	63. 56	7	83. 16	7	102. 76	7	122. 36
8	5. 04	8	24. 64	8	44. 24	8	63. 84	8	83. 44	8	103. 04	8	122. 64
9	5. 32	9	24. 92	9	44. 52	9	64. 12	9	83. 72	9	103. 32	9	122. 92
20	5. 60	90	25. 20	160	44. 80	230	64. 40	300	84. "	370	103. 60	440	123. 20
1	5. 88	1	25. 48	1	45. 08	1	64. 68	1	84. 28	1	103. 88	1	123. 48
2	6. 16	2	25. 76	2	45. 36	2	64. 96	2	84. 56	2	104. 16	2	123. 76
3	6. 44	3	26. 04	3	45. 64	3	65. 24	3	84. 84	3	104. 44	3	124. 04
4	6. 72	4	26. 32	4	45. 92	4	65. 52	4	85. 12	4	104. 72	4	124. 32
5	7. "	5	26. 60	5	46. 20	5	65. 80	5	85. 40	5	105. "	5	124. 60
6	7. 28	6	26. 88	6	46. 48	6	66. 08	6	85. 68	6	105. 28	6	124. 88
7	7. 56	7	27. 16	7	46. 76	7	66. 36	7	85. 96	7	105. 56	7	125. 16
8	7. 84	8	27. 44	8	47. 04	8	66. 64	8	86. 24	8	105. 84	8	125. 44
9	8. 12	9	27. 72	9	47. 32	9	66. 92	9	86. 52	9	106. 12	9	125. 72
30	8. 40	100	28. "	170	47. 60	240	67. 20	310	86. 80	380	106. 40	450	126. "
1	8. 68	1	28. 28	1	47. 88	1	67. 48	1	87. 08	1	106. 68	1	126. 28
2	8. 96	2	28. 56	2	48. 16	2	67. 76	2	87. 36	2	106. 96	2	126. 56
3	9. 24	3	28. 84	3	48. 44	3	68. 04	3	87. 64	3	107. 24	3	126. 84
4	9. 52	4	29. 12	4	48. 72	4	68. 32	4	87. 92	4	107. 52	4	127. 12
5	9. 80	5	29. 40	5	49. "	5	68. 60	5	88. 20	5	107. 80	5	127. 40
6	10. 08	6	29. 68	6	49. 28	6	68. 88	6	88. 48	6	108. 08	6	127. 68
7	10. 36	7	29. 96	7	49. 56	7	69. 16	7	88. 76	7	108. 36	7	127. 96
8	10. 64	8	30. 24	8	49. 84	8	69. 44	8	89. 04	8	108. 64	8	128. 24
9	10. 92	9	30. 52	9	50. 12	9	69. 72	9	89. 32	9	108. 92	9	128. 52
40	11. 20	110	30. 80	180	50. 40	250	70. "	320	89. 60	390	109. 20	460	128. 80
1	11. 48	1	31. 08	1	50. 68	1	70. 28	1	89. 88	1	109. 48	1	129. 08
2	11. 76	2	31. 36	2	50. 96	2	70. 56	2	90. 16	2	109. 76	2	129. 36
3	12. 04	3	31. 64	3	51. 24	3	70. 84	3	90. 44	3	110. 04	3	129. 64
4	12. 32	4	31. 92	4	51. 52	4	71. 12	4	90. 72	4	110. 32	4	129. 92
5	12. 60	5	32. 20	5	51. 80	5	71. 40	5	91. "	5	110. 60	5	130. 20
6	12. 88	6	32. 48	6	52. 08	6	71. 68	6	91. 28	6	110. 88	6	130. 48
7	13. 16	7	32. 76	7	52. 36	7	71. 96	7	91. 56	7	111. 16	7	130. 76
8	13. 44	8	33. 04	8	52. 64	8	72. 24	8	91. 84	8	111. 44	8	131. 04
9	13. 72	9	33. 32	9	52. 92	9	72. 52	9	92. 12	9	111. 72	9	131. 32
50	14. "	120	33. 60	190	53. 20	260	72. 80	330	92. 40	400	112. "	470	131. 60
1	14. 28	1	33. 88	1	53. 48	1	73. 08	1	92. 68	1	112. 28	1	131. 88
2	14. 56	2	34. 16	2	53. 76	2	73. 36	2	92. 96	2	112. 56	2	132. 16
3	14. 84	3	34. 44	3	54. 04	3	73. 64	3	93. 24	3	112. 84	3	132. 44
4	15. 12	4	34. 72	4	54. 32	4	73. 92	4	93. 52	4	113. 12	4	132. 72
5	15. 40	5	35. "	5	54. 60	5	74. 20	5	93. 80	5	113. 40	5	133. "
6	15. 68	6	35. 28	6	54. 88	6	74. 48	6	94. 08	6	113. 68	6	133. 28
7	15. 96	7	35. 56	7	55. 16	7	74. 76	7	94. 36	7	113. 96	7	133. 56
8	16. 24	8	35. 84	8	55. 44	8	75. 04	8	94. 64	8	114. 24	8	133. 84
9	16. 52	9	36. 12	9	55. 72	9	75. 32	9	94. 92	9	114. 52	9	134. 12
60	16. 80	130	36. 40	200	56. "	270	75. 60	340	95. 20	410	114. 80	480	134. 40
1	17. 08	1	36. 68	1	56. 28	1	75. 88	1	95. 48	1	115. 08	1	134. 68
2	17. 36	2	36. 96	2	56. 56	2	76. 16	2	95. 76	2	115. 36	2	134. 96
3	17. 64	3	37. 24	3	56. 84	3	76. 44	3	96. 04	3	115. 64	3	135. 24
4	17. 92	4	37. 52	4	57. 12	4	76. 72	4	96. 32	4	115. 92	4	135. 52
5	18. 20	5	37. 80	5	57. 40	5	77. "	5	96. 60	5	116. 20	5	135. 80
6	18. 48	6	38. 08	6	57. 68	6	77. 28	6	96. 88	6	116. 48	6	136. 08
7	18. 76	7	38. 36	7	57. 96	7	77. 56	7	97. 16	7	116. 76	7	136. 36
8	19. 04	8	38. 64	8	58. 24	8	77. 84	8	97. 44	8	117. 04	8	136. 64
9	19. 32	9	38. 92	9	58. 52	9	78. 12	9	97. 72	9	117. 32	9	136. 92

Heures à 0.29 f l'une.

Heures	Sommes	Heures	Sommes	Heures	Sommes	Heures	Sommes	Heures	Sommes	Heures	Sommes	Heures	Sommes
1	" 29	70	20.30	140	40.60	210	60.90	280	81.20	350	101.50	420	121.80
2	" 58	1	20.59	1	40.89	1	61.19	1	81.49	1	101.79	1	122.09
3	" 87	2	20.88	2	41.18	2	61.48	2	81.78	2	102.08	2	122.38
4	1.16	3	21.17	3	41.47	3	61.77	3	82.07	3	102.37	3	122.87
5	1.45	4	21.46	4	41.76	4	62.06	4	82.36	4	102.66	4	122.96
6	1.74	5	21.75	5	42.05	5	62.35	5	82.65	5	102.95	5	123.25
7	2.03	6	22.04	6	42.34	6	62.64	6	82.94	6	103.24	6	123.54
8	2.32	7	22.33	7	42.63	7	62.93	7	83.23	7	103.53	7	123.83
9	2.61	8	22.62	8	42.92	8	63.22	8	83.52	8	103.82	8	124.12
		9	22.91	9	43.21	9	63.51	9	83.81	9	104.11	9	124.41
10	2.90	80	23.20	150	43.50	220	63.80	290	84.10	360	104.40	430	124.70
1	3.19	1	23.49	1	43.79	1	64.09	1	84.39	1	104.69	1	124.99
2	3.48	2	23.78	2	44.08	2	64.38	2	84.68	2	104.98	2	125.28
3	3.77	3	24.07	3	44.37	3	64.67	3	84.97	3	105.27	3	125.57
4	4.06	4	24.36	4	44.66	4	64.96	4	85.26	4	105.56	4	125.86
5	4.35	5	24.65	5	44.95	5	65.25	5	85.55	5	105.85	5	126.15
6	4.64	6	24.94	6	45.24	6	65.54	6	85.84	6	106.14	6	126.44
7	4.93	7	25.23	7	45.53	7	65.83	7	86.13	7	106.43	7	126.73
8	5.22	8	25.52	8	45.82	8	66.12	8	86.42	8	106.72	8	127.02
9	5.51	9	25.81	9	46.11	9	66.41	9	86.71	9	107.01	9	127.31
20	5.80	90	26.10	160	46.40	230	66.70	300	87. ""	370	107.30	440	127.60
1	6.09	1	26.39	1	46.69	1	66.99	1	87.29	1	107.59	1	127.89
2	6.38	2	26.68	2	46.98	2	67.28	2	87.58	2	107.88	2	128.18
3	6.67	3	26.97	3	47.27	3	67.57	3	87.87	3	108.17	3	128.47
4	6.96	4	27.26	4	47.56	4	67.86	4	88.16	4	108.46	4	128.76
5	7.25	5	27.55	5	47.85	5	68.15	5	88.45	5	108.75	5	129.05
6	7.54	6	27.84	6	48.14	6	68.44	6	88.74	6	109.04	6	129.34
7	7.83	7	28.13	7	48.43	7	68.73	7	89.03	7	109.33	7	129.63
8	8.12	8	28.42	8	48.72	8	69.02	8	89.32	8	109.62	8	129.92
9	8.41	9	28.71	9	49.01	9	69.31	9	89.61	9	109.91	9	130.21
30	8.70	100	29. ""	170	49.30	240	69.60	310	89.90	380	110.20	450	130.50
1	8.99	1	29.29	1	49.59	1	69.89	1	90.19	1	110.49	1	130.79
2	9.28	2	29.58	2	49.88	2	70.18	2	90.48	2	110.78	2	131.08
3	9.57	3	29.87	3	50.17	3	70.47	3	90.77	3	111.07	3	131.37
4	9.86	4	30.16	4	50.46	4	70.76	4	91.06	4	111.36	4	131.66
5	10.15	5	30.45	5	50.75	5	71.05	5	91.35	5	111.65	5	131.95
6	10.44	6	30.74	6	51.04	6	71.34	6	91.64	6	111.94	6	132.24
7	10.73	7	31.03	7	51.33	7	71.63	7	91.93	7	112.23	7	132.53
8	11.02	8	31.32	8	51.62	8	71.92	8	92.22	8	112.52	8	132.82
9	11.31	9	31.61	9	51.91	9	72.21	9	92.51	9	112.81	9	133.11
40	11.60	110	31.90	180	52.20	250	72.50	320	92.80	390	113.10	460	133.40
1	11.89	1	32.19	1	52.49	1	72.79	1	93.09	1	113.39	1	133.69
2	12.18	2	32.48	2	52.78	2	73.08	2	93.38	2	113.68	2	133.98
3	12.47	3	32.77	3	53.07	3	73.37	3	93.64	3	113.97	3	134.27
4	12.76	4	33.06	4	53.36	4	73.66	4	93.96	4	114.26	4	134.56
5	13.05	5	33.35	5	53.65	5	73.95	5	94.25	5	114.55	5	134.85
6	13.34	6	33.64	6	53.94	6	74.24	6	94.54	6	114.84	6	135.14
7	13.63	7	33.93	7	54.23	7	74.53	7	94.83	7	115.13	7	135.43
8	13.92	8	34.22	8	54.52	8	74.82	8	95.12	8	115.42	8	135.72
9	14.21	9	34.51	9	54.81	9	75.11	9	95.41	9	115.71	9	136.01
50	14.50	120	34.80	190	55.10	260	75.40	330	95.70	400	116. ""	470	136.30
1	14.79	1	35.09	1	55.39	1	75.69	1	95.99	1	116.29	1	136.59
2	15.08	2	35.38	2	55.68	2	75.98	2	96.28	2	116.58	2	136.88
3	15.37	3	35.67	3	55.97	3	76.27	3	96.57	3	116.87	3	137.17
4	15.66	4	35.96	4	56.26	4	76.56	4	96.86	4	117.16	4	137.46
5	15.95	5	36.25	5	56.55	5	76.85	5	97.15	5	117.45	5	137.75
6	16.24	6	36.54	6	56.84	6	77.14	6	97.44	6	117.74	6	138.04
7	16.53	7	36.83	7	57.13	7	77.43	7	97.73	7	118.03	7	138.33
8	16.82	8	37.12	8	57.42	8	77.72	8	98.02	8	118.32	8	138.62
9	17.11	9	37.41	9	57.71	9	78.01	9	98.31	9	118.61	9	138.91
60	17.40	130	37.70	200	58. ""	270	78.30	340	98.60	410	118.90	480	139.20
1	17.69	1	37.99	1	58.29	1	78.59	1	98.89	1	119.19	1	139.49
2	17.98	2	38.28	2	58.58	2	78.88	2	99.18	2	119.48	2	139.78
3	18.27	3	38.57	3	58.87	3	79.17	3	99.47	3	119.77	3	140.07
4	18.56	4	38.86	4	59.16	4	79.46	4	99.76	4	120.06	4	140.36
5	18.85	5	39.15	5	59.45	5	79.75	5	100.05	5	120.35	5	140.65
6	19.14	6	39.44	6	59.74	6	80.04	6	100.34	6	120.64	6	140.94
7	19.43	7	39.73	7	60.03	7	80.33	7	100.63	7	120.93	7	141.23
8	19.72	8	40.02	8	60.32	8	80.62	8	100.92	8	121.22	8	141.52
9	20.01	9	40.31	9	60.61	9	80.91	9	101.21	9	121.51	9	141.81

Heures à 0.30 c. l'une.

Heures.	Sommes.	Heures.	Sommes.	Heures.	Sommes.	Heures.	Sommes.	Heures.	Sommes.	Heures.	Sommes.	Heures.	Sommes.
1	„ 30	70	21. „	140	42. „	210	63. „	280	84. „	350	105. „	420	126. „
2	„ 60	1	21. 30	1	42. 30	1	63. 30	1	84. 30	1	105. 30	1	126. 30
3	„ 90	2	21. 60	2	42. 60	2	63. 60	2	84. 60	2	105. 60	2	126. 60
4	1. 20	3	21. 90	3	42. 90	3	63. 90	3	84. 90	3	105. 90	3	126. 90
5	1. 50	4	22. 20	4	43. 20	4	64. 20	4	85. 20	4	106. 20	4	127. 20
6	1. 80	5	22. 50	5	43. 50	5	64. 50	5	85. 50	5	106. 50	5	127. 50
7	2. 10	6	22. 80	6	43. 80	6	64. 80	6	85. 80	6	106. 80	6	127. 80
8	2. 40	7	23. 10	7	44. 10	7	65. 10	7	86. 10	7	107. 10	7	128. 10
9	2. 70	8	23. 40	8	44. 40	8	65. 40	8	86. 40	8	107. 40	8	128. 40
	C	9	23. 70	9	44. 70	9	65. 70	9	86. 70	9	107. 70	9	128. 70
10	3. „	80	24. „	150	45. „	220	66. „	290	87. „	360	108. „	430	129. „
1	3. 30	1	24. 30	1	45. 30	1	66. 30	1	87. 30	1	108. 30	1	129. 30
2	3. 60	2	24. 60	2	45. 60	2	66. 60	2	87. 60	2	108. 60	2	129. 60
3	3. 90	3	24. 90	3	45. 90	3	66. 90	3	87. 90	3	108. 90	3	129. 90
4	4. 20	4	25. 20	4	46. 20	4	67. 20	4	88. 20	4	109. 20	4	130. 20
5	4. 50	5	25. 50	5	46. 50	5	67. 50	5	88. 50	5	109. 50	5	130. 50
6	4. 80	6	25. 80	6	46. 80	6	67. 80	6	88. 80	6	109. 80	6	130. 80
7	5. 10	7	26. 10	7	47. 10	7	68. 10	7	89. 10	7	110. 10	7	131. 10
8	5. 40	8	26. 40	8	47. 40	8	68. 40	8	89. 40	8	110. 40	8	131. 40
9	5. 70	9	26. 70	9	47. 70	9	68. 70	9	89. 70	9	110. 70	9	131. 70
20	6. „	90	27. „	160	48. „	230	69. „	300	90. „	370	111. „	440	132. „
1	6. 30	1	27. 30	1	48. 30	1	69. 30	1	90. 30	1	111. 30	1	132. 30
2	6. 60	2	27. 60	2	48. 60	2	69. 60	2	90. 60	2	111. 60	2	132. 60
3	6. 90	3	27. 90	3	48. 90	3	69. 90	3	90. 90	3	111. 90	3	132. 90
4	7. 20	4	28. 20	4	49. 20	4	70. 20	4	91. 20	4	112. 20	4	133. 20
5	7. 50	5	28. 50	5	49. 50	5	70. 50	5	91. 50	5	112. 50	5	133. 50
6	7. 80	6	28. 80	6	49. 80	6	70. 80	6	91. 80	6	112. 80	6	133. 80
7	8. 10	7	29. 10	7	50. 10	7	71. 10	7	92. 10	7	113. 10	7	134. 10
8	8. 40	8	29. 40	8	50. 40	8	71. 40	8	92. 40	8	113. 40	8	134. 40
9	8. 70	9	29. 70	9	50. 70	9	71. 70	9	92. 70	9	113. 70	9	134. 70
30	9. „	100	30. „	170	51. „	240	72. „	310	93. „	380	114. „	450	135. „
1	9. 30	1	30. 30	1	51. 30	1	72. 30	1	93. 30	1	114. 30	1	135. 30
2	9. 60	2	30. 60	2	51. 60	2	72. 60	2	93. 60	2	114. 60	2	135. 60
3	9. 90	3	30. 90	3	51. 90	3	72. 90	3	93. 90	3	114. 90	3	135. 90
4	10. 20	4	31. 20	4	52. 20	4	73. 20	4	94. 20	4	115. 20	4	136. 20
5	10. 50	5	31. 50	5	52. 50	5	73. 50	5	94. 50	5	115. 50	5	136. 50
6	10. 80	6	31. 80	6	52. 80	6	73. 80	6	94. 80	6	115. 80	6	136. 80
7	11. 10	7	32. 10	7	53. 10	7	74. 10	7	95. 10	7	116. 10	7	137. 10
8	11. 40	8	32. 40	8	53. 40	8	74. 40	8	95. 40	8	116. 40	8	137. 40
9	11. 70	9	32. 70	9	53. 70	9	74. 70	9	95. 70	9	116. 70	9	137. 70
40	12. „	110	33. „	180	54. „	250	75. „	320	96. „	390	117. „	460	138. „
1	12. 30	1	33. 30	1	54. 30	1	75. 30	1	96. 30	1	117. 30	1	138. 30
2	12. 60	2	33. 60	2	54. 60	2	75. 60	2	96. 60	2	117. 60	2	138. 60
3	12. 90	3	33. 90	3	54. 90	3	75. 90	3	96. 90	3	117. 90	3	138. 90
4	13. 20	4	34. 20	4	55. 20	4	76. 20	4	97. 20	4	118. 20	4	139. 20
5	13. 50	5	34. 50	5	55. 50	5	76. 50	5	97. 50	5	118. 50	5	139. 50
6	13. 80	6	34. 80	6	55. 80	6	76. 80	6	97. 80	6	118. 80	6	139. 80
7	14. 10	7	35. 10	7	56. 10	7	77. 10	7	98. 10	7	119. 10	7	140. 10
8	14. 40	8	35. 40	8	56. 40	8	77. 40	8	98. 40	8	119. 40	8	140. 40
9	14. 70	9	35. 70	9	56. 70	9	77. 70	9	98. 70	9	119. 70	9	140. 70
50	15. „	120	36. „	190	57. „	260	78. „	330	99. „	400	120. „	470	141. „
1	15. 30	1	36. 30	1	57. 30	1	78. 30	1	99. 30	1	120. 30	1	141. 30
2	15. 60	2	36. 60	2	57. 60	2	78. 60	2	99. 60	2	120. 60	2	141. 60
3	15. 90	3	36. 90	3	57. 90	3	78. 90	3	99. 90	3	120. 90	3	141. 90
4	16. 20	4	37. 20	4	58. 20	4	79. 20	4	100. 20	4	121. 20	4	142. 20
5	16. 50	5	37. 50	5	58. 50	5	79. 50	5	100. 50	5	121. 50	5	142. 50
6	16. 80	6	37. 80	6	58. 80	6	79. 80	6	100. 80	6	121. 80	6	142. 80
7	17. 10	7	38. 10	7	59. 10	7	80. 10	7	101. 10	7	122. 10	7	143. 10
8	17. 40	8	38. 40	8	59. 40	8	80. 40	8	101. 40	8	122. 40	8	143. 40
9	17. 70	9	38. 70	9	59. 70	9	80. 70	9	101. 70	9	122. 70	9	143. 70
60	18. „	130	39. „	200	60. „	270	81. „	340	102. „	410	123. „	480	144. „
1	18. 30	1	39. 30	1	60. 30	1	81. 30	1	102. 30	1	123. 30	1	144. 30
2	18. 60	2	39. 60	2	60. 60	2	81. 60	2	102. 60	2	123. 60	2	144. 60
3	18. 90	3	39. 90	3	60. 90	3	81. 90	3	102. 90	3	123. 90	3	144. 90
4	19. 20	4	40. 20	4	61. 20	4	82. 20	4	103. 20	4	124. 20	4	145. 20
5	19. 50	5	40. 50	5	61. 50	5	82. 50	5	103. 50	5	124. 50	5	145. 50
6	19. 80	6	40. 80	6	61. 80	6	82. 80	6	103. 80	6	124. 80	6	145. 80
7	20. 10	7	41. 10	7	62. 10	7	83. 10	7	104. 10	7	125. 10	7	146. 10
8	20. 40	8	41. 40	8	62. 40	8	83. 40	8	104. 40	8	125. 40	8	146. 40
9	20. 70	9	41. 70	9	62. 70	9	83. 70	9	104. 70	9	125. 70	9	146. 70

Heures à 0.31 $\frac{c}{}$ l'une.

Heures	Sommes	Heures	Sommes	Heures	Sommes	Heures	Sommes	Heures	Sommes	Heures	Sommes	Heures	Sommes
1	.31	70	21.70	140	43.40	210	65.10	280	86.80	350	108.50	420	130.20
2	.62	1	22.01	1	43.71	1	65.41	1	87.11	1	108.81	1	130.51
3	.93	2	22.32	2	44.02	2	65.72	2	87.42	2	109.12	2	130.82
4	1.24	3	22.63	3	44.33	3	66.03	3	87.73	3	109.43	3	131.13
5	1.55	4	22.94	4	44.64	4	66.34	4	88.04	4	109.74	4	131.44
6	1.86	5	23.25	5	44.95	5	66.65	5	88.35	5	110.05	5	131.75
7	2.17	6	23.56	6	45.26	6	66.96	6	88.66	6	110.36	6	132.06
8	2.48	7	23.87	7	45.57	7	67.27	7	88.97	7	110.67	7	132.37
9	2.79	8	24.18	8	45.88	8	67.58	8	89.28	8	110.98	8	132.68
		9	24.49	9	46.19	9	67.89	9	89.59	9	111.29	9	132.99
10	3.10	80	24.80	150	46.50	220	68.20	290	89.90	360	111.60	430	133.30
1	3.41	1	25.11	1	46.81	1	68.51	1	90.21	1	111.91	1	133.61
2	3.72	2	25.42	2	47.12	2	68.82	2	90.52	2	112.22	2	133.92
3	4.03	3	25.73	3	47.43	3	69.13	3	90.83	3	112.53	3	134.23
4	4.34	4	26.04	4	47.74	4	69.44	4	91.14	4	112.84	4	134.54
5	4.65	5	26.35	5	48.05	5	69.75	5	91.45	5	113.15	5	134.85
6	4.96	6	26.66	6	48.36	6	70.06	6	91.76	6	113.46	6	135.16
7	5.27	7	26.97	7	48.67	7	70.37	7	92.07	7	113.77	7	135.47
8	5.58	8	27.28	8	48.98	8	70.68	8	92.38	8	114.08	8	135.78
9	5.89	9	27.59	9	49.29	9	70.99	9	92.69	9	114.39	9	136.09
20	6.20	90	27.90	160	49.60	230	71.30	300	93.	370	114.70	440	136.40
1	6.51	1	28.21	1	49.91	1	71.61	1	93.31	1	115.01	1	136.71
2	6.82	2	28.52	2	50.22	2	71.92	2	93.62	2	115.32	2	137.02
3	7.13	3	28.83	3	50.53	3	72.23	3	93.93	3	115.63	3	137.33
4	7.44	4	29.14	4	50.84	4	72.54	4	94.24	4	115.94	4	137.64
5	7.75	5	29.45	5	51.15	5	72.85	5	94.55	5	116.25	5	137.95
6	8.06	6	29.76	6	51.46	6	73.16	6	94.86	6	116.56	6	138.26
7	8.37	7	30.07	7	51.77	7	73.47	7	95.17	7	116.87	7	138.57
8	8.68	8	30.38	8	52.08	8	73.78	8	95.48	8	117.18	8	138.88
9	8.99	9	30.69	9	52.39	9	74.09	9	95.79	9	117.49	9	139.19
30	9.30	100	31.	170	52.70	240	74.40	310	96.10	380	117.80	450	139.50
1	9.61	1	31.31	1	53.01	1	74.71	1	96.41	1	118.11	1	139.81
2	9.92	2	31.62	2	53.32	2	75.02	2	96.72	2	118.42	2	140.12
3	10.23	3	31.93	3	53.63	3	75.33	3	97.03	3	118.73	3	140.43
4	10.54	4	32.24	4	53.94	4	75.64	4	97.34	4	119.04	4	140.74
5	10.85	5	32.55	5	54.25	5	75.95	5	97.65	5	119.35	5	141.05
6	11.16	6	32.86	6	54.56	6	76.26	6	97.96	6	119.66	6	141.36
7	11.47	7	33.17	7	54.87	7	76.57	7	98.27	7	119.97	7	141.67
8	11.78	8	33.48	8	55.18	8	76.88	8	98.58	8	120.28	8	141.98
9	12.09	9	33.79	9	55.49	9	77.19	9	98.89	9	120.59	9	142.29
40	12.40	110	34.10	180	55.80	250	77.50	320	99.20	390	120.90	460	142.60
1	12.71	1	34.41	1	56.11	1	77.81	1	99.51	1	121.21	1	142.91
2	13.02	2	34.72	2	56.42	2	78.12	2	99.82	2	121.52	2	143.22
3	13.33	3	35.03	3	56.73	3	78.43	3	100.13	3	121.83	3	143.53
4	13.64	4	35.34	4	57.04	4	78.74	4	100.44	4	122.14	4	143.84
5	13.95	5	35.65	5	57.35	5	79.05	5	100.75	5	122.45	5	144.15
6	14.26	6	35.96	6	57.66	6	79.36	6	101.06	6	122.76	6	144.46
7	14.57	7	36.27	7	57.97	7	79.67	7	101.37	7	123.07	7	144.77
8	14.88	8	36.58	8	58.28	8	79.98	8	101.68	8	123.38	8	145.08
9	15.19	9	36.89	9	58.59	9	80.29	9	101.99	9	123.69	9	145.39
50	15.30	120	37.20	190	58.90	260	80.60	330	102.30	400	124.	470	145.70
1	15.81	1	37.51	1	59.21	1	80.91	1	102.61	1	124.31	1	146.01
2	16.12	2	37.82	2	59.52	2	81.22	2	102.92	2	124.62	2	146.32
3	16.43	3	38.13	3	59.83	3	81.53	3	103.23	3	124.93	3	146.63
4	16.74	4	38.44	4	60.14	4	81.84	4	103.54	4	125.24	4	146.94
5	17.05	5	38.75	5	60.45	5	82.15	5	103.85	5	125.55	5	147.25
6	17.36	6	39.06	6	60.76	6	82.46	6	104.16	6	125.86	6	147.56
7	17.67	7	39.37	7	61.07	7	82.77	7	104.47	7	126.17	7	147.87
8	17.98	8	39.68	8	61.38	8	83.08	8	104.78	8	126.48	8	148.18
9	18.29	9	39.99	9	61.69	9	83.39	9	105.09	9	126.79	9	148.49
60	18.60	130	40.30	200	62.	270	83.70	340	105.40	410	127.10	480	148.80
1	18.91	1	40.61	1	62.31	1	84.01	1	105.71	1	127.41	1	149.11
2	19.22	2	40.92	2	62.62	2	84.32	2	106.02	2	127.72	2	149.42
3	19.53	3	41.23	3	62.93	3	84.63	3	106.33	3	128.03	3	149.73
4	19.84	4	41.54	4	63.24	4	84.94	4	106.64	4	128.34	4	150.04
5	20.15	5	41.85	5	63.55	5	85.25	5	106.95	5	128.65	5	150.35
6	20.46	6	42.16	6	63.86	6	85.56	6	107.26	6	128.96	6	150.66
7	20.77	7	42.47	7	64.17	7	85.87	7	107.57	7	129.27	7	150.97
8	21.08	8	42.78	8	64.48	8	86.18	8	107.88	8	129.58	8	151.28
9	21.39	9	43.09	9	64.79	9	86.49	9	108.19	9	129.89	9	151.59

Heures à 0.32 f l'une.

Heures	Sommes	Heures	Sommes	Heures	Sommes	Heures	Sommes	Heures	Sommes	Heures	Sommes	Heures	Sommes
1	.32	70	22.40	140	44.80	210	67.20	280	89.60	350	112.00	420	134.40
2	.64	1	22.72	1	45.12	1	67.52	1	89.92	1	112.32	1	134.72
3	.96	2	23.04	2	45.44	2	67.84	2	90.24	2	112.64	2	135.04
4	1.28	3	23.36	3	45.76	3	68.16	3	90.56	3	112.96	3	135.36
5	1.60	4	23.68	4	46.08	4	68.48	4	90.88	4	113.28	4	135.68
6	1.92	5	24.00	5	46.40	5	68.80	5	91.20	5	113.60	5	136.00
7	2.24	6	24.32	6	46.72	6	69.12	6	91.52	6	113.92	6	136.32
8	2.56	7	24.64	7	47.04	7	69.44	7	91.84	7	114.24	7	136.64
9	2.88	8	24.96	8	47.36	8	69.76	8	92.16	8	114.56	8	136.96
		9	25.28	9	47.68	9	70.08	9	92.48	9	114.88	9	137.28
10	3.20	80	25.60	150	48.00	220	70.40	290	92.80	360	115.20	430	137.60
1	3.52	1	25.92	1	48.32	1	70.72	1	93.12	1	115.52	1	137.92
2	3.84	2	26.24	2	48.64	2	71.04	2	93.44	2	115.84	2	138.24
3	4.16	3	26.56	3	48.96	3	71.36	3	93.76	3	116.16	3	138.56
4	4.48	4	26.88	4	49.28	4	71.68	4	94.08	4	116.48	4	138.88
5	4.80	5	27.20	5	49.60	5	72.00	5	94.40	5	116.80	5	139.20
6	5.12	6	27.52	6	49.92	6	72.32	6	94.72	6	117.12	6	139.52
7	5.44	7	27.84	7	50.24	7	72.64	7	95.04	7	117.44	7	139.84
8	5.76	8	28.16	8	50.56	8	72.96	8	95.36	8	117.76	8	140.16
9	6.08	9	28.48	9	50.88	9	73.28	9	95.68	9	118.08	9	140.48
20	6.40	90	28.80	160	51.20	230	73.60	300	96.00	370	118.40	440	140.80
1	6.72	1	29.12	1	51.52	1	73.92	1	96.32	1	118.72	1	141.12
2	7.04	2	29.44	2	51.84	2	74.24	2	96.64	2	119.04	2	141.44
3	7.36	3	29.76	3	52.16	3	74.56	3	96.96	3	119.36	3	141.72
4	7.68	4	30.08	4	52.48	4	74.88	4	97.28	4	119.68	4	142.08
5	8.00	5	30.40	5	52.80	5	75.20	5	97.60	5	120.00	5	142.40
6	8.32	6	30.72	6	53.12	6	75.52	6	97.92	6	120.32	6	142.72
7	8.64	7	31.04	7	53.44	7	75.84	7	98.24	7	120.64	7	143.04
8	8.96	8	31.36	8	53.76	8	76.16	8	98.56	8	120.96	8	143.36
9	9.28	9	31.68	9	54.08	9	76.48	9	98.88	9	121.28	9	143.68
30	9.60	100	32.00	170	54.40	240	76.80	310	99.20	380	121.60	450	144.00
1	9.92	1	32.32	1	54.72	1	77.12	1	99.52	1	121.92	1	144.32
2	10.24	2	32.64	2	55.04	2	77.44	2	99.84	2	122.24	2	144.64
3	10.56	3	32.96	3	55.36	3	77.76	3	100.16	3	122.56	3	144.96
4	10.88	4	33.28	4	55.68	4	78.08	4	100.48	4	122.88	4	145.28
5	11.20	5	33.60	5	56.00	5	78.40	5	100.80	5	123.20	5	145.60
6	11.52	6	33.92	6	56.32	6	78.72	6	101.12	6	123.52	6	145.92
7	11.84	7	34.24	7	56.64	7	79.04	7	101.44	7	123.84	7	146.24
8	12.16	8	34.56	8	56.96	8	79.36	8	101.76	8	124.16	8	146.56
9	12.48	9	34.88	9	57.28	9	79.68	9	102.08	9	124.48	9	146.88
40	12.80	110	35.20	180	57.60	250	80.00	320	102.40	390	124.80	460	147.20
1	13.12	1	35.52	1	57.92	1	80.32	1	102.72	1	125.12	1	147.52
2	13.44	2	35.84	2	58.24	2	80.64	2	103.04	2	125.44	2	147.84
3	13.76	3	36.16	3	58.56	3	80.96	3	103.36	3	125.76	3	148.16
4	14.08	4	36.48	4	58.88	4	81.28	4	103.68	4	126.08	4	148.48
5	14.40	5	36.80	5	59.20	5	81.60	5	104.00	5	126.40	5	148.80
6	14.72	6	37.12	6	59.52	6	81.92	6	104.32	6	126.72	6	149.12
7	15.04	7	37.44	7	59.84	7	82.24	7	104.64	7	127.04	7	149.44
8	15.36	8	37.76	8	60.16	8	82.56	8	104.96	8	127.36	8	149.76
9	15.68	9	38.08	9	60.48	9	82.88	9	105.28	9	127.68	9	150.08
50	16.00	120	38.40	190	60.80	260	83.20	330	105.60	400	128.00	470	150.40
1	16.32	1	38.72	1	61.12	1	83.52	1	105.92	1	128.32	1	150.72
2	16.64	2	39.04	2	61.44	2	83.84	2	106.24	2	128.64	2	151.04
3	16.96	3	39.36	3	61.76	3	84.16	3	106.56	3	128.96	3	151.36
4	17.28	4	39.68	4	62.08	4	84.48	4	106.88	4	129.28	4	151.68
5	17.60	5	40.00	5	62.40	5	84.80	5	107.20	5	129.60	5	152.00
6	17.92	6	40.32	6	62.72	6	85.12	6	107.52	6	129.92	6	152.32
7	18.24	7	40.64	7	63.04	7	85.44	7	107.84	7	130.24	7	152.64
8	18.56	8	40.96	8	63.36	8	85.76	8	108.16	8	130.56	8	152.96
9	18.88	9	41.28	9	63.68	9	86.08	9	108.48	9	130.88	9	153.28
60	19.20	130	41.60	200	64.00	270	86.40	340	108.80	410	131.20	480	153.60
1	19.52	1	41.92	1	64.32	1	86.72	1	109.12	1	131.52	1	153.92
2	19.84	2	42.24	2	64.64	2	87.04	2	109.44	2	131.84	2	154.24
3	20.16	3	42.56	3	64.96	3	87.36	3	109.76	3	132.16	3	154.56
4	20.48	4	42.88	4	65.28	4	87.68	4	110.08	4	132.48	4	154.88
5	20.80	5	43.20	5	65.60	5	88.00	5	110.40	5	132.80	5	155.20
6	21.12	6	43.52	6	65.92	6	88.32	6	110.72	6	133.12	6	155.52
7	21.44	7	43.84	7	66.24	7	88.64	7	111.04	7	133.44	7	155.84
8	21.76	8	44.16	8	66.56	8	88.96	8	111.36	8	133.76	8	156.16
9	22.08	9	44.48	9	66.88	9	89.28	9	111.68	9	134.08	9	156.48

Heures à 0.33ᵈ l'une.

Heures	Sommes	Heures	Sommes	Heures	Sommes	Heures	Sommes	Heures	Sommes	Heures	Sommes	Heures	Sommes
1	.33	70	23.10	140	46.20	210	69.30	280	92.40	350	115.50	420	138.60
2	.66	1	23.43	1	46.53	1	69.63	1	92.73	1	115.83	1	138.93
3	.99	2	23.76	2	46.86	2	69.96	2	93.06	2	116.16	2	139.26
4	1.32	3	24.09	3	47.19	3	70.29	3	93.39	3	116.49	3	139.59
5	1.65	4	24.42	4	47.52	4	70.62	4	93.72	4	116.82	4	139.92
6	1.98	5	24.75	5	47.85	5	70.95	5	94.05	5	117.15	5	140.25
7	2.31	6	25.08	6	48.18	6	71.28	6	94.38	6	117.48	6	140.58
8	2.64	7	25.41	7	48.51	7	71.61	7	94.71	7	117.81	7	140.91
9	2.97	8	25.74	8	48.84	8	71.94	8	95.04	8	118.14	8	141.24
		9	26.07	9	49.17	9	72.27	9	95.37	9	118.47	9	141.57
10	3.30	80	26.40	150	49.50	220	72.60	290	95.70	360	118.80	430	141.90
1	3.63	1	26.73	1	49.83	1	72.93	1	96.03	1	119.13	1	142.23
2	3.96	2	27.06	2	50.16	2	73.26	2	96.36	2	119.46	2	142.56
3	4.29	3	27.39	3	50.49	3	73.59	3	96.69	3	119.79	3	142.89
4	4.62	4	27.72	4	50.82	4	73.92	4	97.02	4	120.12	4	143.22
5	4.95	5	28.05	5	51.15	5	74.25	5	97.35	5	120.45	5	143.55
6	5.28	6	28.38	6	51.48	6	74.58	6	97.68	6	120.78	6	143.88
7	5.61	7	28.71	7	51.81	7	74.91	7	98.01	7	121.11	7	144.21
8	5.94	8	29.04	8	52.14	8	75.24	8	98.34	8	121.44	8	144.54
9	6.27	9	29.37	9	52.47	9	75.57	9	98.67	9	121.77	9	144.87
20	6.60	90	29.70	160	52.80	230	75.90	300	99.00	370	122.10	440	145.20
1	6.93	1	30.03	1	53.13	1	76.23	1	99.33	1	122.43	1	145.53
2	7.26	2	30.36	2	53.46	2	76.56	2	99.66	2	122.76	2	145.86
3	7.59	3	30.69	3	53.79	3	76.89	3	99.99	3	123.09	3	146.19
4	7.92	4	31.02	4	54.12	4	77.22	4	100.32	4	123.42	4	146.52
5	8.25	5	31.35	5	54.45	5	77.55	5	100.65	5	123.75	5	146.85
6	8.58	6	31.68	6	54.78	6	77.88	6	100.98	6	124.08	6	147.18
7	8.91	7	32.01	7	55.11	7	78.21	7	101.31	7	124.41	7	147.51
8	9.24	8	32.34	8	55.44	8	78.54	8	101.64	8	124.74	8	147.84
9	9.57	9	32.67	9	55.77	9	78.87	9	101.97	9	125.07	9	148.17
30	9.90	100	33.00	170	56.10	240	79.20	310	102.30	380	125.40	450	148.50
1	10.23	1	33.33	1	56.43	1	79.53	1	102.63	1	125.73	1	148.83
2	10.56	2	33.66	2	56.76	2	79.86	2	102.96	2	126.06	2	149.16
3	10.89	3	33.99	3	57.09	3	80.19	3	103.29	3	126.39	3	149.49
4	11.22	4	34.32	4	57.42	4	80.52	4	103.62	4	126.72	4	149.82
5	11.55	5	34.65	5	57.75	5	80.85	5	103.95	5	127.05	5	150.15
6	11.88	6	34.98	6	58.08	6	81.18	6	104.28	6	127.38	6	150.48
7	12.21	7	35.31	7	58.41	7	81.51	7	104.61	7	127.71	7	150.81
8	12.54	8	35.64	8	58.74	8	81.84	8	104.94	8	128.04	8	151.14
9	12.87	9	35.97	9	59.07	9	82.17	9	105.27	9	128.37	9	151.47
40	13.20	110	36.30	180	59.40	250	82.50	320	105.60	390	128.70	460	151.80
1	13.53	1	36.63	1	59.73	1	82.83	1	105.93	1	129.03	1	152.13
2	13.86	2	36.96	2	60.06	2	83.16	2	106.26	2	129.36	2	152.46
3	14.19	3	37.29	3	60.39	3	83.49	3	106.59	3	129.69	3	152.79
4	14.52	4	37.62	4	60.72	4	83.82	4	106.92	4	130.02	4	153.12
5	14.85	5	37.95	5	61.05	5	84.15	5	107.25	5	130.35	5	153.45
6	15.18	6	38.28	6	61.38	6	84.48	6	107.58	6	130.68	6	153.78
7	15.51	7	38.61	7	61.71	7	84.81	7	107.91	7	131.01	7	154.11
8	15.84	8	38.94	8	62.04	8	85.14	8	108.24	8	131.34	8	154.44
9	16.17	9	39.27	9	62.37	9	85.47	9	108.57	9	131.67	9	154.77
50	16.50	120	39.60	190	62.70	260	85.80	330	108.90	400	132.00	470	155.10
1	16.83	1	39.93	1	63.03	1	86.13	1	109.23	1	132.33	1	155.43
2	17.16	2	40.26	2	63.36	2	86.46	2	109.56	2	132.66	2	155.76
3	17.49	3	40.59	3	63.69	3	86.79	3	109.89	3	132.99	3	156.09
4	17.82	4	40.92	4	64.02	4	87.12	4	110.22	4	133.32	4	156.42
5	18.15	5	41.25	5	64.35	5	87.45	5	110.55	5	133.65	5	156.75
6	18.48	6	41.58	6	64.68	6	87.78	6	110.88	6	133.98	6	157.08
7	18.81	7	41.91	7	65.01	7	88.11	7	111.21	7	134.31	7	157.41
8	19.14	8	42.24	8	65.34	8	88.44	8	111.54	8	134.64	8	157.74
9	19.47	9	42.57	9	65.67	9	88.77	9	111.87	9	134.97	9	158.07
60	19.80	130	42.90	200	66.00	270	89.10	340	112.20	410	135.30	480	158.40
1	20.13	1	43.23	1	66.33	1	89.43	1	112.53	1	135.63	1	158.73
2	20.46	2	43.56	2	66.66	2	89.76	2	112.86	2	135.96	2	159.06
3	20.79	3	43.89	3	66.99	3	90.09	3	113.19	3	136.29	3	159.39
4	21.12	4	44.22	4	67.32	4	90.42	4	113.52	4	136.62	4	159.72
5	21.45	5	44.55	5	67.65	5	90.75	5	113.85	5	136.95	5	160.05
6	21.78	6	44.88	6	67.98	6	91.08	6	114.18	6	137.28	6	160.38
7	22.11	7	45.21	7	68.31	7	91.41	7	114.51	7	137.61	7	160.71
8	22.44	8	45.54	8	68.64	8	91.74	8	114.84	8	137.94	8	161.04
9	22.77	9	45.87	9	68.97	9	92.07	9	115.17	9	138.27	9	161.37

Heures	Sommes	Heures	Sommes	Heures	Sommes	Heures	Sommes	Heures	Sommes	Heures	Sommes	Heures	Sommes
1	.. 34	70	23. 80	140	47. 60	210	71. 40	280	95. 20	350	119. ..	420	142. 80
2	.. 68	1	24. 14	1	47. 94	1	71. 74	1	95. 54	1	119. 34	1	143. 14
3	1. 02	2	24. 48	2	48. 28	2	72. 08	2	95. 88	2	119. 68	2	143. 48
4	1. 36	3	24. 82	3	48. 62	3	72. 42	3	96. 22	3	120. 02	3	143. 82
5	1. 70	4	25. 16	4	48. 96	4	72. 76	4	96. 56	4	120. 36	4	144. 16
6	2. 04	5	25. 50	5	49. 30	5	73. 10	5	96. 90	5	120. 70	5	144. 50
7	2. 38	6	25. 84	6	49. 64	6	73. 44	6	97. 24	6	121. 04	6	144. 84
8	2. 72	7	26. 18	7	49. 98	7	73. 78	7	97. 58	7	121. 38	7	145. 18
9	3. 06	8	26. 52	8	50. 32	8	74. 12	8	97. 92	8	121. 72	8	145. 52
		9	26. 86	9	50. 66	9	74. 46	9	98. 26	9	122. 06	9	145. 86
10	3. 40	80	27. 20	150	51. ..	220	74. 80	290	98. 60	360	122. 40	430	146. 20
1	3. 74	1	27. 54	1	51. 34	1	75. 14	1	98. 94	1	122. 74	1	146. 54
2	4. 08	2	27. 88	2	51. 68	2	75. 48	2	99. 28	2	123. 08	2	146. 88
3	4. 42	3	28. 22	3	52. 02	3	75. 82	3	99. 62	3	123. 42	3	147. 22
4	4. 76	4	28. 56	4	52. 36	4	76. 16	4	99. 96	4	123. 76	4	147. 56
5	5. 10	5	28. 90	5	52. 70	5	76. 50	5	100. 30	5	124. 10	5	147. 90
6	5. 44	6	29. 24	6	53. 04	6	76. 84	6	100. 64	6	124. 44	6	148. 24
7	5. 78	7	29. 58	7	53. 38	7	77. 18	7	100. 98	7	124. 78	7	148. 58
8	6. 12	8	29. 92	8	53. 72	8	77. 52	8	101. 32	8	125. 12	8	148. 92
9	6. 46	9	30. 26	9	54. 06	9	77. 86	9	101. 66	9	125. 46	9	149. 26
20	6. 80	90	30. 60	160	54. 40	230	78. 20	300	102. ..	370	125. 80	440	149. 60
1	7. 14	1	30. 94	1	54. 74	1	78. 54	1	102. 34	1	126. 14	1	149. 94
2	7. 48	2	31. 28	2	55. 08	2	78. 88	2	102. 68	2	126. 48	2	150. 28
3	7. 82	3	31. 62	3	55. 42	3	79. 22	3	103. 02	3	126. 82	3	150. 62
4	8. 16	4	31. 96	4	55. 76	4	79. 56	4	103. 36	4	127. 16	4	150. 96
5	8. 50	5	32. 30	5	56. 10	5	79. 90	5	103. 70	5	127. 50	5	151. 30
6	8. 84	6	32. 64	6	56. 44	6	80. 24	6	104. 04	6	127. 84	6	151. 64
7	9. 18	7	32. 98	7	56. 78	7	80. 58	7	104. 38	7	128. 18	7	151. 98
8	9. 52	8	33. 32	8	57. 12	8	80. 92	8	104. 72	8	128. 52	8	152. 32
9	9. 86	9	33. 66	9	57. 46	9	81. 26	9	105. 06	9	128. 86	9	152. 66
30	10. 20	100	34. ..	170	57. 80	240	81. 60	310	105. 40	380	129. 20	450	153. ..
1	10. 54	1	34. 34	1	58. 14	1	81. 94	1	105. 74	1	129. 54	1	153. 34
2	10. 88	2	34. 68	2	58. 48	2	82. 28	2	106. 08	2	129. 88	2	153. 68
3	11. 22	3	35. 02	3	58. 82	3	82. 62	3	106. 42	3	130. 22	3	154. 02
4	11. 56	4	35. 36	4	59. 16	4	82. 96	4	106. 76	4	130. 56	4	154. 36
5	11. 90	5	35. 70	5	59. 50	5	83. 30	5	107. 10	5	130. 90	5	154. 70
6	12. 24	6	36. 04	6	59. 84	6	83. 64	6	107. 44	6	131. 24	6	155. 04
7	12. 58	7	36. 38	7	60. 18	7	83. 98	7	107. 78	7	131. 58	7	155. 38
8	12. 92	8	36. 72	8	60. 52	8	84. 32	8	108. 12	8	131. 92	8	155. 72
9	13. 26	9	37. 06	9	60. 86	9	84. 66	9	108. 46	9	132. 26	9	156. 06
40	13. 60	110	37. 40	180	61. 20	250	85. ..	320	108. 80	390	132. 60	460	156. 40
1	13. 94	1	37. 74	1	61. 54	1	85. 34	1	109. 14	1	132. 94	1	156. 74
2	14. 28	2	38. 08	2	61. 88	2	85. 68	2	109. 48	2	133. 28	2	157. 08
3	14. 62	3	38. 42	3	62. 22	3	86. 02	3	109. 82	3	133. 62	3	157. 42
4	14. 96	4	38. 76	4	62. 56	4	86. 36	4	110. 16	4	133. 96	4	157. 76
5	15. 30	5	39. 10	5	62. 90	5	86. 70	5	110. 50	5	134. 30	5	158. 10
6	15. 64	6	39. 44	6	63. 24	6	87. 04	6	110. 84	6	134. 64	6	158. 44
7	15. 98	7	39. 78	7	63. 58	7	87. 38	7	111. 18	7	134. 98	7	158. 78
8	16. 32	8	40. 12	8	63. 92	8	87. 72	8	111. 52	8	135. 32	8	159. 12
9	16. 66	9	40. 46	9	64. 26	9	88. 06	9	111. 86	9	135. 66	9	159. 46
50	17. ..	120	40. 80	190	64. 60	260	88. 40	330	112. 20	400	136. ..	470	159. 80
1	17. 34	1	41. 14	1	64. 94	1	88. 74	1	112. 54	1	136. 34	1	160. 14
2	17. 68	2	41. 48	2	65. 28	2	89. 08	2	112. 88	2	136. 68	2	160. 48
3	18. 02	3	41. 82	3	65. 62	3	89. 42	3	113. 22	3	137. 02	3	160. 82
4	18. 36	4	42. 16	4	65. 96	4	89. 76	4	113. 56	4	137. 36	4	161. 16
5	18. 70	5	42. 50	5	66. 30	5	90. 10	5	113. 90	5	137. 70	5	161. 50
6	19. 04	6	42. 84	6	66. 64	6	90. 44	6	114. 24	6	138. 04	6	161. 84
7	19. 38	7	43. 18	7	66. 98	7	90. 78	7	114. 58	7	138. 38	7	162. 18
8	19. 72	8	43. 52	8	67. 32	8	91. 12	8	114. 92	8	138. 72	8	162. 52
9	20. 06	9	43. 86	9	67. 66	9	91. 46	9	115. 26	9	139. 06	9	162. 86
60	20. 40	130	44. 20	200	68. ..	270	91. 80	340	115. 60	410	139. 40	480	163. 20
1	20. 74	1	44. 54	1	68. 34	1	92. 14	1	115. 94	1	139. 74	1	163. 54
2	21. 08	2	44. 88	2	68. 68	2	92. 48	2	116. 28	2	140. 08	2	163. 88
3	21. 42	3	45. 22	3	69. 02	3	92. 82	3	116. 62	3	140. 42	3	164. 22
4	21. 76	4	45. 56	4	69. 36	4	93. 16	4	116. 96	4	140. 76	4	164. 56
5	22. 10	5	45. 90	5	69. 70	5	93. 50	5	117. 30	5	141. 10	5	164. 90
6	22. 44	6	46. 24	6	70. 04	6	93. 84	6	117. 64	6	141. 44	6	165. 24
7	22. 78	7	46. 58	7	70. 38	7	94. 18	7	117. 98	7	141. 78	7	165. 58
8	23. 12	8	46. 92	8	70. 72	8	94. 52	8	118. 32	8	142. 12	8	165. 92
9	23. 46	9	47. 26	9	71. 06	9	94. 86	9	118. 66	9	142. 46	9	166. 26

Heures à 0.35ᶠ l'une.

Heures.	Sommes.	Heures.	Sommes.	Heures.	Sommes.	Heures.	Sommes	Heures.	Sommes.	Heures.	Sommes.	Heures.	Sommes.
1	„ 35	70	24.50	140	49. „	210	73.50	280	98. „	350	122.50	420	147. „
2	„ 70	1	24.85	1	49.35	1	73.85	1	98.35	1	122.85	1	147.35
3	1.05	2	25.20	2	49.70	2	74.20	2	98.70	2	123.20	2	147.70
4	1.40	3	25.55	3	50.05	3	74.55	3	99.05	3	123.55	3	148.05
5	1.75	4	25.90	4	50.40	4	74.90	4	99.40	4	123.90	4	148.40
6	2.10	5	26.25	5	50.75	5	75.25	5	99.75	5	124.25	5	148.75
7	2.45	6	26.60	6	51.10	6	75.60	6	100.10	6	124.60	6	149.10
8	2.80	7	26.95	7	51.45	7	75.95	7	100.45	7	124.95	7	149.45
9	3.15	8	27.30	8	51.80	8	76.30	8	100.80	8	125.30	8	149.80
		9	27.65	9	52.15	9	76.65	9	101.15	9	125.65	9	150.15
10	3.50	80	28. „	150	52.50	220	77. „	290	101.50	360	126. „	430	150.50
1	3.85	1	28.35	1	52.85	1	77.35	1	101.85	1	126.35	1	150.85
2	4.20	2	28.70	2	53.20	2	77.70	2	102.20	2	126.70	2	151.20
3	4.55	3	29.05	3	53.55	3	78.05	3	102.55	3	127.05	3	151.55
4	4.90	4	29.40	4	53.90	4	78.40	4	102.90	4	127.40	4	151.90
5	5.25	5	29.75	5	54.25	5	78.75	5	103.25	5	127.75	5	152.25
6	5.60	6	30.10	6	54.60	6	79.10	6	103.60	6	128.10	6	152.60
7	5.95	7	30.45	7	54.95	7	79.45	7	103.95	7	128.45	7	152.95
8	6.30	8	30.80	8	55.30	8	79.80	8	104.30	8	128.80	8	153.30
9	6.65	9	31.15	9	55.65	9	80.15	9	104.65	9	129.15	9	153.65
20	7. „	90	31.50	160	56. „	230	80.50	300	105. „	370	129.50	440	154. „
1	7.35	1	31.85	1	56.35	1	80.85	1	105.35	1	129.85	1	154.35
2	7.70	2	32.20	2	56.70	2	81.20	2	105.70	2	130.20	2	154.70
3	8.05	3	32.55	3	57.05	3	81.55	3	106.05	3	130.55	3	155.05
4	8.40	4	32.90	4	57.40	4	81.90	4	106.40	4	130.90	4	155.40
5	8.75	5	33.25	5	57.75	5	82.25	5	106.75	5	131.25	5	155.75
6	9.10	6	33.60	6	58.10	6	82.60	6	107.10	6	131.60	6	156.10
7	9.45	7	33.95	7	58.45	7	82.95	7	107.45	7	131.95	7	156.45
8	9.80	8	34.30	8	58.80	8	83.30	8	107.80	8	132.30	8	156.80
9	10.15	9	34.65	9	59.15	9	83.65	9	108.15	9	132.65	9	157.15
30	10.50	100	35. „	170	59.50	240	84. „	310	108.50	380	133. „	450	157.50
1	10.85	1	35.35	1	59.85	1	84.35	1	108.85	1	133.35	1	157.85
2	11.20	2	35.70	2	60.20	2	84.70	2	109.20	2	133.70	2	158.20
3	11.55	3	36.05	3	60.55	3	85.05	3	109.55	3	134.05	3	158.55
4	11.90	4	36.40	4	60.90	4	85.40	4	109.90	4	134.40	4	158.90
5	12.25	5	36.75	5	61.25	5	85.75	5	110.25	5	134.75	5	159.25
6	12.60	6	37.10	6	61.60	6	86.10	6	110.60	6	135.10	6	159.60
7	12.95	7	37.45	7	61.95	7	86.45	7	110.95	7	135.45	7	159.95
8	13.30	8	37.80	8	62.30	8	86.80	8	111.30	8	135.80	8	160.30
9	13.65	9	38.15	9	62.65	9	87.15	9	111.65	9	136.15	9	160.65
40	14. „	110	38.50	180	63. „	250	87.50	320	112. „	390	136.50	460	161. „
1	14.35	1	38.85	1	63.35	1	87.85	1	112.35	1	136.85	1	161.35
2	14.70	2	39.20	2	63.70	2	88.20	2	112.70	2	137.20	2	161.70
3	15.05	3	39.55	3	64.05	3	88.55	3	113.05	3	137.55	3	162.05
4	15.40	4	39.90	4	64.40	4	88.90	4	113.40	4	137.90	4	162.40
5	15.75	5	40.25	5	64.75	5	89.25	5	113.75	5	138.25	5	162.75
6	16.10	6	40.60	6	65.10	6	89.60	6	114.10	6	138.60	6	163.10
7	16.45	7	40.95	7	65.45	7	89.95	7	114.45	7	138.95	7	163.45
8	16.80	8	41.30	8	65.80	8	90.30	8	114.80	8	139.30	8	163.80
9	17.15	9	41.65	9	66.15	9	90.65	9	115.15	9	139.65	9	164.15
50	17.30	120	42. „	190	66.50	260	91. „	330	115.50	400	140. „	470	164.50
1	17.85	1	42.35	1	66.85	1	91.35	1	115.85	1	140.35	1	164.85
2	18.20	2	42.70	2	67.20	2	91.70	2	116.20	2	140.70	2	165.20
3	18.55	3	43.05	3	67.55	3	92.05	3	116.55	3	141.05	3	165.55
4	18.90	4	43.40	4	67.90	4	92.40	4	116.90	4	141.40	4	165.90
5	19.25	5	43.75	5	68.25	5	92.75	5	117.25	5	141.75	5	166.25
6	19.60	6	44.10	6	68.60	6	93.10	6	117.60	6	142.10	6	166.60
7	19.95	7	44.45	7	68.95	7	93.45	7	117.95	7	142.45	7	166.95
8	20.30	8	44.80	8	69.30	8	93.80	8	118.30	8	142.80	8	167.30
9	20.65	9	45.15	9	69.65	9	94.15	9	118.65	9	143.15	9	167.65
60	21. „	130	45.50	200	70. „	270	94.50	340	119. „	410	143.50	480	168. „
1	21.35	1	45.85	1	70.35	1	94.85	1	119.35	1	143.85	1	168.35
2	21.70	2	46.20	2	70.70	2	95.20	2	119.70	2	144.20	2	168.70
3	22.05	3	46.55	3	71.05	3	95.55	3	120.05	3	144.55	3	169.05
4	22.40	4	46.90	4	71.40	4	95.90	4	120.40	4	144.90	4	169.40
5	22.75	5	47.25	5	71.75	5	96.25	5	120.75	5	145.25	5	169.75
6	23.10	6	47.60	6	72.10	6	96.60	6	121.10	6	145.60	6	170.10
7	23.45	7	47.95	7	72.45	7	96.95	7	121.45	7	145.95	7	170.45
8	23.80	8	48.30	8	72.80	8	97.30	8	121.80	8	146.30	8	170.80
9	24.15	9	48.65	9	73.15	9	97.65	9	122.15	9	146.65	9	171.15

Heures à 0.36 ₣ l'une.

Heures	Sommes	Heures	Sommes	Heures	Sommes	Heures	Sommes	Heures	Sommes	Heures	Sommes	Heures	Sommes
1	" 36	70	25.20	140	50.40	210	75.60	280	100.80	350	126. "	420	151.20
2	" 72	1	25.56	1	50.76	1	75.96	1	101.16	1	126.36	1	151.56
3	1.08	2	25.92	2	51.12	2	76.32	2	101.52	2	126.72	2	151.92
4	1.44	3	26.28	3	51.48	3	76.68	3	101.88	3	127.08	3	152.28
5	1.80	4	26.64	4	51.84	4	77.04	4	102.24	4	127.44	4	152.64
6	2.16	5	27. "	5	52.20	5	77.40	5	102.60	5	127.80	5	153. "
7	2.52	6	27.36	6	52.56	6	77.76	6	102.96	6	128.16	6	153.36
8	2.88	7	27.72	7	52.92	7	78.12	7	103.32	7	128.52	7	153.72
9	3.24	8	28.08	8	53.28	8	78.48	8	103.68	8	128.88	8	154.08
		9	28.44	9	53.64	9	78.84	9	104.04	9	129.24	9	154.44
10	3.60	80	28.80	150	54. "	220	79.20	290	104.40	360	129.60	430	154.80
1	3.96	1	29.16	1	54.36	1	79.56	1	104.76	1	129.96	1	155.16
2	4.32	2	29.52	2	54.72	2	79.92	2	105.12	2	130.32	2	155.52
3	4.68	3	29.88	3	55.08	3	80.28	3	105.48	3	130.68	3	155.88
4	5.04	4	30.24	4	55.44	4	80.64	4	105.84	4	131.04	4	156.24
5	5.40	5	30.60	5	55.80	5	81. "	5	106.20	5	131.40	5	156.60
6	5.76	6	30.96	6	56.16	6	81.36	6	106.56	6	131.76	6	156.96
7	6.12	7	31.32	7	56.52	7	81.72	7	106.92	7	132.12	7	157.32
8	6.48	8	31.68	8	56.88	8	82.08	8	107.28	8	132.48	8	157.68
9	6.84	9	32.04	9	57.24	9	82.44	9	107.64	9	132.84	9	158.04
20	7.20	90	32.40	160	57.60	230	82.80	300	108. "	370	133.20	440	158.40
1	7.56	1	32.76	1	57.96	1	83.16	1	108.36	1	133.56	1	158.76
2	7.92	2	33.12	2	58.32	2	83.52	2	108.72	2	133.92	2	159.12
3	8.28	3	33.48	3	58.68	3	83.88	3	109.08	3	134.28	3	159.48
4	8.64	4	33.84	4	59.04	4	84.24	4	109.44	4	134.64	4	159.84
5	9. "	5	34.20	5	59.40	5	84.60	5	109.80	5	135. "	5	160.20
6	9.36	6	34.56	6	59.76	6	84.96	6	110.16	6	135.56	6	160.56
7	9.72	7	34.92	7	60.12	7	85.32	7	110.52	7	135.72	7	160.92
8	10.08	8	35.28	8	60.48	8	85.68	8	110.88	8	136.08	8	161.28
9	10.44	9	35.64	9	60.84	9	86.04	9	111.24	9	136.44	9	161.64
30	10.80	100	36. "	170	61.20	240	86.40	310	111.60	380	136.80	450	162. "
1	11.16	1	36.36	1	61.56	1	86.76	1	111.96	1	137.16	1	162.36
2	11.52	2	36.72	2	61.92	2	87.12	2	112.32	2	137.52	2	162.72
3	11.88	3	37.08	3	62.28	3	87.48	3	112.68	3	137.88	3	163.08
4	12.24	4	37.44	4	62.64	4	87.84	4	113.04	4	138.24	4	163.44
5	12.60	5	37.80	5	63. "	5	88.20	5	113.40	5	138.60	5	163.80
6	12.96	6	38.16	6	63.36	6	88.56	6	113.76	6	138.96	6	164.16
7	13.32	7	38.52	7	63.72	7	88.92	7	114.12	7	139.32	7	164.52
8	13.68	8	38.88	8	64.08	8	89.28	8	114.48	8	139.68	8	164.88
9	14.04	9	39.24	9	64.44	9	89.64	9	114.84	9	140.04	9	165.24
40	14.40	110	39.60	180	64.80	250	90. "	320	115.20	390	140.40	460	165.60
1	14.76	1	39.96	1	65.16	1	90.36	1	115.56	1	140.76	1	165.96
2	15.12	2	40.32	2	65.52	2	90.72	2	115.92	2	141.12	2	166.32
3	15.48	3	40.68	3	65.88	3	91.08	3	116.28	3	141.48	3	166.68
4	15.84	4	41.04	4	66.24	4	91.44	4	116.64	4	141.84	4	167.04
5	16.20	5	41.40	5	66.60	5	91.80	5	117. "	5	142.20	5	167.40
6	16.56	6	41.76	6	66.96	6	92.16	6	117.36	6	142.56	6	167.76
7	16.92	7	42.12	7	67.32	7	92.52	7	117.72	7	142.92	7	168.12
8	17.28	8	42.48	8	67.68	8	92.88	8	118.08	8	143.28	8	168.48
9	17.64	9	42.84	9	68.04	9	93.24	9	118.44	9	143.64	9	168.84
50	18. "	120	43.20	190	68.40	260	93.60	330	118.80	400	144. "	470	169.20
1	18.36	1	43.56	1	68.76	1	93.96	1	119.16	1	144.36	1	169.56
2	18.72	2	43.92	2	69.12	2	94.32	2	119.52	2	144.72	2	169.92
3	19.08	3	44.28	3	69.48	3	94.68	3	119.88	3	145.08	3	170.28
4	19.44	4	44.64	4	69.84	4	95.04	4	120.24	4	145.44	4	170.64
5	19.80	5	45. "	5	70.20	5	95.40	5	120.60	5	145.80	5	171. "
6	20.16	6	45.36	6	70.56	6	95.76	6	120.96	6	146.16	6	171.36
7	20.52	7	45.72	7	70.92	7	96.12	7	121.32	7	146.52	7	171.72
8	20.88	8	46.08	8	71.28	8	96.48	8	121.68	8	146.88	8	172.08
9	21.24	9	46.44	9	71.64	9	96.84	9	122.04	9	147.24	9	172.44
60	21.60	130	46.80	200	72. "	270	97.20	340	122.40	410	147.60	480	172.80
1	21.96	1	47.16	1	72.36	1	97.56	1	122.76	1	147.96	1	173.16
2	22.32	2	47.52	2	72.72	2	97.92	2	123.12	2	148.32	2	173.52
3	22.68	3	47.88	3	73.08	3	98.28	3	123.48	3	148.68	3	173.88
4	23.04	4	48.24	4	73.44	4	98.64	4	123.84	4	149.04	4	174.24
5	23.40	5	48.60	5	73.80	5	99. "	5	124.20	5	149.40	5	174.60
6	23.76	6	48.96	6	74.16	6	99.36	6	124.56	6	149.76	6	174.96
7	24.12	7	49.32	7	74.52	7	99.72	7	124.92	7	150.12	7	175.32
8	24.48	8	49.68	8	74.88	8	100.08	8	125.28	8	150.48	8	175.68
9	24.84	9	50.04	9	75.24	9	100.44	9	125.64	9	150.84	9	176.04

Heures à 0.37 ⅌ l'une.

Heures.	Sommes.	Heures.	Sommes.	Heures.	Sommes.	Heures.	Sommes	Heures.	Sommes.	Heures.	Sommes.	Heures.	Sommes.
1	.37	70	25.90	140	51.80	210	77.70	280	103.60	350	129.50	420	155.40
2	.74	1	26.27	1	52.17	1	78.07	1	103.97	1	129.87	1	155.77
3	1.11	2	26.64	2	52.54	2	78.44	2	104.34	2	130.24	2	156.14
4	1.48	3	27.01	3	52.91	3	78.81	3	104.71	3	130.61	3	156.51
5	1.85	4	27.38	4	53.28	4	79.18	4	105.08	4	130.98	4	156.88
6	2.22	5	27.75	5	53.65	5	79.55	5	105.45	5	131.35	5	157.25
7	2.59	6	28.12	6	54.02	6	79.92	6	105.82	6	131.72	6	157.62
8	2.96	7	28.49	7	54.39	7	80.29	7	106.19	7	132.09	7	157.99
9	3.33	8	28.86	8	54.76	8	80.66	8	106.56	8	132.46	8	158.36
		9	29.23	9	55.13	9	81.03	9	106.93	9	132.83	9	158.73
10	3.70	80	29.60	150	55.50	220	81.40	290	107.30	360	133.20	430	159.10
1	4.07	1	29.97	1	55.87	1	81.77	1	107.67	1	133.57	1	159.47
2	4.44	2	30.34	2	56.24	2	82.14	2	108.04	2	133.94	2	159.84
3	4.81	3	30.71	3	56.61	3	82.51	3	108.41	3	134.31	3	160.21
4	5.18	4	31.08	4	56.98	4	82.88	4	108.78	4	134.68	4	160.58
5	5.55	5	31.45	5	57.35	5	83.25	5	109.15	5	135.05	5	160.95
6	5.92	6	31.82	6	57.72	6	83.62	6	109.52	6	135.42	6	161.32
7	6.29	7	32.19	7	58.09	7	83.99	7	109.89	7	135.79	7	161.69
8	6.66	8	32.56	8	58.46	8	84.36	8	110.26	8	136.16	8	162.06
9	7.03	9	32.93	9	58.83	9	84.73	9	110.63	9	136.53	9	162.43
20	7.40	90	33.30	160	59.20	230	85.10	300	111.00	370	136.90	440	162.80
1	7.77	1	33.67	1	59.57	1	85.47	1	111.37	1	137.27	1	163.17
2	8.14	2	34.04	2	59.94	2	85.84	2	111.74	2	137.64	2	163.54
3	8.51	3	34.41	3	60.31	3	86.21	3	112.11	3	138.01	3	163.91
4	8.88	4	34.78	4	60.68	4	86.58	4	112.48	4	138.38	4	164.28
5	9.25	5	35.15	5	61.05	5	86.95	5	112.85	5	138.75	5	164.65
6	9.62	6	35.52	6	61.42	6	87.32	6	113.22	6	139.12	6	165.02
7	9.99	7	35.89	7	61.79	7	87.69	7	113.59	7	139.49	7	165.39
8	10.36	8	36.26	8	62.16	8	88.06	8	113.96	8	139.86	8	165.76
9	10.73	9	36.63	9	62.53	9	88.43	9	114.33	9	140.23	9	166.13
30	11.10	100	37.00	170	62.90	240	88.80	310	114.70	380	140.60	450	166.50
1	11.47	1	37.37	1	63.27	1	89.17	1	115.07	1	140.97	1	166.87
2	11.84	2	37.74	2	63.64	2	89.54	2	115.44	2	141.34	2	167.24
3	12.21	3	38.11	3	64.01	3	89.91	3	115.81	3	141.71	3	167.61
4	12.58	4	38.48	4	64.38	4	90.28	4	116.18	4	142.08	4	167.98
5	12.95	5	38.85	5	64.75	5	90.65	5	116.55	5	142.45	5	168.35
6	13.32	6	39.22	6	65.12	6	91.02	6	116.92	6	142.82	6	168.72
7	13.69	7	39.59	7	65.49	7	91.39	7	117.29	7	143.19	7	169.09
8	14.06	8	39.96	8	65.86	8	91.76	8	117.66	8	143.56	8	169.46
9	14.43	9	40.33	9	66.23	9	92.13	9	118.03	9	143.93	9	169.83
40	14.80	110	40.70	180	66.60	250	92.50	320	118.40	390	144.30	460	170.20
1	15.17	1	41.07	1	66.97	1	92.87	1	118.77	1	144.67	1	170.57
2	15.54	2	41.44	2	67.34	2	93.24	2	119.14	2	145.04	2	170.94
3	15.91	3	41.81	3	67.71	3	93.61	3	119.51	3	145.41	3	171.31
4	16.28	4	42.18	4	68.08	4	93.98	4	119.88	4	145.78	4	171.68
5	16.65	5	42.55	5	68.45	5	94.35	5	120.25	5	146.15	5	172.05
6	17.02	6	42.92	6	68.82	6	94.72	6	120.62	6	146.52	6	172.42
7	17.39	7	43.29	7	69.19	7	95.09	7	120.99	7	146.89	7	172.79
8	17.76	8	43.66	8	69.56	8	95.46	8	121.36	8	147.26	8	173.16
9	18.13	9	44.03	9	69.93	9	95.83	9	121.73	9	147.63	9	173.53
50	18.50	120	44.40	190	70.30	260	96.20	330	122.10	400	148.00	470	173.90
1	18.87	1	44.77	1	70.67	1	96.57	1	122.47	1	148.37	1	174.27
2	19.24	2	45.14	2	71.04	2	96.94	2	122.84	2	148.74	2	174.64
3	19.61	3	45.51	3	71.41	3	97.31	3	123.21	3	149.11	3	175.01
4	19.98	4	45.88	4	71.78	4	97.68	4	123.58	4	149.48	4	175.38
5	20.35	5	46.25	5	72.15	5	98.05	5	123.95	5	149.85	5	175.75
6	20.72	6	46.62	6	72.52	6	98.42	6	124.32	6	150.22	6	176.12
7	21.09	7	46.99	7	72.89	7	98.79	7	124.69	7	150.59	7	176.49
8	21.46	8	47.36	8	73.26	8	99.16	8	125.06	8	150.96	8	176.86
9	21.83	9	47.73	9	73.63	9	99.53	9	125.43	9	151.33	9	177.23
60	22.20	130	48.10	200	74.00	270	99.90	340	125.80	410	151.70	480	177.60
1	22.57	1	48.47	1	74.37	1	100.27	1	126.17	1	152.07	1	177.97
2	22.94	2	48.84	2	74.74	2	100.64	2	126.54	2	152.44	2	178.34
3	23.31	3	49.21	3	75.11	3	101.01	3	126.91	3	152.81	3	178.71
4	23.68	4	49.58	4	75.48	4	101.38	4	127.28	4	153.18	4	179.08
5	24.05	5	49.95	5	75.85	5	101.75	5	127.65	5	153.55	5	179.45
6	24.42	6	50.32	6	76.22	6	102.12	6	128.02	6	153.92	6	179.82
7	24.79	7	50.69	7	76.59	7	102.49	7	128.39	7	154.29	7	180.19
8	25.16	8	51.06	8	76.96	8	102.86	8	128.76	8	154.66	8	180.56
9	25.53	9	51.43	9	77.33	9	103.23	9	129.13	9	155.03	9	180.93

Heures à 0.38 f l'une.

Heures.	Sommes.	Heures.	Sommes.	Heures.	Sommes.	Heures.	Sommes	Heures.	Sommes.	Heures.	Sommes.	Heures.	Sommes.
1	» 38	70	26. 60	140	53. 20	210	79. 80	280	106. 40	350	133. ..	420	159. 60
2	. 76	1	26. 98	1	53. 58	1	80. 18	1	106. 78	1	133. 38	1	159. 98
3	1. 14	2	27. 36	2	53. 96	2	80. 56	2	107. 16	2	133. 76	2	160. 36
4	1. 52	3	27. 74	3	54. 34	3	80. 94	3	107. 54	3	134. 14	3	160. 74
5	1. 90	4	28. 12	4	54. 72	4	81. 32	4	107. 92	4	134. 52	4	161. 12
6	2. 28	5	28. 50	5	55. 10	5	81. 70	5	108. 30	5	134. 90	5	161. 50
7	2. 66	6	28. 88	6	55. 48	6	82. 08	6	108. 68	6	135. 28	6	161. 88
8	3. 04	7	29. 26	7	55. 86	7	82. 46	7	109. 06	7	135. 66	7	162. 26
9	3. 42	8	29. 64	8	56. 24	8	82. 84	8	109. 44	8	136. 04	8	162. 64
		9	30. 02	9	56. 62	9	83. 22	9	109. 82	9	136. 42	9	163. 02
10	3. 80	80	30. 40	150	57. ..	220	83. 60	290	110. 20	360	136. 80	430	163. 40
1	4. 18	1	30. 78	1	57. 38	1	83. 98	1	110. 58	1	137. 18	1	163. 78
2	4. 56	2	31. 16	2	57. 76	2	84. 36	2	110. 96	2	137. 56	2	164. 16
3	4. 94	3	31. 54	3	58. 14	3	84. 74	3	111. 34	3	137. 94	3	164. 54
4	5. 32	4	31. 92	4	58. 52	4	85. 12	4	111. 72	4	138. 32	4	164. 92
5	5. 70	5	32. 30	5	58. 90	5	85. 50	5	112. 10	5	138. 70	5	165. 30
6	6. 08	6	32. 68	6	59. 28	6	85. 88	6	112. 48	6	139. 08	6	165. 68
7	6. 46	7	33. 06	7	59. 66	7	86. 26	7	112. 86	7	139. 46	7	166. 06
8	6. 84	8	33. 44	8	60. 04	8	86. 64	8	113. 24	8	139. 84	8	166. 44
9	7. 22	9	33. 82	9	60. 42	9	87. 02	9	113. 62	9	140. 22	9	166. 82
20	7. 60	90	34. 20	160	60. 80	230	87. 40	300	114. ..	370	140. 60	440	167. 20
1	7. 98	1	34. 58	1	61. 18	1	87. 78	1	114. 38	1	140. 98	1	167. 58
2	8. 36	2	34. 96	2	61. 56	2	88. 16	2	114. 76	2	141. 36	2	167. 96
3	8. 74	3	35. 34	3	61. 94	3	88. 54	3	115. 14	3	141. 74	3	168. 34
4	9. 12	4	35. 72	4	62. 32	4	88. 92	4	115. 52	4	142. 12	4	168. 72
5	9. 50	5	36. 10	5	62. 70	5	89. 30	5	115. 90	5	142. 50	5	169. 10
6	9. 88	6	36. 48	6	63. 08	6	89. 68	6	116. 28	6	142. 88	6	169. 48
7	10. 26	7	36. 86	7	63. 46	7	90. 06	7	116. 66	7	143. 26	7	169. 86
8	10. 64	8	37. 24	8	63. 84	8	90. 44	8	117. 04	8	143. 64	8	170. 24
9	11. 02	9	37. 62	9	64. 22	9	90. 82	9	117. 42	9	144. 02	9	170. 62
30	11. 40	100	38. ..	170	64. 60	240	91. 20	310	117. 80	380	144. 40	450	171. ..
1	11. 78	1	38. 38	1	64. 98	1	91. 58	1	118. 18	1	144. 78	1	171. 38
2	12. 16	2	38. 76	2	65. 36	2	91. 96	2	118. 56	2	145. 16	2	171. 76
3	12. 54	3	39. 14	3	65. 74	3	92. 34	3	118. 94	3	145. 54	3	172. 14
4	12. 92	4	39. 52	4	66. 12	4	92. 72	4	119. 32	4	145. 92	4	172. 52
5	13. 30	5	39. 90	5	66. 50	5	93. 10	5	119. 70	5	146. 30	5	172. 90
6	13. 68	6	40. 28	6	66. 88	6	93. 48	6	120. 08	6	146. 68	6	173. 28
7	14. 06	7	40. 66	7	67. 26	7	93. 86	7	120. 46	7	147. 06	7	173. 66
8	14. 44	8	41. 04	8	67. 64	8	94. 24	8	120. 84	8	147. 44	8	174. 04
9	14. 82	9	41. 42	9	68. 02	9	94. 62	9	121. 22	9	147. 82	9	174. 42
40	15. 20	110	41. 80	180	68. 40	250	95. ..	320	121. 60	390	148. 20	460	174. 80
1	15. 58	1	42. 18	1	68. 78	1	95. 38	1	121. 98	1	148. 58	1	175. 18
2	15. 96	2	42. 56	2	69. 16	2	95. 76	2	122. 36	2	148. 96	2	175. 56
3	16. 34	3	42. 94	3	69. 54	3	96. 14	3	122. 74	3	149. 34	3	175. 94
4	16. 72	4	43. 32	4	69. 92	4	96. 52	4	123. 12	4	149. 72	4	176. 32
5	17. 10	5	43. 70	5	70. 30	5	96. 90	5	123. 50	5	150. 10	5	176. 70
6	17. 48	6	44. 08	6	70. 68	6	97. 28	6	123. 88	6	150. 48	6	177. 08
7	17. 86	7	44. 46	7	71. 06	7	97. 66	7	124. 26	7	150. 86	7	177. 46
8	18. 24	8	44. 84	8	71. 44	8	98. 04	8	124. 64	8	151. 24	8	177. 84
9	18. 62	9	45. 22	9	71. 82	9	98. 42	9	125. 02	9	151. 62	9	178. 22
50	19. ..	120	45. 60	190	72. 20	260	98. 80	330	125. 40	400	152. ..	470	178. 60
1	19. 38	1	45. 98	1	72. 58	1	99. 18	1	125. 78	1	152. 38	1	178. 98
2	19. 76	2	46. 36	2	72. 96	2	99. 56	2	126. 16	2	152. 76	2	179. 36
3	20. 14	3	46. 74	3	73. 34	3	99. 94	3	126. 54	3	153. 14	3	179. 74
4	20. 52	4	47. 12	4	73. 72	4	100. 32	4	126. 92	4	153. 52	4	180. 12
5	20. 90	5	47. 50	5	74. 10	5	100. 70	5	127. 30	5	153. 90	5	180. 50
6	21. 28	6	47. 88	6	74. 48	6	101. 08	6	127. 68	6	154. 28	6	180. 88
7	21. 66	7	48. 26	7	74. 86	7	101. 46	7	128. 06	7	154. 66	7	181. 26
8	22. 04	8	48. 64	8	75. 24	8	101. 84	8	128. 44	8	155. 04	8	181. 64
9	22. 42	9	49. 02	9	75. 62	9	102. 22	9	128. 82	9	155. 42	9	182. 02
60	22. 80	130	49. 40	200	76. ..	270	102. 60	340	129. 20	410	155. 80	480	182. 40
1	23. 18	1	49. 78	1	76. 38	1	102. 98	1	129. 58	1	156. 18	1	182. 78
2	23. 56	2	50. 16	2	76. 76	2	103. 36	2	129. 96	2	156. 56	2	183. 16
3	23. 94	3	50. 54	3	77. 14	3	103. 74	3	130. 34	3	156. 94	3	183. 54
4	24. 32	4	50. 92	4	77. 52	4	104. 12	4	130. 72	4	157. 32	4	183. 92
5	24. 70	5	51. 30	5	77. 90	5	104. 50	5	131. 10	5	157. 70	5	184. 30
6	25. 08	6	51. 68	6	78. 28	6	104. 88	6	131. 48	6	158. 08	6	184. 68
7	25. 46	7	52. 06	7	78. 66	7	105. 26	7	131. 86	7	158. 46	7	185. 06
8	25. 84	8	52. 44	8	79. 04	8	105. 64	8	132. 24	8	158. 84	8	185. 44
9	26. 22	9	52. 82	9	79. 42	9	106. 02	9	132. 62	9	159. 22	9	185. 82

Heures.	Sommes.	Heures.	Sommes.	Heures.	Sommes.	Heures.	Sommes.	Heures.	Sommes.	Heures.	Sommes.	Heures.	Sommes.
1	. 39	70	27. 30	140	54. 60	210	81. 90	280	109. 20	350	136. 50	420	163. 80
2	. 78	1	27. 69	1	54. 99	1	82. 29	1	109. 59	1	136. 89	1	164. 19
3	1. 17	2	28. 08	2	55. 38	2	82. 68	2	109. 98	2	137. 28	2	164. 58
4	1. 56	3	28. 47	3	55. 77	3	83. 07	3	110. 37	3	137. 67	3	164. 97
5	1. 95	4	28. 86	4	56. 16	4	83. 46	4	110. 76	4	138. 06	4	165. 36
6	2. 34	5	29. 25	5	56. 55	5	83. 85	5	111. 15	5	138. 45	5	165. 75
7	2. 73	6	29. 64	6	56. 94	6	84. 24	6	111. 54	6	138. 84	6	166. 14
8	3. 12	7	30. 03	7	57. 33	7	84. 63	7	111. 93	7	139. 23	7	166. 53
9	3. 51	8	30. 42	8	57. 72	8	85. 02	8	112. 32	8	139. 62	8	166. 92
		9	30. 81	9	58. 11	9	85. 41	9	112. 71	9	140. 01	9	167. 31
10	3. 90	80	31. 20	150	58. 50	220	85. 80	290	113. 10	360	140. 40	430	167. 70
1	4. 29	1	31. 59	1	58. 89	1	86. 19	1	113. 49	1	140. 79	1	168. 09
2	4. 68	2	31. 98	2	59. 28	2	86. 58	2	113. 88	2	141. 18	2	168. 48
3	5. 07	3	32. 37	3	59. 67	3	86. 97	3	114. 27	3	141. 57	3	168. 87
4	5. 46	4	32. 76	4	60. 06	4	87. 36	4	114. 66	4	141. 96	4	169. 26
5	5. 85	5	33. 15	5	60. 45	5	87. 75	5	115. 05	5	142. 35	5	169. 65
6	6. 24	6	33. 54	6	60. 84	6	88. 14	6	115. 44	6	142. 74	6	170. 04
7	6. 63	7	33. 93	7	61. 23	7	88. 53	7	115. 83	7	143. 13	7	170. 43
8	7. 02	8	34. 32	8	61. 62	8	88. 92	8	116. 22	8	143. 52	8	170. 82
9	7. 41	9	34. 71	9	62. 01	9	89. 31	9	116. 61	9	143. 91	9	171. 21
20	7. 80	90	35. 10	160	62. 40	230	89. 70	300	117. 00	370	144. 30	440	171. 60
1	8. 19	1	35. 49	1	62. 79	1	90. 09	1	117. 39	1	144. 69	1	171. 99
2	8. 58	2	35. 88	2	63. 18	2	90. 48	2	117. 78	2	145. 08	2	172. 38
3	8. 97	3	36. 27	3	63. 57	3	90. 87	3	118. 17	3	145. 47	3	172. 77
4	9. 36	4	36. 66	4	63. 96	4	91. 26	4	118. 56	4	145. 86	4	173. 16
5	9. 75	5	37. 05	5	64. 35	5	91. 65	5	118. 95	5	146. 25	5	173. 55
6	10. 14	6	37. 44	6	64. 74	6	92. 04	6	119. 34	6	146. 64	6	173. 94
7	10. 53	7	37. 83	7	65. 13	7	92. 43	7	119. 73	7	147. 03	7	174. 33
8	10. 92	8	38. 22	8	65. 52	8	92. 82	8	120. 12	8	147. 42	8	174. 72
9	11. 31	9	38. 61	9	65. 91	9	93. 21	9	120. 51	9	147. 81	9	175. 11
30	11. 70	100	39. 00	170	66. 30	240	93. 60	310	120. 90	380	148. 20	450	175. 50
1	12. 09	1	39. 39	1	66. 69	1	93. 99	1	121. 29	1	148. 59	1	175. 89
2	12. 48	2	39. 78	2	67. 08	2	94. 38	2	121. 68	2	148. 98	2	176. 28
3	12. 87	3	40. 17	3	67. 47	3	94. 77	3	122. 07	3	149. 37	3	176. 67
4	13. 26	4	40. 56	4	67. 86	4	95. 16	4	122. 46	4	149. 76	4	177. 06
5	13. 65	5	40. 95	5	68. 25	5	95. 55	5	122. 85	5	150. 15	5	177. 45
6	14. 04	6	41. 34	6	68. 64	6	95. 94	6	123. 24	6	150. 54	6	177. 84
7	14. 43	7	41. 73	7	69. 03	7	96. 33	7	123. 63	7	150. 93	7	178. 23
8	14. 82	8	42. 12	8	69. 42	8	96. 72	8	124. 02	8	151. 32	8	178. 62
9	15. 21	9	42. 51	9	69. 81	9	97. 11	9	124. 41	9	151. 71	9	179. 01
40	15. 60	110	42. 90	180	70. 20	250	97. 50	320	124. 80	390	152. 10	460	179. 40
1	15. 99	1	43. 29	1	70. 59	1	97. 89	1	125. 19	1	152. 49	1	179. 79
2	16. 38	2	43. 68	2	70. 98	2	98. 28	2	125. 58	2	152. 88	2	180. 18
3	16. 77	3	44. 07	3	71. 37	3	98. 67	3	125. 97	3	153. 27	3	180. 57
4	17. 16	4	44. 46	4	71. 76	4	99. 06	4	126. 36	4	153. 66	4	180. 96
5	17. 55	5	44. 85	5	72. 15	5	99. 45	5	126. 75	5	154. 05	5	181. 35
6	17. 94	6	45. 24	6	72. 54	6	99. 84	6	127. 14	6	154. 44	6	181. 74
7	18. 33	7	45. 63	7	72. 93	7	100. 23	7	127. 53	7	154. 83	7	182. 13
8	18. 72	8	46. 02	8	73. 32	8	100. 62	8	127. 92	8	155. 22	8	182. 52
9	19. 11	9	46. 41	9	73. 71	9	101. 01	9	128. 31	9	155. 61	9	182. 91
50	19. 50	120	46. 80	190	74. 10	260	101. 40	330	128. 70	400	156. 00	470	183. 30
1	19. 89	1	47. 19	1	74. 49	1	101. 79	1	129. 09	1	156. 39	1	183. 69
2	20. 28	2	47. 58	2	74. 88	2	102. 18	2	129. 48	2	156. 78	2	184. 08
3	20. 67	3	47. 97	3	75. 27	3	102. 57	3	129. 87	3	157. 17	3	184. 47
4	21. 06	4	48. 36	4	75. 66	4	102. 96	4	130. 26	4	157. 56	4	184. 86
5	21. 45	5	48. 75	5	76. 05	5	103. 35	5	130. 65	5	157. 95	5	185. 25
6	21. 84	6	49. 14	6	76. 44	6	103. 74	6	131. 04	6	158. 34	6	185. 64
7	22. 23	7	49. 53	7	76. 83	7	104. 13	7	131. 43	7	158. 73	7	186. 03
8	22. 62	8	49. 92	8	77. 22	8	104. 52	8	131. 82	8	159. 12	8	186. 42
9	23. 01	9	50. 31	9	77. 61	9	104. 91	9	132. 21	9	159. 51	9	186. 81
60	23. 40	130	50. 70	200	78. 00	270	105. 30	340	132. 60	410	159. 90	480	187. 20
1	23. 79	1	51. 09	1	78. 39	1	105. 69	1	132. 99	1	160. 29	1	187. 59
2	24. 18	2	51. 48	2	78. 78	2	106. 08	2	133. 38	2	160. 68	2	187. 98
3	24. 57	3	51. 87	3	79. 17	3	106. 47	3	133. 77	3	161. 07	3	188. 37
4	24. 96	4	52. 26	4	79. 56	4	106. 86	4	134. 16	4	161. 46	4	188. 76
5	25. 35	5	52. 65	5	79. 95	5	107. 25	5	134. 55	5	161. 85	5	189. 15
6	25. 74	6	53. 04	6	80. 34	6	107. 64	6	134. 94	6	162. 24	6	189. 54
7	26. 13	7	53. 43	7	80. 73	7	108. 03	7	135. 33	7	162. 63	7	189. 93
8	26. 52	8	53. 82	8	81. 12	8	108. 42	8	135. 72	8	163. 02	8	190. 32
9	26. 91	9	54. 21	9	81. 51	9	108. 81	9	136. 11	9	163. 41	9	190. 71

0.39

Heures à 0.40 ç l'une.

Heures	Sommes	Heures	Sommes	Heures	Sommes	Heures	Sommes	Heures	Sommes	Heures	Sommes	Heures	Sommes
1	n 40	70	28. »»	140	56. »»	210	84. »»	280	112. »»	350	140. »»	420	168. »»
2	» 80	1	28. 40	1	56. 40	1	84. 40	1	112. 40	1	140. 40	1	168. 40
3	1. 20	2	28. 80	2	56. 80	2	84. 80	2	112. 80	2	140. 80	2	168. 80
4	1. 60	3	29. 20	3	57. 20	3	85. 20	3	113. 20	3	141. 20	3	169. 20
5	2. »»	4	29. 60	4	57. 60	4	85. 60	4	113. 60	4	141. 60	4	169. 60
6	2. 40	5	30. »»	5	58. »»	5	86. »»	5	114. »»	5	142. »»	5	170. »»
7	2. 80	6	30. 40	6	58. 40	6	86. 40	6	114. 40	6	142. 40	6	170. 40
8	3. 20	7	30. 80	7	58. 80	7	86. 80	7	114. 80	7	142. 80	7	170. 80
9	3. 60	8	31. 20	8	59. 20	8	87. 20	8	115. 20	8	143. 20	8	171. 20
		9	31. 60	9	59. 60	9	87. 60	9	115. 60	9	143. 60	9	171. 60
10	4. »»	80	32. »»	150	60. »»	220	88. »»	290	116. »»	360	144. »»	430	172. »»
1	4. 40	1	32. 40	1	60. 40	1	88. 40	1	116. 40	1	144. 40	1	172. 40
2	4. 80	2	32. 80	2	60. 80	2	88. 80	2	116. 80	2	144. 80	2	172. 80
3	5. 20	3	33. 20	3	61. 20	3	89. 20	3	117. 20	3	145. 20	3	173. 20
4	5. 60	4	33. 60	4	61. 60	4	89. 60	4	117. 60	4	145. 60	4	173. 60
5	6. »»	5	34. »»	5	62. »»	5	90. »»	5	118. »»	5	146. »»	5	174. »»
6	6. 40	6	34. 40	6	62. 40	6	90. 40	6	118. 40	6	146. 40	6	174. 40
7	6. 80	7	34. 80	7	62. 80	7	90. 80	7	118. 80	7	146. 80	7	174. 80
8	7. 20	8	35. 20	8	63. 20	8	91. 20	8	119. 20	8	147. 20	8	175. 20
9	7. 60	9	35. 60	9	63. 60	9	91. 60	9	119. 60	9	147. 60	9	175. 60
20	8. »»	90	36. »»	160	64. »»	230	92. »»	300	120. »»	370	148. »»	440	176. »»
1	8. 40	1	36. 40	1	64. 40	1	92. 40	1	120. 40	1	148. 40	1	176. 40
2	8. 80	2	36. 80	2	64. 80	2	92. 80	2	120. 80	2	148. 80	2	176. 80
3	9. 20	3	37. 20	3	65. 20	3	93. 20	3	121. 20	3	149. 20	3	177. 20
4	9. 60	4	37. 60	4	65. 60	4	93. 60	4	121. 60	4	149. 60	4	177. 60
5	10. »»	5	38. »»	5	66. »»	5	94. »»	5	122. »»	5	150. »»	5	178. »»
6	10. 40	6	38. 40	6	66. 40	6	94. 40	6	122. 40	6	150. 40	6	178. 40
7	10. 80	7	38. 80	7	66. 80	7	94. 80	7	122. 80	7	150. 80	7	178. 80
8	11. 20	8	39. 20	8	67. 20	8	95. 20	8	123. 20	8	151. 20	8	179. 20
9	11. 60	9	39. 60	9	67. 60	9	95. 60	9	123. 60	9	151. 60	9	179. 60
30	12. »»	100	40. »»	170	68. »»	240	96. »»	310	124. »»	380	152. »»	450	180. »»
1	12. 40	1	40. 40	1	68. 40	1	96. 40	1	124. 40	1	152. 40	1	180. 40
2	12. 80	2	40. 80	2	68. 80	2	96. 80	2	124. 80	2	152. 80	2	180. 80
3	13. 20	3	41. 20	3	69. 20	3	97. 20	3	125. 20	3	153. 20	3	181. 20
4	13. 60	4	41. 60	4	69. 60	4	97. 60	4	125. 60	4	153. 60	4	181. 60
5	14. »»	5	42. »»	5	70. »»	5	98. »»	5	126. »»	5	154. »»	5	182. »»
6	14. 40	6	42. 40	6	70. 40	6	98. 40	6	126. 40	6	154. 40	6	182. 40
7	14. 80	7	42. 80	7	70. 80	7	98. 80	7	126. 80	7	154. 80	7	182. 80
8	15. 20	8	43. 20	8	71. 20	8	99. 20	8	127. 20	8	155. 20	8	183. 20
9	15. 60	9	43. 60	9	71. 60	9	99. 60	9	127. 60	9	155. 60	9	183. 60
40	16. »»	110	44. »»	180	72. »»	250	100. »»	320	128. »»	390	156. »»	460	184. »»
1	16. 40	1	44. 40	1	72. 40	1	100. 40	1	128. 40	1	156. 40	1	184. 40
2	16. 80	2	44. 80	2	72. 80	2	100. 80	2	128. 80	2	156. 80	2	184. 80
3	17. 20	3	45. 20	3	73. 20	3	101. 20	3	129. 20	3	157. 20	3	185. 20
4	17. 60	4	45. 60	4	73. 60	4	101. 60	4	129. 60	4	157. 60	4	185. 60
5	18. »»	5	46. »»	5	74. »»	5	102. »»	5	130. »»	5	158. »»	5	186. »»
6	18. 40	6	46. 40	6	74. 40	6	102. 40	6	130. 40	6	158. 40	6	186. 40
7	18. 80	7	46. 80	7	74. 80	7	102. 80	7	130. 80	7	158. 80	7	186. 80
8	19. 20	8	47. 20	8	75. 20	8	103. 20	8	131. 20	8	159. 20	8	187. 20
9	19. 60	9	47. 60	9	75. 60	9	103. 60	9	131. 60	9	159. 60	9	187. 60
50	20. »»	120	48. »»	190	76. »»	260	104. »»	330	132. »»	400	160. »»	470	188. »»
1	20. 40	1	48. 40	1	76. 40	1	104. 40	1	132. 40	1	160. 40	1	188. 40
2	20. 80	2	48. 80	2	76. 80	2	104. 80	2	132. 80	2	160. 80	2	188. 80
3	21. 20	3	49. 20	3	77. 20	3	105. 20	3	133. 20	3	161. 20	3	189. 20
4	21. 60	4	49. 60	4	77. 60	4	105. 60	4	133. 60	4	161. 60	4	189. 60
5	22. »»	5	50. »»	5	78. »»	5	106. »»	5	134. »»	5	162. »»	5	190. »»
6	22. 40	6	50. 40	6	78. 40	6	106. 40	6	134. 40	6	162. 40	6	190. 40
7	22. 80	7	50. 80	7	78. 80	7	106. 80	7	134. 80	7	162. 80	7	190. 80
8	23. 20	8	51. 20	8	79. 20	8	107. 20	8	135. 20	8	163. 20	8	191. 20
9	23. 60	9	51. 60	9	79. 60	9	107. 60	9	135. 60	9	163. 60	9	191. 60
60	24. »»	130	52. »»	200	80. »»	270	108. »»	340	136. »»	410	164. »»	480	192. »»
1	24. 40	1	52. 40	1	80. 40	1	108. 40	1	136. 40	1	164. 40	1	192. 40
2	24. 80	2	52. 80	2	80. 80	2	108. 80	2	136. 80	2	164. 80	2	192. 80
3	25. 20	3	53. 20	3	81. 20	3	109. 20	3	137. 20	3	165. 20	3	193. 20
4	25. 60	4	53. 60	4	81. 60	4	109. 60	4	137. 60	4	165. 60	4	193. 60
5	26. »»	5	54. »»	5	82. »»	5	110. »»	5	138. »»	5	166. »»	5	194. »»
6	26. 40	6	54. 40	6	82. 40	6	110. 40	6	138. 40	6	166. 40	6	194. 40
7	26. 80	7	54. 80	7	82. 80	7	110. 80	7	138. 80	7	166. 80	7	194. 80
8	27. 20	8	55. 20	8	83. 20	8	111. 20	8	139. 20	8	167. 20	8	195. 20
9	27. 60	9	55. 60	9	83. 60	9	111. 60	9	139. 60	9	167. 60	9	195. 60

Heures	Sommes	Heures	Sommes	Heures	Sommes	Heures	Sommes	Heures	Sommes	Heures	Sommes	Heures	Sommes
1	. 41	70	28. 70	140	57. 40	210	86. 10	280	114. 80	350	143. 50	420	172. 20
2	. 82	1	29. 11	1	57. 81	1	86. 51	1	115. 21	1	143. 91	1	172. 61
3	1. 23	2	29. 52	2	58. 22	2	86. 92	2	115. 62	2	144. 32	2	173. 02
4	1. 64	3	29. 93	3	58. 63	3	87. 33	3	116. 03	3	144. 73	3	173. 43
5	2. 05	4	30. 34	4	59. 04	4	87. 74	4	116. 44	4	145. 14	4	173. 84
6	2. 46	5	30. 75	5	59. 45	5	88. 15	5	116. 85	5	145. 55	5	174. 25
7	2. 87	6	31. 16	6	59. 86	6	88. 56	6	117. 26	6	145. 96	6	174. 66
8	3. 28	7	31. 57	7	60. 27	7	88. 97	7	117. 67	7	146. 37	7	175. 07
9	3. 69	8	31. 98	8	60. 68	8	89. 38	8	118. 08	8	146. 78	8	175. 48
		9	32. 39	9	61. 09	9	89. 79	9	118. 49	9	147. 19	9	175. 89
10	4. 10	80	32. 80	150	61. 50	220	90. 20	290	118. 90	360	147. 60	430	176. 30
1	4. 51	1	33. 21	1	61. 91	1	90. 61	1	119. 31	1	148. 01	1	176. 71
2	4. 92	2	33. 62	2	62. 32	2	91. 02	2	119. 72	2	148. 42	2	177. 12
3	5. 33	3	34. 03	3	62. 73	3	91. 43	3	120. 13	3	148. 83	3	177. 53
4	5. 74	4	34. 44	4	63. 14	4	91. 84	4	120. 54	4	149. 24	4	177. 94
5	6. 15	5	34. 85	5	63. 55	5	92. 25	5	120. 95	5	149. 65	5	178. 35
6	6. 56	6	35. 26	6	63. 96	6	92. 66	6	121. 36	6	150. 06	6	178. 76
7	6. 97	7	35. 67	7	64. 37	7	93. 07	7	121. 77	7	150. 47	7	179. 17
8	7. 38	8	36. 08	8	64. 78	8	93. 48	8	122. 18	8	150. 88	8	179. 58
9	7. 79	9	36. 49	9	65. 19	9	93. 89	9	122. 59	9	151. 29	9	179. 99
20	8. 20	90	36. 90	160	65. 60	230	94. 30	300	123. 00	370	151. 70	440	180. 40
1	8. 61	1	37. 31	1	66. 01	1	94. 71	1	123. 41	1	152. 11	1	180. 81
2	9. 02	2	37. 72	2	66. 42	2	95. 12	2	123. 82	2	152. 52	2	181. 22
3	9. 43	3	38. 13	3	66. 83	3	95. 53	3	124. 23	3	152. 93	3	181. 63
4	9. 84	4	38. 54	4	67. 24	4	95. 94	4	124. 64	4	153. 34	4	182. 04
5	10. 25	5	38. 95	5	67. 65	5	96. 35	5	125. 05	5	153. 75	5	182. 45
6	10. 66	6	39. 36	6	68. 06	6	96. 76	6	125. 46	6	154. 16	6	182. 86
7	11. 07	7	39. 77	7	68. 47	7	97. 17	7	125. 87	7	154. 57	7	183. 27
8	11. 48	8	40. 18	8	68. 88	8	97. 58	8	126. 28	8	154. 98	8	183. 68
9	11. 89	9	40. 59	9	69. 29	9	97. 99	9	126. 69	9	155. 39	9	184. 09
30	12. 30	100	41. 00	170	69. 70	240	98. 40	310	127. 10	380	155. 80	450	184. 50
1	12. 71	1	41. 41	1	70. 11	1	98. 81	1	127. 51	1	156. 21	1	184. 91
2	13. 12	2	41. 82	2	70. 52	2	99. 22	2	127. 92	2	156. 62	2	185. 32
3	13. 53	3	42. 23	3	70. 93	3	99. 63	3	128. 33	3	157. 03	3	185. 73
4	13. 94	4	42. 64	4	71. 34	4	100. 04	4	128. 74	4	157. 44	4	186. 14
5	14. 35	5	43. 05	5	71. 75	5	100. 45	5	129. 15	5	157. 85	5	186. 55
6	14. 76	6	43. 46	6	72. 16	6	100. 86	6	129. 56	6	158. 26	6	186. 96
7	15. 17	7	43. 87	7	72. 57	7	101. 27	7	129. 97	7	158. 67	7	187. 37
8	15. 58	8	44. 28	8	72. 98	8	101. 68	8	130. 38	8	159. 08	8	187. 78
9	15. 99	9	44. 69	9	73. 39	9	102. 09	9	130. 79	9	159. 49	9	188. 19
40	16. 40	110	45. 10	180	73. 80	250	102. 50	320	131. 20	390	159. 90	460	188. 60
1	16. 81	1	45. 51	1	74. 21	1	102. 91	1	131. 61	1	160. 31	1	189. 01
2	17. 22	2	45. 92	2	74. 62	2	103. 32	2	132. 02	2	160. 72	2	189. 42
3	17. 63	3	46. 33	3	75. 03	3	103. 73	3	132. 43	3	161. 13	3	189. 83
4	18. 04	4	46. 74	4	75. 44	4	104. 14	4	132. 84	4	161. 54	4	190. 24
5	18. 45	5	47. 15	5	75. 85	5	104. 55	5	133. 25	5	161. 95	5	190. 65
6	18. 86	6	47. 56	6	76. 26	6	104. 96	6	133. 66	6	162. 36	6	191. 06
7	19. 27	7	47. 97	7	76. 67	7	105. 37	7	134. 07	7	162. 77	7	191. 47
8	19. 68	8	48. 38	8	77. 08	8	105. 78	8	134. 48	8	163. 18	8	191. 88
9	20. 09	9	48. 79	9	77. 49	9	106. 19	9	134. 89	9	163. 59	9	192. 29
50	20. 50	120	49. 20	190	77. 90	260	106. 60	330	135. 30	400	164. 00	470	192. 70
1	20. 91	1	49. 61	1	78. 31	1	107. 01	1	135. 71	1	164. 41	1	193. 11
2	21. 32	2	50. 02	2	78. 72	2	107. 42	2	136. 12	2	164. 82	2	193. 52
3	21. 73	3	50. 43	3	79. 13	3	107. 83	3	136. 53	3	165. 23	3	193. 93
4	22. 14	4	50. 84	4	79. 54	4	108. 24	4	136. 94	4	165. 64	4	194. 34
5	22. 55	5	51. 25	5	79. 95	5	108. 65	5	137. 35	5	166. 05	5	194. 75
6	22. 96	6	51. 66	6	80. 36	6	109. 06	6	137. 76	6	166. 46	6	195. 16
7	23. 37	7	52. 07	7	80. 77	7	109. 47	7	138. 17	7	166. 87	7	195. 57
8	23. 78	8	52. 48	8	81. 18	8	109. 88	8	138. 58	8	167. 28	8	195. 98
9	24. 19	9	52. 89	9	81. 59	9	110. 29	9	138. 99	9	167. 59	9	196. 39
60	24. 60	130	53. 30	200	82. 00	270	110. 70	340	139. 40	410	168. 10	480	196. 80
1	25. 01	1	53. 71	1	82. 41	1	111. 11	1	139. 81	1	168. 51	1	197. 21
2	25. 42	2	54. 12	2	82. 82	2	111. 52	2	140. 22	2	168. 92	2	197. 62
3	25. 83	3	54. 53	3	83. 23	3	111. 93	3	140. 63	3	169. 33	3	198. 03
4	26. 24	4	54. 94	4	83. 64	4	112. 34	4	141. 04	4	169. 74	4	198. 44
5	26. 65	5	55. 35	5	84. 05	5	112. 75	5	141. 45	5	170. 15	5	198. 85
6	27. 06	6	55. 76	6	84. 46	6	113. 16	6	141. 86	6	170. 56	6	199. 26
7	27. 47	7	56. 17	7	84. 87	7	113. 57	7	142. 27	7	170. 97	7	199. 67
8	27. 88	8	56. 58	8	85. 28	8	113. 98	8	142. 68	8	171. 38	8	200. 08
9	28. 29	9	56. 99	9	85. 69	9	114. 39	9	143. 09	9	171. 79	9	200. 49

Heures à 0.42 ⁊ l'une.

Heures.	Sommes.	Heures.	Sommes.	Heures.	Sommes.	Heures.	Sommes.	Heures.	Sommes.	Heures.	Sommes.	Heures.	Sommes.
1	„ 42	70	29.40	140	58.80	210	88.20	280	117.60	350	147.„„	420	176.40
2	„ 84	1	29.82	1	59.22	1	88.62	1	118.02	1	147.42	1	176.82
3	1.26	2	30.24	2	59.64	2	89.04	2	118.44	2	147.84	2	177.24
4	1.68	3	30.66	3	60.06	3	89.46	3	118.86	3	148.26	3	177.66
5	2.10	4	31.08	4	60.48	4	89.88	4	119.28	4	148.68	4	178.08
6	2.52	5	31.50	5	60.90	5	90.30	5	119.70	5	149.10	5	178.50
7	2.94	6	31.92	6	61.32	6	90.72	6	120.12	6	149.52	6	178.92
8	3.36	7	32.34	7	61.74	7	91.14	7	120.54	7	149.94	7	179.34
9	3.78	8	32.76	8	62.16	8	91.56	8	120.96	8	150.36	8	179.76
		9	33.18	9	62.58	9	91.98	9	121.38	9	150.78	9	180.18
10	4.20	80	33.60	150	63.„„	220	92.40	290	121.80	360	151.20	430	180.60
1	4.62	1	34.02	1	63.42	1	92.82	1	122.22	1	151.62	1	181.02
2	5.04	2	34.44	2	63.84	2	93.24	2	122.64	2	152.04	2	181.44
3	5.46	3	34.86	3	64.26	3	93.66	3	123.06	3	152.46	3	181.86
4	5.88	4	35.28	4	64.68	4	94.08	4	123.48	4	152.88	4	182.28
5	6.30	5	35.70	5	65.10	5	94.50	5	123.90	5	153.30	5	182.70
6	6.72	6	36.12	6	65.52	6	94.92	6	124.32	6	153.72	6	183.12
7	7.14	7	36.54	7	65.94	7	95.34	7	124.74	7	154.14	7	183.54
8	7.56	8	36.96	8	66.36	8	95.76	8	125.16	8	154.56	8	183.96
9	7.98	9	37.38	9	66.78	9	96.18	9	125.58	9	154.98	9	184.38
20	8.40	90	37.80	160	67.20	230	96.60	300	126.„„	370	155.40	440	184.80
1	8.82	1	38.22	1	67.62	1	97.02	1	126.42	1	155.82	1	185.22
2	9.24	2	38.64	2	68.04	2	97.44	2	126.84	2	156.24	2	185.64
3	9.66	3	39.06	3	68.46	3	97.86	3	127.26	3	156.66	3	186.06
4	10.08	4	39.48	4	68.88	4	98.28	4	127.68	4	157.08	4	186.48
5	10.50	5	39.90	5	69.30	5	98.70	5	128.10	5	157.50	5	186.90
6	10.92	6	40.32	6	69.72	6	99.12	6	128.52	6	157.92	6	187.32
7	11.34	7	40.74	7	70.14	7	99.54	7	128.94	7	158.34	7	187.74
8	11.76	8	41.16	8	70.56	8	99.96	8	129.36	8	158.76	8	188.16
9	12.18	9	41.58	9	70.98	9	100.38	9	129.78	9	159.18	9	188.58
30	12.60	100	42.„„	170	71.40	240	100.80	310	130.20	380	159.60	450	189.„„
1	13.02	1	42.42	1	71.82	1	101.22	1	130.62	1	160.02	1	189.42
2	13.44	2	42.84	2	72.24	2	101.64	2	131.04	2	160.44	2	189.84
3	13.86	3	43.26	3	72.66	3	102.06	3	131.46	3	160.86	3	190.26
4	14.28	4	43.68	4	73.08	4	102.48	4	131.88	4	161.28	4	190.68
5	14.70	5	44.10	5	73.50	5	102.90	5	132.30	5	161.70	5	191.10
6	15.12	6	44.52	6	73.92	6	103.32	6	132.72	6	162.12	6	191.52
7	15.54	7	44.94	7	74.34	7	103.74	7	133.14	7	162.54	7	191.94
8	15.96	8	45.36	8	74.76	8	104.16	8	133.56	8	162.96	8	192.36
9	16.38	9	45.78	9	75.18	9	104.58	9	133.98	9	163.38	9	192.78
40	16.80	110	46.20	180	75.60	250	105.„„	320	134.40	390	163.80	460	193.20
1	17.22	1	46.62	1	76.02	1	105.42	1	134.82	1	164.22	1	193.62
2	17.64	2	47.04	2	76.44	2	105.84	2	135.24	2	164.64	2	194.04
3	18.06	3	47.46	3	76.86	3	106.26	3	135.66	3	165.06	3	194.46
4	18.48	4	47.88	4	77.28	4	106.68	4	136.08	4	165.48	4	194.88
5	18.90	5	48.30	5	77.70	5	107.10	5	136.50	5	165.90	5	195.30
6	19.32	6	48.72	6	78.12	6	107.52	6	136.92	6	166.32	6	195.72
7	19.74	7	49.14	7	78.54	7	107.94	7	137.34	7	166.74	7	196.14
8	20.16	8	49.56	8	78.96	8	108.36	8	137.76	8	167.16	8	196.56
9	20.58	9	49.98	9	79.38	9	108.78	9	138.18	9	167.58	9	196.98
50	21.„„	120	50.40	190	79.80	260	109.20	330	138.60	400	168.„„	470	197.40
1	21.42	1	50.82	1	80.22	1	109.62	1	139.02	1	168.42	1	197.82
2	21.84	2	51.24	2	80.64	2	110.04	2	139.44	2	168.84	2	198.24
3	22.26	3	51.66	3	81.06	3	110.46	3	139.86	3	169.26	3	198.66
4	22.68	4	52.08	4	81.48	4	110.88	4	140.28	4	169.68	4	199.08
5	23.10	5	52.50	5	81.90	5	111.30	5	140.70	5	170.10	5	199.50
6	23.52	6	52.92	6	82.32	6	111.72	6	141.12	6	170.52	6	199.92
7	23.94	7	53.34	7	82.74	7	112.14	7	141.54	7	170.94	7	200.34
8	24.36	8	53.76	8	83.16	8	112.56	8	141.96	8	171.36	8	200.76
9	24.78	9	54.18	9	83.58	9	112.98	9	142.38	9	171.78	9	201.18
60	25.20	130	54.60	200	84.„„	270	113.40	340	142.80	410	172.20	480	201.60
1	25.62	1	55.02	1	84.42	1	113.82	1	143.22	1	172.62	1	202.02
2	26.04	2	55.44	2	84.84	2	114.24	2	143.64	2	173.04	2	202.44
3	26.46	3	55.86	3	85.26	3	114.66	3	144.06	3	173.46	3	202.86
4	26.88	4	56.28	4	85.68	4	115.08	4	144.48	4	173.88	4	203.28
5	27.30	5	56.70	5	86.10	5	115.50	5	144.90	5	174.30	5	203.70
6	27.72	6	57.12	6	86.52	6	115.92	6	145.32	6	174.72	6	204.12
7	28.14	7	57.54	7	86.94	7	116.34	7	145.74	7	175.14	7	204.54
8	28.56	8	57.96	8	87.36	8	116.76	8	146.16	8	175.56	8	204.96
9	28.98	9	58.38	9	87.78	9	117.18	9	146.58	9	175.98	9	205.38

Heures à 0.43 f l'une.

Heures.	Sommes.	Heures.	Sommes.	Heures.	Sommes.	Heures.	Sommes.	Heures.	Sommes.	Heures.	Sommes.	Heures.	Sommes.
1	„ 43	70	30.10	140	60.20	210	90.30	280	120.40	350	150.50	420	180.60
2	„ 86	1	30.53	1	60.63	1	90.73	1	120.83	1	150.93	1	181.03
3	1.29	2	30.96	2	61.06	2	91.16	2	121.26	2	151.36	2	181.46
4	1.72	3	31.39	3	61.49	3	91.59	3	121.69	3	151.79	3	181.89
5	2.15	4	31.82	4	61.92	4	92.02	4	122.12	4	152.22	4	182.32
6	2.58	5	32.25	5	62.35	5	92.45	5	122.55	5	152.65	5	182.75
7	3.01	6	32.68	6	62.78	6	92.88	6	122.98	6	153.08	6	183.18
8	3.44	7	33.11	7	63.21	7	93.31	7	123.41	7	153.51	7	183.61
9	3.87	8	33.54	8	63.64	8	93.74	8	123.84	8	153.94	8	184.04
		9	33.97	9	64.07	9	94.17	9	124.27	9	154.37	9	184.47
10	4.30	80	34.40	150	64.50	220	94.60	290	124.70	360	154.80	430	184.90
1	4.73	1	34.83	1	64.93	1	95.03	1	125.13	1	155.23	1	185.33
2	5.16	2	35.26	2	65.36	2	95.46	2	125.56	2	155.66	2	185.76
3	5.59	3	35.69	3	65.79	3	95.89	3	125.99	3	156.09	3	186.19
4	6.02	4	36.12	4	66.22	4	96.32	4	126.42	4	156.52	4	186.62
5	6.45	5	36.55	5	66.65	5	96.75	5	126.85	5	156.95	5	187.05
6	6.88	6	36.98	6	67.08	6	97.18	6	127.28	6	157.38	6	187.48
7	7.31	7	37.41	7	67.51	7	97.61	7	127.71	7	157.81	7	187.91
8	7.74	8	37.84	8	67.94	8	98.04	8	128.14	8	158.24	8	188.34
9	8.17	9	38.27	9	68.37	9	98.47	9	128.57	9	158.67	9	188.77
20	8.60	90	38.70	160	68.80	230	98.90	300	129.„	370	159.10	440	189.20
1	9.03	1	39.13	1	69.23	1	99.33	1	129.43	1	159.53	1	189.63
2	9.46	2	39.56	2	69.66	2	99.76	2	129.86	2	159.96	2	190.06
3	9.89	3	39.99	3	70.09	3	100.19	3	130.29	3	160.39	3	190.49
4	10.32	4	40.42	4	70.52	4	100.62	4	130.72	4	160.82	4	190.92
5	10.75	5	40.85	5	70.95	5	101.05	5	131.15	5	161.25	5	191.35
6	11.18	6	41.28	6	71.38	6	101.48	6	131.58	6	161.68	6	191.78
7	11.61	7	41.71	7	71.81	7	101.91	7	132.01	7	162.11	7	192.21
8	12.04	8	42.14	8	72.24	8	102.34	8	132.44	8	162.54	8	192.64
9	12.47	9	42.57	9	72.67	9	102.77	9	132.87	9	162.97	9	193.07
30	12.90	100	43.„	170	73.10	240	103.20	310	133.30	380	163.40	450	193.50
1	13.33	1	43.43	1	73.53	1	103.63	1	133.73	1	163.83	1	193.93
2	13.76	2	43.86	2	73.96	2	104.06	2	134.16	2	164.26	2	194.36
3	14.19	3	44.29	3	74.39	3	104.49	3	134.59	3	164.69	3	194.79
4	14.62	4	44.72	4	74.82	4	104.92	4	135.02	4	165.12	4	195.22
5	15.05	5	45.15	5	75.25	5	105.35	5	135.45	5	165.55	5	195.65
6	15.48	6	45.58	6	75.68	6	105.78	6	135.88	6	165.98	6	196.08
7	15.91	7	46.01	7	76.11	7	106.21	7	136.31	7	166.41	7	196.51
8	16.34	8	46.44	8	76.54	8	106.64	8	136.74	8	166.84	8	196.94
9	16.77	9	46.87	9	76.97	9	107.07	9	137.17	9	167.27	9	197.37
40	17.20	110	47.30	180	77.40	250	107.50	320	137.60	390	167.70	460	197.80
1	17.63	1	47.73	1	77.83	1	107.93	1	138.03	1	168.13	1	198.23
2	18.06	2	48.16	2	78.26	2	108.36	2	138.46	2	168.56	2	198.66
3	18.49	3	48.59	3	78.69	3	108.79	3	138.89	3	168.99	3	199.09
4	18.92	4	49.02	4	79.12	4	109.22	4	139.32	4	169.42	4	199.52
5	19.35	5	49.45	5	79.55	5	109.65	5	139.75	5	169.85	5	199.95
6	19.78	6	49.88	6	79.98	6	110.08	6	140.18	6	170.28	6	200.38
7	20.21	7	50.31	7	80.41	7	110.51	7	140.61	7	170.71	7	200.81
8	20.64	8	50.74	8	80.84	8	110.94	8	141.04	8	171.14	8	201.24
9	21.07	9	51.17	9	81.27	9	111.37	9	141.47	9	171.57	9	201.67
50	21.50	120	51.60	190	81.70	260	111.80	330	141.90	400	172.„	470	202.10
1	21.93	1	52.03	1	82.13	1	112.23	1	142.33	1	172.43	1	202.53
2	22.36	2	52.46	2	82.56	2	112.66	2	142.76	2	172.86	2	202.96
3	22.79	3	52.89	3	82.99	3	113.09	3	143.19	3	173.29	3	203.39
4	23.22	4	53.32	4	83.42	4	113.52	4	143.62	4	173.72	4	203.82
5	23.65	5	53.75	5	83.85	5	113.95	5	144.05	5	174.15	5	204.25
6	24.08	6	54.18	6	84.28	6	114.38	6	144.48	6	174.58	6	204.68
7	24.51	7	54.61	7	84.71	7	114.81	7	144.91	7	175.01	7	205.11
8	24.94	8	55.04	8	85.14	8	115.24	8	145.34	8	175.44	8	205.54
9	25.37	9	55.47	9	85.57	9	115.67	9	145.77	9	175.87	9	205.97
60	25.80	130	55.90	200	86.„	270	116.10	340	146.20	410	176.30	480	206.40
1	26.23	1	56.33	1	86.43	1	116.53	1	146.63	1	176.73	1	206.83
2	26.66	2	56.76	2	86.86	2	116.96	2	147.06	2	177.16	2	207.26
3	27.09	3	57.19	3	87.29	3	117.39	3	147.49	3	177.59	3	207.69
4	27.52	4	57.62	4	87.72	4	117.82	4	147.92	4	178.02	4	208.12
5	27.95	5	58.05	5	88.15	5	118.25	5	148.35	5	178.45	5	208.55
6	28.38	6	58.48	6	88.58	6	118.68	6	148.78	6	178.88	6	208.98
7	28.81	7	58.91	7	89.01	7	119.11	7	149.21	7	179.31	7	209.41
8	29.24	8	59.34	8	89.44	8	119.54	8	149.64	8	179.74	8	209.84
9	29.67	9	59.77	9	89.87	9	119.97	9	150.07	9	180.17	9	210.27

Heures à 0.44ᶜ l'une.

Heures	Sommes.	Heures	Sommes.	Heures	Sommes.	Heures	Sommes.	Heures	Sommes.	Heures	Sommes.	Heures	Sommes.
1	" 44	70	30.80	140	61.60	210	92.40	280	123.20	350	154."	420	184.80
2	" 88	1	31.24	1	62.04	1	92.84	1	123.64	1	154.44	1	185.24
3	1.32	2	31.68	2	62.48	2	93.28	2	124.08	2	154.88	2	185.68
4	1.76	3	32.12	3	62.92	3	93.72	3	124.52	3	155.32	3	186.12
5	2.20	4	32.56	4	63.36	4	94.16	4	124.96	4	155.76	4	186.56
6	2.64	5	33."	5	63.80	5	94.60	5	125.40	5	156.20	5	187."
7	3.08	6	33.44	6	64.24	6	95.04	6	125.84	6	156.64	6	187.44
8	3.52	7	33.88	7	64.68	7	95.48	7	126.28	7	157.08	7	187.88
9	3.96	8	34.32	8	65.12	8	95.92	8	126.72	8	157.52	8	188.32
		9	34.76	9	65.56	9	96.36	9	127.16	9	157.96	9	188.76
10	4.40	80	35.20	150	66."	220	96.80	290	127.60	360	158.40	430	189.20
1	4.84	1	35.64	1	66.44	1	97.24	1	128.04	1	158.84	1	189.64
2	5.28	2	36.08	2	66.88	2	97.68	2	128.48	2	159.28	2	190.08
3	5.72	3	36.52	3	67.32	3	98.12	3	128.92	3	159.72	3	190.52
4	6.16	4	36.96	4	67.76	4	98.56	4	129.36	4	160.16	4	190.96
5	6.60	5	37.40	5	68.20	5	99."	5	129.80	5	160.60	5	191.40
6	7.04	6	37.84	6	68.64	6	99.44	6	130.24	6	161.04	6	191.84
7	7.48	7	38.28	7	69.08	7	99.88	7	130.68	7	161.48	7	192.28
8	7.92	8	38.72	8	69.52	8	100.32	8	131.12	8	161.92	8	192.72
9	8.36	9	39.16	9	69.96	9	100.76	9	131.56	9	162.36	9	193.16
20	8.80	90	39.60	160	70.40	230	101.20	300	132."	370	162.80	440	193.60
1	9.24	1	40.04	1	70.84	1	101.64	1	132.44	1	163.24	1	194.04
2	9.68	2	40.48	2	71.28	2	102.08	2	132.88	2	163.68	2	194.48
3	10.12	3	40.92	3	71.72	3	102.52	3	133.32	3	164.12	3	194.92
4	10.56	4	41.36	4	72.16	4	102.96	4	133.76	4	164.56	4	195.36
5	11."	5	41.80	5	72.60	5	103.40	5	134.20	5	165."	5	195.80
6	11.44	6	42.24	6	73.04	6	103.84	6	134.64	6	165.44	6	196.24
7	11.88	7	42.68	7	73.48	7	104.28	7	135.08	7	165.88	7	196.68
8	12.32	8	43.12	8	73.92	8	104.72	8	135.52	8	166.32	8	197.12
9	12.76	9	43.56	9	74.36	9	105.16	9	135.96	9	166.76	9	197.56
30	13.20	100	44."	170	74.80	240	105.60	310	136.40	380	167.20	450	198."
1	13.64	1	44.44	1	75.24	1	106.04	1	136.84	1	167.64	1	198.44
2	14.08	2	44.88	2	75.68	2	106.48	2	137.28	2	168.08	2	198.88
3	14.52	3	45.32	3	76.12	3	106.92	3	137.72	3	168.52	3	199.32
4	14.96	4	45.76	4	76.56	4	107.36	4	138.16	4	168.96	4	199.76
5	15.40	5	46.20	5	77."	5	107.80	5	138.60	5	169.40	5	200.20
6	15.84	6	46.64	6	77.44	6	108.24	6	139.04	6	169.84	6	200.64
7	16.28	7	47.08	7	77.88	7	108.68	7	139.48	7	170.28	7	201.08
8	16.72	8	47.52	8	78.32	8	109.12	8	139.92	8	170.72	8	201.52
9	17.16	9	47.96	9	78.76	9	109.56	9	140.36	9	171.16	9	201.96
40	17.60	110	48.40	180	79.20	250	110."	320	140.80	390	171.60	460	202.40
1	18.04	1	48.84	1	79.64	1	110.44	1	141.24	1	172.04	1	202.84
2	18.48	2	49.28	2	80.08	2	110.88	2	141.68	2	172.48	2	203.28
3	18.92	3	49.72	3	80.52	3	111.32	3	142.12	3	172.92	3	203.72
4	19.36	4	50.16	4	80.96	4	111.76	4	142.56	4	173.36	4	204.16
5	19.80	5	50.60	5	81.40	5	112.20	5	143."	5	173.80	5	204.60
6	20.24	6	51.04	6	81.84	6	112.64	6	143.44	6	174.24	6	205.04
7	20.68	7	51.48	7	82.28	7	113.08	7	143.88	7	174.68	7	205.48
8	21.12	8	51.92	8	82.72	8	113.52	8	144.32	8	175.12	8	205.92
9	21.56	9	52.36	9	83.16	9	113.96	9	144.76	9	175.56	9	206.36
50	22."	120	52.80	190	83.60	260	114.40	330	145.20	400	176."	470	206.80
1	22.44	1	53.24	1	84.04	1	114.84	1	145.64	1	176.44	1	207.24
2	22.88	2	53.68	2	84.48	2	115.28	2	146.08	2	176.88	2	207.68
3	23.32	3	54.12	3	84.92	3	115.72	3	146.52	3	177.32	3	208.12
4	23.76	4	54.56	4	85.36	4	116.16	4	146.96	4	177.76	4	208.56
5	24.20	5	55."	5	85.80	5	116.60	5	147.40	5	178.20	5	209."
6	24.64	6	55.44	6	86.24	6	117.04	6	147.84	6	178.64	6	209.44
7	25.08	7	55.88	7	86.68	7	117.48	7	148.28	7	179.08	7	209.88
8	25.52	8	56.32	8	87.12	8	117.92	8	148.72	8	179.52	8	210.32
9	25.96	9	56.76	9	87.56	9	118.36	9	149.16	9	179.96	9	210.76
60	26.40	130	57.20	200	88."	270	118.80	340	149.60	410	180.40	480	211.20
1	26.84	1	57.64	1	88.44	1	119.24	1	150.04	1	180.84	1	211.64
2	27.28	2	58.08	2	88.88	2	119.68	2	150.48	2	181.28	2	212.08
3	27.72	3	58.52	3	89.32	3	120.12	3	150.92	3	181.72	3	212.52
4	28.16	4	58.96	4	89.76	4	120.56	4	151.36	4	182.16	4	212.96
5	28.60	5	59.40	5	90.20	5	121."	5	151.80	5	182.60	5	213.40
6	29.04	6	59.84	6	90.64	6	121.44	6	152.24	6	183.04	6	213.84
7	29.48	7	60.28	7	91.08	7	121.88	7	152.68	7	183.48	7	214.28
8	29.92	8	60.72	8	91.52	8	122.32	8	153.12	8	183.92	8	214.72
9	30.36	9	61.16	9	91.96	9	122.76	9	153.56	9	184.36	9	215.16

Heures à 0.45 d l'une.

Heures	Sommes	Heures	Sommes	Heures	Sommes	Heures	Sommes	Heures	Sommes	Heures	Sommes	Heures	Sommes
1	„ 45	70	31.50	140	63. „	210	94.50	280	126. „	350	157.50	420	189. „
2	„ 90	1	31.95	1	63.45	1	94.95	1	126.45	1	157.95	1	189.45
3	1.35	2	32.40	2	63.90	2	95.40	2	126.90	2	158.40	2	189.90
4	1.80	3	32.85	3	64.35	3	95.85	3	127.35	3	158.85	3	190.35
5	2.25	4	33.30	4	64.80	4	96.30	4	127.80	4	159.30	4	190.80
6	2.70	5	33.75	5	65.25	5	96.75	5	128.25	5	159.75	5	191.25
7	3.15	6	34.20	6	65.70	6	97.20	6	128.70	6	160.20	6	191.70
8	3.60	7	34.65	7	66.15	7	97.65	7	129.15	7	160.65	7	192.15
9	4.05	8	35.10	8	66.60	8	98.10	8	129.60	8	161.10	8	192.60
		9	35.55	9	67.05	9	98.55	9	130.05	9	161.55	9	193.05
10	4.50	80	36. „	150	67.50	220	99. „	290	130.50	360	162. „	430	193.50
1	4.95	1	36.45	1	67.95	1	99.45	1	130.95	1	162.45	1	193.95
2	5.40	2	36.90	2	68.40	2	99.90	2	131.40	2	162.90	2	194.40
3	5.85	3	37.35	3	68.85	3	100.35	3	131.85	3	163.35	3	194.85
4	6.30	4	37.80	4	69.30	4	100.80	4	132.30	4	163.80	4	195.30
5	6.75	5	38.25	5	69.75	5	101.25	5	132.75	5	164.25	5	195.75
6	7.20	6	38.70	6	70.20	6	101.70	6	133.20	6	164.70	6	196.20
7	7.65	7	39.15	7	70.65	7	102.15	7	133.65	7	165.15	7	196.65
8	8.10	8	39.60	8	71.10	8	102.60	8	134.10	8	165.60	8	197.10
9	8.55	9	40.05	9	71.55	9	103.05	9	134.55	9	166.05	9	197.55
20	9. „	90	40.50	160	72. „	230	103.50	300	135. „	370	166.50	440	198. „
1	9.45	1	40.95	1	72.45	1	103.95	1	135.45	1	166.95	1	198.45
2	9.90	2	41.40	2	72.90	2	104.40	2	135.90	2	167.40	2	198.90
3	10.35	3	41.85	3	73.35	3	104.85	3	136.35	3	167.85	3	199.35
4	10.80	4	42.30	4	73.80	4	105.30	4	136.80	4	168.30	4	199.80
5	11.25	5	42.75	5	74.25	5	105.75	5	137.25	5	168.75	5	200.25
6	11.70	6	43.20	6	74.70	6	106.20	6	137.70	6	169.20	6	200.70
7	12.15	7	43.65	7	75.15	7	106.65	7	138.15	7	169.65	7	201.15
8	12.60	8	44.10	8	75.60	8	107.10	8	138.60	8	170.10	8	201.60
9	13.05	9	44.55	9	76.05	9	107.55	9	139.05	9	170.55	9	202.05
30	13.50	100	45. „	170	76.50	240	108. „	310	139.50	380	171. „	450	202.50
1	13.95	1	45.45	1	76.95	1	108.45	1	139.95	1	171.45	1	202.95
2	14.40	2	45.90	2	77.40	2	108.90	2	140.40	2	171.90	2	203.40
3	14.85	3	46.35	3	77.85	3	109.35	3	140.85	3	172.35	3	203.85
4	15.30	4	46.80	4	78.30	4	109.80	4	141.30	4	172.80	4	204.30
5	15.75	5	47.25	5	78.75	5	110.25	5	141.75	5	173.25	5	204.75
6	16.20	6	47.70	6	79.20	6	110.70	6	142.20	6	173.70	6	205.20
7	16.65	7	48.15	7	79.65	7	111.15	7	142.65	7	174.15	7	205.65
8	17.10	8	48.60	8	80.10	8	111.60	8	143.10	8	174.60	8	206.10
9	17.55	9	49.05	9	80.55	9	112.05	9	143.55	9	175.05	9	206.55
40	18. „	110	49.50	180	81. „	250	112.50	320	144. „	390	175.50	460	207. „
1	18.45	1	49.95	1	81.45	1	112.95	1	144.45	1	175.95	1	207.45
2	18.90	2	50.40	2	81.90	2	113.40	2	144.90	2	176.40	2	207.90
3	19.35	3	50.85	3	82.35	3	113.85	3	145.35	3	176.85	3	208.35
4	19.80	4	51.30	4	82.80	4	114.30	4	145.80	4	177.30	4	208.80
5	20.25	5	51.75	5	83.25	5	114.75	5	146.25	5	177.75	5	209.25
6	20.70	6	52.20	6	83.70	6	115.20	6	146.70	6	178.20	6	209.70
7	21.15	7	52.65	7	84.15	7	115.65	7	147.15	7	178.65	7	210.15
8	21.60	8	53.10	8	84.60	8	116.10	8	147.60	8	179.10	8	210.60
9	22.05	9	53.55	9	85.05	9	116.55	9	148.05	9	179.55	9	211.05
50	22.50	120	54. „	190	85.50	260	117. „	330	148.50	400	180. „	470	211.50
1	22.95	1	54.45	1	85.95	1	117.45	1	148.95	1	180.45	1	211.95
2	23.40	2	54.90	2	86.40	2	117.90	2	149.40	2	180.90	2	212.40
3	23.85	3	55.35	3	86.85	3	118.35	3	149.85	3	181.35	3	212.85
4	24.30	4	55.80	4	87.30	4	118.80	4	150.30	4	181.80	4	213.30
5	24.75	5	56.25	5	87.75	5	119.25	5	150.75	5	182.25	5	213.75
6	25.20	6	56.70	6	88.20	6	119.70	6	151.20	6	182.70	6	214.20
7	25.65	7	57.15	7	88.65	7	120.15	7	151.65	7	183.15	7	214.65
8	26.10	8	57.60	8	89.10	8	120.60	8	152.10	8	183.60	8	215.10
9	26.55	9	58.05	9	89.55	9	121.05	9	152.55	9	184.05	9	215.55
60	27. „	130	58.50	200	90. „	270	121.50	340	153. „	410	184.50	480	216. „
1	27.45	1	58.95	1	90.45	1	121.95	1	153.45	1	184.95	1	216.45
2	27.90	2	59.40	2	90.90	2	122.40	2	153.80	2	185.40	2	216.90
3	28.35	3	59.85	3	91.35	3	122.85	3	154.35	3	185.85	3	217.35
4	28.80	4	60.30	4	91.80	4	123.30	4	154.80	4	186.30	4	217.80
5	29.25	5	60.75	5	92.25	5	123.75	5	155.25	5	186.75	5	218.25
6	29.70	6	61.20	6	92.70	6	124.20	6	155.70	6	187.20	6	218.70
7	30.15	7	61.65	7	93.15	7	124.65	7	156.15	7	187.65	7	219.15
8	30.60	8	62.10	8	93.60	8	125.10	8	156.60	8	188.10	8	219.60
9	31.05	9	62.55	9	94.05	9	125.55	9	157.05	9	188.55	9	220.05

Heures à 0.46 ⁗ l'une.

Heures	Sommes	Heures	Sommes	Heures	Sommes	Heures	Sommes	Heures	Sommes	Heures	Sommes	Heures	Sommes
1	.46	70	32.20	140	64.40	210	96.60	280	128.80	350	161."	420	193.20
2	.92	1	32.66	1	64.86	1	97.06	1	129.26	1	161.46	1	193.66
3	1.38	2	33.12	2	65.32	2	97.52	2	129.72	2	161.92	2	194.12
4	1.84	3	33.58	3	65.78	3	97.98	3	130.18	3	162.38	3	194.58
5	2.30	4	34.04	4	66.24	4	98.44	4	130.64	4	162.84	4	195.04
6	2.76	5	34.50	5	66.70	5	98.90	5	131.10	5	163.30	5	195.50
7	3.22	6	34.96	6	67.16	6	99.36	6	131.56	6	163.76	6	195.96
8	3.68	7	35.42	7	67.62	7	99.82	7	132.02	7	164.22	7	196.42
9	4.14	8	35.88	8	68.08	8	100.28	8	132.48	8	164.68	8	196.88
		9	36.34	9	68.54	9	100.74	9	132.94	9	165.14	9	197.34
10	4.60	80	36.80	150	69."	220	101.20	290	133.40	360	165.60	430	197.80
1	5.06	1	37.26	1	69.46	1	101.66	1	133.86	1	166.06	1	198.26
2	5.52	2	37.72	2	69.92	2	102.12	2	134.32	2	166.52	2	198.72
3	5.98	3	38.18	3	70.38	3	102.58	3	134.78	3	166.98	3	199.18
4	6.44	4	38.64	4	70.84	4	103.04	4	135.24	4	167.44	4	199.64
5	6.90	5	39.10	5	71.30	5	103.50	5	135.70	5	167.90	5	200.10
6	7.36	6	39.56	6	71.76	6	103.96	6	136.16	6	168.36	6	200.56
7	7.82	7	40.02	7	72.22	7	104.42	7	136.62	7	168.82	7	201.02
8	8.28	8	40.48	8	72.68	8	104.88	8	137.08	8	169.28	8	201.48
9	8.74	9	40.94	9	73.14	9	105.34	9	137.54	9	169.74	9	201.94
20	9.20	90	41.40	160	73.60	230	105.80	300	138."	370	170.20	440	202.40
1	9.66	1	41.86	1	74.06	1	106.26	1	138.46	1	170.66	1	202.86
2	10.12	2	42.32	2	74.52	2	106.72	2	138.92	2	171.12	2	203.32
3	10.58	3	42.78	3	74.98	3	107.18	3	139.38	3	171.58	3	203.78
4	11.04	4	43.24	4	75.44	4	107.64	4	139.84	4	172.04	4	204.24
5	11.50	5	43.70	5	75.90	5	108.10	5	140.30	5	172.50	5	204.70
6	11.96	6	44.16	6	76.36	6	108.56	6	140.76	6	172.96	6	205.16
7	12.42	7	44.62	7	76.82	7	109.02	7	141.22	7	173.42	7	205.62
8	12.88	8	45.08	8	77.28	8	109.48	8	141.68	8	173.88	8	206.08
9	13.34	9	45.54	9	77.74	9	109.94	9	142.14	9	174.34	9	206.54
30	13.80	100	46."	170	78.20	240	110.40	310	142.60	380	174.80	450	207."
1	14.26	1	46.46	1	78.66	1	110.86	1	143.06	1	175.26	1	207.46
2	14.72	2	46.92	2	79.12	2	111.32	2	143.52	2	175.72	2	207.92
3	15.18	3	47.38	3	79.58	3	111.78	3	143.98	3	176.18	3	208.38
4	15.64	4	47.84	4	80.04	4	112.24	4	144.44	4	176.64	4	208.84
5	16.10	5	48.30	5	80.50	5	112.70	5	144.90	5	177.10	5	209.30
6	16.56	6	48.76	6	80.96	6	113.16	6	145.36	6	177.56	6	209.76
7	17.02	7	49.22	7	81.42	7	113.62	7	145.82	7	178.02	7	210.22
8	17.48	8	49.68	8	81.88	8	114.08	8	146.28	8	178.48	8	210.68
9	17.94	9	50.14	9	82.34	9	114.54	9	146.74	9	178.94	9	211.14
40	18.40	110	50.60	180	82.80	250	115."	320	147.20	390	179.40	460	211.60
1	18.86	1	51.06	1	83.26	1	115.46	1	147.66	1	179.86	1	212.06
2	19.32	2	51.52	2	83.72	2	115.92	2	148.12	2	180.32	2	212.52
3	19.78	3	51.98	3	84.18	3	116.38	3	148.58	3	180.78	3	212.98
4	20.24	4	52.44	4	84.64	4	116.84	4	149.04	4	181.24	4	213.44
5	20.70	5	52.90	5	85.10	5	117.30	5	149.50	5	181.70	5	213.90
6	21.16	6	53.36	6	85.56	6	117.76	6	149.96	6	182.16	6	214.36
7	21.62	7	53.82	7	86.02	7	118.22	7	150.42	7	182.62	7	214.82
8	22.08	8	54.28	8	86.48	8	118.68	8	150.88	8	183.08	8	215.28
9	22.54	9	54.74	9	86.94	9	119.14	9	151.34	9	183.54	9	215.74
50	23."	120	55.20	190	87.40	260	119.60	330	151.80	400	184."	470	216.20
1	23.46	1	55.66	1	87.86	1	120.06	1	152.26	1	184.46	1	216.66
2	23.92	2	56.12	2	88.32	2	120.52	2	152.72	2	184.92	2	217.12
3	24.38	3	56.58	3	88.78	3	120.98	3	153.18	3	185.38	3	217.58
4	24.84	4	57.04	4	89.24	4	121.44	4	153.64	4	185.84	4	218.04
5	25.30	5	57.50	5	89.70	5	121.90	5	154.10	5	186.30	5	218.50
6	25.76	6	57.96	6	90.16	6	122.36	6	154.56	6	186.76	6	218.96
7	26.22	7	58.42	7	90.62	7	122.82	7	155.02	7	187.22	7	219.42
8	26.68	8	58.88	8	91.08	8	123.28	8	155.48	8	187.68	8	219.88
9	27.14	9	59.34	9	91.54	9	123.74	9	155.94	9	188.14	9	220.34
60	27.60	130	59.80	200	92."	270	124.20	340	156.40	410	188.60	480	220.80
1	28.06	1	60.26	1	92.46	1	124.66	1	156.86	1	189.06	1	221.26
2	28.52	2	60.72	2	92.92	2	125.12	2	157.32	2	189.52	2	221.72
3	28.98	3	61.18	3	93.38	3	125.58	3	157.78	3	189.98	3	222.18
4	29.44	4	61.64	4	93.84	4	126.04	4	158.24	4	190.44	4	222.64
5	29.90	5	62.10	5	94.30	5	126.50	5	158.70	5	190.90	5	223.10
6	30.36	6	62.56	6	94.76	6	126.96	6	159.16	6	191.36	6	223.56
7	30.82	7	63.02	7	95.22	7	127.42	7	159.62	7	191.82	7	224.02
8	31.28	8	63.48	8	95.68	8	127.88	8	160.08	8	192.28	8	224.48
9	31.74	9	63.94	9	96.14	9	128.34	9	160.54	9	192.74	9	224.94

Heures à 0.47 f l'une.

Heures.	Sommes.	Heures.	Sommes.	Heures.	Sommes.	Heures.	Sommes.	Heures.	Sommes.	Heures.	Sommes.	Heures.	Sommes.
1	.47	70	32.90	140	65.80	210	98.70	280	131.60	350	164.50	420	197.40
2	.94	1	33.37	1	66.27	1	99.17	1	132.07	1	164.97	1	197.87
3	1.41	2	33.84	2	66.74	2	99.64	2	132.54	2	165.44	2	198.34
4	1.88	3	34.31	3	67.21	3	100.11	3	133.01	3	165.91	3	198.81
5	2.35	4	34.78	4	67.68	4	100.58	4	133.48	4	166.38	4	199.28
6	2.82	5	35.25	5	68.15	5	101.05	5	133.95	5	166.85	5	199.75
7	3.29	6	35.72	6	68.62	6	101.52	6	134.42	6	167.32	6	200.22
8	3.76	7	36.19	7	69.09	7	101.99	7	134.89	7	167.79	7	200.69
9	4.23	8	36.66	8	69.56	8	102.46	8	135.36	8	168.26	8	201.16
		9	37.13	9	70.03	9	102.93	9	135.83	9	168.73	9	201.63
10	4.70	80	37.60	150	70.50	220	103.40	290	136.30	360	169.20	430	202.10
1	5.17	1	38.07	1	70.97	1	103.87	1	136.77	1	169.67	1	202.57
2	5.64	2	38.54	2	71.44	2	104.34	2	137.24	2	170.14	2	203.04
3	6.11	3	39.01	3	71.91	3	104.81	3	137.71	3	170.61	3	203.51
4	6.58	4	39.48	4	72.38	4	105.28	4	138.18	4	171.08	4	203.98
5	7.05	5	39.95	5	72.85	5	105.75	5	138.65	5	171.55	5	204.45
6	7.52	6	40.42	6	73.32	6	106.22	6	139.12	6	172.02	6	204.92
7	7.99	7	40.89	7	73.79	7	106.69	7	139.59	7	172.49	7	205.39
8	8.46	8	41.36	8	74.26	8	107.16	8	140.06	8	172.96	8	205.86
9	8.93	9	41.83	9	74.73	9	107.63	9	140.53	9	173.43	9	206.33
20	9.40	90	42.30	160	75.20	230	108.10	300	141.00	370	173.90	440	206.80
1	9.87	1	42.77	1	75.67	1	108.57	1	141.47	1	174.37	1	207.27
2	10.34	2	43.24	2	76.14	2	109.04	2	141.94	2	174.84	2	207.74
3	10.81	3	43.71	3	76.61	3	109.51	3	142.41	3	175.31	3	208.21
4	11.28	4	44.18	4	77.08	4	109.98	4	142.88	4	175.78	4	208.68
5	11.75	5	44.65	5	77.55	5	110.45	5	143.35	5	176.25	5	209.15
6	12.22	6	45.12	6	78.02	6	110.92	6	143.82	6	176.72	6	209.62
7	12.69	7	45.59	7	78.49	7	111.39	7	144.29	7	177.19	7	210.09
8	13.16	8	46.06	8	78.96	8	111.86	8	144.76	8	177.66	8	210.56
9	13.63	9	46.53	9	79.43	9	112.33	9	145.23	9	178.13	9	211.03
30	14.10	100	47.00	170	79.90	240	112.80	310	145.70	380	178.60	450	211.50
1	14.57	1	47.47	1	80.37	1	113.27	1	146.17	1	179.07	1	211.97
2	15.04	2	47.94	2	80.84	2	113.74	2	146.64	2	179.54	2	212.44
3	15.51	3	48.41	3	81.31	3	114.21	3	147.11	3	180.01	3	212.91
4	15.98	4	48.88	4	81.78	4	114.68	4	147.58	4	180.48	4	213.38
5	16.45	5	49.35	5	82.25	5	115.15	5	148.05	5	180.95	5	213.85
6	16.92	6	49.82	6	82.72	6	115.62	6	148.52	6	181.42	6	214.32
7	17.39	7	50.29	7	83.19	7	116.09	7	148.99	7	181.89	7	214.79
8	17.86	8	50.76	8	83.66	8	116.56	8	149.46	8	182.36	8	215.26
9	18.33	9	51.23	9	84.13	9	117.03	9	149.93	9	182.83	9	215.73
40	18.80	110	51.70	180	84.60	250	117.50	320	150.40	390	183.30	460	216.20
1	19.27	1	52.17	1	85.07	1	117.97	1	150.87	1	183.77	1	216.67
2	19.74	2	52.64	2	85.54	2	118.44	2	151.34	2	184.24	2	217.14
3	20.21	3	53.11	3	86.01	3	118.91	3	151.81	3	184.71	3	217.61
4	20.68	4	53.58	4	86.48	4	119.38	4	152.28	4	185.18	4	218.08
5	21.15	5	54.05	5	86.95	5	119.85	5	152.75	5	185.65	5	218.55
6	21.62	6	54.52	6	87.42	6	120.32	6	153.22	6	186.12	6	219.02
7	22.09	7	54.99	7	87.89	7	120.79	7	153.69	7	186.59	7	219.49
8	22.56	8	55.46	8	88.36	8	121.26	8	154.16	8	187.06	8	219.96
9	23.03	9	55.93	9	88.83	9	121.73	9	154.63	9	187.53	9	220.43
50	23.50	120	56.40	190	89.30	260	122.20	330	155.10	400	188.00	470	220.90
1	23.97	1	56.87	1	89.77	1	122.67	1	155.57	1	188.47	1	221.37
2	24.44	2	57.34	2	90.24	2	123.14	2	156.04	2	188.94	2	221.84
3	24.91	3	57.81	3	90.71	3	123.61	3	156.51	3	189.41	3	222.31
4	25.38	4	58.28	4	91.18	4	124.08	4	156.98	4	189.88	4	222.78
5	25.85	5	58.75	5	91.65	5	124.55	5	157.45	5	190.35	5	223.25
6	26.32	6	59.22	6	92.12	6	125.02	6	157.92	6	190.82	6	223.72
7	26.79	7	59.69	7	92.59	7	125.49	7	158.39	7	191.29	7	224.19
8	27.26	8	60.16	8	93.06	8	125.96	8	158.86	8	191.76	8	224.66
9	27.73	9	60.63	9	93.53	9	126.43	9	159.33	9	192.23	9	225.13
60	28.20	130	61.10	200	94.00	270	126.90	340	159.80	410	192.70	480	225.60
1	28.67	1	61.57	1	94.47	1	127.37	1	160.27	1	193.17	1	226.07
2	29.14	2	62.04	2	94.94	2	127.84	2	160.74	2	193.64	2	226.54
3	29.61	3	62.51	3	95.41	3	128.31	3	161.21	3	194.11	3	227.01
4	30.08	4	62.98	4	95.88	4	128.78	4	161.68	4	194.58	4	227.48
5	30.55	5	63.45	5	96.35	5	129.25	5	162.15	5	195.05	5	227.95
6	31.02	6	63.92	6	96.82	6	129.72	6	162.62	6	195.52	6	228.42
7	31.49	7	64.39	7	97.29	7	130.19	7	163.09	7	195.99	7	228.89
8	31.96	8	64.86	8	97.76	8	130.66	8	163.56	8	196.46	8	229.36
9	32.43	9	65.33	9	98.23	9	131.13	9	164.03	9	196.93	9	229.83

Heures à 0.48 ⅌ l'une.

Heures.	Sommes.	Heures.	Sommes.	Heures.	Sommes.	Heures.	Sommes.	Heures.	Sommes.	Heures.	Sommes.	Heures.	Sommes.
1	.48	70	33.60	140	67.*20	210	100.80	280	134.40	350	168.""	420	201.60
2	.96	1	34.08	1	67.68	1	101.28	1	134.88	1	168.48	1	202.08
3	1.44	2	34.56	2	68.16	2	101.76	2	135.36	2	168.96	2	202,56
4	1.92	3	35.04	3	68.64	3	102.24	3	135.84	3	169.44	3	203.04
5	2.40	4	35.52	4	69.12	4	102.72	4	136.32	4	169.92	4	203.52
6	2.88	5	36.""	5	69.60	5	103.20	5	136.80	5	170.40	5	204.""
7	3.36	6	36.48	6	70.08	6	103.68	6	137.28	6	170.88	6	204.48
8	3.84	7	36.96	7	70.56	7	104.16	7	137.76	7	171.36	7	204.96
9	4.32	8	37.44	8	71.04	8	104.64	8	138.24	8	171.84	8	205.44
		9	37.92	9	71.52	9	105.12	9	138.72	9	172.32	9	205.92
10	4.80	80	38.40	150	72.""	220	105.60	290	139.20	360	172.80	430	206.40
1	5.28	1	38.88	1	72.48	1	106.08	1	139.68	1	173.28	1	206.88
2	5.76	2	39.36	2	72.96	2	106.56	2	140.16	2	173.76	2	207.36
3	6.24	3	39.84	3	73.44	3	107.04	3	140.64	3	174.24	3	207.84
4	6.72	4	40.32	4	73.92	4	107.52	4	141.12	4	174.72	4	208.32
5	7.20	5	40.80	5	74.40	5	108.""	5	141.60	5	175.20	5	208.80
6	7.68	6	41.28	6	74.88	6	108.48	6	142.08	6	175.68	6	209.28
7	8.16	7	41.76	7	75.36	7	108.96	7	142.56	7	176.16	7	209.76
8	8.64	8	42.24	8	75.84	8	109.44	8	143.04	8	176.64	8	210.24
9	9.12	9	42.72	9	76.32	9	109.92	9	143.52	9	177.12	9	210.72
20	9.60	90	43.20	160	76.80	230	110.40	300	144.""	370	177.60	440	211.20
1	10.08	1	43.68	1	77.28	1	110.88	1	144.48	1	178.08	1	211.68
2	10.56	2	44.16	2	77.76	2	111.36	2	144.96	2	178.56	2	212.16
3	11.04	3	44.64	3	78.24	3	111.84	3	145.44	3	179.04	3	212.64
4	11.52	4	45.12	4	78.72	4	112.32	4	145.92	4	179.52	4	213.12
5	12.""	5	45.60	5	79.20	5	112.80	5	146.40	5	180.""	5	213.60
6	12.48	6	46.08	6	79.68	6	113.28	6	146.88	6	180.48	6	214.08
7	12.96	7	46.56	7	80.16	7	113.76	7	147.36	7	180.96	7	214.56
8	13.44	8	47.04	8	80.64	8	114.24	8	147.84	8	181.44	8	215.04
9	13.92	9	47.52	9	81.12	9	114.72	9	148.32	9	181.92	9	215.52
30	14.40	100	48.""	170	81.60	240	115.20	310	148.80	380	182.40	450	216.""
1	14.88	1	48.48	1	82.08	1	115.68	1	149.28	1	182.88	1	216.48
2	15.36	2	48.96	2	82.56	2	116.16	2	149.76	2	183.36	2	216.96
3	15.84	3	49.44	3	83.04	3	116.64	3	150.24	3	183.84	3	217.44
4	16.32	4	49.92	4	83.52	4	117.12	4	150.72	4	184.32	4	217.92
5	16.80	5	50.40	5	84.""	5	117.60	5	151.20	5	184.80	5	218.40
6	17.28	6	50.88	6	84.48	6	118.08	6	151.68	6	185.28	6	218.88
7	17.76	7	51.36	7	84.96	7	118.56	7	152.16	7	185.76	7	219.36
8	18.24	8	51.84	8	85.44	8	119.04	8	152.64	8	186.24	8	219.84
9	18.72	9	52.32	9	85.92	9	119.52	9	153.12	9	186.72	9	220.32
40	19.20	110	52.80	180	86.40	250	120.""	320	153.60	390	187.20	460	220.80
1	19.68	1	53.28	1	86.88	1	120.48	1	154.08	1	187.68	1	221.28
2	20.16	2	53.76	2	87.36	2	120.96	2	154.56	2	188.16	2	221.76
3	20.64	3	54.24	3	87.84	3	121.44	3	155.04	3	188.64	3	222.24
4	21.12	4	54.72	4	88.32	4	121.92	4	155.52	4	189.12	4	222.72
5	21.60	5	55.20	5	88.80	5	122.40	5	156.""	5	189.60	5	223.20
6	22.08	6	55.68	6	89.28	6	122.88	6	156.48	6	190.08	6	223.68
7	22.56	7	56.16	7	89.76	7	123.36	7	156.96	7	190.56	7	224.16
8	23.04	8	56.64	8	90.24	8	123.84	8	157.44	8	191.04	8	224.64
9	23.52	9	57.12	9	90.72	9	124.32	9	157.92	9	191.52	9	225.12
50	24.""	120	57.60	190	91.20	260	124.80	330	158.40	400	192.""	470	225.60
1	24.48	1	58.08	1	91.68	1	125.28	1	158.88	1	192.48	1	226.08
2	24.96	2	58.56	2	92.16	2	125.76	2	159.36	2	192.96	2	226.56
3	25.44	3	59.04	3	92.64	3	126.24	3	159.84	3	193.44	3	227.04
4	25.92	4	59.52	4	93.12	4	126.72	4	160.32	4	193.92	4	227.52
5	26.40	5	60.""	5	93.60	5	127.20	5	160.80	5	194.40	5	228.""
6	26.88	6	60.48	6	94.08	6	127.68	6	161.28	6	194.88	6	228.48
7	27.36	7	60.96	7	94.56	7	128.16	7	161.76	7	195.36	7	228.96
8	27.84	8	61.44	8	95.04	8	128.64	8	162.24	8	195.84	8	229.44
9	28.32	9	61.92	9	95.52	9	129.12	9	162.72	9	196.32	9	229.92
60	28.80	130	62.40	200	96.""	270	129.60	340	163.20	410	196.80	480	230.40
1	29.28	1	62.88	1	96.48	1	130.08	1	163.68	1	197.28	1	230.88
2	29.76	2	63.36	2	96.96	2	130.56	2	164.16	2	197.76	2	231.36
3	30.24	3	63.84	3	97.44	3	131.04	3	164.64	3	198.24	3	231.84
4	30.72	4	64.32	4	97.92	4	131.52	4	165.12	4	198.72	4	232.32
5	31.20	5	64.80	5	98.40	5	132.""	5	165.60	5	199.20	5	232.80
6	31.68	6	65.28	6	98.88	6	132.48	6	166.08	6	199.68	6	233.28
7	32.16	7	65.76	7	99.36	7	132.96	7	166.56	7	200.16	7	233.76
8	32.64	8	66.24	8	99.84	8	133.44	8	167.04	8	200.64	8	234.24
9	33.12	9	66.72	9	100.32	9	133.92	9	167.52	9	201.12	9	234.72

Heures à 0.49 ¢ l'une.

Heures.	Sommes.	Heures.	Sommes.	Heures.	Sommes.	Heures.	Sommes.	Heures.	Sommes.	Heures.	Sommes.	Heures.	Sommes.
1	„ 49	70	34.30	140	68.60	210	102.90	280	137.20	350	171.50	420	205.80
2	„ 98	1	34.79	1	69.09	1	103.39	1	137.69	1	171.99	1	206.29
3	1.47	2	35.28	2	69.58	2	103.88	2	138.18	2	172.48	2	206.78
4	1.96	3	35.77	3	70.07	3	104.37	3	138.67	3	172.97	3	207.27
5	2.45	4	36.26	4	70.56	4	104.86	4	139.16	4	173.46	4	207.76
6	2.94	5	36.75	5	71.05	5	105.35	5	139.65	5	173.95	5	208.25
7	3.43	6	37.24	6	71.54	6	105.84	6	140.14	6	174.44	6	208.74
8	3.92	7	37.73	7	72.03	7	106.33	7	140.63	7	174.93	7	209.23
9	4.41	8	38.22	8	72.52	8	106.82	8	141.12	8	175.42	8	209.72
		9	38.71	9	73.01	9	107.31	9	141.61	9	175.91	9	210.21
10	4.90	80	39.20	150	73.50	220	107.80	290	142.10	360	176.40	430	210.70
1	5.39	1	39.69	1	73.99	1	108.29	1	142.59	1	176.89	1	211.19
2	5.88	2	40.18	2	74.48	2	108.78	2	143.08	2	177.38	2	211.68
3	6.37	3	40.67	3	74.97	3	109.27	3	143.57	3	177.87	3	212.17
4	6.86	4	41.16	4	75.46	4	109.76	4	144.06	4	178.36	4	212.66
5	7.35	5	41.65	5	75.95	5	110.25	5	144.55	5	178.85	5	213.15
6	7.84	6	42.14	6	76.44	6	110.74	6	145.04	6	179.34	6	213.64
7	8.33	7	42.63	7	76.93	7	111.23	7	145.53	7	179.83	7	214.13
8	8.82	8	43.12	8	77.42	8	111.72	8	146.02	8	180.32	8	214.62
9	9.31	9	43.61	9	77.91	9	112.21	9	146.51	9	180.81	9	215.11
20	9.80	90	44.10	160	78.40	230	112.70	300	147. ″″	370	181.30	440	215.60
1	10.29	1	44.59	1	78.89	1	113.19	1	147.49	1	181.79	1	216.09
2	10.78	2	45.08	2	79.38	2	113.68	2	147.98	2	182.28	2	216.58
3	11.27	3	45.57	3	79.87	3	114.17	3	148.47	3	182.77	3	217.07
4	11.76	4	46.06	4	80.36	4	114.66	4	148.96	4	183.26	4	217.56
5	12.25	5	46.55	5	80.85	5	115.15	5	149.45	5	183.75	5	218.05
6	12.74	6	47.04	6	81.34	6	115.64	6	149.94	6	184.24	6	218.54
7	13.23	7	47.53	7	81.83	7	116.13	7	150.43	7	184.73	7	219.03
8	13.72	8	48.02	8	82.32	8	116.62	8	150.92	8	185.22	8	219.52
9	14.21	9	48.51	9	82.81	9	117.11	9	151.41	9	185.71	9	220.01
30	14.70	100	49. ″″	170	83.30	240	117.60	310	151.90	380	186.20	450	220.50
1	15.19	1	49.49	1	83.79	1	118.09	1	152.39	1	186.69	1	220.99
2	15.68	2	49.98	2	84.28	2	118.58	2	152.88	2	187.18	2	221.48
3	16.17	3	50.47	3	84.77	3	119.07	3	153.37	3	187.67	3	221.97
4	16.66	4	50.96	4	85.26	4	119.56	4	153.86	4	188.16	4	222.46
5	17.15	5	51.45	5	85.75	5	120.05	5	154.35	5	188.65	5	222.95
6	17.64	6	51.94	6	86.24	6	120.54	6	154.84	6	189.14	6	223.44
7	18.13	7	52.43	7	86.73	7	121.03	7	155.33	7	189.63	7	223.93
8	18.62	8	52.92	8	87.22	8	121.52	8	155.82	8	190.12	8	224.42
9	19.11	9	53.41	9	87.71	9	122.01	9	156.31	9	190.61	9	224.91
40	19.60	110	53.90	180	88.20	250	122.50	320	156.80	390	191.10	460	225.40
1	20.09	1	54.39	1	88.69	1	122.99	1	157.29	1	191.59	1	225.89
2	20.58	2	54.88	2	89.18	2	123.48	2	157.78	2	192.08	2	226.38
3	21.07	3	55.37	3	89.67	3	123.97	3	158.27	3	192.57	3	226.87
4	21.56	4	55.86	4	90.16	4	124.46	4	158.76	4	193.06	4	227.36
5	22.05	5	56.35	5	90.65	5	124.95	5	159.25	5	193.55	5	227.85
6	22.54	6	56.84	6	91.14	6	125.44	6	159.74	6	194.04	6	228.34
7	23.03	7	57.33	7	91.63	7	125.93	7	160.23	7	194.53	7	228.83
8	23.52	8	57.82	8	92.12	8	126.42	8	160.72	8	195.02	8	229.32
9	24.01	9	58.31	9	92.61	9	126.91	9	161.21	9	195.51	9	229.81
50	24.50	120	58.80	190	93.10	260	127.40	330	161.70	400	196. ″″	470	230.30
1	24.99	1	59.29	1	93.59	1	127.89	1	162.19	1	196.49	1	230.79
2	25.48	2	59.78	2	94.08	2	128.38	2	162.68	2	196.98	2	231.28
3	25.97	3	60.27	3	94.57	3	128.87	3	163.17	3	197.47	3	231.77
4	26.46	4	60.76	4	95.06	4	129.36	4	163.66	4	197.96	4	232.26
5	26.95	5	61.25	5	95.55	5	129.85	5	164.15	5	198.45	5	232.75
6	27.44	6	61.74	6	96.04	6	130.34	6	164.64	6	198.94	6	233.24
7	27.93	7	62.23	7	96.53	7	130.83	7	165.13	7	199.43	7	233.73
8	28.42	8	62.72	8	97.02	8	131.32	8	165.62	8	199.92	8	234.22
9	28.91	9	63.21	9	97.51	9	131.81	9	166.11	9	200.41	9	234.71
60	29.40	130	63.70	200	98. ″″	270	132.30	340	166.60	410	200.90	480	235.20
1	29.89	1	64.19	1	98.49	1	132.79	1	167.09	1	201.39	1	235.69
2	30.38	2	64.68	2	98.98	2	133.28	2	167.58	2	201.88	2	236.18
3	30.87	3	65.17	3	99.47	3	133.77	3	168.07	3	202.37	3	236.67
4	31.36	4	65.66	4	99.96	4	134.26	4	168.56	4	202.86	4	237.16
5	31.85	5	66.15	5	100.45	5	134.75	5	169.05	5	203.35	5	237.65
6	32.34	6	66.64	6	100.94	6	135.24	6	169.54	6	203.84	6	238.14
7	32.83	7	67.13	7	101.43	7	135.73	7	170.03	7	204.33	7	238.63
8	33.32	8	67.62	8	101.92	8	136.22	8	170.52	8	204.82	8	239.12
9	33.81	9	68.11	9	102.41	9	136.71	9	171.01	9	205.31	9	239.61

Heures à 0.50 f. l'une.

Heures	Sommes	Heures	Sommes	Heures	Sommes	Heures	Sommes	Heures	Sommes	Heures	Sommes	Heures	Sommes
1	. 50	70	35.	140	70.	210	105.	280	140.	350	175.	420	210.
2	1.	1	35. 50	1	70. 50	1	105. 50	1	140. 50	1	175. 50	1	210. 50
3	1. 50	2	36.	2	71.	2	106.	2	141.	2	176.	2	211.
4	2.	3	36. 50	3	71. 50	3	106. 50	3	141. 50	3	176. 50	3	211. 50
5	2. 50	4	37.	4	72.	4	107.	4	142.	4	177.	4	212.
6	3.	5	37. 50	5	72. 50	5	107. 50	5	142. 50	5	177. 50	5	212. 50
7	3. 50	6	38.	6	73.	6	108.	6	143.	6	178.	6	213.
8	4.	7	38. 50	7	73. 50	7	108. 50	7	143. 50	7	178. 50	7	213. 50
9	4. 50	8	39.	8	74.	8	109.	8	144.	8	179.	8	214.
		9	39. 50	9	74. 50	9	109. 50	9	144. 50	9	179. 50	9	214. 50
10	5.	80	40.	150	75.	220	110.	290	145.	360	180.	430	215.
1	5. 50	1	40. 50	1	75. 50	1	110. 50	1	145. 50	1	180. 50	1	215. 50
2	6.	2	41.	2	76.	2	111.	2	146.	2	181.	2	216.
3	6. 50	3	41. 50	3	76. 50	3	111. 50	3	146. 50	3	181. 50	3	216. 50
4	7.	4	42.	4	77.	4	112.	4	147.	4	182.	4	217.
5	7. 50	5	42. 50	5	77. 50	5	112. 50	5	147. 50	5	182. 50	5	217. 50
6	8.	6	43.	6	78.	6	113.	6	148.	6	183.	6	218.
7	8. 50	7	43. 50	7	78. 50	7	113. 50	7	148. 50	7	183. 50	7	218. 50
8	9.	8	44.	8	79.	8	114.	8	149.	8	184.	8	219.
9	9. 50	9	44. 50	9	79. 50	9	114. 50	9	149. 50	9	184. 50	9	219. 50
20	10.	90	45.	160	80.	230	115.	300	150.	370	185.	440	220.
1	10. 50	1	45. 50	1	80. 50	1	115. 50	1	150. 50	1	185. 50	1	220. 50
2	11.	2	46.	2	81.	2	116.	2	151.	2	186.	2	221.
3	11. 50	3	46. 50	3	81. 50	3	116. 50	3	151. 50	3	186. 50	3	221. 50
4	12.	4	47.	4	82.	4	117.	4	152.	4	187.	4	222.
5	12. 50	5	47. 50	5	82. 50	5	117. 50	5	152. 50	5	187. 50	5	222. 50
6	13.	6	48.	6	83.	6	118.	6	153.	6	188.	6	223.
7	13. 50	7	48. 50	7	83. 50	7	118. 50	7	153. 50	7	188. 50	7	223. 50
8	14.	8	49.	8	84.	8	119.	8	154.	8	189.	8	224.
9	14. 50	9	49. 50	9	84. 50	9	119. 50	9	154. 50	9	189. 50	9	224. 50
30	15.	100	50.	170	85.	240	120.	310	155.	380	190.	450	225.
1	15. 50	1	50. 50	1	85. 50	1	120. 50	1	155. 50	1	190. 50	1	225. 50
2	16.	2	51.	2	86.	2	121.	2	156.	2	191.	2	226.
3	16. 50	3	51. 50	3	86. 50	3	121. 50	3	156. 50	3	191. 50	3	226. 50
4	17.	4	52.	4	87.	4	122.	4	157.	4	192.	4	227.
5	17. 50	5	52. 50	5	87. 50	5	122. 50	5	157. 50	5	192. 50	5	227. 50
6	18.	6	53.	6	88.	6	123.	6	158.	6	193.	6	228.
7	18. 50	7	53. 50	7	88. 50	7	123. 50	7	158. 50	7	193. 50	7	228. 50
8	19.	8	54.	8	89.	8	124.	8	159.	8	194.	8	229.
9	19. 50	9	54. 50	9	89. 50	9	124. 50	9	159. 50	9	194. 50	9	229. 50
40	20.	110	55.	180	90.	250	125.	320	160.	390	195.	460	230.
1	20. 50	1	55. 50	1	90. 50	1	125. 50	1	160. 50	1	195. 50	1	230. 50
2	21.	2	56.	2	91.	2	126.	2	161.	2	196.	2	231.
3	21. 50	3	56. 50	3	91. 50	3	126. 50	3	161. 50	3	196. 50	3	231. 50
4	22.	4	57.	4	92.	4	127.	4	162.	4	197.	4	232.
5	22. 50	5	57. 50	5	92. 50	5	127. 50	5	162. 50	5	197. 50	5	232. 50
6	23.	6	58.	6	93.	6	128.	6	163.	6	198.	6	233.
7	23. 50	7	58. 50	7	93. 50	7	128. 50	7	163. 50	7	198. 50	7	233. 50
8	24.	8	59.	8	94.	8	129.	8	164.	8	199.	8	234.
9	24. 50	9	59. 50	9	94. 50	9	129. 50	9	164. 50	9	199. 50	9	234. 50
50	25.	120	60.	190	95.	260	130.	330	165.	400	200.	470	235.
1	25. 50	1	60. 50	1	95. 50	1	130. 50	1	165. 50	1	200. 50	1	235. 50
2	26.	2	61.	2	96.	2	131.	2	166.	2	201.	2	236.
3	26. 50	3	61. 50	3	96. 50	3	131. 50	3	166. 50	3	201. 50	3	236. 50
4	27.	4	62.	4	97.	4	132.	4	167.	4	202.	4	237.
5	27. 50	5	62. 50	5	97. 50	5	132. 50	5	167. 50	5	202. 50	5	237. 50
6	28.	6	63.	6	98.	6	133.	6	168.	6	203.	6	238.
7	28. 50	7	63. 50	7	98. 50	7	133. 50	7	168. 50	7	203. 50	7	238. 50
8	29.	8	64.	8	99.	8	134.	8	169.	8	204.	8	239.
9	29. 50	9	64. 50	9	99. 50	9	134. 50	9	169. 50	9	204. 50	9	239. 50
60	30.	130	65.	200	100.	270	135.	340	170.	410	205.	480	240.
1	30. 50	1	65. 50	1	100. 50	1	135. 50	1	170. 50	1	205. 50	1	240. 50
2	31.	2	66.	2	101.	2	136.	2	171.	2	206.	2	241.
3	31. 50	3	66. 50	3	101. 50	3	136. 50	3	171. 50	3	206. 50	3	241. 50
4	32.	4	67.	4	102.	4	137.	4	172.	4	207.	4	242.
5	32. 50	5	67. 50	5	102. 50	5	137. 50	5	172. 50	5	207. 50	5	242. 50
6	33.	6	68.	6	103.	6	138.	6	173.	6	208.	6	243.
7	33. 50	7	68. 50	7	103. 50	7	138. 50	7	173. 50	7	208. 50	7	243. 50
8	34.	8	69.	8	104.	8	139.	8	174.	8	209.	8	244.
9	34. 50	9	69. 50	9	104. 50	9	139. 50	9	174. 50	9	209. 50	9	244. 50

Heures à 0.51 ¢ l'une.

Heures.	Sommes.	Heures.	Sommes.	Heures.	Sommes.	Heures.	Sommes.	Heures.	Sommes.	Heures.	Sommes.	Heures.	Sommes.
1	.51	70	35.70	140	71.40	210	107.10	280	142.80	350	178.50	420	214.20
2	1.02	1	36.21	1	71.91	1	107.61	1	143.31	1	179.01	1	214.71
3	1.53	2	36.72	2	72.42	2	108.12	2	143.82	2	179.52	2	215.22
4	2.04	3	37.23	3	72.93	3	108.63	3	144.33	3	180.03	3	215.73
5	2.55	4	37.74	4	73.44	4	109.14	4	144.84	4	180.54	4	216.24
6	3.06	5	38.25	5	73.95	5	109.65	5	145.35	5	181.05	5	216.75
7	3.57	6	38.76	6	74.46	6	110.16	6	145.86	6	181.56	6	217.26
8	4.08	7	39.27	7	74.97	7	110.67	7	146.37	7	182.07	7	217.77
9	4.59	8	39.78	8	75.48	8	111.18	8	146.88	8	182.58	8	218.28
		9	40.29	9	75.99	9	111.69	9	147.39	9	183.09	9	218.79
10	5.10	80	40.80	150	76.50	220	112.20	290	147.90	360	183.60	430	219.30
1	5.61	1	41.31	1	77.01	1	112.71	1	148.41	1	184.11	1	219.81
2	6.12	2	41.82	2	77.52	2	113.22	2	148.92	2	184.62	2	220.32
3	6.63	3	42.33	3	78.03	3	113.73	3	149.43	3	185.13	3	220.83
4	7.14	4	42.84	4	78.54	4	114.24	4	149.94	4	185.64	4	221.34
5	7.65	5	43.35	5	79.05	5	114.75	5	150.45	5	186.15	5	221.85
6	8.16	6	43.86	6	79.56	6	115.26	6	150.96	6	186.66	6	222.36
7	8.67	7	44.37	7	80.07	7	115.77	7	151.47	7	187.17	7	222.87
8	9.18	8	44.88	8	80.58	8	116.28	8	151.98	8	187.68	8	223.38
9	9.69	9	45.39	9	81.09	9	116.79	9	152.49	9	188.19	9	223.89
20	10.20	90	45.90	160	81.60	230	117.30	300	153. ..	370	188.70	440	224.40
1	10.71	1	46.41	1	82.11	1	117.81	1	153.51	1	189.21	1	224.91
2	11.22	2	46.92	2	82.62	2	118.32	2	154.02	2	189.72	2	225.42
3	11.73	3	47.43	3	83.13	3	118.83	3	154.53	3	190.23	3	225.93
4	12.24	4	47.94	4	83.64	4	119.34	4	155.04	4	190.74	4	226.44
5	12.75	5	48.45	5	84.15	5	119.85	5	155.55	5	191.25	5	226.95
6	13.26	6	48.96	6	84.66	6	120.36	6	156.06	6	191.76	6	227.46
7	13.77	7	49.47	7	85.17	7	120.87	7	156.57	7	192.27	7	227.97
8	14.28	8	49.98	8	85.68	8	121.38	8	157.08	8	192.78	8	228.48
9	14.79	9	50.49	9	86.19	9	121.89	9	157.59	9	193.29	9	228.99
30	15.30	100	51. ..	170	86.70	240	122.40	310	158.10	380	193.80	450	229.50
1	15.81	1	51.51	1	87.21	1	122.91	1	158.61	1	194.31	1	230.01
2	16.32	2	52.02	2	87.72	2	123.42	2	159.12	2	194.82	2	230.52
3	16.83	3	52.53	3	88.23	3	123.93	3	159.63	3	195.33	3	231.03
4	17.34	4	53.04	4	88.74	4	124.44	4	160.14	4	195.84	4	231.54
5	17.85	5	53.55	5	89.25	5	124.95	5	160.65	5	196.35	5	232.05
6	18.36	6	54.06	6	89.76	6	125.46	6	161.16	6	196.86	6	232.56
7	18.87	7	54.57	7	90.27	7	125.97	7	161.67	7	197.37	7	233.07
8	19.38	8	55.08	8	90.78	8	126.48	8	162.18	8	197.88	8	233.58
9	19.89	9	55.59	9	91.29	9	126.99	9	162.69	9	198.39	9	234.09
40	20.40	110	56.10	180	91.80	250	127.50	320	163.20	390	198.90	460	234.60
1	20.91	1	56.61	1	92.31	1	128.01	1	163.71	1	199.41	1	235.11
2	21.42	2	57.12	2	92.82	2	128.52	2	164.22	2	199.92	2	235.62
3	21.93	3	57.63	3	93.33	3	129.03	3	164.73	3	200.43	3	236.13
4	22.44	4	58.14	4	93.84	4	129.54	4	165.24	4	200.94	4	236.64
5	22.95	5	58.65	5	94.35	5	130.05	5	165.75	5	201.45	5	237.15
6	23.46	6	59.16	6	94.86	6	130.56	6	166.26	6	201.96	6	237.66
7	23.97	7	59.67	7	95.37	7	131.07	7	166.77	7	202.47	7	238.17
8	24.48	8	60.18	8	95.88	8	131.58	8	167.28	8	202.98	8	238.68
9	24.99	9	60.69	9	96.39	9	132.09	9	167.79	9	203.49	9	239.19
50	25.50	120	61.20	190	96.90	260	132.60	330	168.30	400	204. ..	470	239.70
1	26.01	1	61.71	1	97.41	1	133.11	1	168.81	1	204.51	1	240.21
2	26.52	2	62.22	2	97.92	2	133.62	2	169.32	2	205.02	2	240.72
3	27.03	3	62.73	3	98.43	3	134.13	3	169.83	3	205.53	3	241.23
4	27.54	4	63.24	4	98.94	4	134.64	4	170.34	4	206.04	4	241.74
5	28.05	5	63.75	5	99.45	5	135.15	5	170.85	5	206.55	5	242.25
6	28.56	6	64.26	6	99.96	6	135.66	6	171.36	6	207.06	6	242.76
7	29.07	7	64.77	7	100.47	7	136.17	7	171.87	7	207.57	7	243.27
8	29.58	8	65.28	8	100.98	8	136.68	8	172.38	8	208.08	8	243.78
9	30.09	9	65.79	9	101.49	9	137.19	9	172.89	9	208.59	9	244.29
60	30.60	130	66.30	200	102. ..	270	137.70	340	173.40	410	209.10	480	244.80
1	31.11	1	66.81	1	102.51	1	138.21	1	173.91	1	209.61	1	245.31
2	31.62	2	67.32	2	103.02	2	138.72	2	174.42	2	210.12	2	245.82
3	32.13	3	67.83	3	103.53	3	139.23	3	174.93	3	210.63	3	246.33
4	32.64	4	68.34	4	104.04	4	139.74	4	175.44	4	211.14	4	246.84
5	33.15	5	68.85	5	104.55	5	140.25	5	175.95	5	211.65	5	247.35
6	33.66	6	69.36	6	105.06	6	140.76	6	176.46	6	212.16	6	247.86
7	34.17	7	69.87	7	105.57	7	141.27	7	176.97	7	212.67	7	248.37
8	34.68	8	70.38	8	106.08	8	141.78	8	177.48	8	213.18	8	248.88
9	35.19	9	70.89	9	106.59	9	142.29	9	177.99	9	213.69	9	249.39

Heures à 0.52 q l'une.

Heures.	Sommes.	Heures.	Sommes.	Heures.	Sommes.	Heures.	Sommes.	Heures.	Sommes.	Heures.	Sommes.	Heures.	Sommes.
1	0.52	70	36.40	140	72.80	210	109.20	280	145.60	350	182...	420	218.40
2	1.04	1	36.92	1	73.32	1	109.72	1	146.12	1	182.52	1	218.92
3	1.56	2	37.44	2	73.84	2	110.24	2	146.64	2	183.04	2	219.44
4	2.08	3	37.96	3	74.36	3	110.76	3	147.16	3	183.56	3	219.96
5	2.60	4	38.48	4	74.88	4	111.28	4	147.68	4	184.08	4	220.48
6	3.12	5	39...	5	75.40	5	111.80	5	148.20	5	184.60	5	221...
7	3.64	6	39.52	6	75.92	6	112.32	6	148.72	6	185.12	6	221.52
8	4.16	7	40.04	7	76.44	7	112.84	7	149.24	7	185.64	7	222.04
9	4.68	8	40.56	8	76.96	8	113.36	8	149.76	8	186.16	8	222.56
		9	41.08	9	77.48	9	113.88	9	150.28	9	186.68	9	223.08
10	5.20	80	41.60	150	78...	220	114.40	290	150.80	360	187.20	430	223.60
1	5.72	1	42.12	1	78.52	1	114.92	1	151.32	1	187.72	1	224.12
2	6.24	2	42.64	2	79.04	2	115.44	2	151.84	2	188.24	2	224.64
3	6.76	3	43.16	3	79.56	3	115.96	3	152.36	3	188.76	3	225.16
4	7.28	4	43.68	4	80.08	4	116.48	4	152.88	4	189.28	4	225.68
5	7.80	5	44.20	5	80.60	5	117...	5	153.40	5	189.80	5	226.20
6	8.32	6	44.72	6	81.12	6	117.52	6	153.92	6	190.32	6	226.72
7	8.84	7	45.24	7	81.64	7	118.04	7	154.44	7	190.84	7	227.24
8	9.36	8	45.76	8	82.16	8	118.56	8	154.96	8	191.36	8	227.76
9	9.88	9	46.28	9	82.68	9	119.08	9	155.48	9	191.88	9	228.28
20	10.40	90	46.80	160	83.20	230	119.60	300	156...	370	192.40	440	228.80
1	10.92	1	47.32	1	83.72	1	120.12	1	156.52	1	192.92	1	229.32
2	11.44	2	47.84	2	84.24	2	120.64	2	157.04	2	193.44	2	229.84
3	11.96	3	48.36	3	84.76	3	121.16	3	157.56	3	193.96	3	230.36
4	12.48	4	48.88	4	85.28	4	121.68	4	158.08	4	194.48	4	230.88
5	13...	5	49.40	5	85.80	5	122.20	5	158.60	5	195...	5	231.40
6	13.52	6	49.92	6	86.32	6	122.72	6	159.12	6	195.52	6	231.92
7	14.04	7	50.44	7	86.84	7	123.24	7	159.64	7	196.04	7	232.44
8	14.56	8	50.96	8	87.36	8	123.76	8	160.16	8	196.56	8	232.96
9	15.08	9	51.48	9	87.88	9	124.28	9	160.68	9	197.08	9	233.48
30	15.60	100	52...	170	88.40	240	124.80	310	161.20	380	197.60	450	234...
1	16.12	1	52.52	1	88.92	1	125.32	1	161.72	1	198.12	1	234.52
2	16.64	2	53.04	2	89.44	2	125.84	2	162.24	2	198.64	2	235.04
3	17.16	3	53.56	3	89.96	3	126.36	3	162.76	3	199.16	3	235.56
4	17.68	4	54.08	4	90.48	4	126.88	4	163.28	4	199.68	4	236.08
5	18.20	5	54.60	5	91...	5	127.40	5	163.80	5	200.20	5	236.60
6	18.72	6	55.12	6	91.52	6	127.92	6	164.32	6	200.72	6	237.12
7	19.24	7	55.64	7	92.04	7	128.44	7	164.84	7	201.24	7	237.64
8	19.76	8	56.16	8	92.56	8	128.96	8	165.36	8	201.76	8	238.16
9	20.28	9	56.68	9	93.08	9	129.48	9	165.88	9	202.28	9	238.68
40	20.80	110	57.20	180	93.60	250	130...	320	166.40	390	202.80	460	239.20
1	21.32	1	57.72	1	94.12	1	130.52	1	166.92	1	203.32	1	239.72
2	21.84	2	58.24	2	94.64	2	131.04	2	167.44	2	203.84	2	240.24
3	22.36	3	58.76	3	95.16	3	131.56	3	167.96	3	204.36	3	240.76
4	22.88	4	59.28	4	95.68	4	132.08	4	168.48	4	204.88	4	241.28
5	23.40	5	59.80	5	96.20	5	132.60	5	169...	5	205.40	5	241.80
6	23.92	6	60.32	6	96.72	6	133.12	6	169.52	6	205.92	6	242.32
7	24.44	7	60.84	7	97.24	7	133.64	7	170.04	7	206.44	7	242.84
8	24.96	8	61.36	8	97.76	8	134.16	8	170.56	8	206.96	8	243.36
9	25.48	9	61.88	9	98.28	9	134.68	9	171.08	9	207.48	9	243.88
50	26...	120	62.40	190	98.80	260	135.20	330	171.60	400	208...	470	244.40
1	26.52	1	62.92	1	99.32	1	135.72	1	172.12	1	208.52	1	244.92
2	27.04	2	63.44	2	99.84	2	136.24	2	172.64	2	209.04	2	245.44
3	27.56	3	63.96	3	100.36	3	136.76	3	173.16	3	209.56	3	245.96
4	28.08	4	64.48	4	100.88	4	137.28	4	173.68	4	210.08	4	246.48
5	28.60	5	65...	5	101.40	5	137.80	5	174.20	5	210.60	5	247...
6	29.12	6	65.52	6	101.92	6	138.32	6	174.72	6	211.12	6	247.52
7	29.64	7	66.04	7	102.44	7	138.84	7	175.24	7	211.64	7	248.04
8	30.16	8	66.56	8	102.96	8	139.36	8	175.76	8	212.16	8	248.56
9	30.68	9	67.08	9	103.48	9	139.88	9	176.28	9	212.68	9	249.08
60	31.20	130	67.60	200	104...	270	140.40	340	176.80	410	213.20	480	249.60
1	31.72	1	68.12	1	104.52	1	140.92	1	177.32	1	213.72	1	250.12
2	32.24	2	68.64	2	105.04	2	141.44	2	177.84	2	214.24	2	250.64
3	32.76	3	69.16	3	105.56	3	141.96	3	178.36	3	214.76	3	251.16
4	33.28	4	69.68	4	106.08	4	142.48	4	178.88	4	215.28	4	251.68
5	33.80	5	70.20	5	106.60	5	143...	5	179.40	5	215.80	5	252.20
6	34.32	6	70.72	6	107.12	6	143.52	6	179.92	6	216.32	6	252.72
7	34.84	7	71.24	7	107.64	7	144.04	7	180.44	7	216.84	7	253.24
8	35.36	8	71.76	8	108.16	8	144.56	8	180.96	8	217.36	8	253.76
9	35.88	9	72.28	9	108.68	9	145.08	9	181.48	9	217.88	9	254.28

Heures à 0.53 ℓ l'une.

Heures	Sommes	Heures	Sommes	Heures	Sommes	Heures	Sommes	Heures	Sommes	Heures	Sommes	Heures	Sommes
1	». 53	70	37. 10	140	74. 20	210	111. 30	280	148. 40	350	185. 50	420	222. 60
2	1. 06	1	37. 63	1	74. 73	1	111. 83	1	148. 93	1	186. 03	1	223. 13
3	1. 59	2	38. 16	2	75. 26	2	112. 36	2	149. 46	2	186. 56	2	223. 66
4	2. 12	3	38. 69	3	75. 79	3	112. 89	3	149. 99	3	187. 09	3	224. 19
5	2. 65	4	39. 22	4	76. 32	4	113. 42	4	150. 52	4	187. 62	4	224. 72
6	3. 18	5	39. 75	5	76. 85	5	113. 95	5	151. 05	5	188. 15	5	225. 25
7	3. 71	6	40. 28	6	77. 38	6	114. 48	6	151. 58	6	188. 68	6	225. 78
8	4. 24	7	40. 81	7	77. 91	7	115. 01	7	152. 11	7	189. 21	7	226. 31
9	4. 77	8	41. 34	8	78. 44	8	115. 54	8	152. 64	8	189. 74	8	226. 84
		9	41. 87	9	78. 97	9	116. 07	9	153. 17	9	190. 27	9	227. 37
10	5. 30	80	42. 40	150	79. 50	220	116. 60	290	153. 70	360	190. 80	430	227. 90
1	5. 83	1	42. 93	1	80. 03	1	117. 13	1	154. 23	1	191. 33	1	228. 43
2	6. 36	2	43. 46	2	80. 56	2	117. 66	2	154. 76	2	191. 86	2	228. 96
3	6. 89	3	43. 99	3	81. 09	3	118. 19	3	155. 29	3	192. 39	3	229. 49
4	7. 42	4	44. 52	4	81. 62	4	118. 72	4	155. 82	4	192. 92	4	230. 02
5	7. 95	5	45. 05	5	82. 15	5	119. 25	5	156. 35	5	193. 45	5	230. 55
6	8. 48	6	45. 58	6	82. 68	6	119. 78	6	156. 88	6	193. 98	6	231. 08
7	9. 01	7	46. 11	7	83. 21	7	120. 31	7	157. 41	7	194. 51	7	231. 61
8	9. 54	8	46. 64	8	83. 74	8	120. 84	8	157. 94	8	195. 04	8	232. 14
9	10. 07	9	47. 17	9	84. 27	9	121. 37	9	158. 47	9	195. 57	9	232. 67
20	10. 60	90	47. 70	160	84. 80	230	121. 90	300	159. »	370	196. 10	440	233. 20
1	11. 13	1	48. 23	1	85. 33	1	122. 43	1	159. 53	1	196. 63	1	233. 73
2	11. 66	2	48. 76	2	85. 86	2	122. 96	2	160. 06	2	197. 16	2	234. 26
3	12. 19	3	49. 29	3	86. 39	3	123. 49	3	160. 59	3	197. 69	3	234. 79
4	12. 72	4	49. 82	4	86. 92	4	124. 02	4	161. 12	4	198. 22	4	235. 32
5	13. 25	5	50. 35	5	87. 45	5	124. 55	5	161. 65	5	198. 75	5	235. 85
6	13. 78	6	50. 88	6	87. 98	6	125. 08	6	162. 18	6	199. 28	6	236. 38
7	14. 31	7	51. 41	7	88. 51	7	125. 61	7	162. 71	7	199. 81	7	236. 91
8	14. 84	8	51. 94	8	89. 04	8	126. 14	8	163. 24	8	200. 34	8	237. 44
9	15. 37	9	52. 47	9	89. 57	9	126. 67	9	163. 77	9	200. 87	9	237. 97
30	15. 90	100	53. »	170	90. 10	240	127. 20	310	164. 30	380	201. 40	450	238. 50
1	16. 43	1	53. 53	1	90. 63	1	127. 73	1	164. 83	1	201. 93	1	239. 03
2	16. 96	2	54. 06	2	91. 16	2	128. 26	2	165. 36	2	202. 46	2	239. 56
3	17. 49	3	54. 59	3	91. 69	3	128. 79	3	165. 89	3	202. 99	3	240. 09
4	18. 02	4	55. 12	4	92. 22	4	129. 32	4	166. 42	4	203. 52	4	240. 62
5	18. 55	5	55. 65	5	92. 75	5	129. 85	5	166. 95	5	204. 05	5	241. 15
6	19. 08	6	56. 18	6	93. 28	6	130. 38	6	167. 48	6	204. 58	6	241. 68
7	19. 61	7	56. 71	7	93. 81	7	130. 91	7	168. 01	7	205. 11	7	242. 21
8	20. 14	8	57. 24	8	94. 34	8	131. 44	8	168. 54	8	205. 64	8	242. 74
9	20. 67	9	57. 77	9	94. 87	9	131. 97	9	169. 07	9	206. 17	9	243. 27
40	21. 20	110	58. 30	180	95. 40	250	132. 50	320	169. 60	390	206. 70	460	243. 80
1	21. 73	1	58. 83	1	95. 93	1	133. 03	1	170. 13	1	207. 23	1	244. 33
2	22. 26	2	59. 36	2	96. 46	2	133. 56	2	170. 66	2	207. 76	2	244. 86
3	22. 79	3	59. 89	3	96. 99	3	134. 09	3	171. 19	3	208. 29	3	245. 39
4	23. 32	4	60. 42	4	97. 52	4	134. 62	4	171. 72	4	208. 82	4	245. 92
5	23. 85	5	60. 95	5	98. 05	5	135. 15	5	172. 25	5	209. 35	5	246. 45
6	24. 38	6	61. 48	6	98. 58	6	135. 68	6	172. 78	6	209. 88	6	246. 98
7	24. 91	7	62. 01	7	99. 11	7	136. 21	7	173. 31	7	210. 41	7	247. 51
8	25. 44	8	62. 54	8	99. 64	8	136. 74	8	173. 84	8	210. 94	8	248. 04
9	25. 97	9	63. 07	9	100. 17	9	137. 27	9	174. 37	9	211. 47	9	248. 57
50	26. 50	120	63. 60	190	100. 70	260	137. 80	330	174. 90	400	212. »	470	249. 10
1	27. 03	1	64. 13	1	101. 23	1	138. 33	1	175. 43	1	212. 53	1	249. 63
2	27. 56	2	64. 66	2	101. 76	2	138. 86	2	175. 96	2	213. 06	2	250. 16
3	28. 09	3	65. 19	3	102. 29	3	139. 39	3	176. 49	3	213. 59	3	250. 69
4	28. 62	4	65. 72	4	102. 82	4	139. 92	4	177. 02	4	214. 12	4	251. 22
5	29. 15	5	66. 25	5	103. 35	5	140. 45	5	177. 55	5	214. 65	5	251. 75
6	29. 68	6	66. 78	6	103. 88	6	140. 98	6	178. 08	6	215. 18	6	252. 28
7	30. 21	7	67. 31	7	104. 41	7	141. 51	7	178. 61	7	215. 71	7	252. 81
8	30. 74	8	67. 84	8	104. 94	8	142. 04	8	179. 14	8	216. 24	8	253. 34
9	31. 27	9	68. 37	9	105. 47	9	142. 57	9	179. 67	9	216. 77	9	253. 87
60	31. 80	130	68. 90	200	106. »	270	143. 10	340	180. 20	410	217. 30	480	254. 40
1	32. 33	1	69. 43	1	106. 53	1	143. 63	1	180. 73	1	217. 83	1	254. 93
2	32. 86	2	69. 96	2	107. 06	2	144. 16	2	181. 26	2	218. 36	2	255. 46
3	33. 39	3	70. 49	3	107. 59	3	144. 69	3	181. 79	3	218. 89	3	255. 99
4	33. 92	4	71. 02	4	108. 12	4	145. 22	4	182. 32	4	219. 42	4	256. 52
5	34. 45	5	71. 55	5	108. 65	5	145. 75	5	182. 85	5	219. 95	5	257. 05
6	34. 98	6	72. 08	6	109. 18	6	146. 28	6	183. 38	6	220. 48	6	257. 58
7	35. 51	7	72. 61	7	109. 71	7	146. 81	7	183. 91	7	221. 01	7	258. 11
8	36. 04	8	73. 14	8	110. 24	8	147. 34	8	184. 44	8	221. 54	8	258. 64
9	36. 57	9	73. 67	9	110. 77	9	147. 87	9	184. 97	9	222. 07	9	259. 17

Heures à 0.54 ƒ l'une.

Heures	Sommes	Heures	Sommes	Heures	Sommes	Heures	Sommes	Heures	Sommes	Heures	Sommes	Heures	Sommes
1	.54	70	37.80	140	75.60	210	113.40	280	151.20	350	189.00	420	226.80
2	1.08	1	38.34	1	76.14	1	113.94	1	151.74	1	189.54	1	227.34
3	1.62	2	38.88	2	76.68	2	114.48	2	152.28	2	190.08	2	227.88
4	2.16	3	39.42	3	77.22	3	115.02	3	152.82	3	190.61	3	228.42
5	2.70	4	39.96	4	77.76	4	115.56	4	153.36	4	191.16	4	228.96
6	3.24	5	40.50	5	78.30	5	116.10	5	153.90	5	191.70	5	229.50
7	3.78	6	41.04	6	78.84	6	116.64	6	154.44	6	192.24	6	230.04
8	4.32	7	41.58	7	79.38	7	117.18	7	154.98	7	192.78	7	230.58
9	4.86	8	42.12	8	79.92	8	117.72	8	155.52	8	193.32	8	231.12
		9	42.66	9	80.46	9	118.26	9	156.06	9	193.86	9	231.66
10	5.40	80	43.20	150	81.00	220	118.80	290	156.60	360	194.40	430	232.20
1	5.94	1	43.74	1	81.54	1	119.34	1	157.14	1	194.94	1	232.74
2	6.48	2	44.28	2	82.08	2	119.88	2	157.68	2	195.48	2	233.18
3	7.02	3	44.82	3	82.62	3	120.42	3	158.22	3	196.02	3	233.82
4	7.56	4	45.36	4	83.16	4	120.96	4	158.76	4	196.56	4	234.36
5	8.10	5	45.90	5	83.70	5	121.50	5	159.30	5	197.10	5	234.90
6	8.64	6	46.44	6	84.24	6	122.04	6	159.84	6	197.64	6	235.44
7	9.18	7	46.98	7	84.78	7	122.58	7	160.38	7	198.18	7	235.98
8	9.72	8	47.52	8	85.32	8	123.12	8	160.92	8	198.72	8	236.52
9	10.26	9	48.06	9	85.86	9	123.66	9	161.46	9	199.26	9	237.06
20	10.80	90	48.60	160	86.40	230	124.20	300	162.00	370	199.80	440	237.60
1	11.34	1	49.14	1	86.94	1	124.74	1	162.54	1	200.34	1	238.14
2	11.88	2	49.68	2	87.48	2	125.28	2	163.08	2	200.88	2	238.68
3	12.42	3	50.22	3	88.02	3	125.82	3	163.62	3	201.42	3	239.22
4	12.96	4	50.76	4	88.56	4	126.36	4	164.16	4	201.96	4	239.76
5	13.50	5	51.30	5	89.10	5	126.90	5	164.70	5	202.50	5	240.30
6	14.04	6	51.84	6	89.64	6	127.44	6	165.24	6	203.04	6	240.84
7	14.58	7	52.38	7	90.18	7	127.98	7	165.78	7	203.58	7	241.38
8	15.12	8	52.92	8	90.72	8	128.52	8	166.32	8	204.12	8	241.92
9	15.66	9	53.46	9	91.26	9	129.06	9	166.86	9	204.66	9	242.46
30	16.20	100	54.00	170	91.80	240	129.60	310	167.40	380	205.20	450	243.00
1	16.74	1	54.54	1	92.34	1	130.14	1	167.94	1	205.74	1	243.54
2	17.28	2	55.08	2	92.88	2	130.68	2	168.48	2	206.28	2	244.08
3	17.82	3	55.62	3	93.42	3	131.22	3	169.02	3	206.82	3	244.62
4	18.36	4	56.16	4	93.96	4	131.76	4	169.56	4	207.36	4	245.16
5	18.90	5	56.70	5	94.50	5	132.30	5	170.10	5	207.90	5	245.70
6	19.44	6	57.24	6	95.04	6	132.84	6	170.64	6	208.44	6	246.24
7	19.98	7	57.78	7	95.58	7	133.38	7	171.18	7	208.98	7	246.78
8	20.52	8	58.32	8	96.12	8	133.92	8	171.72	8	209.52	8	247.32
9	21.06	9	58.86	9	96.66	9	134.46	9	172.26	9	210.06	9	247.86
40	21.60	110	59.40	180	97.20	250	135.00	320	172.80	390	210.60	460	248.40
1	22.14	1	59.94	1	97.74	1	135.54	1	173.34	1	211.14	1	248.94
2	22.68	2	60.48	2	98.28	2	136.08	2	173.88	2	211.68	2	249.48
3	23.22	3	61.02	3	98.82	3	136.62	3	174.42	3	212.22	3	250.02
4	23.76	4	61.56	4	99.36	4	137.16	4	174.96	4	212.76	4	250.56
5	24.30	5	62.10	5	99.90	5	137.70	5	175.50	5	213.30	5	251.10
6	24.84	6	62.64	6	100.44	6	138.24	6	176.04	6	213.84	6	251.64
7	25.38	7	63.18	7	100.98	7	138.78	7	176.58	7	214.38	7	252.18
8	25.92	8	63.72	8	101.52	8	139.32	8	177.12	8	214.92	8	252.72
9	26.46	9	64.26	9	102.06	9	139.86	9	177.66	9	215.46	9	253.26
50	27.00	120	64.80	190	102.60	260	140.40	330	178.20	400	216.00	470	253.80
1	27.54	1	65.34	1	103.14	1	140.94	1	178.74	1	216.54	1	254.34
2	28.08	2	65.88	2	103.68	2	141.48	2	179.28	2	217.08	2	254.88
3	28.62	3	66.42	3	104.22	3	142.02	3	179.82	3	217.62	3	255.42
4	29.16	4	66.96	4	104.76	4	142.56	4	180.36	4	218.16	4	255.96
5	29.70	5	67.50	5	105.30	5	143.10	5	180.90	5	218.70	5	256.50
6	30.24	6	68.04	6	105.84	6	143.64	6	181.44	6	219.24	6	257.04
7	30.78	7	68.58	7	106.38	7	144.18	7	181.98	7	219.78	7	257.58
8	31.32	8	69.12	8	106.92	8	144.72	8	182.52	8	220.32	8	258.12
9	31.86	9	69.66	9	107.46	9	145.26	9	183.06	9	220.86	9	258.66
60	32.40	130	70.20	200	108.00	270	145.80	340	183.60	410	221.40	480	259.20
1	32.94	1	70.74	1	108.54	1	146.34	1	184.14	1	221.94	1	259.74
2	33.48	2	71.28	2	109.08	2	146.88	2	184.68	2	222.48	2	260.28
3	34.02	3	71.82	3	109.62	3	147.42	3	185.21	3	223.02	3	260.82
4	34.56	4	72.36	4	110.16	4	147.96	4	185.76	4	223.56	4	261.36
5	35.10	5	72.90	5	110.70	5	148.50	5	186.30	5	224.10	5	261.90
6	35.64	6	73.44	6	111.24	6	149.04	6	186.84	6	224.64	6	262.44
7	36.18	7	73.98	7	111.78	7	149.58	7	187.38	7	225.18	7	262.98
8	36.72	8	74.52	8	112.32	8	150.12	8	187.92	8	225.72	8	263.52
9	37.26	9	75.06	9	112.86	9	150.66	9	188.46	9	226.26	9	264.06

Heures à 0.55 ⅌ l'une.

Heures	Sommes	Heures	Sommes	Heures	Sommes	Heures	Sommes	Heures	Sommes	Heures	Sommes	Heures	Sommes
1	0.55	70	38.50	140	77.00	210	115.50	280	154.00	350	192.50	420	231.00
2	1.10	1	39.05	1	77.55	1	116.05	1	154.55	1	193.05	1	231.55
3	1.65	2	39.60	2	78.10	2	116.60	2	155.10	2	193.60	2	232.10
4	2.20	3	40.15	3	78.65	3	117.15	3	155.65	3	194.15	3	232.65
5	2.75	4	40.70	4	79.20	4	117.70	4	156.20	4	194.70	4	233.20
6	3.30	5	41.25	5	79.75	5	118.25	5	156.75	5	195.25	5	233.75
7	3.85	6	41.80	6	80.30	6	118.80	6	157.30	6	195.80	6	234.30
8	4.40	7	42.35	7	80.85	7	119.35	7	157.85	7	196.35	7	234.85
9	4.95	8	42.90	8	81.40	8	119.90	8	158.40	8	196.90	8	235.40
		9	43.45	9	81.95	9	120.45	9	158.95	9	197.45	9	235.95
10	5.50	80	44.00	150	82.50	220	121.00	290	159.50	360	198.00	430	236.50
1	6.05	1	44.55	1	83.05	1	121.55	1	160.05	1	198.55	1	237.05
2	6.60	2	45.10	2	83.60	2	122.10	2	160.60	2	199.10	2	237.60
3	7.15	3	45.65	3	84.15	3	122.65	3	161.15	3	199.65	3	238.15
4	7.70	4	46.20	4	84.70	4	123.20	4	161.70	4	200.20	4	238.70
5	8.25	5	46.75	5	85.25	5	123.75	5	162.25	5	200.75	5	239.25
6	8.80	6	47.30	6	85.80	6	124.30	6	162.80	6	201.30	6	239.80
7	9.35	7	47.85	7	86.35	7	124.85	7	163.35	7	201.85	7	240.35
8	9.90	8	48.40	8	86.90	8	125.40	8	163.90	8	202.40	8	240.90
9	10.45	9	48.95	9	87.45	9	125.95	9	164.45	9	202.95	9	241.45
20	11.00	90	49.50	160	88.00	230	126.50	300	165.00	370	203.50	440	242.00
1	11.55	1	50.05	1	88.55	1	127.05	1	165.55	1	204.05	1	242.55
2	12.10	2	50.60	2	89.10	2	127.60	2	166.10	2	204.60	2	243.10
3	12.65	3	51.15	3	89.65	3	128.15	3	166.65	3	205.15	3	243.65
4	13.20	4	51.70	4	90.20	4	128.70	4	167.20	4	205.70	4	244.20
5	13.75	5	52.25	5	90.75	5	129.25	5	167.75	5	206.25	5	244.75
6	14.30	6	52.80	6	91.30	6	129.80	6	168.30	6	206.80	6	245.30
7	14.85	7	53.35	7	91.85	7	130.35	7	168.85	7	207.35	7	245.85
8	15.40	8	53.90	8	92.40	8	130.90	8	169.40	8	207.90	8	246.40
9	15.95	9	54.45	9	92.95	9	131.45	9	169.95	9	208.45	9	246.95
30	16.50	100	55.00	170	93.50	240	132.00	310	170.50	380	209.00	450	247.50
1	17.05	1	55.55	1	94.05	1	132.55	1	171.05	1	209.55	1	248.05
2	17.60	2	56.10	2	94.60	2	133.10	2	171.60	2	210.10	2	248.60
3	18.15	3	56.65	3	95.15	3	133.65	3	172.15	3	210.65	3	249.15
4	18.70	4	57.20	4	95.70	4	134.20	4	172.70	4	211.20	4	249.70
5	19.25	5	57.75	5	96.25	5	134.75	5	173.25	5	211.75	5	250.25
6	19.80	6	58.30	6	96.80	6	135.30	6	173.80	6	212.30	6	250.80
7	20.35	7	58.85	7	97.35	7	135.85	7	174.35	7	212.85	7	251.35
8	20.90	8	59.40	8	97.90	8	136.40	8	174.90	8	213.40	8	251.90
9	21.45	9	59.95	9	98.45	9	136.95	9	175.45	9	213.95	9	252.45
40	22.00	110	60.50	180	99.00	250	137.50	320	176.00	390	214.50	460	253.00
1	22.55	1	61.05	1	99.55	1	138.05	1	176.55	1	215.05	1	253.55
2	23.10	2	61.60	2	100.10	2	138.60	2	177.10	2	215.60	2	254.10
3	23.65	3	62.15	3	100.65	3	139.15	3	177.65	3	216.15	3	254.65
4	24.20	4	62.70	4	101.20	4	139.70	4	178.20	4	216.70	4	255.20
5	24.75	5	63.25	5	101.75	5	140.25	5	178.75	5	217.25	5	255.75
6	25.30	6	63.80	6	102.30	6	140.80	6	179.30	6	217.80	6	256.30
7	25.85	7	64.35	7	102.85	7	141.35	7	179.85	7	218.35	7	256.85
8	26.40	8	64.90	8	103.40	8	141.90	8	180.40	8	218.90	8	257.40
9	26.95	9	65.45	9	103.95	9	142.45	9	180.95	9	219.45	9	257.95
50	27.50	120	66.00	190	104.50	260	143.00	330	181.50	400	220.00	470	258.50
1	28.05	1	66.55	1	105.05	1	143.55	1	182.05	1	220.55	1	259.05
2	28.60	2	67.10	2	105.60	2	144.10	2	182.60	2	221.10	2	259.60
3	29.15	3	67.65	3	106.15	3	144.65	3	183.15	3	221.65	3	260.15
4	29.70	4	68.20	4	106.70	4	145.20	4	183.70	4	222.20	4	260.70
5	30.25	5	68.75	5	107.25	5	145.75	5	184.25	5	222.75	5	261.25
6	30.80	6	69.30	6	107.80	6	146.30	6	184.80	6	223.30	6	261.80
7	31.35	7	69.85	7	108.35	7	146.85	7	185.35	7	223.85	7	262.35
8	31.90	8	70.40	8	108.90	8	147.40	8	185.90	8	224.40	8	262.90
9	32.45	9	70.95	9	109.45	9	147.95	9	186.45	9	224.95	9	263.45
60	33.00	130	71.50	200	110.00	270	148.50	340	187.00	410	225.50	480	264.00
1	33.55	1	72.05	1	110.55	1	149.05	1	187.55	1	226.05	1	264.55
2	34.10	2	72.60	2	111.10	2	149.60	2	188.10	2	226.60	2	265.10
3	34.65	3	73.15	3	111.65	3	150.15	3	188.65	3	227.15	3	265.65
4	35.20	4	73.70	4	112.20	4	150.70	4	189.20	4	227.70	4	266.20
5	35.75	5	74.25	5	112.75	5	151.25	5	189.75	5	228.25	5	266.75
6	36.30	6	74.80	6	113.30	6	151.80	6	190.30	6	228.80	6	267.30
7	36.85	7	75.35	7	113.85	7	152.35	7	190.85	7	229.35	7	267.85
8	37.40	8	75.90	8	114.40	8	152.90	8	191.40	8	229.90	8	268.40
9	37.95	9	76.45	9	114.95	9	153.45	9	191.95	9	230.45	9	268.95

Heures à 0.56 ⁹ l'une.

Heures	Sommes	Heures	Sommes	Heures	Sommes	Heures	Sommes	Heures	Sommes	Heures	Sommes	Heures	Sommes
1	" 56	70	39. 20	140	78. 40	210	117. 60	280	156. 80	350	196. ""	420	235. 20
2	1. 12	1	39. 76	1	78. 96	1	118. 16	1	157. 36	1	196. 56	1	235. 76
3	1. 68	2	40. 32	2	79. 52	2	118. 72	2	157. 92	2	197. 12	2	236. 32
4	2. 24	3	40. 88	3	80. 08	3	119. 28	3	158. 48	3	197. 68	3	236. 88
5	2. 80	4	41. 44	4	80. 64	4	119. 84	4	159. 04	4	198. 24	4	237. 44
6	3. 36	5	42. ""	5	81. 20	5	120. 40	5	159. 60	5	198. 80	5	238. ""
7	3. 92	6	42. 56	6	81. 76	6	120. 96	6	160. 16	6	199. 36	6	238. 56
8	4. 48	7	43. 12	7	82. 32	7	121. 52	7	160. 72	7	199. 92	7	239. 12
9	5. 04	8	43. 68	8	82. 88	8	122. 08	8	161. 28	8	200. 48	8	239. 68
		9	44. 24	9	83. 44	9	122. 64	9	161. 84	9	201. 04	9	240. 24
10	5. 60	80	44. 80	150	84. ""	220	123. 20	290	162. 40	360	201. 60	430	240. 80
1	6. 16	1	45. 36	1	84. 56	1	123. 76	1	162. 96	1	202. 16	1	241. 36
2	6. 72	2	45. 92	2	85. 12	2	124. 32	2	163. 52	2	202. 72	2	241. 92
3	7. 28	3	46. 48	3	85. 68	3	124. 88	3	164. 08	3	203. 28	3	242. 48
4	7. 84	4	47. 04	4	86. 24	4	125. 44	4	164. 64	4	203. 84	4	243. 04
5	8. 40	5	47. 60	5	86. 80	5	126. ""	5	165. 20	5	204. 40	5	243. 60
6	8. 96	6	48. 16	6	87. 36	6	126. 56	6	165. 76	6	204. 96	6	244. 16
7	9. 52	7	48. 72	7	87. 92	7	127. 12	7	166. 32	7	205. 52	7	244. 72
8	10. 08	8	49. 28	8	88. 48	8	127. 68	8	166. 88	8	206. 08	8	245. 28
9	10. 64	9	49. 84	9	89. 04	9	128. 24	9	167. 44	9	206. 64	9	245. 84
20	11. 20	90	50. 40	160	89. 60	230	128. 80	300	168. ""	370	207. 20	440	246. 40
1	11. 76	1	50. 96	1	90. 16	1	129. 36	1	168. 56	1	207. 76	1	246. 96
2	12. 32	2	51. 52	2	90. 72	2	129. 92	2	169. 12	2	208. 32	2	247. 52
3	12. 88	3	52. 08	3	91. 28	3	130. 48	3	169. 68	3	208. 88	3	248. 08
4	13. 44	4	52. 64	4	91. 84	4	131. 04	4	170. 24	4	209. 44	4	248. 64
5	14. ""	5	53. 20	5	92. 40	5	131. 60	5	170. 80	5	210. ""	5	249. 20
6	14. 56	6	53. 76	6	92. 96	6	132. 16	6	171. 36	6	210. 56	6	249. 76
7	15. 12	7	54. 32	7	93. 52	7	132. 72	7	171. 92	7	211. 12	7	250. 32
8	15. 68	8	54. 88	8	94. 08	8	133. 28	8	172. 48	8	211. 68	8	250. 88
9	16. 24	9	55. 44	9	94. 64	9	133. 84	9	173. 04	9	212. 24	9	251. 44
30	16. 80	100	56. ""	170	95. 20	240	134. 40	310	173. 60	380	212. 80	450	252. ""
1	17. 36	1	56. 56	1	95. 76	1	134. 96	1	174. 16	1	213. 36	1	252. 56
2	17. 92	2	57. 12	2	96. 32	2	135. 52	2	174. 72	2	213. 92	2	253. 12
3	18. 48	3	57. 68	3	96. 88	3	136. 08	3	175. 28	3	214. 48	3	253. 68
4	19. 04	4	58. 24	4	97. 44	4	136. 64	4	175. 84	4	215. 04	4	254. 24
5	19. 60	5	58. 80	5	98. ""	5	137. 20	5	176. 40	5	215. 60	5	254. 80
6	20. 16	6	59. 36	6	98. 56	6	137. 76	6	176. 96	6	216. 16	6	255. 36
7	20. 72	7	59. 92	7	99. 12	7	138. 32	7	177. 52	7	216. 72	7	255. 92
8	21. 28	8	60. 48	8	99. 68	8	138. 88	8	178. 08	8	217. 28	8	256. 48
9	21. 84	9	61. 04	9	100. 24	9	139. 44	9	178. 64	9	217. 84	9	257. 04
40	22. 40	110	61. 60	180	100. 80	250	140. ""	320	179. 20	390	218. 40	460	257. 60
1	22. 96	1	62. 16	1	101. 36	1	140. 56	1	179. 76	1	218. 96	1	258. 16
2	23. 52	2	62. 72	2	101. 92	2	141. 12	2	180. 32	2	219. 52	2	258. 72
3	24. 08	3	63. 28	3	102. 48	3	141. 68	3	180. 88	3	220. 08	3	259. 28
4	24. 64	4	63. 84	4	103. 04	4	142. 24	4	181. 44	4	220. 64	4	259. 84
5	25. 20	5	64. 40	5	103. 60	5	142. 80	5	182. ""	5	221. 20	5	260. 40
6	25. 76	6	64. 96	6	104. 16	6	143. 36	6	182. 56	6	221. 76	6	260. 96
7	26. 32	7	65. 52	7	104. 72	7	143. 92	7	183. 12	7	222. 32	7	261. 52
8	26. 88	8	66. 08	8	105. 28	8	144. 48	8	183. 68	8	222. 88	8	262. 08
9	27. 44	9	66. 64	9	105. 84	9	145. 04	9	184. 24	9	223. 44	9	262. 64
50	28. ""	120	67. 20	190	106. 40	260	145. 60	330	184. 80	400	224. ""	470	263. 20
1	28. 56	1	67. 76	1	106. 96	1	146. 16	1	185. 36	1	224. 56	1	263. 76
2	29. 12	2	68. 32	2	107. 52	2	146. 72	2	185. 92	2	225. 12	2	264. 32
3	29. 68	3	68. 88	3	108. 08	3	147. 28	3	186. 48	3	225. 68	3	264. 88
4	30. 24	4	69. 44	4	108. 64	4	147. 84	4	187. 04	4	226. 24	4	265. 44
5	30. 80	5	70. ""	5	109. 20	5	148. 40	5	187. 60	5	226. 80	5	266. ""
6	31. 36	6	70. 56	6	109. 76	6	148. 96	6	188. 16	6	227. 36	6	266. 56
7	31. 92	7	71. 12	7	110. 32	7	149. 52	7	188. 72	7	227. 92	7	267. 12
8	32. 48	8	71. 68	8	110. 88	8	150. 08	8	189. 28	8	228. 48	8	267. 68
9	33. 04	9	72. 24	9	111. 44	9	150. 64	9	189. 84	9	229. 04	9	268. 24
60	33. 60	130	72. 80	200	112. ""	270	151. 20	340	190. 40	410	229. 60	480	268. 80
1	34. 16	1	73. 36	1	112. 56	1	151. 76	1	190. 96	1	230. 16	1	269. 36
2	34. 72	2	73. 92	2	113. 12	2	152. 32	2	191. 52	2	230. 72	2	269. 92
3	35. 28	3	74. 48	3	113. 68	3	152. 88	3	192. 08	3	231. 28	3	270. 48
4	35. 84	4	75. 04	4	114. 24	4	153. 44	4	192. 64	4	231. 84	4	271. 04
5	36. 40	5	75. 60	5	114. 80	5	154. ""	5	193. 20	5	232. 40	5	271. 60
6	36. 96	6	76. 16	6	115. 36	6	154. 56	6	193. 76	6	232. 96	6	272. 16
7	37. 52	7	76. 72	7	115. 92	7	155. 12	7	194. 32	7	233. 52	7	272. 72
8	38. 08	8	77. 28	8	116. 48	8	155. 68	8	194. 88	8	234. 08	8	273. 28
9	38. 64	9	77. 84	9	117. 04	9	156. 24	9	195. 44	9	234. 64	9	273. 84

Heures à 0.57.ᵉ l'une.

0.57

Heures.	Sommes.	Heures.	Sommes.	Heures.	Sommes.	Heures.	Sommes.	Heures.	Sommes.	Heures.	Sommes.	Heures.	Sommes.
1	„ 57	70	39. 90	140	79. 80	210	119. 70	280	159. 60	350	199. 50	420	239. 40
2	1. 14	1	40. 47	1	80. 37	1	120. 27	1	160. 17	1	200. 07	1	239. 97
3	1. 71	2	41. 04	2	80. 94	2	120. 84	2	160. 74	2	200. 64	2	240. 54
4	2. 28	3	41. 61	3	81. 51	3	121. 41	3	161. 31	3	201. 21	3	241. 11
5	2. 85	4	42. 18	4	82. 08	4	121. 98	4	161. 88	4	201. 78	4	241. 68
6	3. 42	5	42. 75	5	82. 65	5	122. 55	5	162. 45	5	202. 35	5	242. 25
7	3. 99	6	43. 32	6	83. 22	6	123. 12	6	163. 02	6	202. 92	6	242. 82
8	4. 56	7	43. 89	7	83. 79	7	123. 69	7	163. 59	7	203. 49	7	243. 39
9	5. 13	8	44. 46	8	84. 36	8	124. 26	8	164. 16	8	204. 06	8	243. 96
		9	45. 03	9	84. 93	9	124. 83	9	164. 73	9	204. 63	9	244. 53
10	5. 70	80	45. 60	150	85. 50	220	125. 40	290	165. 30	360	205. 20	430	245. 10
1	6. 27	1	46. 17	1	86. 07	1	125. 97	1	165. 87	1	205. 77	1	245. 67
2	6. 84	2	46. 74	2	86. 64	2	126. 54	2	166. 44	2	206. 34	2	246. 24
3	7. 41	3	47. 31	3	87. 21	3	127. 11	3	167. 01	3	206. 91	3	246. 81
4	7. 98	4	47. 88	4	87. 78	4	127. 68	4	167. 58	4	207. 48	4	247. 38
5	8. 55	5	48. 45	5	88. 35	5	128. 25	5	168. 15	5	208. 05	5	247. 95
6	9. 12	6	49. 02	6	88. 92	6	128. 82	6	168. 72	6	208. 62	6	248. 52
7	9. 69	7	49. 59	7	89. 49	7	129. 39	7	169. 29	7	209. 19	7	249. 09
8	10. 26	8	50. 16	8	90. 06	8	129. 96	8	169. 86	8	209. 76	8	249. 66
9	10. 83	9	50. 73	9	90. 63	9	130. 53	9	170. 43	9	210. 33	9	250. 23
20	11. 40	90	51. 30	160	91. 20	230	131. 10	300	171. „„	370	210. 90	440	250. 80
1	11. 97	1	51. 87	1	91. 77	1	131. 67	1	171. 57	1	211. 47	1	251. 37
2	12. 54	2	52. 44	2	92. 34	2	132. 24	2	172. 14	2	212. 04	2	251. 94
3	13. 11	3	53. 01	3	92. 91	3	132. 81	3	172. 71	3	212. 61	3	252. 51
4	13. 68	4	53. 58	4	93. 48	4	133. 38	4	173. 28	4	213. 18	4	253. 08
5	14. 25	5	54. 15	5	94. 05	5	133. 95	5	173. 85	5	213. 75	5	253. 65
6	14. 82	6	54. 72	6	94. 62	6	134. 52	6	174. 42	6	214. 32	6	254. 22
7	15. 39	7	55. 29	7	95. 19	7	135. 09	7	174. 99	7	214. 89	7	254. 79
8	15. 96	8	55. 86	8	95. 76	8	135. 66	8	175. 56	8	215. 46	8	255. 36
9	16. 53	9	56. 43	9	96. 33	9	136. 23	9	176. 13	9	216. 03	9	255. 93
30	17. 10	100	57. „„	170	96. 90	240	136. 80	310	176. 70	380	216. 60	450	256. 50
1	17. 67	1	57. 57	1	97. 47	1	137. 37	1	177. 27	1	217. 17	1	257. 07
2	18. 24	2	58. 14	2	98. 04	2	137. 94	2	177. 84	2	217. 74	2	257. 64
3	18. 81	3	58. 71	3	98. 61	3	138. 51	3	178. 41	3	218. 31	3	258. 21
4	19. 38	4	59. 28	4	99. 18	4	139. 08	4	178. 98	4	218. 88	4	258. 78
5	19. 95	5	59. 85	5	99. 75	5	139. 65	5	179. 55	5	219. 45	5	259. 35
6	20. 52	6	60. 42	6	100. 32	6	140. 22	6	180. 12	6	220. 02	6	259. 92
7	21. 09	7	60. 99	7	100. 89	7	140. 79	7	180. 69	7	220. 59	7	260. 49
8	21. 66	8	61. 56	8	101. 46	8	141. 36	8	181. 26	8	221. 16	8	261. 06
9	22. 23	9	62. 13	9	102. 03	9	141. 93	9	181. 83	9	221. 73	9	261. 63
40	22. 80	110	62. 70	180	102. 60	250	142. 50	320	182. 40	390	222. 30	460	262. 20
1	23. 37	1	63. 27	1	103. 17	1	143. 07	1	182. 97	1	222. 87	1	262. 77
2	23. 94	2	63. 84	2	103. 74	2	143. 64	2	183. 54	2	223. 44	2	263. 34
3	24. 51	3	64. 41	3	104. 31	3	144. 21	3	184. 11	3	224. 01	3	263. 91
4	25. 08	4	64. 98	4	104. 88	4	144. 78	4	184. 68	4	224. 58	4	264. 48
5	25. 65	5	65. 55	5	105. 45	5	145. 35	5	185. 25	5	225. 15	5	265. 05
6	26. 22	6	66. 12	6	106. 02	6	145. 92	6	185. 82	6	225. 72	6	265. 62
7	26. 79	7	66. 69	7	106. 59	7	146. 49	7	186. 39	7	226. 29	7	266. 19
8	27. 36	8	67. 26	8	107. 16	8	147. 06	8	186. 96	8	226. 86	8	266. 76
9	27. 93	9	67. 83	9	107. 73	9	147. 63	9	187. 53	9	227. 43	9	267. 33
50	28. 50	120	68. 40	190	108. 30	260	148. 20	330	188. 10	400	228. „„	470	267. 90
1	29. 07	1	68. 97	1	108. 87	1	148. 77	1	188. 67	1	228. 57	1	268. 47
2	29. 64	2	69. 54	2	109. 44	2	149. 34	2	189. 24	2	229. 14	2	269. 04
3	30. 21	3	70. 11	3	110. 01	3	149. 91	3	189. 81	3	229. 71	3	269. 61
4	30. 78	4	70. 68	4	110. 58	4	150. 48	4	190. 38	4	230. 28	4	270. 18
5	31. 35	5	71. 25	5	111. 15	5	151. 05	5	190. 95	5	230. 85	5	270. 75
6	31. 92	6	71. 82	6	111. 72	6	151. 62	6	191. 52	6	231. 42	6	271. 32
7	32. 49	7	72. 39	7	112. 29	7	152. 19	7	192. 09	7	231. 99	7	271. 89
8	33. 06	8	72. 96	8	112. 86	8	152. 76	8	192. 66	8	232. 56	8	272. 46
9	33. 63	9	73. 53	9	113. 43	9	153. 33	9	193. 23	9	233. 13	9	273. 03
60	34. 20	130	74. 10	200	114. „„	270	153. 90	340	193. 80	410	233. 70	480	273. 60
1	34. 77	1	74. 67	1	114. 57	1	154. 47	1	194. 37	1	234. 27	1	274. 17
2	35. 34	2	75. 24	2	115. 14	2	155. 04	2	194. 94	2	234. 84	2	274. 74
3	35. 91	3	75. 81	3	115. 71	3	155. 61	3	195. 51	3	235. 41	3	275. 31
4	36. 48	4	76. 38	4	116. 28	4	156. 18	4	196. 08	4	235. 08	4	275. 88
5	37. 05	5	76. 95	5	116. 85	5	156. 75	5	196. 65	5	236. 55	5	276. 45
6	37. 62	6	77. 52	6	117. 42	6	157. 32	6	197. 22	6	237. 12	6	277. 02
7	38. 19	7	78. 09	7	117. 99	7	157. 89	7	197. 79	7	237. 69	7	277. 59
8	38. 76	8	78. 66	8	118. 56	8	158. 46	8	198. 36	8	238. 26	8	278. 16
9	39. 33	9	79. 23	9	119. 13	9	159. 03	9	198. 93	9	238. 83	9	278. 73

Heures à 0.58 ♀ l'une.

Heures.	Sommes.	Heures.	Sommes.	Heures.	Sommes.	Heures.	Sommes.	Heures.	Sommes.	Heures.	Sommes.	Heures.	Sommes.
1	. 58	70	40. 60	140	81. 20	210	121. 80	280	162. 40	350	203. ""	420	243. 60
2	1. 16	1	41. 18	1	81. 78	1	122. 38	1	162. 98	1	203. 58	1	244. 18
3	1. 74	2	41. 76	2	82. 36	2	122. 96	2	163. 56	2	204. 16	2	244. 76
4	2. 32	3	42. 34	3	82. 94	3	123. 54	3	164. 14	3	204. 74	3	245. 34
5	2. 90	4	42. 92	4	83. 52	4	124. 12	4	164. 72	4	205. 32	4	245. 92
6	3. 48	5	43. 50	5	84. 10	5	124. 70	5	165. 30	5	205. 90	5	246. 50
7	4. 06	6	44. 08	6	84. 68	6	125. 28	6	165. 88	6	206. 48	6	247. 08
8	4. 64	7	44. 66	7	85. 26	7	125. 86	7	166. 46	7	207. 06	7	247. 66
9	5. 22	8	45. 24	8	85. 84	8	126. 44	8	167. 04	8	207. 64	8	248. 24
		9	45. 82	9	86. 42	9	127. 02	9	167. 62	9	208. 22	9	248. 82
10	5. 80	80	46. 40	150	87. ""	220	127. 60	290	168. 20	360	208. 80	430	249. 40
1	6. 38	1	46. 98	1	87. 58	1	128. 18	1	168. 78	1	209. 38	1	249. 98
2	6. 96	2	47. 56	2	88. 16	2	128. 76	2	169. 36	2	209. 96	2	250. 56
3	7. 54	3	48. 14	3	88. 74	3	129. 34	3	169. 94	3	210. 54	3	251. 14
4	8. 12	4	48. 72	4	89. 32	4	129. 92	4	170. 52	4	211. 12	4	251. 72
5	8. 70	5	49. 30	5	89. 90	5	130. 50	5	171. 10	5	211. 70	5	252. 30
6	9. 28	6	49. 88	6	90. 48	6	131. 08	6	171. 68	6	212. 28	6	252. 88
7	9. 86	7	50. 46	7	91. 06	7	131. 66	7	172. 26	7	212. 86	7	253. 46
8	10. 44	8	51. 04	8	91. 64	8	132. 24	8	172. 84	8	213. 44	8	254. 04
9	11. 02	9	51. 62	9	92. 22	9	132. 82	9	173. 42	9	214. 02	9	254. 62
20	11. 60	90	52. 20	160	92. 80	230	133. 40	300	174. ""	370	214. 60	440	255. 20
1	12. 18	1	52. 78	1	93. 38	1	133. 98	1	174. 58	1	215. 18	1	255. 78
2	12. 76	2	53. 36	2	93. 96	2	134. 56	2	175. 16	2	215. 76	2	256. 36
3	13. 34	3	53. 94	3	94. 54	3	135. 14	3	175. 74	3	216. 34	3	256. 94
4	13. 92	4	54. 52	4	95. 12	4	135. 72	4	176. 32	4	216. 92	4	257. 52
5	14. 50	5	55. 10	5	95. 70	5	136. 30	5	176. 90	5	217. 50	5	258. 10
6	15. 08	6	55. 68	6	96. 28	6	136. 88	6	177. 48	6	218. 08	6	258. 68
7	15. 66	7	56. 26	7	96. 86	7	137. 46	7	178. 06	7	218. 66	7	259. 26
8	16. 24	8	56. 84	8	97. 44	8	138. 04	8	178. 64	8	219. 24	8	259. 84
9	16. 82	9	57. 42	9	98. 02	9	138. 62	9	179. 22	9	219. 82	9	260. 42
30	17. 40	100	58. ""	170	98. 60	240	139. 20	310	179. 80	380	220. 40	450	261. ""
1	17. 98	1	58. 58	1	99. 18	1	139. 78	1	180. 38	1	220. 98	1	261. 58
2	18. 56	2	59. 16	2	99. 76	2	140. 36	2	180. 96	2	221. 56	2	262. 16
3	19. 14	3	59. 74	3	100. 34	3	140. 94	3	181. 54	3	222. 14	3	262. 74
4	19. 72	4	60. 32	4	100. 92	4	141. 52	4	182. 12	4	222. 72	4	263. 32
5	20. 30	5	60. 90	5	101. 50	5	142. 10	5	182. 70	5	223. 30	5	263. 90
6	20. 88	6	61. 48	6	102. 08	6	142. 68	6	183. 28	6	223. 88	6	264. 48
7	21. 46	7	62. 06	7	102. 66	7	143. 26	7	183. 86	7	224. 46	7	265. 06
8	22. 04	8	62. 64	8	103. 24	8	143. 84	8	184. 44	8	225. 04	8	265. 64
9	22. 62	9	63. 22	9	103. 82	9	144. 42	9	185. 02	9	225. 62	9	266. 22
40	23. 20	110	63. 80	180	104. 40	250	145. ""	320	185. 60	390	226. 20	460	266. 80
1	23. 78	1	64. 38	1	104. 98	1	145. 58	1	186. 18	1	226. 78	1	267. 38
2	24. 36	2	64. 96	2	105. 56	2	146. 16	2	186. 76	2	227. 36	2	267. 96
3	24. 94	3	65. 54	3	106. 14	3	146. 74	3	187. 34	3	227. 94	3	268. 54
4	25. 52	4	66. 12	4	106. 72	4	147. 32	4	187. 92	4	228. 52	4	269. 12
5	26. 10	5	66. 70	5	107. 30	5	147. 90	5	188. 50	5	229. 10	5	269. 70
6	26. 68	6	67. 28	6	107. 88	6	148. 48	6	189. 08	6	229. 68	6	270. 28
7	27. 26	7	67. 86	7	108. 46	7	149. 06	7	189. 66	7	230. 26	7	270. 86
8	27. 84	8	68. 44	8	109. 04	8	149. 64	8	190. 24	8	230. 84	8	271. 44
9	28. 42	9	69. 02	9	109. 62	9	150. 22	9	190. 82	9	231. 42	9	272. 02
50	29. ""	120	69. 60	190	110. 20	260	150. 80	330	191. 40	400	232. ""	470	272. 60
1	29. 58	1	70. 18	1	110. 78	1	151. 38	1	191. 98	1	232. 58	1	273. 18
2	30. 16	2	70. 76	2	111. 36	2	151. 96	2	192. 56	2	233. 16	2	273. 76
3	30. 74	3	71. 34	3	111. 94	3	152. 54	3	193. 14	3	233. 74	3	274. 34
4	31. 32	4	71. 92	4	112. 52	4	153. 12	4	193. 72	4	234. 32	4	274. 92
5	31. 90	5	72. 50	5	113. 10	5	153. 70	5	194. 30	5	234. 90	5	275. 50
6	32. 48	6	73. 08	6	113. 68	6	154. 28	6	194. 88	6	235. 48	6	276. 08
7	33. 06	7	73. 66	7	114. 26	7	154. 86	7	195. 46	7	236. 06	7	276. 66
8	33. 64	8	74. 24	8	114. 84	8	155. 44	8	196. 04	8	236. 64	8	277. 24
9	34. 22	9	74. 82	9	115. 42	9	156. 02	9	196. 62	9	237. 22	9	277. 82
60	34. 80	130	75. 40	200	116. ""	270	156. 60	340	197. 20	410	237. 80	480	278. 40
1	35. 38	1	75. 98	1	116. 58	1	157. 18	1	197. 78	1	238. 38	1	278. 98
2	35. 96	2	76. 56	2	117. 16	2	157. 76	2	198. 36	2	238. 96	2	279. 56
3	36. 54	3	77. 14	3	117. 74	3	158. 34	3	198. 94	3	239. 54	3	280. 14
4	37. 12	4	77. 72	4	118. 32	4	158. 92	4	199. 52	4	240. 12	4	280. 72
5	37. 70	5	78. 30	5	118. 90	5	159. 50	5	200. 10	5	240. 70	5	281. 30
6	38. 28	6	78. 88	6	119. 48	6	160. 08	6	200. 68	6	241. 28	6	281. 88
7	38. 86	7	79. 46	7	120. 06	7	160. 66	7	201. 26	7	241. 86	7	282. 46
8	39. 44	8	80. 04	8	120. 64	8	161. 24	8	201. 84	8	242. 44	8	283. 04
9	40. 02	9	80. 62	9	121. 22	9	162. 82	9	202. 42	9	243. 02	9	283. 62

Heures à 0.59 p. l'une.

Heures	Sommes	Heures	Sommes	Heures	Sommes	Heures	Sommes	Heures	Sommes	Heures	Sommes	Heures	Sommes
1	„ 59	70	41. 30	140	82. 60	210	123. 90	280	165. 20	350	206. 50	420	247. 80
2	1. 18	1	41. 89	1	83. 19	1	124. 49	1	165. 79	1	207. 09	1	248. 39
3	1. 77	2	42. 48	2	83. 78	2	125. 08	2	166. 38	2	207. 68	2	248. 98
4	2. 36	3	43. 07	3	84. 37	3	125. 67	3	166. 97	3	208. 27	3	249. 57
5	2. 95	4	43. 66	4	84. 96	4	126. 26	4	167. 56	4	208. 86	4	250. 16
6	3. 54	5	44. 25	5	85. 55	5	126. 85	5	168. 15	5	209. 45	5	250. 75
7	4. 13	6	44. 84	6	86. 14	6	127. 44	6	168. 74	6	210. 04	6	251. 34
8	4. 72	7	45. 43	7	86. 73	7	128. 03	7	169. 33	7	210. 63	7	251. 93
9	5. 31	8	46. 02	8	87. 32	8	128. 62	8	169. 92	8	211. 22	8	252. 52
		9	46. 61	9	87. 91	9	129. 21	9	170. 51	9	211. 81	9	253. 11
10	5. 90	80	47. 20	150	88. 50	220	129. 80	290	171. 10	360	212. 40	430	253. 70
1	6. 49	1	47. 79	1	89. 09	1	130. 39	1	171. 69	1	212. 99	1	254. 29
2	7. 08	2	48. 38	2	89. 68	2	130. 98	2	172. 28	2	213. 58	2	254. 88
3	7. 67	3	48. 97	3	90. 27	3	131. 57	3	172. 87	3	214. 17	3	255. 47
4	8. 26	4	49. 56	4	90. 86	4	132. 16	4	173. 46	4	214. 76	4	256. 06
5	8. 85	5	50. 15	5	91. 45	5	132. 75	5	174. 05	5	215. 35	5	256. 65
6	9. 44	6	50. 74	6	92. 04	6	133. 34	6	174. 64	6	215. 94	6	257. 24
7	10. 03	7	51. 33	7	92. 63	7	133. 93	7	175. 23	7	216. 53	7	257. 83
8	10. 62	8	51. 92	8	93. 22	8	134. 52	8	175. 82	8	217. 12	8	258. 42
9	11. 21	9	52. 51	9	93. 81	9	135. 11	9	176. 41	9	217. 71	9	259. 01
20	11. 80	90	53. 10	160	94. 40	230	135. 70	300	177. „	370	218. 30	440	259. 60
1	12. 39	1	53. 69	1	94. 99	1	136. 29	1	177. 59	1	218. 89	1	260. 19
2	12. 98	2	54. 28	2	95. 58	2	136. 88	2	178. 18	2	219. 48	2	260. 78
3	13. 57	3	54. 87	3	96. 17	3	137. 47	3	178. 77	3	220. 07	3	261. 37
4	14. 16	4	55. 46	4	96. 76	4	138. 06	4	179. 36	4	220. 66	4	261. 96
5	14. 75	5	56. 05	5	97. 35	5	138. 65	5	179. 95	5	221. 25	5	262. 55
6	15. 34	6	56. 64	6	97. 94	6	139. 24	6	180. 54	6	221. 84	6	263. 14
7	15. 93	7	57. 23	7	98. 53	7	139. 83	7	181. 13	7	222. 43	7	263. 73
8	16. 52	8	57. 82	8	99. 12	8	140. 42	8	181. 72	8	223. 02	8	264. 32
9	17. 11	9	58. 41	9	99. 71	9	141. 01	9	182. 31	9	223. 61	9	264. 91
30	17. 70	100	59. „	170	100. 30	240	141. 60	310	182. 90	380	224. 20	450	265. 50
1	18. 29	1	59. 59	1	100. 89	1	142. 19	1	183. 49	1	224. 79	1	266. 09
2	18. 88	2	60. 18	2	101. 48	2	142. 78	2	184. 08	2	225. 38	2	266. 68
3	19. 47	3	60. 77	3	102. 07	3	143. 37	3	184. 67	3	225. 97	3	267. 27
4	20. 06	4	61. 36	4	102. 66	4	143. 96	4	185. 26	4	226. 56	4	267. 86
5	20. 65	5	61. 95	5	103. 25	5	144. 55	5	185. 85	5	227. 15	5	268. 45
6	21. 24	6	62. 54	6	103. 84	6	145. 14	6	186. 44	6	227. 74	6	269. 04
7	21. 83	7	63. 13	7	104. 43	7	145. 73	7	187. 03	7	228. 33	7	269. 63
8	22. 42	8	63. 72	8	105. 02	8	146. 32	8	187. 62	8	228. 92	8	270. 22
9	23. 01	9	64. 31	9	105. 61	9	146. 91	9	188. 21	9	229. 51	9	270. 81
40	23. 60	110	64. 90	180	106. 20	250	147. 50	320	188. 80	390	230. 10	460	271. 40
1	24. 19	1	65. 49	1	106. 79	1	148. 09	1	189. 39	1	230. 69	1	271. 99
2	24. 78	2	66. 08	2	107. 38	2	148. 68	2	189. 98	2	231. 28	2	272. 58
3	25. 37	3	66. 67	3	107. 97	3	149. 27	3	190. 57	3	231. 87	3	273. 17
4	25. 96	4	67. 26	4	108. 56	4	149. 86	4	191. 16	4	232. 46	4	273. 76
5	26. 55	5	67. 85	5	109. 15	5	150. 45	5	191. 75	5	233. 05	5	274. 35
6	27. 14	6	68. 44	6	109. 74	6	151. 04	6	192. 34	6	233. 64	6	274. 94
7	27. 73	7	69. 03	7	110. 33	7	151. 63	7	192. 93	7	234. 23	7	275. 53
8	28. 32	8	69. 62	8	110. 92	8	152. 22	8	193. 52	8	234. 82	8	276. 12
9	28. 91	9	70. 21	9	111. 51	9	152. 81	9	194. 11	9	235. 41	9	276. 71
50	29. 50	120	70. 80	190	112. 10	260	153. 40	330	194. 70	400	236. „	470	277. 30
1	30. 09	1	71. 39	1	112. 69	1	153. 99	1	195. 29	1	236. 59	1	277. 89
2	30. 68	2	71. 98	2	113. 28	2	154. 58	2	195. 88	2	237. 18	2	278. 48
3	31. 27	3	72. 57	3	113. 87	3	155. 17	3	196. 47	3	237. 77	3	279. 07
4	31. 86	4	73. 16	4	114. 46	4	155. 76	4	197. 06	4	238. 36	4	279. 66
5	32. 45	5	73. 75	5	115. 05	5	156. 35	5	197. 65	5	238. 95	5	280. 25
6	33. 04	6	74. 34	6	115. 64	6	156. 94	6	198. 24	6	239. 54	6	280. 84
7	33. 63	7	74. 93	7	116. 23	7	157. 53	7	198. 83	7	240. 13	7	281. 43
8	34. 22	8	75. 52	8	116. 82	8	158. 12	8	199. 42	8	240. 72	8	282. 02
9	34. 81	9	76. 11	9	117. 41	9	158. 71	9	200. 01	9	241. 31	9	282. 61
60	35. 40	130	76. 70	200	118. „	270	159. 30	340	200. 60	410	241. 90	480	283. 20
1	35. 99	1	77. 29	1	118. 59	1	159. 89	1	201. 19	1	242. 49	1	283. 79
2	36. 58	2	77. 88	2	119. 18	2	160. 48	2	201. 78	2	243. 08	2	284. 38
3	37. 17	3	78. 47	3	119. 77	3	161. 07	3	202. 37	3	243. 67	3	284. 97
4	37. 76	4	79. 06	4	120. 36	4	161. 66	4	202. 96	4	244. 26	4	285. 56
5	38. 35	5	79. 65	5	120. 95	5	162. 25	5	203. 55	5	244. 85	5	286. 15
6	38. 94	6	80. 24	6	121. 54	6	162. 84	6	204. 14	6	245. 44	6	286. 74
7	39. 53	7	80. 83	7	122. 13	7	163. 43	7	204. 73	7	246. 03	7	287. 33
8	40. 12	8	81. 42	8	122. 72	8	164. 02	8	205. 32	8	246. 62	8	287. 92
9	40. 71	9	82. 01	9	123. 31	9	164. 61	9	205. 91	9	247. 21	9	288. 51

Heures à 0.60 ç l'une.

Heures	Sommes	Heures	Sommes	Heures	Sommes	Heures	Sommes	Heures	Sommes	Heures	Sommes	Heures	Sommes
1	" 60	70	42. "	140	84. "	210	126. "	280	168. "	350	210. "	420	252. "
2	1. 20	1	42. 60	1	84. 60	1	126. 60	1	168. 60	1	210. 60	1	252. 60
3	1. 80	2	43. 20	2	85. 20	2	127. 20	2	169. 20	2	211. 20	2	253. 20
4	2. 40	3	43. 80	3	85. 80	3	127. 80	3	169. 80	3	211. 80	3	253. 80
5	3. "	4	44. 40	4	86. 40	4	128. 40	4	170. 40	4	212. 40	4	254. 40
6	3. 60	5	45. "	5	87. "	5	129. "	5	171. "	5	213. "	5	255. "
7	4. 20	6	45. 60	6	87. 60	6	129. 60	6	171. 60	6	213. 60	6	255. 60
8	4. 80	7	46. 20	7	88. 20	7	130. 20	7	172. 20	7	214. 20	7	256. 20
9	5. 40	8	46. 80	8	88. 80	8	130. 80	8	172. 80	8	214. 80	8	256. 80
		9	47. 40	9	89. 40	9	131. 40	9	173. 40	9	215. 40	9	257. 40
10	6. "	80	48. "	150	90. "	220	132. "	290	174. "	360	216. "	430	258. "
1	6. 60	1	48. 60	1	90. 60	1	132. 60	1	174. 60	1	216. 60	1	258. 60
2	7. 20	2	49. 20	2	91. 20	2	133. 20	2	175. 20	2	217. 20	2	259. 20
3	7. 80	3	49. 80	3	91. 80	3	133. 80	3	175. 80	3	217. 80	3	259. 80
4	8. 40	4	50. 40	4	92. 40	4	134. 40	4	176. 40	4	218. 40	4	260. 40
5	9. "	5	51. "	5	93. "	5	135. "	5	177. "	5	219. "	5	261. "
6	9. 60	6	51. 60	6	93. 60	6	135. 60	6	177. 60	6	219. 60	6	261. 60
7	10. 20	7	52. 20	7	94. 20	7	136. 20	7	178. 20	7	220. 20	7	262. 20
8	10. 80	8	52. 80	8	94. 80	8	136. 80	8	178. 80	8	220. 80	8	262. 80
9	11. 40	9	53. 40	9	95. 40	9	137. 40	9	179. 40	9	221. 40	9	263. 40
20	12. "	90	54. "	160	96. "	230	138. "	300	180. "	370	222. "	440	264. "
1	12. 60	1	54. 60	1	96. 60	1	138. 60	1	180. 60	1	222. 60	1	264. 60
2	13. 20	2	55. 20	2	97. 20	2	139. 20	2	181. 20	2	223. 20	2	265. 20
3	13. 80	3	55. 80	3	97. 80	3	139. 80	3	181. 80	3	223. 80	3	265. 80
4	14. 40	4	56. 40	4	98. 40	4	140. 40	4	182. 40	4	224. 40	4	266. 40
5	15. "	5	57. "	5	99. "	5	141. "	5	183. "	5	225. "	5	267. "
6	15. 60	6	57. 60	6	99. 60	6	141. 60	6	183. 60	6	225. 60	6	267. 60
7	16. 20	7	58. 20	7	100. 20	7	142. 20	7	184. 20	7	226. 20	7	268. 20
8	16. 80	8	58. 80	8	100. 80	8	142. 80	8	184. 80	8	226. 80	8	268. 80
9	17. 40	9	59. 40	9	101. 40	9	143. 40	9	185. 40	9	227. 40	9	269. 40
30	18. "	100	60. "	170	102. "	240	144. "	310	186. "	380	228. "	450	270. "
1	18. 60	1	60. 60	1	102. 60	1	144. 60	1	186. 60	1	228. 60	1	270. 60
2	19. 20	2	61. 20	2	103. 20	2	145. 20	2	187. 20	2	229. 20	2	271. 20
3	19. 80	3	61. 80	3	103. 80	3	145. 80	3	187. 80	3	229. 80	3	271. 80
4	20. 40	4	62. 40	4	104. 40	4	146. 40	4	188. 40	4	230. 40	4	272. 40
5	21. "	5	63. "	5	105. "	5	147. "	5	189. "	5	231. "	5	273. "
6	21. 60	6	63. 60	6	105. 60	6	147. 60	6	189. 60	6	231. 60	6	273. 60
7	22. 20	7	64. 20	7	106. 20	7	148. 20	7	190. 20	7	232. 20	7	274. 20
8	22. 80	8	64. 80	8	106. 80	8	148. 80	8	190. 80	8	232. 80	8	274. 80
9	23. 40	9	65. 40	9	107. 40	9	149. 40	9	191. 40	9	233. 40	9	275. 40
40	24. "	110	66. "	180	108. "	250	150. "	320	192. "	390	234. "	460	276. "
1	24. 60	1	66. 60	1	108. 60	1	150. 60	1	192. 60	1	234. 60	1	276. 60
2	25. 20	2	67. 20	2	109. 20	2	151. 20	2	193. 20	2	235. 20	2	277. 20
3	25. 80	3	67. 80	3	109. 80	3	151. 80	3	193. 80	3	235. 80	3	277. 80
4	26. 40	4	68. 40	4	110. 40	4	152. 40	4	194. 40	4	236. 40	4	278. 40
5	27. "	5	69. "	5	111. "	5	153. "	5	195. "	5	237. "	5	279. "
6	27. 60	6	69. 60	6	111. 60	6	153. 60	6	195. 60	6	237. 60	6	279. 60
7	28. 20	7	70. 20	7	112. 20	7	154. 20	7	196. 20	7	238. 20	7	280. 20
8	28. 80	8	70. 80	8	112. 80	8	154. 80	8	196. 80	8	238. 80	8	280. 80
9	29. 40	9	71. 40	9	113. 40	9	155. 40	9	197. 40	9	239. 40	9	281. 40
50	30. "	120	72. "	190	114. "	260	156. "	330	198. "	400	240. "	470	282. "
1	30. 60	1	72. 60	1	114. 60	1	156. 60	1	198. 60	1	240. 60	1	282. 60
2	31. 20	2	73. 20	2	115. 20	2	157. 20	2	199. 20	2	241. 20	2	283. 20
3	31. 80	3	73. 80	3	115. 80	3	157. 80	3	199. 80	3	241. 80	3	283. 80
4	32. 40	4	74. 40	4	116. 40	4	158. 40	4	200. 40	4	242. 40	4	284. 40
5	33. "	5	75. "	5	117. "	5	159. "	5	201. "	5	243. "	5	285. "
6	33. 60	6	75. 60	6	117. 60	6	159. 60	6	201. 60	6	243. 60	6	285. 60
7	34. 20	7	76. 20	7	118. 20	7	160. 20	7	202. 20	7	244. 20	7	286. 20
8	34. 80	8	76. 80	8	118. 80	8	160. 80	8	202. 80	8	244. 80	8	286. 80
9	35. 40	9	77. 40	9	119. 40	9	161. 40	9	203. 40	9	245. 40	9	287. 40
60	36. "	130	78. "	200	120. "	270	162. "	340	204. "	410	246. "	480	288. "
1	36. 60	1	78. 60	1	120. 60	1	162. 60	1	204. 60	1	246. 60	1	288. 60
2	37. 20	2	79. 20	2	121. 20	2	163. 20	2	205. 20	2	247. 20	2	289. 20
3	37. 80	3	79. 80	3	121. 80	3	163. 80	3	205. 80	3	247. 80	3	289. 80
4	38. 40	4	80. 40	4	122. 40	4	164. 40	4	206. 40	4	248. 40	4	290. 40
5	39. "	5	81. "	5	123. "	5	165. "	5	207. "	5	249. "	5	291. "
6	39. 60	6	81. 60	6	123. 60	6	165. 60	6	207. 60	6	249. 60	6	291. 60
7	40. 20	7	82. 20	7	124. 20	7	166. 20	7	208. 20	7	250. 20	7	292. 20
8	40. 80	8	82. 80	8	124. 80	8	166. 80	8	208. 80	8	250. 80	8	292. 80
9	41. 40	9	83. 40	9	125. 40	9	167. 40	9	209. 40	9	251. 40	9	293. 40

Heures à 0.61 ç l'une.

Heures.	Sommes.	Heures.	Sommes.	Heures.	Sommes.	Heures.	Sommes.	Heures.	Sommes.	Heures.	Sommes.	Heures.	Sommes.
1	0.61	70	42.70	140	85.40	210	128.10	280	170.80	350	213.50	420	256.20
2	1.22	1	43.31	1	86.01	1	128.71	1	171.41	1	214.11	1	256.81
3	1.83	2	43.92	2	86.62	2	129.32	2	172.02	2	214.72	2	257.42
4	2.44	3	44.53	3	87.23	3	129.93	3	172.63	3	215.33	3	258.03
5	3.05	4	45.14	4	87.84	4	130.54	4	173.24	4	215.94	4	258.64
6	3.66	5	45.75	5	88.45	5	131.15	5	173.85	5	216.55	5	259.25
7	4.27	6	46.36	6	89.06	6	131.76	6	174.46	6	217.16	6	259.86
8	4.88	7	46.97	7	89.67	7	132.37	7	175.07	7	217.77	7	260.47
9	5.49	8	47.58	8	90.28	8	132.98	8	175.68	8	218.38	8	261.08
		9	48.19	9	90.89	9	133.59	9	176.29	9	218.99	9	261.69
10	6.10	80	48.80	150	91.50	220	134.20	290	176.90	360	219.60	430	262.30
1	6.71	1	49.41	1	92.11	1	134.81	1	177.51	1	220.21	1	262.91
2	7.32	2	50.02	2	92.72	2	135.42	2	178.12	2	220.82	2	263.52
3	7.93	3	50.63	3	93.33	3	136.03	3	178.73	3	221.43	3	264.13
4	8.54	4	51.24	4	93.94	4	136.64	4	179.34	4	222.04	4	264.74
5	9.15	5	51.85	5	94.55	5	137.25	5	179.95	5	222.65	5	265.35
6	9.76	6	52.46	6	95.16	6	137.86	6	180.56	6	223.26	6	265.96
7	10.37	7	53.07	7	95.77	7	138.47	7	181.17	7	223.87	7	266.57
8	10.98	8	53.68	8	96.38	8	139.08	8	181.78	8	224.48	8	267.18
9	11.59	9	54.29	9	96.99	9	139.69	9	182.39	9	225.09	9	267.79
20	12.20	90	54.90	160	97.60	230	140.30	300	183.00	370	226.70	440	268.40
1	12.81	1	55.51	1	98.21	1	140.91	1	183.61	1	226.31	1	269.01
2	13.42	2	56.12	2	98.82	2	141.52	2	184.22	2	226.92	2	269.62
3	14.03	3	56.73	3	99.43	3	142.13	3	184.83	3	227.53	3	270.23
4	14.64	4	57.34	4	100.04	4	142.74	4	185.44	4	228.14	4	270.84
5	15.25	5	57.95	5	100.65	5	143.35	5	186.05	5	228.75	5	271.45
6	15.86	6	58.56	6	101.26	6	143.96	6	186.66	6	229.36	6	272.06
7	16.47	7	59.17	7	101.87	7	144.57	7	187.27	7	229.97	7	272.67
8	17.08	8	59.78	8	102.48	8	145.18	8	187.88	8	230.58	8	273.28
9	17.69	9	60.39	9	103.09	9	145.79	9	188.49	9	231.19	9	273.89
30	18.30	100	61.00	170	103.70	240	146.40	310	189.10	380	231.80	450	274.50
1	18.91	1	61.61	1	104.31	1	147.01	1	189.71	1	232.41	1	275.11
2	19.52	2	62.22	2	104.92	2	147.62	2	190.32	2	233.02	2	275.72
3	20.13	3	62.83	3	105.53	3	148.23	3	190.93	3	233.63	3	276.33
4	20.74	4	63.44	4	106.14	4	148.84	4	191.54	4	234.24	4	276.94
5	21.35	5	64.05	5	106.75	5	149.45	5	192.15	5	234.85	5	277.55
6	21.96	6	64.66	6	107.36	6	150.06	6	192.76	6	235.46	6	278.16
7	22.57	7	65.27	7	107.97	7	150.67	7	193.37	7	236.07	7	278.77
8	23.18	8	65.88	8	108.58	8	151.28	8	193.98	8	236.68	8	279.38
9	23.79	9	66.49	9	109.19	9	151.89	9	194.59	9	237.29	9	279.99
40	24.40	110	67.10	180	109.80	250	152.50	320	195.20	390	237.90	460	280.60
1	25.01	1	67.71	1	110.41	1	153.11	1	195.81	1	238.51	1	281.21
2	25.62	2	68.32	2	111.02	2	153.72	2	196.42	2	239.12	2	281.82
3	26.23	3	68.93	3	111.63	3	154.33	3	197.03	3	239.73	3	282.43
4	26.84	4	69.54	4	112.24	4	154.94	4	197.64	4	240.34	4	283.04
5	27.45	5	70.15	5	112.85	5	155.55	5	198.25	5	240.95	5	283.65
6	28.06	6	70.76	6	113.46	6	156.16	6	198.86	6	241.56	6	284.26
7	28.67	7	71.37	7	114.07	7	156.77	7	199.47	7	242.17	7	284.87
8	29.28	8	71.98	8	114.68	8	157.38	8	200.08	8	242.78	8	285.48
9	29.89	9	72.59	9	115.29	9	157.99	9	200.69	9	243.39	9	286.09
50	30.50	120	73.20	190	115.90	260	158.60	330	201.30	400	244.00	470	286.70
1	31.11	1	73.81	1	116.51	1	159.21	1	201.91	1	244.61	1	287.31
2	31.72	2	74.42	2	117.12	2	159.82	2	202.52	2	245.22	2	287.92
3	32.33	3	75.03	3	117.73	3	160.43	3	203.13	3	245.83	3	288.53
4	32.94	4	75.64	4	118.34	4	161.04	4	203.74	4	246.44	4	289.14
5	33.55	5	76.25	5	118.95	5	161.65	5	204.35	5	247.05	5	289.75
6	34.16	6	76.86	6	119.56	6	162.26	6	204.96	6	247.66	6	290.36
7	34.77	7	77.47	7	120.17	7	162.87	7	205.57	7	248.27	7	290.97
8	35.38	8	78.08	8	120.78	8	163.48	8	206.18	8	248.88	8	291.58
9	35.99	9	78.69	9	121.39	9	164.09	9	206.79	9	249.49	9	292.19
60	36.60	130	79.30	200	122.00	270	164.70	340	207.40	410	250.10	480	292.80
1	37.21	1	79.91	1	122.61	1	165.31	1	208.01	1	250.71	1	293.41
2	37.82	2	80.52	2	123.22	2	165.92	2	208.62	2	251.32	2	294.02
3	38.43	3	81.13	3	123.83	3	166.53	3	209.23	3	251.93	3	294.63
4	39.04	4	81.74	4	124.44	4	167.14	4	209.84	4	252.54	4	295.24
5	39.65	5	82.35	5	125.05	5	167.75	5	210.45	5	253.15	5	295.85
6	40.26	6	82.96	6	125.66	6	168.36	6	211.06	6	253.76	6	296.46
7	40.87	7	83.57	7	126.27	7	168.97	7	211.67	7	254.37	7	297.07
8	41.48	8	84.18	8	126.88	8	169.58	8	212.28	8	254.98	8	297.68
9	42.09	9	84.79	9	127.49	9	170.19	9	212.89	9	255.59	9	298.29

0.61

Heures.	Sommes.	Heures.	Sommes.	Heures.	Sommes.	Heures.	Sommes.	Heures.	Sommes.	Heures.	Sommes.	Heures.	Sommes.
1	" 62	70	43. 40	140	86. 80	210	130. 20	280	173. 60	350	217. "	420	260. 40
2	1. 24	1	44. 02	1	87. 42	1	130. 82	1	174. 22	1	217. 62	1	261. 02
3	1. 86	2	44. 64	2	88. 04	2	131. 44	2	174. 84	2	218. 24	2	261. 64
4	2. 48	3	45. 26	3	88. 66	3	132. 06	3	175. 46	3	218. 86	3	262. 26
5	3. 10	4	45. 88	4	89. 28	4	132. 68	4	176. 08	4	219. 48	4	262. 88
6	3. 72	5	46. 50	5	89. 90	5	133. 30	5	176. 70	5	220. 10	5	263. 50
7	4. 34	6	47. 12	6	90. 52	6	133. 92	6	177. 32	6	220. 72	6	264. 12
8	4. 96	7	47. 74	7	91. 14	7	134. 54	7	177. 94	7	221. 34	7	264. 74
9	5. 58	8	48. 36	8	91. 76	8	135. 16	8	178. 56	8	221. 96	8	265. 36
		9	48. 98	9	92. 38	9	135. 78	9	179. 18	9	222. 58	9	265. 98
10	6. 20	80	49. 60	150	93. "	220	136. 40	290	179. 80	360	223. 20	430	266. 60
1	6. 82	1	50. 22	1	93. 62	1	137. 02	1	180. 42	1	223. 82	1	267. 22
2	7. 44	2	50. 84	2	94. 24	2	137. 64	2	181. 04	2	224. 44	2	267. 84
3	8. 06	3	51. 46	3	94. 86	3	138. 26	3	181. 66	3	225. 06	3	268. 46
4	8. 68	4	52. 08	4	95. 48	4	138. 88	4	182. 28	4	225. 68	4	269. 08
5	9. 30	5	52. 70	5	96. 10	5	139. 50	5	182. 90	5	226. 30	5	269. 70
6	9. 92	6	53. 32	6	96. 72	6	140. 12	6	183. 52	6	226. 92	6	270. 32
7	10. 54	7	53. 94	7	97. 34	7	140. 74	7	184. 14	7	227. 54	7	270. 94
8	11. 16	8	54. 56	8	97. 96	8	141. 36	8	184. 76	8	228. 16	8	271. 56
9	11. 78	9	55. 18	9	98. 58	9	141. 98	9	185. 38	9	228. 78	9	272. 18
20	12. 40	90	55. 80	160	99. 20	230	142. 60	300	186. "	370	229. 40	440	272. 80
1	13. 02	1	56. 42	1	99. 82	1	143. 22	1	186. 62	1	230. 02	1	273. 42
2	13. 64	2	57. 04	2	100. 44	2	143. 84	2	187. 24	2	230. 64	2	274. 04
3	14. 26	3	57. 66	3	101. 06	3	144. 46	3	187. 86	3	231. 26	3	274. 66
4	14. 88	4	58. 28	4	101. 68	4	145. 08	4	188. 48	4	231. 88	4	275. 28
5	15. 50	5	58. 90	5	102. 30	5	145. 70	5	189. 10	5	232. 50	5	275. 90
6	16. 12	6	59. 52	6	102. 92	6	146. 32	6	189. 72	6	233. 12	6	276. 52
7	16. 74	7	60. 14	7	103. 54	7	146. 94	7	190. 34	7	233. 74	7	277. 14
8	17. 36	8	60. 76	8	104. 16	8	147. 56	8	190. 96	8	234. 36	8	277. 76
9	17. 98	9	61. 38	9	104. 78	9	148. 18	9	191. 58	9	234. 98	9	278. 38
30	18. 60	100	62. "	170	105. 40	240	148. 80	310	192. 20	380	235. 60	450	279. "
1	19. 22	1	62. 62	1	106. 02	1	149. 42	1	192. 82	1	236. 22	1	279. 62
2	19. 84	2	63. 24	2	106. 64	2	150. 04	2	193. 44	2	236. 84	2	280. 24
3	20. 46	3	63. 86	3	107. 26	3	150. 66	3	194. 06	3	237. 46	3	280. 86
4	21. 08	4	64. 48	4	107. 88	4	151. 28	4	194. 68	4	238. 08	4	281. 48
5	21. 70	5	65. 10	5	108. 50	5	151. 90	5	195. 30	5	238. 70	5	282. 10
6	22. 32	6	65. 72	6	109. 12	6	152. 52	6	195. 92	6	239. 32	6	282. 72
7	22. 94	7	66. 34	7	109. 74	7	153. 14	7	196. 54	7	239. 94	7	283. 34
8	23. 56	8	66. 96	8	110. 36	8	153. 76	8	197. 16	8	240. 56	8	283. 96
9	24. 18	9	67. 58	9	110. 98	9	154. 38	9	197. 78	9	241. 18	9	284. 58
40	24. 80	110	68. 20	180	111. 60	250	155. "	320	198. 40	390	241. 80	460	285. 20
1	25. 42	1	68. 82	1	112. 22	1	155. 62	1	199. 02	1	242. 42	1	285. 82
2	26. 04	2	69. 44	2	112. 84	2	156. 24	2	199. 64	2	243. 04	2	286. 44
3	26. 66	3	70. 06	3	113. 46	3	156. 86	3	200. 26	3	243. 66	3	287. 06
4	27. 28	4	70. 68	4	114. 08	4	157. 48	4	200. 88	4	244. 28	4	287. 68
5	27. 90	5	71. 30	5	114. 70	5	158. 10	5	201. 50	5	244. 90	5	288. 30
6	28. 52	6	71. 92	6	115. 32	6	158. 72	6	202. 12	6	245. 52	6	288. 92
7	29. 14	7	72. 54	7	115. 94	7	159. 34	7	202. 74	7	246. 14	7	289. 54
8	29. 76	8	73. 16	8	116. 56	8	159. 96	8	203. 36	8	246. 76	8	290. 16
9	30. 38	9	73. 78	9	117. 18	9	160. 58	9	203. 98	9	247. 38	9	290. 78
50	31. "	120	74. 40	190	117. 80	260	161. 20	330	204. 60	400	248. "	470	291. 40
1	31. 62	1	75. 02	1	118. 42	1	161. 82	1	205. 22	1	248. 62	1	292. 02
2	32. 24	2	75. 64	2	119. 04	2	162. 44	2	205. 84	2	249. 24	2	292. 64
3	32. 86	3	76. 26	3	119. 66	3	163. 06	3	206. 46	3	249. 86	3	293. 26
4	33. 48	4	76. 88	4	120. 28	4	163. 68	4	207. 08	4	250. 48	4	293. 88
5	34. 10	5	77. 50	5	120. 90	5	164. 30	5	207. 70	5	251. 10	5	294. 50
6	34. 72	6	78. 12	6	121. 52	6	164. 92	6	208. 32	6	251. 72	6	295. 12
7	35. 34	7	78. 74	7	122. 14	7	165. 54	7	208. 94	7	252. 34	7	295. 74
8	35. 96	8	79. 36	8	122. 76	8	166. 16	8	209. 56	8	252. 96	8	296. 36
9	36. 58	9	79. 98	9	123. 38	9	166. 78	9	210. 18	9	253. 58	9	296. 98
60	37. 20	130	80. 60	200	124. "	270	167. 40	340	210. 80	410	254. 20	480	297. 60
1	37. 82	1	81. 22	1	124. 62	1	168. 02	1	211. 42	1	254. 82	1	298. 22
2	38. 44	2	81. 84	2	125. 24	2	168. 64	2	212. 04	2	255. 44	2	298. 84
3	39. 06	3	82. 46	3	125. 86	3	169. 26	3	212. 66	3	256. 06	3	299. 46
4	39. 68	4	83. 08	4	126. 48	4	169. 88	4	213. 28	4	256. 68	4	300. 08
5	40. 30	5	83. 70	5	127. 10	5	170. 50	5	213. 90	5	257. 30	5	300. 70
6	40. 92	6	84. 32	6	127. 72	6	171. 12	6	214. 52	6	257. 92	6	301. 32
7	41. 54	7	84. 94	7	128. 34	7	171. 74	7	215. 14	7	258. 54	7	301. 94
8	42. 16	8	85. 56	8	128. 96	8	172. 36	8	215. 76	8	259. 16	8	302. 56
9	42. 78	9	86. 18	9	129. 58	9	172. 98	9	216. 38	9	259. 78	9	303. 18

Heures à 0.63 ℔ l'une.

Heures.	Sommes.	Heures.	Sommes.	Heures.	Sommes.	Heures.	Sommes.	Heures.	Sommes.	Heures.	Sommes.	Heures.	Sommes.
1	.63	70	44.10	140	88.20	210	132.30	280	176.40	350	220.50	420	264.60
2	1.26	1	44.73	1	88.83	1	132.93	1	177.03	1	221.13	1	265.23
3	1.89	2	45.36	2	89.46	2	133.56	2	177.66	2	221.76	2	265.86
4	2.52	3	45.99	3	90.09	3	134.19	3	178.29	3	222.39	3	266.49
5	3.15	4	46.62	4	90.72	4	134.82	4	178.92	4	223.02	4	267.12
6	3.78	5	47.25	5	91.35	5	135.45	5	179.55	5	223.65	5	267.75
7	4.41	6	47.88	6	91.98	6	136.08	6	180.18	6	224.28	6	268.38
8	5.04	7	48.51	7	92.61	7	136.71	7	180.81	7	224.91	7	269.01
9	5.67	8	49.14	8	93.24	8	137.34	8	181.44	8	225.54	8	269.64
		9	49.77	9	93.87	9	137.97	9	182.07	9	226.17	9	270.27
10	6.30	80	50.40	150	94.50	220	138.60	290	182.70	360	226.80	430	270.90
1	6.93	1	51.03	1	95.13	1	139.23	1	183.33	1	227.43	1	271.53
2	7.56	2	51.66	2	95.76	2	139.86	2	183.96	2	228.06	2	272.16
3	8.19	3	52.29	3	96.39	3	140.49	3	184.59	3	228.69	3	272.79
4	8.82	4	52.92	4	97.02	4	141.12	4	185.22	4	229.32	4	273.42
5	9.45	5	53.55	5	97.65	5	141.75	5	185.85	5	229.95	5	274.05
6	10.08	6	54.18	6	98.28	6	142.38	6	186.48	6	230.58	6	274.68
7	10.71	7	54.81	7	98.91	7	143.01	7	187.11	7	231.21	7	275.31
8	11.34	8	55.44	8	99.54	8	143.64	8	187.74	8	231.84	8	275.94
9	11.97	9	56.07	9	100.17	9	144.27	9	188.37	9	232.47	9	276.57
20	12.60	90	56.70	160	100.80	230	144.90	300	189.00	370	233.10	440	277.20
1	13.23	1	57.33	1	101.43	1	145.53	1	189.63	1	233.73	1	277.83
2	13.86	2	57.96	2	102.06	2	146.16	2	190.26	2	234.36	2	278.46
3	14.49	3	58.59	3	102.69	3	146.79	3	190.89	3	234.99	3	279.09
4	15.12	4	59.22	4	103.32	4	147.42	4	191.52	4	235.62	4	279.72
5	15.75	5	59.85	5	103.95	5	148.05	5	192.15	5	236.25	5	280.35
6	16.38	6	60.48	6	104.58	6	148.68	6	192.78	6	236.88	6	280.98
7	17.01	7	61.11	7	105.21	7	149.31	7	193.41	7	237.51	7	281.61
8	17.64	8	61.74	8	105.84	8	149.94	8	194.04	8	238.14	8	282.24
9	18.27	9	62.37	9	106.47	9	150.57	9	194.67	9	238.77	9	282.87
30	18.90	100	63.00	170	107.10	240	151.20	310	195.30	380	239.40	450	283.50
1	19.53	1	63.63	1	107.73	1	151.83	1	195.93	1	240.03	1	284.13
2	20.16	2	64.26	2	108.36	2	152.46	2	196.56	2	240.66	2	284.76
3	20.79	3	64.89	3	108.99	3	153.09	3	197.19	3	241.29	3	285.39
4	21.42	4	65.52	4	109.62	4	153.72	4	197.82	4	241.92	4	286.02
5	22.05	5	66.15	5	110.25	5	154.35	5	198.45	5	242.55	5	286.65
6	22.68	6	66.78	6	110.88	6	154.98	6	199.08	6	243.18	6	287.28
7	23.31	7	67.41	7	111.51	7	155.61	7	199.71	7	243.81	7	287.91
8	23.94	8	68.04	8	112.14	8	156.24	8	200.34	8	244.44	8	288.54
9	24.57	9	68.67	9	112.77	9	156.87	9	200.97	9	245.07	9	289.17
40	25.20	110	69.30	180	113.40	250	157.50	320	201.60	390	245.70	460	289.80
1	25.83	1	69.93	1	114.03	1	158.13	1	202.23	1	246.33	1	290.43
2	26.46	2	70.56	2	114.66	2	158.76	2	202.86	2	246.96	2	291.06
3	27.09	3	71.19	3	115.29	3	159.39	3	203.49	3	247.59	3	291.69
4	27.72	4	71.82	4	115.92	4	160.02	4	204.12	4	248.22	4	292.32
5	28.35	5	72.45	5	116.55	5	160.65	5	204.75	5	248.85	5	292.95
6	28.98	6	73.08	6	117.18	6	161.28	6	205.38	6	249.48	6	293.58
7	29.61	7	73.71	7	117.81	7	161.91	7	206.01	7	250.11	7	294.21
8	30.24	8	74.34	8	118.44	8	162.54	8	206.64	8	250.74	8	294.84
9	30.87	9	74.97	9	119.07	9	163.17	9	207.27	9	251.37	9	295.47
50	31.50	120	75.60	190	119.70	260	163.80	330	207.90	400	252.00	470	296.10
1	32.13	1	76.23	1	120.33	1	164.43	1	208.53	1	252.63	1	296.73
2	32.76	2	76.86	2	120.96	2	165.06	2	209.16	2	253.26	2	297.36
3	33.39	3	77.49	3	121.59	3	165.69	3	209.79	3	253.89	3	297.99
4	34.02	4	78.12	4	122.22	4	166.32	4	210.42	4	254.52	4	298.62
5	34.65	5	78.75	5	122.85	5	166.95	5	211.05	5	255.15	5	299.25
6	35.28	6	79.38	6	123.48	6	167.58	6	211.68	6	255.78	6	299.88
7	35.91	7	80.01	7	124.11	7	168.21	7	212.31	7	256.41	7	300.51
8	36.54	8	80.64	8	124.74	8	168.84	8	212.94	8	257.04	8	301.14
9	37.17	9	81.27	9	125.37	9	169.47	9	213.57	9	257.67	9	301.77
60	37.80	130	81.90	200	126.00	270	170.10	340	214.20	410	258.30	480	302.40
1	38.43	1	82.53	1	126.63	1	170.73	1	214.83	1	258.93	1	303.03
2	39.06	2	83.16	2	127.26	2	171.36	2	215.46	2	259.56	2	303.66
3	39.69	3	83.79	3	127.89	3	171.99	3	216.09	3	260.19	3	304.29
4	40.32	4	84.42	4	128.52	4	172.62	4	216.72	4	260.82	4	304.92
5	40.95	5	85.05	5	129.15	5	173.25	5	217.35	5	261.45	5	305.55
6	41.58	6	85.68	6	129.78	6	173.88	6	217.98	6	262.08	6	306.18
7	42.21	7	86.31	7	130.41	7	174.51	7	218.61	7	262.71	7	306.81
8	42.84	8	86.94	8	131.04	8	175.14	8	219.24	8	263.34	8	307.44
9	43.47	9	87.57	9	131.67	9	175.77	9	219.87	9	263.97	9	308.07

Heures à 0.64 ⅌ l'une.

Heures.	Sommes.	Heures.	Sommes.	Heures.	Sommes.	Heures.	Sommes.	Heures.	Sommes.	Heures.	Sommes.	Heures.	Sommes.
1	. 64	70	44. 80	140	89. 60	210	134. 40	280	179. 20	350	224. ""	420	268. 80
2	1. 28	1	45. 44	1	90. 24	1	135. 04	1	179. 84	1	224. 64	1	269. 44
3	1. 92	2	46. 08	2	90. 88	2	135. 68	2	180. 48	2	225. 28	2	270. 08
4	2. 56	3	46. 72	3	91. 52	3	136. 32	3	181. 12	3	225. 92	3	270. 72
5	3. 20	4	47. 36	4	92. 16	4	136. 96	4	181. 76	4	226. 56	4	271. 36
6	3. 84	5	48. ""	5	92. 80	5	137. 60	5	182. 40	5	227. 20	5	272. ""
7	4. 48	6	48. 64	6	93. 44	6	138. 24	6	183. 04	6	227. 84	6	272. 64
8	5. 12	7	49. 28	7	94. 08	7	138. 88	7	183. 68	7	228. 48	7	273. 28
9	5. 76	8	49. 92	8	94. 72	8	139. 52	8	184. 32	8	229. 12	8	273. 92
		9	50. 56	9	95. 36	9	140. 16	9	184. 96	9	229. 76	9	274. 56
10	6. 40	80	51. 20	150	96. ""	220	140. 80	290	185. 60	360	230. 40	430	275. 20
1	7. 04	1	51. 84	1	96. 64	1	141. 44	1	186. 24	1	231. 04	1	275. 84
2	7. 68	2	52. 48	2	97. 28	2	142. 08	2	186. 88	2	231. 68	2	276. 48
3	8. 32	3	53. 12	3	97. 92	3	142. 72	3	187. 52	3	232. 32	3	277. 12
4	8. 96	4	53. 76	4	98. 56	4	143. 36	4	188. 16	4	232. 96	4	277. 76
5	9. 60	5	54. 40	5	99. 20	5	144. ""	5	188. 80	5	233. 60	5	278. 40
6	10. 24	6	55. 04	6	99. 84	6	144. 64	6	189. 44	6	234. 24	6	279. 04
7	10. 88	7	55. 68	7	100. 48	7	145. 28	7	190. 08	7	234. 88	7	279. 68
8	11. 52	8	56. 32	8	101. 12	8	145. 92	8	190. 72	8	235. 52	8	280. 32
9	12. 16	9	56. 96	9	101. 76	9	146. 56	9	191. 36	9	236. 16	9	280. 96
20	12. 80	90	57. 60	160	102. 40	230	147. 20	300	192. ""	370	236. 80	440	281. 60
1	13. 44	1	58. 24	1	103. 04	1	147. 84	1	192. 64	1	237. 44	1	282. 24
2	14. 08	2	58. 88	2	103. 68	2	148. 48	2	193. 28	2	238. 08	2	282. 88
3	14. 72	3	59. 52	3	104. 32	3	149. 12	3	193. 92	3	238. 72	3	283. 52
4	15. 36	4	60. 16	4	104. 96	4	149. 76	4	194. 56	4	239. 36	4	284. 16
5	16. ""	5	60. 80	5	105. 60	5	150. 40	5	195. 20	5	240. ""	5	284. 80
6	16. 64	6	61. 44	6	106. 24	6	151. 04	6	195. 84	6	240. 64	6	285. 44
7	17. 28	7	62. 08	7	106. 88	7	151. 68	7	196. 48	7	241. 28	7	286. 08
8	17. 92	8	62. 72	8	107. 52	8	152. 32	8	197. 12	8	241. 92	8	286. 72
9	18. 56	9	63. 36	9	108. 16	9	152. 96	9	197. 76	9	242. 56	9	287. 36
30	19. 20	100	64. ""	170	108. 80	240	153. 60	310	198. 40	380	243. 20	450	288. ""
1	19. 84	1	64. 64	1	109. 44	1	154. 24	1	199. 04	1	243. 84	1	288. 64
2	20. 48	2	65. 28	2	110. 08	2	154. 88	2	199. 68	2	244. 48	2	289. 28
3	21. 12	3	65. 92	3	110. 72	3	155. 52	3	200. 32	3	245. 12	3	289. 92
4	21. 76	4	66. 56	4	111. 36	4	156. 16	4	200. 96	4	245. 76	4	290. 56
5	22. 40	5	67. 20	5	112. ""	5	156. 80	5	201. 60	5	246. 40	5	291. 20
6	23. 04	6	67. 84	6	112. 64	6	157. 44	6	202. 24	6	247. 04	6	291. 84
7	23. 68	7	68. 48	7	113. 28	7	158. 08	7	202. 88	7	247. 68	7	292. 48
8	24. 32	8	69. 12	8	113. 92	8	158. 72	8	203. 52	8	248. 32	8	293. 12
9	24. 96	9	69. 76	9	114. 56	9	159. 36	9	204. 16	9	248. 96	9	293. 76
40	25. 60	110	70. 40	180	115. 20	250	160. ""	320	204. 80	390	249. 60	460	294. 40
1	26. 24	1	71. 04	1	115. 84	1	160. 64	1	205. 44	1	250. 24	1	295. 04
2	26. 88	2	71. 68	2	116. 48	2	161. 28	2	206. 08	2	250. 88	2	295. 68
3	27. 52	3	72. 32	3	117. 12	3	161. 92	3	206. 72	3	251. 52	3	296. 32
4	28. 16	4	72. 96	4	117. 76	4	162. 56	4	207. 36	4	252. 16	4	296. 96
5	28. 80	5	73. 60	5	118. 40	5	163. 20	5	208. ""	5	252. 80	5	297. 60
6	29. 44	6	74. 24	6	119. 04	6	163. 84	6	208. 64	6	253. 44	6	298. 24
7	30. 08	7	74. 88	7	119. 68	7	164. 48	7	209. 28	7	254. 08	7	298. 88
8	30. 72	8	75. 52	8	120. 32	8	165. 12	8	209. 92	8	254. 72	8	299. 52
9	31. 36	9	76. 16	9	120. 96	9	165. 76	9	210. 56	9	255. 36	9	300. 16
50	32. ""	120	76. 80	190	121. 60	260	166. 40	330	211. 20	400	256. ""	470	300. 80
1	32. 64	1	77. 44	1	122. 24	1	167. 04	1	211. 84	1	256. 64	1	301. 44
2	33. 28	2	78. 08	2	122. 88	2	167. 68	2	212. 48	2	257. 28	2	302. 08
3	33. 92	3	78. 72	3	123. 52	3	168. 32	3	213. 12	3	257. 92	3	302. 72
4	34. 56	4	79. 36	4	124. 16	4	168. 96	4	213. 76	4	258. 56	4	303. 36
5	35. 20	5	80. ""	5	124. 80	5	169. 60	5	214. 40	5	259. 20	5	304. ""
6	35. 84	6	80. 64	6	125. 44	6	170. 24	6	215. 04	6	259. 84	6	304. 64
7	36. 48	7	81. 28	7	126. 08	7	170. 88	7	215. 68	7	260. 48	7	305. 28
8	37. 12	8	81. 92	8	126. 72	8	171. 52	8	216. 32	8	261. 12	8	305. 92
9	37. 76	9	82. 56	9	127. 36	9	172. 16	9	216. 96	9	261. 76	9	306. 56
60	38. 40	130	83. 20	200	128. ""	270	172. 80	340	217. 60	410	262. 40	480	307. 20
1	39. 04	1	83. 84	1	128. 64	1	173. 44	1	218. 24	1	263. 04	1	307. 84
2	39. 68	2	84. 48	2	129. 28	2	174. 08	2	218. 88	2	263. 68	2	308. 48
3	40. 32	3	85. 12	3	129. 92	3	174. 72	3	219. 52	3	264. 32	3	309. 12
4	40. 96	4	85. 76	4	130. 56	4	175. 36	4	220. 16	4	264. 96	4	309. 76
5	41. 60	5	86. 40	5	131. 20	5	176. ""	5	220. 80	5	265. 60	5	310. 40
6	42. 24	6	87. 04	6	131. 84	6	176. 64	6	221. 44	6	266. 24	6	311. 04
7	42. 88	7	87. 68	7	132. 48	7	177. 28	7	222. 08	7	266. 33	7	311. 68
8	43. 52	8	88. 32	8	133. 12	8	177. 92	8	222. 72	8	267. 52	8	312. 32
9	44. 16	9	88. 96	9	133. 76	9	178. 56	9	223. 36	9	268. 16	9	312. 96

Heures à 0.65 f l'une.

Heures	Sommes	Heures	Sommes	Heures	Sommes	Heures	Sommes	Heures	Sommes	Heures	Sommes	Heures	Sommes
1	. 65	70	45.50	140	91. "	210	136.50	280	182. "	350	227.50	420	273. "
2	1.30	1	46.15	1	91.65	1	137.15	1	182.65	1	228.15	1	273.65
3	1.95	2	46.80	2	92.30	2	137.80	2	183.30	2	228.80	2	274.30
4	2.60	3	47.45	3	92.95	3	138.45	3	183.95	3	229.45	3	274.95
5	3.25	4	48.10	4	93.60	4	139.10	4	184.60	4	230.10	4	275.60
6	3.90	5	48.75	5	94.25	5	139.75	5	185.25	5	230.75	5	276.25
7	4.55	6	49.40	6	94.90	6	140.40	6	185.90	6	231.40	6	276.90
8	5.20	7	50.05	7	95.55	7	141.05	7	186.55	7	232.05	7	277.55
9	5.85	8	50.70	8	96.20	8	141.70	8	187.20	8	232.70	8	278.20
		9	51.35	9	96.85	9	142.35	9	187.85	9	233.35	9	278.85
10	6.50	80	52. "	150	97.50	220	143. "	290	188.50	360	234. "	430	279.50
1	7.15	1	52.65	1	98.15	1	143.65	1	189.15	1	234.65	1	280.15
2	7.80	2	53.30	2	98.80	2	144.30	2	189.80	2	235.30	2	280.80
3	8.45	3	53.95	3	99.45	3	144.95	3	190.45	3	235.95	3	281.45
4	9.10	4	54.60	4	100.10	4	145.60	4	191.10	4	236.60	4	282.10
5	9.75	5	55.25	5	100.75	5	146.25	5	191.75	5	237.25	5	282.75
6	10.40	6	55.90	6	101.40	6	146.90	6	192.40	6	237.90	6	283.40
7	11.05	7	56.55	7	102.05	7	147.55	7	193.05	7	238.55	7	284.05
8	11.70	8	57.20	8	102.70	8	148.20	8	193.70	8	239.20	8	284.70
9	12.35	9	57.85	9	103.35	9	148.85	9	194.35	9	239.85	9	285.35
20	13. "	90	58.50	160	104. "	230	149.50	300	195. "	370	240.50	440	286. "
1	13.65	1	59.15	1	104.65	1	150.15	1	195.65	1	241.15	1	286.65
2	14.30	2	59.80	2	105.30	2	150.80	2	196.30	2	241.80	2	287.30
3	14.95	3	60.45	3	105.95	3	151.45	3	196.95	3	242.45	3	287.95
4	15.60	4	61.10	4	106.60	4	152.10	4	197.60	4	243.10	4	288.60
5	16.25	5	61.75	5	107.25	5	152.75	5	198.25	5	243.75	5	289.25
6	16.90	6	62.40	6	107.90	6	153.40	6	198.90	6	244.40	6	289.90
7	17.55	7	63.05	7	108.55	7	154.05	7	199.55	7	245.05	7	290.55
8	18.20	8	63.70	8	109.20	8	154.70	8	200.20	8	245.70	8	291.20
9	18.85	9	64.35	9	109.85	9	155.35	9	200.85	9	246.35	9	291.85
30	19.50	100	65. "	170	110.50	240	156. "	310	201.50	380	247. "	450	292.50
1	20.15	1	65.65	1	111.15	1	156.65	1	202.15	1	247.65	1	293.15
2	20.80	2	66.30	2	111.80	2	157.30	2	202.80	2	248.30	2	293.80
3	21.45	3	66.95	3	112.45	3	157.95	3	203.45	3	248.95	3	294.45
4	22.10	4	67.60	4	113.10	4	158.60	4	204.10	4	249.60	4	295.10
5	22.75	5	68.25	5	113.75	5	159.25	5	204.75	5	250.25	5	295.75
6	23.40	6	68.90	6	114.40	6	159.90	6	205.40	6	250.90	6	296.40
7	24.05	7	69.55	7	115.05	7	160.55	7	206.05	7	251.55	7	297.05
8	24.70	8	70.20	8	115.70	8	161.20	8	206.70	8	252.20	8	297.70
9	25.35	9	70.85	9	116.35	9	161.85	9	207.35	9	252.85	9	298.35
40	26. "	110	71.50	180	117. "	250	162.50	320	208. "	390	253.50	460	299. "
1	26.65	1	72.15	1	117.65	1	163.15	1	208.65	1	254.15	1	299.65
2	27.30	2	72.80	2	118.30	2	163.80	2	209.30	2	254.80	2	300.30
3	27.95	3	73.45	3	118.95	3	164.45	3	209.95	3	255.45	3	300.95
4	28.60	4	74.10	4	119.60	4	165.10	4	210.60	4	256.10	4	301.60
5	29.25	5	74.75	5	120.25	5	165.75	5	211.25	5	256.75	5	302.25
6	29.90	6	75.40	6	120.90	6	166.40	6	211.90	6	257.40	6	302.90
7	30.55	7	76.05	7	121.55	7	167.05	7	212.55	7	258.05	7	303.55
8	31.20	8	76.70	8	122.20	8	167.70	8	213.20	8	258.70	8	304.20
9	31.85	9	77.35	9	122.85	9	168.35	9	213.85	9	259.35	9	304.85
50	32.50	120	78. "	190	123.50	260	169. "	330	214.50	400	260. "	470	305.50
1	33.15	1	78.65	1	124.15	1	169.65	1	215.15	1	260.65	1	306.15
2	33.80	2	79.30	2	124.80	2	170.30	2	215.80	2	261.30	2	306.80
3	34.45	3	79.95	3	125.45	3	170.95	3	216.45	3	261.95	3	307.45
4	35.10	4	80.60	4	126.10	4	171.60	4	217.10	4	262.60	4	308.10
5	35.75	5	81.25	5	126.75	5	172.25	5	217.75	5	263.25	5	308.75
6	36.40	6	81.90	6	127.40	6	172.90	6	218.40	6	263.90	6	309.40
7	37.05	7	82.55	7	128.05	7	173.55	7	219.05	7	264.55	7	310.05
8	37.70	8	83.20	8	128.70	8	174.20	8	219.70	8	265.20	8	310.70
9	38.35	9	83.85	9	129.35	9	174.85	9	220.35	9	265.85	9	311.35
60	39. "	130	84.50	200	130. "	270	175.50	340	221. "	410	266.50	480	312. "
1	39.65	1	85.15	1	130.65	1	176.15	1	221.65	1	267.15	1	312.65
2	40.30	2	85.80	2	131.30	2	176.80	2	222.30	2	267.80	2	313.30
3	40.95	3	86.45	3	131.95	3	177.45	3	222.95	3	268.45	3	313.95
4	41.60	4	87.10	4	132.60	4	178.10	4	223.60	4	269.10	4	314.60
5	42.25	5	87.75	5	133.25	5	178.75	5	224.25	5	269.75	5	315.25
6	42.90	6	88.40	6	133.90	6	179.40	6	224.90	6	270.40	6	315.90
7	43.55	7	89.05	7	134.55	7	180.05	7	225.55	7	271.05	7	316.55
8	44.20	8	89.70	8	135.20	8	180.70	8	226.20	8	271.70	8	317.20
9	44.85	9	90.35	9	135.85	9	181.35	9	226.85	9	272.35	9	317.85

Heures à 0.66 ? l'une.

Heures	Sommes	Heures	Sommes	Heures	Sommes	Heures	Sommes	Heures	Sommes	Heures	Sommes	Heures	Sommes
1	,66	70	46.20	140	92.40	210	138.60	280	184.80	350	231.„„	420	277.20
2	1.32	1	46.86	1	93.06	1	139.26	1	185.46	1	231.66	1	277.86
3	1.98	2	47.52	2	93.72	2	139.92	2	186.12	2	232.32	2	278.52
4	2.64	3	48.18	3	94.38	3	140.58	3	186.78	3	232.98	3	279.18
5	3.30	4	48.84	4	95.04	4	141.24	4	187.44	4	233.64	4	279.84
6	3.96	5	49.50	5	95.70	5	141.90	5	188.10	5	234.30	5	280.50
7	4.62	6	50.16	6	96.36	6	142.56	6	188.76	6	234.96	6	281.16
8	5.28	7	50.82	7	97.02	7	143.22	7	189.42	7	235.62	7	281.82
9	5.94	8	51.48	8	97.68	8	143.88	8	190.08	8	236.28	8	282.48
		9	52.14	9	98.34	9	144.54	9	190.74	9	236.94	9	283.14
10	6.60	80	52.80	150	99.„„	220	145.20	290	191.40	360	237.60	430	283.80
1	7.26	1	53.46	1	99.66	1	145.86	1	192.06	1	238.26	1	284.46
2	7.92	2	54.12	2	100.32	2	146.52	2	192.72	2	238.92	2	285.12
3	8.58	3	54.78	3	100.98	3	147.18	3	193.38	3	239.58	3	285.78
4	9.24	4	55.44	4	101.64	4	147.84	4	194.04	4	240.24	4	286.44
5	9.90	5	56.10	5	102.30	5	148.50	5	194.70	5	240.90	5	287.10
6	10.56	6	56.76	6	102.96	6	149.16	6	195.36	6	241.56	6	287.76
7	11.22	7	57.42	7	103.62	7	149.82	7	196.02	7	242.22	7	288.42
8	11.88	8	58.08	8	104.28	8	150.48	8	196.68	8	242.88	8	289.08
9	12.54	9	58.74	9	104.94	9	151.14	9	197.34	9	243.54	9	289.74
20	13.20	90	59.40	160	105.60	230	151.80	300	198.„„	370	244.20	440	290.40
1	13.86	1	60.06	1	106.26	1	152.46	1	198.66	1	244.86	1	291.06
2	14.52	2	60.72	2	106.92	2	153.12	2	199.32	2	245.52	2	291.72
3	15.18	3	61.38	3	107.58	3	153.78	3	199.98	3	246.18	3	292.38
4	15.84	4	62.04	4	108.24	4	154.44	4	200.64	4	246.84	4	293.04
5	16.50	5	62.70	5	108.90	5	155.10	5	201.30	5	247.50	5	293.70
6	17.16	6	63.36	6	109.56	6	155.76	6	201.96	6	248.16	6	294.36
7	17.82	7	64.02	7	110.22	7	156.42	7	202.62	7	248.82	7	295.02
8	18.48	8	64.68	8	110.88	8	157.08	8	203.28	8	249.48	8	295.68
9	19.14	9	65.34	9	111.54	9	157.74	9	203.94	9	250.14	9	296.34
30	19.80	100	66.„„	170	112.20	240	158.40	310	204.60	380	250.80	450	297.„„
1	20.46	1	66.66	1	112.86	1	159.06	1	205.26	1	251.46	1	297.66
2	21.12	2	67.32	2	113.52	2	159.72	2	205.92	2	252.12	2	298.32
3	21.78	3	67.98	3	114.18	3	160.38	3	206.58	3	252.78	3	298.98
4	22.44	4	68.34	4	114.84	4	161.04	4	207.24	4	253.44	4	299.64
5	23.10	5	69.30	5	115.50	5	161.70	5	207.90	5	254.10	5	300.30
6	23.76	6	69.96	6	116.16	6	162.36	6	208.56	6	254.76	6	300.96
7	24.42	7	70.62	7	116.82	7	163.02	7	209.22	7	255.42	7	301.62
8	25.08	8	71.28	8	117.48	8	163.68	8	209.88	8	256.08	8	302.28
9	25.74	9	71.94	9	118.14	9	164.34	9	210.54	9	256.74	9	302.94
40	26.40	110	72.60	180	118.80	250	165.„„	320	211.20	390	257.40	460	303.60
1	27.06	1	73.26	1	119.46	1	165.66	1	211.86	1	258.06	1	304.26
2	27.72	2	73.92	2	120.12	2	166.32	2	212.52	2	258.72	2	304.92
3	28.38	3	74.58	3	120.78	3	166.98	3	213.18	3	259.38	3	305.58
4	29.04	4	75.24	4	121.44	4	167.64	4	213.84	4	260.04	4	306.24
5	29.70	5	75.90	5	122.10	5	168.30	5	214.50	5	260.70	5	306.90
6	30.36	6	76.56	6	122.76	6	168.96	6	215.16	6	261.36	6	307.56
7	31.02	7	77.22	7	123.42	7	169.62	7	215.82	7	262.02	7	308.22
8	31.68	8	77.88	8	124.08	8	170.28	8	216.48	8	262.68	8	308.88
9	32.34	9	78.54	9	124.74	9	170.94	9	217.14	9	263.34	9	309.54
50	33.„„	120	79.20	190	125.40	260	171.60	330	217.80	400	264.„„	470	310.20
1	33.66	1	79.86	1	126.06	1	172.26	1	218.46	1	264.66	1	310.86
2	34.32	2	80.52	2	126.72	2	172.92	2	219.12	2	265.32	2	311.52
3	34.98	3	81.18	3	127.38	3	173.58	3	219.78	3	265.98	3	312.18
4	35.64	4	81.84	4	128.04	4	174.24	4	220.44	4	266.64	4	312.84
5	36.30	5	82.50	5	128.70	5	174.90	5	221.10	5	267.30	5	313.50
6	36.96	6	83.16	6	129.36	6	175.56	6	221.76	6	267.96	6	314.16
7	37.62	7	83.82	7	130.02	7	176.22	7	222.42	7	268.62	7	314.82
8	38.28	8	84.48	8	130.68	8	176.88	8	223.08	8	269.28	8	315.48
9	38.94	9	85.14	9	131.34	9	177.54	9	223.74	9	269.94	9	316.14
60	39.60	130	85.80	200	132.„„	270	178.20	340	224.40	410	270.60	480	316.80
1	40.26	1	86.46	1	132.66	1	178.86	1	225.06	1	271.26	1	317.46
2	40.92	2	87.12	2	133.32	2	179.52	2	225.72	2	271.92	2	318.12
3	41.58	3	87.78	3	133.98	3	180.18	3	226.38	3	272.58	3	318.78
4	42.24	4	88.44	4	134.64	4	180.84	4	227.04	4	273.24	4	319.44
5	42.90	5	89.10	5	135.30	5	181.50	5	227.70	5	273.90	5	320.10
6	43.56	6	89.76	6	135.96	6	182.16	6	228.36	6	274.56	6	320.76
7	44.22	7	90.42	7	136.62	7	182.82	7	229.02	7	275.22	7	321.42
8	44.88	8	91.08	8	137.28	8	183.48	8	229.68	8	275.88	8	322.08
9	45.54	9	91.74	9	137.94	9	184.14	9	230.34	9	276.54	9	322.74

Heures à 0.67 ℔ l'une.

Heures	Sommes	Heures	Sommes	Heures	Sommes	Heures	Sommes	Heures	Sommes	Heures	Sommes	Heures	Sommes
1	. 67	70	46.90	140	93.80	210	140.70	280	187.60	350	234.50	420	281.40
2	1.34	71	47.57	141	94.47	211	141.37	281	188.27	351	235.17	421	282.07
3	2.01	72	48.24	142	95.14	212	142.04	282	188.94	352	235.84	422	282.74
4	2.68	73	48.91	143	95.81	213	142.71	283	189.61	353	236.51	423	283.41
5	3.35	74	49.58	144	96.48	214	143.38	284	190.28	354	237.18	424	284.08
6	4.02	75	50.25	145	97.15	215	144.05	285	190.95	355	237.85	425	284.75
7	4.69	76	50.92	146	97.82	216	144.72	286	191.62	356	238.52	426	285.42
8	5.36	77	51.59	147	98.49	217	145.39	287	192.29	357	239.19	427	286.09
9	6.03	78	52.26	148	99.16	218	146.06	288	192.96	358	239.86	428	286.76
		79	52.93	149	99.83	219	146.73	289	193.63	359	240.53	429	287.43
10	.6.70	80	53.60	150	100.50	220	147.40	290	194.30	360	241.20	430	288.10
11	7.37	81	54.27	151	101.17	221	148.07	291	194.97	361	241.87	431	288.77
12	8.04	82	54.94	152	101.84	222	148.74	292	195.64	362	242.54	432	289.44
13	8.71	83	55.61	153	102.51	223	149.41	293	196.31	363	243.21	433	290.11
14	9.38	84	56.28	154	103.18	224	150.08	294	196.98	364	243.88	434	290.78
15	10.05	85	56.95	155	103.85	225	150.75	295	197.65	365	244.55	435	291.45
16	10.72	86	57.62	156	104.52	226	151.42	296	198.32	366	245.22	436	292.12
17	11.39	87	58.29	157	105.19	227	152.09	297	198.99	367	245.89	437	292.79
18	12.06	88	58.96	158	105.86	228	152.76	298	199.66	368	246.56	438	293.46
19	12.73	89	59.63	159	106.53	229	153.43	299	200.33	369	247.23	439	294.13
20	13.40	90	60.30	160	107.20	230	154.10	300	201. ..	370	247.90	440	294.80
21	14.07	91	60.97	161	107.87	231	154.77	301	201.67	371	248.57	441	295.47
22	14.74	92	61.64	162	108.54	232	155.44	302	202.34	372	249.24	442	296.14
23	15.41	93	62.31	163	109.21	233	156.11	303	203.01	373	249.91	443	296.81
24	16.08	94	62.98	164	109.88	234	156.78	304	203.68	374	250.58	444	297.48
25	16.75	95	63.65	165	110.55	235	157.45	305	204.35	375	251.25	445	298.15
26	17.42	96	64.32	166	111.22	236	158.12	306	205.02	376	251.92	446	298.82
27	18.09	97	64.99	167	111.89	237	158.79	307	205.69	377	252.59	447	299.49
28	18.76	98	65.66	168	112.56	238	159.46	308	206.36	378	253.26	448	300.16
29	19.43	99	66.33	169	113.23	239	160.13	309	207.03	379	253.93	449	300.83
30	20.10	100	67. ..	170	113.90	240	160.80	310	207.70	380	254.60	450	301.50
31	20.77	101	67.67	171	114.57	241	161.47	311	208.37	381	255.27	451	302.17
32	21.44	102	68.34	172	115.24	242	162.14	312	209.04	382	255.94	452	302.84
33	22.11	103	69.01	173	115.91	243	162.81	313	209.71	383	256.61	453	303.51
34	22.78	104	69.68	174	116.58	244	163.48	314	210.38	384	257.28	454	304.18
35	23.45	105	70.35	175	117.25	245	164.15	315	211.05	385	257.95	455	304.85
36	24.12	106	71.02	176	117.92	246	164.82	316	211.72	386	258.62	456	305.52
37	24.79	107	71.69	177	118.59	247	165.49	317	212.39	387	259.29	457	306.19
38	25.46	108	72.36	178	119.26	248	166.16	318	213.06	388	259.96	458	306.86
39	26.13	109	73.03	179	119.93	249	166.83	319	213.73	389	260.63	459	307.53
40	26.80	110	73.70	180	120.60	250	167.50	320	214.40	390	261.30	460	308.20
41	27.47	111	74.37	181	121.27	251	168.17	321	215.07	391	261.97	461	308.87
42	28.14	112	75.04	182	121.94	252	168.84	322	215.74	392	262.64	462	309.54
43	28.81	113	75.71	183	122.61	253	169.51	323	216.41	393	263.31	463	310.21
44	29.48	114	76.38	184	123.28	254	170.18	324	217.08	394	263.98	464	310.88
45	30.15	115	77.05	185	123.95	255	170.85	325	217.75	395	264.65	465	311.55
46	30.82	116	77.72	186	124.62	256	171.52	326	218.42	396	265.32	466	312.22
47	31.49	117	78.39	187	125.29	257	172.19	327	219.09	397	265.99	467	312.89
48	32.16	118	79.06	188	125.96	258	172.86	328	219.76	398	266.66	468	313.56
49	32.83	119	79.73	189	126.63	259	173.53	329	220.43	399	267.33	469	314.23
50	33.50	120	80.40	190	127.30	260	174.20	330	221.10	400	268. ..	470	314.90
51	34.17	121	81.07	191	127.97	261	174.87	331	221.77	401	268.67	471	315.57
52	34.84	122	81.74	192	128.64	262	175.54	332	222.44	402	269.34	472	316.24
53	35.51	123	82.41	193	129.31	263	176.21	333	223.11	403	270.01	473	316.91
54	36.18	124	83.08	194	129.98	264	176.88	334	223.78	404	270.68	474	317.58
55	36.85	125	83.75	195	130.65	265	177.55	335	224.45	405	271.35	475	318.25
56	37.52	126	84.42	196	131.32	266	178.22	336	225.12	406	272.02	476	318.92
57	38.19	127	85.09	197	131.99	267	178.89	337	225.79	407	272.69	477	319.59
58	38.86	128	85.76	198	132.66	268	179.56	338	226.46	408	273.36	478	320.26
59	39.53	129	86.43	199	133.33	269	180.23	339	227.13	409	274.03	479	320.93
60	40.20	130	87.10	200	134. ..	270	180.90	340	227.80	410	274.70	480	321.60
61	40.87	131	87.77	201	134.67	271	181.57	341	228.47	411	275.37	481	322.27
62	41.54	132	88.44	202	135.34	272	182.24	342	229.14	412	276.04	482	322.94
63	42.21	133	89.11	203	136.01	273	182.91	343	229.81	413	276.71	483	323.61
64	42.88	134	89.78	204	136.68	274	183.58	344	230.48	414	277.38	484	324.28
65	43.55	135	90.45	205	137.35	275	184.25	345	231.15	415	278.05	485	324.95
66	44.22	136	91.12	206	138.02	276	184.92	346	231.82	416	278.72	486	325.62
67	44.89	137	91.79	207	138.69	277	185.59	347	232.49	417	279.39	487	326.29
68	45.56	138	92.46	208	139.36	278	186.26	348	233.16	418	280.06	488	326.96
69	46.23	139	93.13	209	140.03	279	186.93	349	233.83	419	280.73	489	327.63

Heures à 0.68 f l'une.

Heures.	Sommes.	Heures.	Sommes.	Heures.	Sommes.	Heures.	Sommes.	Heures.	Sommes.	Heures.	Sommes.	Heures.	Sommes.
1	. 68	70	47.60	140	95.20	210	142.80	280	190.40	350	238. ""	420	285.60
2	1.36	1	48.28	1	95.88	1	143.48	1	191.08	1	238.68	1	286.28
3	2.04	2	48.96	2	96.56	2	144.16	2	191.76	2	239.36	2	286.96
4	2.72	3	49.64	3	97.24	3	144.84	3	192.44	3	240.04	3	287.64
5	3.40	4	50.32	4	97.92	4	145.52	4	193.12	4	240.72	4	288.32
6	4.08	5	51. ""	5	98.60	5	146.20	5	193.80	5	241.40	5	289. ""
7	4.76	6	51.68	6	99.28	6	146.88	6	194.48	6	242.08	6	289.68
8	5.44	7	52.36	7	99.96	7	147.56	7	195.16	7	242.76	7	290.36
9	6.12	8	53.04	8	100.64	8	148.24	8	195.84	8	243.44	8	291.04
		9	53.72	9	101.32	9	148.92	9	196.52	9	244.12	9	291.72
10	6.80	80	54.40	150	102. ""	220	149.60	290	197.20	360	244.80	430	291.40
1	7.48	1	55.08	1	102.68	1	150.28	1	197.88	1	245.48	1	293.08
2	8.16	2	55.76	2	103.36	2	150.96	2	198.56	2	246.16	2	293.76
3	8.84	3	56.44	3	104.04	3	151.64	3	199.24	3	246.84	3	294.44
4	9.52	4	57.12	4	104.72	4	152.32	4	199.92	4	247.52	4	295.12
5	10.20	5	57.80	5	105.40	5	153. ""	5	200.60	5	248.20	5	295.80
6	10.88	6	58.48	6	106.08	6	153.68	6	201.28	6	248.88	6	296.48
7	11.56	7	59.16	7	106.76	7	154.36	7	201.96	7	249.56	7	297.16
8	12.24	8	59.84	8	107.44	8	155.04	8	202.64	8	250.24	8	297.84
9	12.92	9	60.52	9	108.12	9	155.72	9	203.32	9	250.92	9	298.52
20	13.60	90	61.20	160	108.80	230	156.40	300	204. ""	370	251.60	440	299.20
1	14.28	1	61.88	1	109.48	1	157.08	1	204.68	1	252.28	1	299.88
2	14.96	2	62.56	2	110.16	2	157.76	2	205.36	2	252.96	2	300.56
3	15.64	3	63.24	3	110.84	3	158.44	3	206.04	3	253.64	3	301.24
4	16.32	4	63.92	4	111.52	4	159.12	4	206.72	4	254.32	4	301.92
5	17. ""	5	64.60	5	112.20	5	159.180	5	207.40	5	255. ""	5	302.60
6	17.68	6	65.28	6	112.88	6	160.48	6	208.08	6	255.68	6	303.28
7	18.36	7	65.96	7	113.56	7	161.16	7	208.76	7	256.36	7	303.96
8	19.04	8	66.64	8	114.24	8	161.84	8	209.44	8	257.04	8	304.64
9	19.72	9	67.32	9	114.92	9	162.52	9	210.12	9	257.72	9	305.32
30	20.40	100	68. ""	170	115.60	240	163.20	310	210.80	380	258.40	450	306. ""
1	21.08	1	68.88	1	116.28	1	163.88	1	211.48	1	259.08	1	306.68
2	21.76	2	69.36	2	116.96	2	164.56	2	212.16	2	259.76	2	307.36
3	22.44	3	70.04	3	117.64	3	165.24	3	212.84	3	260.44	3	308.04
4	23.12	4	70.72	4	118.32	4	165.92	4	213.52	4	261.12	4	308.72
5	23.80	5	71.40	5	119. ""	5	166.60	5	214.20	5	261.80	5	309.40
6	24.48	6	72.08	6	119.68	6	167.28	6	214.88	6	262.48	6	310.08
7	25.16	7	72.76	7	120.36	7	167.96	7	215.56	7	263.16	7	310.76
8	25.84	8	73.44	8	121.04	8	168.64	8	216.24	8	263.84	8	311.44
9	26.52	9	74.12	9	121.72	9	169.32	9	216.92	9	264.52	9	312.12
40	27.20	110	74.80	180	122.40	250	170. ""	320	217.60	390	265.20	460	312.80
1	27.88	1	75.48	1	123.08	1	170.68	1	218.28	1	265.88	1	313.48
2	28.56	2	76.16	2	123.76	2	171.36	2	218.96	2	266.56	2	314.16
3	29.24	3	76.84	3	124.44	3	172.04	3	219.64	3	267.24	3	314.84
4	29.92	4	77.52	4	125.12	4	172.72	4	220.32	4	267.92	4	315.52
5	30.60	5	78.20	5	125.80	5	173.40	5	221. ""	5	268.60	5	316.20
6	31.28	6	78.88	6	126.48	6	174.08	6	221.68	6	269.28	6	316.88
7	31.96	7	79.56	7	127.16	7	174.76	7	222.36	7	269.96	7	317.56
8	32.64	8	80.24	8	127.84	8	175.44	8	223.04	8	270.64	8	318.24
9	33.32	9	80.92	9	128.52	9	176.12	9	223.72	9	271.32	9	318.92
50	34. ""	120	81.60	190	129.20	260	176.80	330	224.40	400	272. ""	470	319.60
1	34.68	1	82.28	1	129.88	1	177.48	1	225.08	1	272.68	1	320.28
2	35.36	2	82.96	2	130.56	2	178.16	2	225.76	2	273.36	2	320.96
3	36.04	3	83.64	3	131.24	3	178.84	3	226.44	3	274.04	3	321.64
4	36.72	4	84.32	4	131.92	4	179.52	4	227.12	4	274.72	4	322.32
5	37.40	5	85. ""	5	132.60	5	180.20	5	227.80	5	275.40	5	323. ""
6	38.08	6	85.68	6	133.28	6	180.88	6	228.48	6	276.08	6	323.68
7	38.76	7	86.36	7	133.96	7	181.56	7	229.16	7	276.76	7	324.36
8	39.44	8	87.04	8	134.64	8	182.24	8	229.84	8	277.44	8	325.04
9	40.12	9	87.72	9	135.32	9	182.92	9	230.52	9	278.12	9	325.72
60	40.80	130	88.40	200	136. ""	270	183.60	340	231.20	410	278.80	480	326.40
1	41.48	1	89.08	1	136.68	1	184.28	1	231.88	1	279.48	1	327.08
2	42.16	2	89.76	2	137.36	2	184.96	2	232.56	2	280.16	2	327.76
3	42.84	3	90.44	3	138.04	3	185.64	3	233.24	3	280.84	3	328.44
4	43.52	4	91.12	4	138.72	4	186.32	4	233.92	4	281.52	4	329.12
5	44.20	5	91.80	5	139.40	5	187. ""	5	234.60	5	282.20	5	329.80
6	44.88	6	92.48	6	140.08	6	187.68	6	235.28	6	282.88	6	330.48
7	45.56	7	93.16	7	140.76	7	188.36	7	235.96	7	283.56	7	331.16
8	46.24	8	93.84	8	141.44	8	189.04	8	236.64	8	284.24	8	331.84
9	46.92	9	94.52	9	142.12	9	189.72	9	237.32	9	284.92	9	332.52

Heures à 0.69 f l'une.

Heures.	Sommes.	Heures.	Sommes.	Heures.	Sommes.	Heures.	Sommes.	Heures.	Sommes.	Heures.	Sommes.	Heures.	Sommes.
1	„ 69	70	48.30	140	96.60	210	144.90	280	193.20	350	241.50	420	289.80
2	1.38	1	48.99	1	97.29	1	145.59	1	193.89	1	242.19	1	290.49
3	2.07	2	49.68	2	97.98	2	146.28	2	194.58	2	242.88	2	291.18
4	2.76	3	50.37	3	98.67	3	146.97	3	195.27	3	243.57	3	291.87
5	3.45	4	51.06	4	99.36	4	147.66	4	195.96	4	244.26	4	292.56
6	4.14	5	51.75	5	100.05	5	148.35	5	196.65	5	244.95	5	293.25
7	4.83	6	52.44	6	100.74	6	149.04	6	197.34	6	245.64	6	293.94
8	5.52	7	53.13	7	101.43	7	149.73	7	198.03	7	246.33	7	294.63
9	6.21	8	53.82	8	102.12	8	150.42	8	198.72	8	247.02	8	295.32
		9	54.51	9	102.81	9	151.11	9	199.41	9	247.71	9	296.01
10	6.90	80	55.20	150	103.50	220	151.80	290	200.10	360	248.40	430	296.70
1	7.59	1	55.89	1	104.19	1	152.49	1	200.79	1	249.09	1	297.39
2	8.28	2	56.58	2	104.88	2	153.18	2	201.48	2	249.78	2	298.08
3	8.97	3	57.27	3	105.57	3	153.87	3	202.17	3	250.47	3	298.77
4	9.66	4	57.96	4	106.26	4	154.56	4	202.86	4	251.16	4	299.46
5	10.35	5	58.65	5	106.95	5	155.25	5	203.55	5	251.85	5	300.15
6	11.04	6	59.34	6	107.64	6	155.94	6	204.24	6	252.54	6	300.84
7	11.73	7	60.03	7	108.33	7	156.63	7	204.93	7	253.23	7	301.53
8	12.42	8	60.72	8	109.02	8	157.32	8	205.62	8	253.92	8	302.22
9	13.11	9	61.41	9	109.71	9	158.01	9	206.31	9	254.61	9	302.91
20	13.80	90	62.10	160	110.40	230	158.70	300	207. „	370	255.30	440	303.60
1	14.49	1	62.79	1	111.09	1	159.39	1	207.69	1	255.99	1	304.29
2	15.18	2	63.48	2	111.78	2	160.08	2	208.38	2	256.68	2	304.98
3	15.87	3	64.17	3	112.47	3	160.77	3	209.07	3	257.37	3	305.67
4	16.56	4	64.86	4	113.16	4	161.46	4	209.76	4	258.06	4	306.36
5	17.25	5	65.55	5	113.85	5	162.15	5	210.45	5	258.75	5	307.05
6	17.94	6	66.24	6	114.54	6	162.84	6	211.14	6	259.44	6	307.74
7	18.63	7	66.93	7	115.23	7	163.53	7	211.83	7	260.13	7	308.43
8	19.32	8	67.62	8	115.92	8	164.22	8	212.52	8	260.82	8	309.12
9	20.01	9	68.31	9	116.61	9	164.91	9	213.21	9	261.51	9	309.81
30	20.70	100	69. „	170	117.30	240	165.60	310	213.90	380	262.20	450	310.50
1	21.39	1	69.69	1	117.99	1	166.29	1	214.59	1	262.89	1	311.19
2	22.08	2	70.38	2	118.68	2	166.98	2	215.28	2	263.58	2	311.88
3	22.77	3	71.07	3	119.37	3	167.67	3	215.97	3	264.27	3	312.57
4	23.46	4	71.76	4	120.06	4	168.36	4	216.66	4	264.96	4	313.26
5	24.15	5	72.45	5	120.75	5	169.05	5	217.35	5	265.65	5	313.95
6	24.84	6	73.14	6	121.44	6	169.74	6	218.04	6	266.34	6	314.64
7	25.53	7	73.83	7	122.13	7	170.43	7	218.73	7	267.03	7	315.33
8	26.22	8	74.52	8	122.82	8	171.12	8	219.42	8	267.72	8	316.02
9	26.91	9	75.21	9	123.51	9	171.81	9	220.11	9	268.41	9	316.71
40	27.60	110	75.90	180	124.20	250	172.50	320	220.80	390	269.10	460	317.40
1	28.29	1	76.59	1	124.89	1	173.19	1	221.49	1	269.79	1	318.09
2	28.98	2	77.28	2	125.58	2	173.88	2	222.18	2	270.48	2	318.78
3	29.67	3	77.97	3	126.27	3	174.57	3	222.87	3	271.17	3	319.47
4	30.36	4	78.66	4	126.96	4	175.26	4	223.56	4	271.86	4	320.16
5	31.05	5	79.35	5	127.65	5	175.95	5	224.25	5	272.55	5	320.85
6	31.74	6	80.04	6	128.34	6	176.64	6	224.94	6	273.24	6	321.54
7	32.43	7	80.73	7	129.03	7	177.33	7	225.63	7	273.93	7	322.23
8	33.12	8	81.42	8	129.72	8	178.02	8	226.32	8	274.62	8	322.92
9	33.81	9	82.11	9	130.41	9	178.71	9	227.01	9	275.31	9	323.61
50	34.50	120	82.80	190	131.10	260	179.40	330	227.70	400	276. „	470	324.30
1	35.19	1	83.49	1	131.79	1	180.09	1	228.39	1	276.69	1	324.99
2	35.88	2	84.18	2	132.48	2	180.78	2	229.08	2	277.38	2	325.68
3	36.57	3	84.87	3	133.17	3	181.47	3	229.77	3	278.07	3	326.37
4	37.26	4	85.56	4	133.86	4	182.16	4	230.46	4	278.76	4	327.06
5	37.95	5	86.25	5	134.55	5	182.85	5	231.15	5	279.45	5	327.75
6	38.64	6	86.94	6	135.24	6	183.54	6	231.84	6	280.14	6	328.44
7	39.33	7	87.63	7	135.93	7	184.23	7	232.53	7	280.83	7	329.13
8	40.02	8	88.32	8	136.62	8	184.92	8	233.22	8	281.52	8	329.82
9	40.71	9	89.01	9	137.31	9	185.61	9	233.91	9	282.21	9	330.51
60	41.40	130	89.70	200	138. „	270	186.30	340	234.60	410	282.90	480	331.20
1	42.09	1	90.39	1	138.69	1	186.99	1	235.29	1	283.59	1	331.89
2	42.78	2	91.08	2	139.38	2	187.68	2	235.98	2	284.28	2	332.58
3	43.47	3	91.77	3	140.07	3	188.37	3	236.67	3	284.97	3	333.27
4	44.16	4	92.46	4	140.76	4	189.06	4	237.36	4	285.66	4	333.96
5	44.85	5	93.15	5	141.45	5	189.75	5	238.05	5	286.35	5	334.65
6	45.54	6	93.84	6	142.14	6	190.44	6	238.74	6	287.04	6	335.34
7	46.23	7	94.53	7	142.83	7	191.13	7	239.43	7	287.73	7	336.03
8	46.92	8	95.22	8	143.52	8	191.82	8	240.12	8	288.42	8	336.72
9	47.61	9	95.91	9	144.21	9	192.51	9	240.81	9	289.11	9	337.41

0.69

Heures à 0.70 d. l'une.

Heures	Sommes	Heures	Sommes	Heures	Sommes	Heures	Sommes	Heures	Sommes	Heures	Sommes	Heures	Sommes
1	.. 70	70	49. ..	140	98. ..	210	147. ..	280	196. ..	350	245. ..	420	294. ..
2	1. 40	1	49. 70	1	98. 70	1	147. 70	1	196. 70	1	245. 70	1	294. 70
3	2. 10	2	50. 40	2	99. 40	2	148. 40	2	197. 40	2	246. 40	2	295. 40
4	2. 80	3	51. 10	3	100. 10	3	149. 10	3	198. 10	3	247. 10	3	296. 10
5	3. 50	4	51. 80	4	100. 80	4	149. 80	4	198. 80	4	247. 80	4	296. 80
6	4. 20	5	52. 50	5	101. 50	5	150. 50	5	199. 50	5	248. 50	5	297. 50
7	4. 90	6	53. 20	6	102. 20	6	151. 20	6	200. 20	6	249. 20	6	298. 20
8	5. 60	7	53. 90	7	102. 90	7	151. 90	7	200. 90	7	249. 90	7	298. 90
9	6. 30	8	54. 60	8	103. 60	8	152. 60	8	201. 60	8	250. 60	8	299. 60
		9	55. 30	9	104. 30	9	153. 30	9	202. 30	9	251. 30	9	300. 30
10	7. ..	80	56. ..	150	105. ..	220	154. ..	290	203. ..	360	252. ..	430	301. ..
1	7. 70	1	56. 70	1	105. 70	1	154. 70	1	203. 70	1	252. 70	1	301. 70
2	8. 40	2	57. 40	2	106. 40	2	155. 40	2	204. 40	2	253. 40	2	302. 40
3	9. 10	3	58. 10	3	107. 10	3	156. 10	3	205. 10	3	254. 10	3	303. 10
4	9. 80	4	58. 80	4	107. 80	4	156. 80	4	205. 80	4	254. 80	4	303. 80
5	10. 50	5	59. 50	5	108. 50	5	157. 50	5	206. 50	5	255. 50	5	304. 50
6	11. 20	6	60. 20	6	109. 20	6	158. 20	6	207. 20	6	256. 20	6	305. 20
7	11. 90	7	60. 90	7	109. 90	7	158. 90	7	207. 90	7	256. 90	7	305. 90
8	12. 60	8	61. 60	8	110. 60	8	159. 60	8	208. 60	8	257. 60	8	306. 60
9	13. 30	9	62. 30	9	111. 30	9	160. 30	9	209. 30	9	258. 30	9	307. 30
20	14. ..	90	63. ..	160	112. ..	230	161. ..	300	210. ..	370	259. ..	440	308. ..
1	14. 70	1	63. 70	1	112. 70	1	161. 70	1	210. 70	1	259. 70	1	308. 70
2	15. 40	2	64. 40	2	113. 40	2	162. 40	2	211. 40	2	260. 40	2	309. 40
3	16. 10	3	65. 10	3	114. 10	3	163. 10	3	212. 10	3	261. 10	3	310. 10
4	16. 80	4	65. 80	4	114. 80	4	163. 80	4	212. 80	4	261. 80	4	310. 80
5	17. 50	5	66. 50	5	115. 50	5	164. 50	5	213. 50	5	262. 50	5	311. 50
6	18. 20	6	67. 20	6	116. 20	6	165. 20	6	214. 20	6	263. 20	6	312. 20
7	18. 90	7	67. 90	7	116. 90	7	165. 90	7	214. 90	7	263. 90	7	312. 90
8	19. 60	8	68. 60	8	117. 60	8	166. 60	8	215. 60	8	264. 60	8	313. 60
9	20. 30	9	69. 30	9	118. 30	9	167. 30	9	216. 30	9	265. 30	9	314. 30
30	21. ..	100	70. ..	170	119. ..	240	168. ..	310	217. ..	380	266. ..	450	315. ..
1	21. 70	1	70. 70	1	119. 70	1	168. 70	1	217. 70	1	266. 70	1	315. 70
2	22. 40	2	71. 40	2	120. 40	2	169. 40	2	218. 40	2	267. 40	2	316. 40
3	23. 10	3	72. 10	3	121. 10	3	170. 10	3	219. 10	3	268. 10	3	317. 10
4	23. 80	4	72. 80	4	121. 80	4	170. 80	4	219. 80	4	268. 80	4	317. 80
5	24. 50	5	73. 50	5	122. 50	5	171. 50	5	220. 50	5	269. 50	5	318. 50
6	25. 20	6	74. 20	6	123. 20	6	172. 20	6	221. 20	6	270. 20	6	319. 20
7	25. 90	7	74. 90	7	123. 90	7	172. 90	7	221. 90	7	270. 90	7	319. 90
8	26. 60	8	75. 60	8	124. 60	8	173. 60	8	222. 60	8	271. 60	8	320. 60
9	27. 30	9	76. 30	9	125. 30	9	174. 30	9	223. 30	9	272. 30	9	321. 30
40	28. ..	110	77. ..	180	126. ..	250	175. ..	320	224. ..	390	273. ..	460	322. ..
1	28. 70	1	77. 70	1	126. 70	1	175. 70	1	224. 70	1	273. 70	1	322. 70
2	29. 40	2	78. 40	2	127. 40	2	176. 40	2	225. 40	2	274. 40	2	323. 40
3	30. 10	3	79. 10	3	128. 10	3	177. 10	3	226. 10	3	275. 10	3	324. 10
4	30. 80	4	79. 80	4	128. 80	4	177. 80	4	226. 80	4	275. 80	4	324. 80
5	31. 50	5	80. 50	5	129. 50	5	178. 50	5	227. 50	5	276. 50	5	325. 50
6	32. 20	6	81. 20	6	130. 20	6	179. 20	6	228. 20	6	277. 20	6	326. 20
7	32. 90	7	81. 90	7	130. 90	7	179. 90	7	228. 90	7	277. 90	7	326. 90
8	33. 60	8	82. 60	8	131. 60	8	180. 60	8	229. 60	8	278. 60	8	327. 60
9	34. 30	9	83. 30	9	132. 30	9	181. 30	9	230. 30	9	279. 30	9	328. 30
50	35. ..	120	84. ..	190	133. ..	260	182. ..	330	231. ..	400	280. ..	470	329. ..
1	35. 70	1	84. 70	1	133. 70	1	182. 70	1	231. 70	1	280. 70	1	329. 70
2	36. 40	2	85. 40	2	134. 40	2	183. 40	2	232. 40	2	281. 40	2	330. 40
3	37. 10	3	86. 10	3	135. 10	3	184. 10	3	233. 10	3	282. 10	3	331. 10
4	37. 80	4	86. 80	4	135. 80	4	184. 80	4	233. 80	4	282. 80	4	331. 80
5	38. 50	5	87. 50	5	136. 50	5	185. 50	5	234. 50	5	283. 50	5	332. 50
6	39. 20	6	88. 20	6	137. 20	6	186. 20	6	235. 20	6	284. 20	6	333. 20
7	39. 90	7	88. 90	7	137. 90	7	186. 90	7	235. 90	7	284. 90	7	333. 90
8	40. 60	8	89. 60	8	138. 60	8	187. 60	8	236. 60	8	285. 60	8	334. 60
9	41. 30	9	90. 30	9	139. 30	9	188. 30	9	237. 30	9	286. 30	9	335. 30
60	42. ..	130	91. ..	200	140. ..	270	189. ..	340	238. ..	410	287. ..	480	336. ..
1	42. 70	1	91. 70	1	140. 70	1	189. 70	1	238. 70	1	287. 70	1	336. 70
2	43. 40	2	92. 40	2	141. 40	2	190. 40	2	239. 40	2	288. 40	2	337. 40
3	44. 10	3	93. 10	3	142. 10	3	191. 10	3	240. 10	3	289. 10	3	338. 10
4	44. 80	4	93. 80	4	142. 80	4	191. 80	4	240. 80	4	289. 80	4	338. 80
5	45. 50	5	94. 50	5	143. 50	5	192. 50	5	241. 50	5	290. 50	5	339. 50
6	46. 20	6	95. 20	6	144. 20	6	193. 20	6	242. 20	6	291. 20	6	340. 20
7	46. 90	7	95. 90	7	144. 90	7	193. 90	7	242. 90	7	291. 90	7	340. 90
8	47. 60	8	96. 60	8	145. 60	8	194. 60	8	243. 60	8	292. 60	8	341. 60
9	48. 30	9	97. 30	9	146. 30	9	195. 30	9	244. 30	9	293. 30	9	342. 30

Heures à 0.71 d. l'une.

Heures.	Sommes.	Heures.	Sommes.	Heures.	Sommes.	Heures.	Sommes.	Heures.	Sommes.	Heures.	Sommes.	Heures.	Sommes.
1	" 71	70	49.70	140	99.40	210	149.10	280	198.80	350	248.50	420	298.20
2	1.42	1	50.41	1	100.11	1	149.81	1	199.51	1	249.21	1	298.91
3	2.13	2	51.12	2	100.82	2	150.52	2	200.22	2	249.92	2	299.62
4	2.84	3	51.83	3	101.53	3	151.23	3	200.93	3	250.63	3	300.33
5	3.55	4	52.54	4	102.24	4	151.94	4	201.64	4	251.34	4	301.04
6	4.26	5	53.25	5	102.95	5	152.65	5	202.35	5	252.05	5	301.75
7	4.97	6	53.96	6	103.66	6	153.36	6	203.06	6	252.76	6	302.46
8	5.68	7	54.67	7	104.37	7	154.07	7	203.77	7	253.47	7	303.17
9	6.39	8	55.38	8	105.08	8	154.78	8	204.48	8	254.18	8	303.88
		9	56.09	9	105.79	9	155.49	9	205.19	9	254.89	9	304.59
10	7.10	80	56.80	150	106.50	220	156.20	290	205.90	360	255.60	430	305.30
1	7.81	1	57.51	1	107.21	1	156.91	1	206.61	1	256.31	1	306.01
2	8.52	2	58.22	2	107.92	2	157.62	2	207.32	2	257.02	2	306.72
3	9.23	3	58.93	3	108.63	3	158.33	3	208.03	3	257.73	3	307.43
4	9.94	4	59.64	4	109.34	4	159.04	4	208.74	4	258.44	4	308.14
5	10.65	5	60.35	5	110.05	5	159.75	5	209.45	5	259.15	5	308.85
6	11.36	6	61.06	6	110.76	6	160.46	6	210.16	6	259.86	6	309.56
7	12.07	7	61.77	7	111.47	7	161.17	7	210.87	7	260.57	7	310.27
8	12.78	8	62.48	8	112.18	8	161.88	8	211.58	8	261.28	8	310.98
9	13.49	9	63.19	9	112.89	9	162.59	9	212.29	9	261.99	9	311.69
20	14.20	90	63.90	160	113.60	230	163.30	300	213.00	370	262.70	440	312.40
1	14.91	1	64.61	1	114.31	1	164.01	1	213.71	1	263.41	1	313.11
2	15.62	2	65.32	2	115.02	2	164.72	2	214.42	2	264.12	2	313.82
3	16.33	3	66.03	3	115.73	3	165.43	3	215.13	3	264.83	3	314.53
4	17.04	4	66.74	4	116.44	4	166.14	4	215.84	4	265.54	4	315.24
5	17.75	5	67.45	5	117.15	5	166.85	5	216.55	5	266.25	5	315.95
6	18.46	6	68.16	6	117.86	6	167.56	6	217.26	6	266.96	6	316.66
7	19.17	7	68.87	7	118.57	7	168.27	7	217.97	7	267.67	7	317.37
8	19.88	8	69.58	8	119.28	8	168.98	8	218.68	8	268.38	8	318.08
9	20.59	9	70.29	9	119.99	9	169.69	9	219.39	9	269.09	9	318.79
30	21.30	100	71.00	170	120.70	240	170.40	310	220.10	380	269.80	450	319.50
1	22.01	1	71.71	1	121.41	1	171.11	1	220.81	1	270.51	1	320.21
2	22.72	2	72.42	2	122.12	2	171.82	2	221.52	2	271.22	2	320.92
3	23.43	3	73.13	3	122.83	3	172.53	3	222.23	3	271.93	3	321.63
4	24.14	4	73.84	4	123.54	4	173.24	4	222.94	4	272.64	4	322.34
5	24.85	5	74.55	5	124.25	5	173.95	5	223.65	5	273.35	5	323.05
6	25.56	6	75.26	6	124.96	6	174.66	6	224.36	6	274.06	6	323.76
7	26.27	7	75.97	7	125.67	7	175.37	7	225.07	7	274.77	7	324.47
8	26.98	8	76.68	8	126.38	8	176.08	8	225.78	8	275.48	8	325.18
9	27.69	9	77.39	9	127.09	9	176.79	9	226.49	9	276.19	9	325.89
40	28.40	110	78.10	180	127.80	250	177.50	320	227.20	390	276.90	460	326.80
1	29.11	1	78.81	1	128.51	1	178.21	1	227.91	1	277.61	1	327.31
2	29.82	2	79.52	2	129.22	2	178.92	2	228.62	2	278.32	2	328.02
3	30.53	3	80.23	3	129.93	3	179.63	3	229.33	3	279.03	3	328.73
4	31.24	4	80.94	4	130.64	4	180.34	4	230.04	4	279.74	4	329.44
5	31.95	5	81.65	5	131.35	5	181.05	5	230.75	5	280.45	5	330.15
6	32.66	6	82.36	6	132.06	6	181.76	6	231.46	6	281.16	6	330.86
7	33.37	7	83.07	7	132.77	7	182.47	7	232.17	7	281.87	7	331.57
8	34.08	8	83.78	8	133.48	8	183.18	8	232.88	8	282.58	8	332.28
9	34.79	9	84.49	9	134.19	9	183.89	9	233.59	9	283.29	9	332.99
50	35.50	120	85.20	190	134.90	260	184.60	330	234.30	400	284.00	470	333.70
1	36.21	1	85.91	1	135.61	1	185.31	1	235.01	1	284.71	1	334.41
2	36.92	2	26.62	2	136.32	2	186.02	2	235.72	2	285.42	2	335.12
3	37.63	3	87.33	3	137.03	3	186.73	3	236.43	3	286.13	3	335.83
4	38.34	4	88.04	4	137.74	4	187.44	4	237.14	4	286.84	4	336.54
5	39.05	5	88.75	5	138.45	5	188.15	5	237.85	5	287.55	5	337.25
6	39.76	6	89.46	6	139.16	6	188.86	6	238.56	6	288.26	6	337.96
7	40.47	7	90.17	7	139.87	7	189.57	7	239.27	7	288.97	7	338.67
8	41.18	8	90.88	8	140.58	8	190.28	8	239.98	8	289.68	8	339.38
9	41.89	9	91.59	9	141.29	9	190.99	9	240.69	9	290.39	9	340.09
60	42.60	130	92.30	200	142.00	270	191.70	340	241.40	410	291.10	480	340.80
1	43.31	1	93.01	1	142.71	1	192.41	1	242.11	1	291.81	1	341.51
2	44.02	2	93.72	2	143.42	2	193.12	2	242.82	2	292.52	2	342.22
3	44.73	3	94.43	3	144.13	3	193.83	3	243.53	3	293.23	3	342.93
4	45.44	4	95.14	4	144.84	4	194.54	4	244.24	4	293.94	4	343.64
5	46.15	5	95.85	5	145.55	5	195.25	5	244.95	5	294.65	5	344.35
6	46.86	6	96.56	6	146.26	6	195.96	6	245.66	6	295.36	6	345.06
7	47.57	7	97.27	7	146.97	7	196.67	7	246.37	7	296.07	7	345.77
8	48.28	8	97.98	8	147.68	8	197.38	8	247.08	8	296.78	8	346.48
9	48.99	9	98.69	9	148.39	9	198.09	9	247.79	9	297.49	9	347.19

Heures à 0.72 c. l'une.

Heures.	Sommes.	Heures.	Sommes.	Heures.	Sommes.	Heures.	Sommes.	Heures.	Sommes.	Heures.	Sommes.	Heures.	Sommes.
1	0.72	70	50.40	140	100.80	210	151.20	280	201.60	350	252.„	420	302.40
2	1.44	1	51.12	1	101.52	1	151.92	1	202.32	1	252.72	1	303.12
3	2.16	2	51.84	2	102.24	2	152.64	2	203.04	2	253.44	2	303.84
4	2.88	3	52.56	3	102.96	3	153.36	3	203.76	3	254.16	3	304.56
5	3.60	4	53.28	4	103.68	4	154.08	4	204.48	4	254.88	4	305.28
6	4.32	5	54.„	5	104.40	5	154.80	5	205.20	5	255.60	5	306.„
7	5.04	6	54.72	6	105.12	6	155.52	6	205.92	6	256.32	6	306.72
8	5.76	7	55.44	7	105.84	7	156.24	7	206.64	7	257.04	7	307.44
9	6.48	8	56.16	8	106.56	8	156.96	8	207.36	8	257.76	8	308.16
		9	56.88	9	107.28	9	157.68	9	208.08	9	258.48	9	308.88
10	7.20	80	57.60	150	108.„	220	158.40	290	208.80	360	259.20	430	309.60
1	7.92	1	58.32	1	108.72	1	159.12	1	209.52	1	259.92	1	310.32
2	8.64	2	59.04	2	109.44	2	159.84	2	210.24	2	260.64	2	311.04
3	9.36	3	59.76	3	110.16	3	160.56	3	210.96	3	261.36	3	311.76
4	10.08	4	60.48	4	110.88	4	161.28	4	211.68	4	262.08	4	312.48
5	10.80	5	61.20	5	111.60	5	162.„	5	212.40	5	262.80	5	313.20
6	11.52	6	61.92	6	112.32	6	162.72	6	213.12	6	263.52	6	313.92
7	12.24	7	62.64	7	113.04	7	163.44	7	213.84	7	264.24	7	314.64
8	12.96	8	63.36	8	113.76	8	164.16	8	214.56	8	264.96	8	315.36
9	13.68	9	64.08	9	114.48	9	164.88	9	215.28	9	265.68	9	316.08
20	14.40	90	64.80	160	115.20	230	165.60	300	216.„	370	266.40	440	316.80
1	15.12	1	65.52	1	115.92	1	166.32	1	216.72	1	267.12	1	317.52
2	15.84	2	66.24	2	116.64	2	167.04	2	217.44	2	267.84	2	318.24
3	16.56	3	66.96	3	117.36	3	167.76	3	218.16	3	268.56	3	318.96
4	17.28	4	67.68	4	118.08	4	168.48	4	218.88	4	269.28	4	319.68
5	18.„	5	68.40	5	118.80	5	169.20	5	219.60	5	270.„	5	320.40
6	18.72	6	69.12	6	119.52	6	169.92	6	220.32	6	270.72	6	321.12
7	19.44	7	69.84	7	120.24	7	170.64	7	221.04	7	271.44	7	321.84
8	20.16	8	70.56	8	120.96	8	171.36	8	221.76	8	272.16	8	322.56
9	20.88	9	71.28	9	121.68	9	172.08	9	222.48	9	272.88	9	323.28
30	21.60	100	72.„	170	122.40	240	172.80	310	223.20	380	273.60	450	324.„
1	22.32	1	72.72	1	123.12	1	173.52	1	223.92	1	274.32	1	324.72
2	23.04	2	73.44	2	123.84	2	174.24	2	224.64	2	275.04	2	325.44
3	23.76	3	74.16	3	124.56	3	174.96	3	225.36	3	275.76	3	326.16
4	24.48	4	74.88	4	125.28	4	175.68	4	226.08	4	276.48	4	326.88
5	25.20	5	75.60	5	126.„	5	176.40	5	226.80	5	277.20	5	327.60
6	25.92	6	76.32	6	126.72	6	177.12	6	227.52	6	277.92	6	328.32
7	26.64	7	77.04	7	127.44	7	177.84	7	228.24	7	278.64	7	329.04
8	27.36	8	77.76	8	128.16	8	178.56	8	228.96	8	279.36	8	329.76
9	28.08	9	78.48	9	128.88	9	179.28	9	229.68	9	280.08	9	330.48
40	28.80	110	79.20	180	129.60	250	180.„	320	230.40	390	280.80	460	331.20
1	29.52	1	79.92	1	130.32	1	180.72	1	231.12	1	281.52	1	331.92
2	30.24	2	80.64	2	131.04	2	181.44	2	231.84	2	282.24	2	332.64
3	30.96	3	81.36	3	131.76	3	182.16	3	232.56	3	282.96	3	333.36
4	31.68	4	82.08	4	132.48	4	182.88	4	233.28	4	283.68	4	334.08
5	32.40	5	82.80	5	133.20	5	183.60	5	234.„	5	284.40	5	334.80
6	33.12	6	83.52	6	133.92	6	184.32	6	234.72	6	285.12	6	335.52
7	33.84	7	84.24	7	134.64	7	185.04	7	235.44	7	285.84	7	336.24
8	34.56	8	84.96	8	135.36	8	185.76	8	236.16	8	286.56	8	336.96
9	35.28	9	85.68	9	136.08	9	186.48	9	236.88	9	287.28	9	337.68
50	36.„	120	86.40	190	136.80	260	187.20	330	237.60	400	288.„	470	338.40
1	36.72	1	87.12	1	137.52	1	187.92	1	238.32	1	288.72	1	339.12
2	37.44	2	87.84	2	138.24	2	188.64	2	239.04	2	289.44	2	339.84
3	38.16	3	88.56	3	138.96	3	189.36	3	239.76	3	290.16	3	340.56
4	38.88	4	89.28	4	139.68	4	190.08	4	240.48	4	290.88	4	341.28
5	39.60	5	90.„	5	140.40	5	190.80	5	241.20	5	291.60	5	342.„
6	40.32	6	90.72	6	141.12	6	191.52	6	241.92	6	292.32	6	342.72
7	41.04	7	91.44	7	141.84	7	192.24	7	242.64	7	293.04	7	343.44
8	41.76	8	92.16	8	142.56	8	192.96	8	243.36	8	293.76	8	344.16
9	42.48	9	92.88	9	143.28	9	193.68	9	244.08	9	294.48	9	344.88
60	43.20	130	93.60	200	144.„	270	194.40	340	244.80	410	295.20	480	345.60
1	43.92	1	94.32	1	144.72	1	195.12	1	245.52	1	295.92	1	346.32
2	44.64	2	95.04	2	145.44	2	195.84	2	246.24	2	296.64	2	347.04
3	45.36	3	95.76	3	146.16	3	196.56	3	246.96	3	297.36	3	347.76
4	46.08	4	96.48	4	146.88	4	197.28	4	247.68	4	298.08	4	348.48
5	46.80	5	97.20	5	147.60	5	198.„	5	248.40	5	298.80	5	349.20
6	47.52	6	97.92	6	148.32	6	198.72	6	249.12	6	299.52	6	349.92
7	48.24	7	98.64	7	149.04	7	199.44	7	249.84	7	300.24	7	350.64
8	48.96	8	99.36	8	149.76	8	200.16	8	250.56	8	300.96	8	351.36
9	49.68	9	100.08	9	150.48	9	200.88	9	251.28	9	301.68	9	352.08

Heures à 0.73 c. l'une.

Heures.	Sommes.	Heures.	Sommes.	Heures.	Sommes.	Heures.	Sommes.	Heures.	Sommes.	Heures.	Sommes.	Heures.	Sommes.
1	,, 73	70	51.10	140	102.20	210	153.30	280	204.40	350	255.50	420	306.60
2	1.46	1	51.83	1	102.93	1	154.03	1	205.13	1	256.23	1	307.33
3	2.19	2	52.56	2	103.66	2	154.76	2	205.86	2	256.96	2	308.06
4	2.92	3	53.29	3	104.39	3	155.49	3	206.59	3	257.69	3	308.79
5	3.65	4	54.02	4	105.12	4	156.22	4	207.32	4	258.42	4	309.52
6	4.38	5	54.75	5	105.85	5	156.95	5	208.05	5	259.15	5	310.25
7	5.11	6	55.48	6	106.58	6	157.68	6	208.78	6	259.88	6	310.98
8	5.84	7	56.21	7	107.31	7	158.41	7	209.51	7	260.61	7	311.71
9	6.57	8	56.94	8	108.04	8	159.14	8	210.24	8	261.34	8	312.44
		9	57.67	9	108.77	9	159.87	9	210.97	9	262.07	9	313.17
10	7.30	80	58.40	150	109.50	220	160.60	290	211.70	360	262.80	430	313.90
1	8.03	1	59.13	1	110.23	1	161.33	1	212.43	1	263.53	1	314.63
2	8.76	2	59.86	2	110.96	2	162.06	2	213.16	2	264.26	2	315.36
3	9.49	3	60.59	3	111.69	3	162.79	3	213.89	3	264.99	3	316.09
4	10.22	4	61.32	4	112.42	4	163.52	4	214.62	4	265.72	4	316.82
5	10.95	5	62.05	5	113.15	5	164.25	5	215.35	5	266.45	5	317.55
6	11.68	6	62.78	6	113.88	6	164.98	6	216.08	6	267.18	6	318.28
7	12.41	7	63.51	7	114.61	7	165.71	7	216.81	7	267.91	7	319.01
8	13.14	8	64.24	8	115.34	8	166.44	8	217.54	8	268.64	8	319.74
9	13.87	9	64.97	9	116.07	9	167.17	9	218.27	9	269.37	9	320.47
20	14.60	90	65.70	160	116.80	230	167.90	300	219.,,	370	270.10	440	321.20
1	15.33	1	66.43	1	117.53	1	168.63	1	219.73	1	270.83	1	321.93
2	16.06	2	67.16	2	118.26	2	169.36	2	220.46	2	271.56	2	322.66
3	16.79	3	67.89	3	118.99	3	170.09	3	221.19	3	272.29	3	323.39
4	17.52	4	68.62	4	119.72	4	170.82	4	221.92	4	273.02	4	324.12
5	18.25	5	69.35	5	120.45	5	171.55	5	222.65	5	273.75	5	324.85
6	18.98	6	70.08	6	121.18	6	172.28	6	223.38	6	274.48	6	325.58
7	19.71	7	70.81	7	121.91	7	173.01	7	224.11	7	275.21	7	326.31
8	20.44	8	71.54	8	122.64	8	173.74	8	224.84	8	275.94	8	327.04
9	21.17	9	72.27	9	123.37	9	174.47	9	225.57	9	276.67	9	327.77
30	21.90	100	73.,,	170	124.10	240	175.20	310	226.30	380	277.40	450	328.50
1	22.63	1	73.73	1	124.83	1	175.93	1	227.03	1	278.13	1	329.23
2	23.36	2	74.46	2	125.56	2	176.66	2	227.76	2	278.86	2	329.96
3	24.09	3	75.19	3	126.29	3	177.39	3	228.49	3	279.59	3	330.69
4	24.82	4	75.92	4	127.02	4	178.12	4	229.22	4	280.32	4	331.42
5	25.55	5	76.65	5	127.75	5	178.85	5	229.95	5	281.05	5	332.15
6	26.28	6	77.38	6	128.48	6	179.58	6	230.68	6	281.78	6	332.88
7	27.01	7	78.11	7	129.21	7	180.31	7	231.41	7	282.51	7	333.61
8	27.74	8	78.84	8	129.94	8	181.04	8	232.14	8	283.24	8	334.34
9	28.47	9	79.57	9	130.67	9	181.77	9	232.87	9	283.97	9	335.07
40	29.20	110	80.30	180	131.40	250	182.50	320	233.60	390	284.70	460	335.80
1	29.93	1	81.03	1	132.13	1	183.23	1	234.33	1	285.43	1	336.53
2	30.66	2	81.76	2	132.86	2	183.96	2	235.06	2	286.16	2	337.26
3	31.39	3	82.49	3	133.59	3	184.69	3	235.79	3	286.89	3	337.99
4	32.12	4	83.22	4	134.32	4	185.42	4	236.52	4	287.62	4	338.72
5	32.85	5	83.95	5	135.05	5	186.15	5	237.25	5	288.35	5	339.45
6	33.58	6	84.68	6	135.78	6	186.88	6	237.98	6	289.08	6	340.18
7	34.31	7	85.41	7	136.51	7	187.61	7	238.71	7	289.81	7	340.91
8	35.04	8	86.14	8	137.24	8	188.34	8	239.44	8	290.54	8	341.64
9	35.77	9	86.87	9	137.97	9	189.07	9	240.17	9	291.27	9	342.37
50	36.50	120	87.60	190	138.70	260	189.80	330	240.90	400	292.,,	470	343.10
1	37.23	1	88.33	1	139.43	1	190.53	1	241.63	1	292.73	1	343.83
2	37.96	2	89.06	2	140.16	2	191.26	2	242.36	2	293.46	2	344.56
3	38.69	3	89.79	3	140.89	3	191.99	3	243.09	3	294.19	3	345.29
4	39.42	4	90.52	4	141.62	4	192.72	4	243.82	4	294.92	4	346.02
5	40.15	5	91.25	5	142.35	5	193.45	5	244.55	5	295.65	5	346.75
6	40.88	6	91.98	6	143.08	6	194.18	6	245.28	6	296.38	6	347.48
7	41.61	7	92.71	7	143.81	7	194.91	7	246.01	7	297.11	7	348.21
8	42.34	8	93.44	8	144.54	8	195.64	8	246.74	8	297.84	8	348.94
9	43.07	9	94.17	9	145.27	9	196.37	9	247.47	9	298.57	9	349.67
60	43.80	130	94.90	200	146.,,	270	197.10	340	248.20	410	299.30	480	350.40
1	44.53	1	95.63	1	146.73	1	197.83	1	248.93	1	300.03	1	351.13
2	45.26	2	96.36	2	147.46	2	198.56	2	249.66	2	300.76	2	351.86
3	45.99	3	97.09	3	148.19	3	199.29	3	250.39	3	301.49	3	352.59
4	46.72	4	97.82	4	148.92	4	200.02	4	251.12	4	302.22	4	353.32
5	47.45	5	98.55	5	149.65	5	200.75	5	251.85	5	302.95	5	354.05
6	48.18	6	99.28	6	150.38	6	201.48	6	252.58	6	303.68	6	354.78
7	48.91	7	100.01	7	151.11	7	202.21	7	253.31	7	304.41	7	355.51
8	49.64	8	100.74	8	151.84	8	202.94	8	254.04	8	305.14	8	356.24
9	50.37	9	101.47	9	152.57	9	203.67	9	254.77	9	305.87	9	356.97

Heures à 0.74.f l'une.

Heures	Sommes	Heures	Sommes	Heures	Sommes	Heures	Sommes	Heures	Sommes	Heures	Sommes	Heures	Sommes
1	.74	70	51.80	140	103.60	210	155.40	280	207.20	350	259. ..	420	310.80
2	1.48	1	52.54	1	104.34	1	156.14	1	207.94	1	259.74	1	311.54
3	2.22	2	53.28	2	105.08	2	156.88	2	208.68	2	260.48	2	312.28
4	2.96	3	54.02	3	105.82	3	157.62	3	209.42	3	261.22	3	313.02
5	3.70	4	54.76	4	106.56	4	158.36	4	210.16	4	261.96	4	313.76
6	4.44	5	55.50	5	107.30	5	159.10	5	210.90	5	262.70	5	314.50
7	5.18	6	56.24	6	108.04	6	159.84	6	211.64	6	263.44	6	315.24
8	5.92	7	56.98	7	108.78	7	160.58	7	212.38	7	264.18	7	315.98
9	6.66	8	57.72	8	109.52	8	161.32	8	213.12	8	264.92	8	316.72
		9	58.46	9	110.26	9	162.06	9	213.86	9	265.66	9	317.46
10	7.40	80	59.20	150	111. ..	220	162.80	290	214.60	360	266.40	430	318.20
1	8.14	1	59.94	1	111.74	1	163.54	1	215.34	1	267.14	1	318.94
2	8.88	2	60.68	2	112.48	2	164.28	2	216.08	2	267.88	2	319.68
3	9.62	3	61.42	3	113.22	3	165.02	3	216.82	3	268.62	3	320.42
4	10.36	4	62.16	4	113.96	4	165.76	4	217.56	4	269.36	4	321.16
5	11.10	5	62.90	5	114.70	5	166.50	5	218.30	5	270.10	5	321.90
6	11.84	6	63.64	6	115.44	6	167.24	6	219.04	6	270.84	6	322.64
7	12.58	7	64.38	7	116.18	7	167.98	7	219.78	7	271.58	7	323.38
8	13.32	8	65.12	8	116.92	8	168.72	8	220.52	8	272.32	8	324.12
9	14.06	9	65.86	9	117.66	9	169.46	9	221.26	9	273.06	9	324.86
20	14.80	90	66.60	160	118.40	230	170.20	300	222. ..	370	273.80	440	325.60
1	15.54	1	67.34	1	119.14	1	170.94	1	222.74	1	274.54	1	326.34
2	16.28	2	68.08	2	119.88	2	171.68	2	223.48	2	275.28	2	327.08
3	17.02	3	68.82	3	120.62	3	172.42	3	224.22	3	276.02	3	327.82
4	17.76	4	69.56	4	121.36	4	173.16	4	224.96	4	276.76	4	328.56
5	18.50	5	70.30	5	122.10	5	173.90	5	225.70	5	277.50	5	329.30
6	19.24	6	71.04	6	122.84	6	174.64	6	226.44	6	278.24	6	330.04
7	19.98	7	71.78	7	123.58	7	175.38	7	227.18	7	278.98	7	330.78
8	20.72	8	72.52	8	124.32	8	176.12	8	227.92	8	279.72	8	331.52
9	21.46	9	73.26	9	125.06	9	176.86	9	228.66	9	280.46	9	332.26
30	22.20	100	74. ..	170	125.80	240	177.60	310	229.40	380	281.20	450	333. ..
1	22.94	1	74.74	1	126.54	1	178.34	1	230.14	1	281.94	1	333.74
2	23.68	2	75.48	2	127.28	2	179.08	2	230.88	2	282.68	2	334.48
3	24.42	3	76.22	3	128.02	3	179.82	3	231.62	3	283.42	3	335.22
4	25.16	4	76.96	4	128.76	4	180.56	4	232.36	4	284.16	4	335.96
5	25.90	5	77.70	5	129.50	5	181.30	5	233.10	5	284.90	5	336.70
6	26.64	6	78.44	6	130.24	6	182.04	6	233.84	6	285.64	6	337.44
7	27.38	7	79.18	7	130.98	7	182.78	7	234.58	7	286.38	7	338.18
8	28.12	8	79.92	8	131.72	8	183.52	8	235.32	8	287.12	8	338.92
9	28.86	9	80.66	9	132.46	9	184.26	9	236.06	9	287.86	9	339.66
40	29.60	110	81.40	180	133.20	250	185. ..	320	236.80	390	288.60	460	340.40
1	30.34	1	82.14	1	133.94	1	185.74	1	237.54	1	289.34	1	341.14
2	31.08	2	82.88	2	134.68	2	186.48	2	238.28	2	290.08	2	341.88
3	31.82	3	83.62	3	135.42	3	187.22	3	239.02	3	290.82	3	342.62
4	32.56	4	84.36	4	136.16	4	187.96	4	239.76	4	291.56	4	343.36
5	33.30	5	85.10	5	136.90	5	188.70	5	240.50	5	292.30	5	344.10
6	34.04	6	85.84	6	137.64	6	189.44	6	241.24	6	293.04	6	344.84
7	34.78	7	86.58	7	138.38	7	190.18	7	241.98	7	293.78	7	345.58
8	35.52	8	87.32	8	139.12	8	190.92	8	242.72	8	294.52	8	346.32
9	36.26	9	88.06	9	139.86	9	191.66	9	243.46	9	295.26	9	347.06
50	37. ..	120	88.80	190	140.60	260	192.40	330	244.20	400	296. ..	470	347.80
1	37.74	1	89.54	1	141.34	1	193.14	1	244.94	1	296.74	1	348.54
2	38.48	2	90.28	2	142.08	2	193.88	2	245.68	2	297.48	2	349.28
3	39.22	3	91.01	3	142.82	3	194.62	3	246.42	3	298.22	3	350.02
4	39.96	4	91.76	4	143.56	4	195.36	4	247.16	4	298.96	4	350.76
5	40.70	5	92.50	5	144.30	5	196.10	5	247.90	5	299.70	5	351.50
6	41.44	6	93.24	6	145.04	6	196.84	6	248.64	6	300.44	6	352.24
7	42.18	7	93.98	7	145.78	7	197.58	7	249.38	7	301.18	7	352.98
8	42.92	8	94.72	8	146.52	8	198.32	8	250.12	8	301.92	8	353.72
9	43.66	9	95.46	9	147.26	9	199.06	9	250.86	9	302.66	9	354.46
60	44.40	130	96.20	200	148. ..	270	199.80	340	251.60	410	303.40	480	355.20
1	45.14	1	96.94	1	148.74	1	200.54	1	252.34	1	304.14	1	355.94
2	45.88	2	97.68	2	149.48	2	201.28	2	253.08	2	304.88	2	356.68
3	46.62	3	98.42	3	150.22	3	202.02	3	253.82	3	305.62	3	357.42
4	47.36	4	99.16	4	150.96	4	202.76	4	254.56	4	306.36	4	358.16
5	48.10	5	99.90	5	151.70	5	203.50	5	255.30	5	307.10	5	358.90
6	48.84	6	100.64	6	152.44	6	204.24	6	256.04	6	307.84	6	359.64
7	49.58	7	101.38	7	153.18	7	204.98	7	256.78	7	308.58	7	360.38
8	50.32	8	102.12	8	153.92	8	205.72	8	257.52	8	309.32	8	361.12
9	51.06	9	102.86	9	154.66	9	206.46	9	258.26	9	310.06	9	361.86

Heures à 0.75 l'une.

Heures.	Sommes.	Heures.	Sommes.	Heures.	Sommes.	Heures.	Sommes.	Heures.	Sommes.	Heures.	Sommes.	Heures.	Sommes.
1	" 75	70	52.50	140	105. "	210	157.50	280	210. "	350	262.50	420	315. "
2	1.50	1	53.25	1	105.75	1	158.25	1	210.75	1	263.25	1	315.75
3	2.25	2	54. "	2	106.50	2	159. "	2	211.50	2	264. "	2	316.50
4	3. "	3	54.75	3	107.25	3	159.75	3	212.25	3	264.75	3	317.25
5	3.75	4	55.50	4	108. "	4	160.50	4	213. "	4	265.50	4	318. "
6	4.50	5	56.25	5	108.75	5	161.25	5	213.75	5	266.25	5	318.75
7	5.25	6	57. "	6	109.50	6	162. "	6	214.50	6	267. "	6	319.50
8	6. "	7	57.75	7	110.25	7	162.75	7	215.25	7	267.75	7	320.25
9	6.75	8	58.50	8	111. "	8	163.50	8	216. "	8	268.50	8	321. "
		9	59.25	9	111.75	9	164.25	9	216.75	9	269.25	9	321.75
10	7.50	80	60. "	150	112.50	220	165. "	290	217.50	360	270. "	430	322.50
1	8.25	1	60.75	1	113.25	1	165.75	1	218.25	1	270.75	1	323.25
2	9. "	2	61.50	2	114. "	2	166.50	2	219. "	2	271.50	2	324. "
3	9.75	3	62.25	3	114.75	3	167.25	3	219.75	3	272.25	3	324.75
4	10.50	4	63. "	4	115.50	4	168. "	4	220.50	4	273. "	4	325.50
5	11.25	5	63.75	5	116.25	5	168.75	5	221.25	5	273.75	5	326.25
6	12. "	6	64.50	6	117. "	6	169.50	6	222. "	6	274.50	6	327. "
7	12.75	7	65.25	7	117.75	7	170.25	7	222.75	7	275.25	7	327.75
8	13.50	8	66. "	8	118.50	8	171. "	8	223.50	8	276. "	8	328.50
9	14.25	9	66.75	9	119.25	9	171.75	9	224.25	9	276.75	9	329.25
20	15. "	90	67.50	160	120. "	230	172.50	300	225. "	370	277.50	440	330. "
1	15.75	1	68.25	1	120.75	1	173.25	1	225.75	1	278.25	1	330.75
2	16.50	2	69. "	2	121.50	2	174. "	2	226.50	2	279. "	2	331.50
3	17.25	3	69.75	3	122.25	3	174.75	3	227.25	3	279.75	3	332.25
4	18. "	4	70.50	4	123. "	4	175.50	4	228. "	4	280.50	4	333. "
5	18.75	5	71.25	5	123.75	5	176.25	5	228.75	5	281.25	5	333.75
6	19.50	6	72. "	6	124.50	6	177. "	6	229.50	6	282. "	6	334.50
7	20.25	7	72.75	7	125.25	7	177.75	7	230.25	7	282.75	7	335.25
8	21. "	8	73.50	8	126. "	8	178.50	8	231. "	8	283.50	8	336. "
9	21.75	9	74.25	9	126.75	9	179.25	9	231.75	9	284.25	9	336.75
30	22.50	100	75. "	170	127.50	240	180. "	310	232.50	380	285. "	450	337.50
1	23.25	1	75.75	1	128.25	1	180.75	1	233.25	1	285.75	1	338.25
2	24. "	2	76.50	2	129. "	2	181.50	2	234. "	2	286.50	2	339. "
3	24.75	3	77.25	3	129.75	3	182.25	3	234.75	3	287.25	3	339.75
4	25.50	4	78. "	4	130.50	4	183. "	4	235.50	4	288. "	4	340.50
5	26.25	5	78.75	5	131.25	5	183.75	5	236.25	5	288.75	5	341.25
6	27. "	6	79.50	6	132. "	6	184.50	6	237. "	6	289.50	6	342. "
7	27.75	7	80.25	7	132.75	7	185.25	7	237.75	7	290.25	7	342.75
8	28.50	8	81. "	8	133.50	8	186. "	8	238.50	8	291. "	8	343.50
9	29.25	9	81.75	9	134.25	9	186.75	9	239.25	9	291.75	9	344.25
40	30. "	110	82.50	180	135. "	250	187.50	320	240. "	390	292.50	460	345. "
1	30.75	1	83.25	1	135.75	1	188.25	1	240.75	1	293.25	1	345.75
2	31.50	2	84. "	2	136.50	2	189. "	2	241.50	2	294. "	2	346.50
3	32.25	3	84.75	3	137.25	3	189.75	3	242.25	3	294.75	3	347.25
4	33. "	4	85.50	4	138. "	4	190.50	4	243. "	4	295.50	4	348. "
5	33.75	5	86.25	5	138.75	5	191.25	5	243.75	5	296.25	5	348.75
6	34.50	6	87. "	6	139.50	6	192. "	6	244.50	6	297. "	6	349.50
7	35.25	7	87.75	7	140.25	7	192.75	7	245.25	7	297.75	7	350.25
8	36. "	8	88.50	8	141. "	8	193.50	8	246. "	8	298.50	8	351. "
9	36.75	9	89.25	9	141.75	9	194.25	9	246.75	9	299.25	9	351.75
50	37.50	120	90. "	190	142.50	260	195. "	330	247.50	400	300. "	470	352.50
1	38.25	1	90.75	1	143.25	1	195.75	1	248.25	1	300.75	1	353.25
2	39. "	2	91.50	2	144. "	2	196.50	2	249. "	2	301.50	2	354. "
3	39.75	3	92.25	3	144.75	3	197.25	3	249.75	3	302.25	3	354.75
4	40.50	4	93. "	4	145.50	4	198. "	4	250.50	4	303. "	4	355.50
5	41.25	5	93.75	5	146.25	5	198.75	5	251.25	5	303.75	5	356.25
6	42. "	6	94.50	6	147. "	6	199.50	6	252. "	6	304.50	6	357. "
7	42.75	7	95.25	7	147.75	7	200.25	7	252.75	7	305.25	7	357.75
8	43.50	8	96. "	8	148.50	8	201. "	8	253.50	8	306. "	8	358.50
9	44.25	9	96.75	9	149.25	9	201.75	9	254.25	9	306.75	9	359.25
60	45. "	130	97.50	200	150. "	270	202.50	340	255. "	410	307.50	480	360. "
1	45.75	1	98.25	1	150.75	1	203.25	1	255.75	1	308.25	1	360.75
2	46.50	2	99. "	2	151.50	2	204. "	2	256.50	2	309. "	2	361.50
3	47.25	3	99.75	3	152.25	3	204.75	3	257.25	3	309.75	3	362.25
4	48. "	4	100.50	4	153. "	4	205.50	4	258. "	4	310.50	4	363. "
5	48.75	5	101.25	5	153.75	5	206.25	5	258.75	5	311.25	5	363.75
6	49.50	6	102. "	6	154.50	6	207. "	6	259.50	6	312. "	6	364.50
7	50.25	7	102.75	7	155.25	7	207.75	7	260.25	7	312.75	7	365.25
8	51. "	8	103.50	8	156. "	8	208.50	8	261. "	8	313.50	8	366. "
9	51.75	9	104.25	9	156.75	9	209.25	9	261.75	9	314.25	9	366.75

Heures à 0,76 ℔ l'une.

Heures	Sommes	Heures	Sommes	Heures	Sommes	Heures	Sommes	Heures	Sommes	Heures	Sommes	Heures	Sommes
1	. 76	70	53. 20	140	106. 40	210	159. 60	280	212. 80	350	266. ,,	420	319. 20
2	1. 52	1	53. 96	1	107. 16	1	160. 36	1	213. 56	1	266. 76	1	319. 96
3	2. 28	2	54. 72	2	107. 92	2	161. 12	2	214. 32	2	267. 52	2	320. 72
4	3. 04	3	55. 48	3	108. 68	3	161. 88	3	215. 08	3	268. 28	3	321. 48
5	3. 80	4	56. 24	4	109. 44	4	162. 64	4	215. 84	4	269. 04	4	322. 24
6	4. 56	5	57. ,,	5	110. 20	5	163. 40	5	216. 80	5	269. 80	5	323. ,,
7	5. 32	6	57. 76	6	110. 96	6	164. 16	6	217. 36	6	270. 56	6	323. 76
8	6. 08	7	58. 52	7	111. 72	7	164. 92	7	218. 12	7	271. 32	7	324. 52
9	6. 84	8	59. 28	8	112. 48	8	165. 68	8	218. 88	8	272. 08	8	325. 28
		9	60. 04	9	113. 24	9	166. 44	9	219. 64	9	272. 84	9	326. 04
10	7. 60	80	60. 80	150	114. ,,	220	167. 20	290	220. 40	360	273. 60	430	326. 80
1	8. 36	1	61. 56	1	114. 76	1	167. 96	1	221. 16	1	274. 36	1	327. 56
2	9. 12	2	62. 32	2	115. 52	2	168. 72	2	221. 92	2	275. 12	2	328. 32
3	9. 88	3	63. 08	3	116. 28	3	169. 48	3	222. 68	3	275. 88	3	329. 08
4	10. 64	4	63. 84	4	117. 04	4	170. 24	4	223. 44	4	276. 64	4	329. 84
5	11. 40	5	64. 60	5	117. 80	5	171. ,,	5	224. 20	5	277. 40	5	330. 60
6	12. 16	6	65. 36	6	118. 56	6	171. 76	6	224. 96	6	278. 16	6	331. 36
7	12. 92	7	66. 12	7	119. 32	7	172. 52	7	225. 72	7	278. 92	7	332. 12
8	13. 68	8	66. 88	8	120. 08	8	173. 28	8	226. 48	8	279. 68	8	332. 88
9	14. 44	9	67. 64	9	120. 84	9	174. 04	9	227. 24	9	280. 44	9	333. 64
20	15. 20	90	68. 40	160	121. 60	230	174. 80	300	228. ,,	370	281. 20	440	334. 40
1	15. 96	1	69. 16	1	122. 36	1	175. 56	1	228. 76	1	281. 96	1	335. 16
2	16. 72	2	69. 92	2	123. 12	2	176. 32	2	229. 52	2	282. 72	2	335. 92
3	17. 48	3	70. 68	3	123. 88	3	177. 08	3	230. 28	3	283. 48	3	336. 68
4	18. 24	4	71. 44	4	124. 64	4	177. 84	4	231. 04	4	284. 24	4	337. 44
5	19. ,,	5	72. 20	5	125. 40	5	178. 60	5	231. 80	5	285. ,,	5	338. 20
6	19. 76	6	72. 96	6	126. 16	6	179. 36	6	232. 56	6	285. 76	6	338. 96
7	20. 52	7	73. 72	7	126. 92	7	180. 12	7	233. 32	7	286. 52	7	339. 72
8	21. 28	8	74. 48	8	127. 68	8	180. 88	8	234. 08	8	287. 28	8	340. 48
9	22. 04	9	75. 24	9	128. 44	9	181. 64	9	234. 84	9	288. 04	9	341. 24
30	22. 80	100	76. ,,	170	129. 20	240	182. 40	310	235. 60	380	288. 80	450	342. ,,
1	23. 56	1	76. 76	1	129. 96	1	183. 16	1	236. 36	1	289. 56	1	342. 76
2	24. 32	2	77. 52	2	130. 72	2	183. 92	2	237. 12	2	290. 32	2	343. 52
3	25. 08	3	78. 28	3	131. 48	3	184. 68	3	237. 88	3	291. 08	3	344. 28
4	25. 84	4	79. 04	4	132. 24	4	185. 44	4	238. 64	4	291. 84	4	345. 04
5	26. 60	5	79. 80	5	133. ,,	5	186. 20	5	239. 40	5	292. 60	5	345. 80
6	27. 36	6	80. 56	6	133. 76	6	186. 96	6	240. 16	6	293. 36	6	346. 56
7	28. 12	7	81. 32	7	134. 52	7	187. 72	7	240. 92	7	294. 12	7	347. 32
8	28. 88	8	82. 08	8	135. 28	8	188. 48	8	241. 68	8	294. 88	8	348. 08
9	29. 64	9	82. 84	9	136. 04	9	189. 24	9	242. 44	9	295. 64	9	348. 84
40	30. 40	110	83. 60	180	136. 80	250	190. ,,	320	243. 20	390	296. 40	460	349. 60
1	31. 16	1	84. 36	1	137. 56	1	190. 76	1	243. 96	1	297. 16	1	350. 36
2	31. 92	2	85. 12	2	138. 32	2	191. 52	2	244. 72	2	297. 92	2	351. 12
3	32. 68	3	85. 88	3	139. 08	3	192. 28	3	245. 48	3	298. 68	3	351. 88
4	33. 44	4	86. 64	4	139. 84	4	193. 04	4	246. 24	4	299. 44	4	352. 64
5	34. 20	5	87. 40	5	140. 60	5	193. 80	5	247. ,,	5	300. 20	5	353. 40
6	34. 96	6	88. 16	6	141. 36	6	194. 56	6	247. 76	6	300. 96	6	354. 16
7	35. 72	7	88. 92	7	142. 12	7	195. 32	7	248. 52	7	301. 72	7	354. 92
8	36. 48	8	89. 68	8	142. 88	8	196. 08	8	249. 28	8	302. 48	8	355. 68
9	37. 24	9	90. 44	9	143. 64	9	196. 84	9	250. 04	9	303. 24	9	356. 44
50	38. ,,	120	91. 20	190	144. 40	260	197. 60	330	250. 80	400	304. ,,	470	357. 20
1	38. 76	1	91. 96	1	145. 16	1	198. 36	1	251. 56	1	304. 76	1	357. 96
2	39. 52	2	92. 72	2	145. 92	2	199. 12	2	252. 32	2	305. 52	2	358. 72
3	40. 28	3	93. 48	3	146. 68	3	199. 88	3	253. 08	3	306. 28	3	359. 48
4	41. 04	4	94. 24	4	147. 44	4	200. 64	4	253. 84	4	307. 04	4	360. 24
5	41. 80	5	95. ,,	5	148. 20	5	201. 40	5	254. 60	5	307. 80	5	361. ,,
6	42. 56	6	95. 76	6	148. 96	6	202. 16	6	255. 36	6	308. 56	6	361. 76
7	43. 32	7	96. 52	7	149. 72	7	202. 92	7	256. 12	7	309. 32	7	362. 52
8	44. 08	8	97. 28	8	150. 48	8	203. 68	8	256. 88	8	310. 08	8	363. 28
9	44. 84	9	98. 04	9	151. 24	9	204. 44	9	257. 64	9	310. 84	9	364. 04
60	45. 60	130	98. 80	200	152. ,,	270	205. 20	340	258. 40	410	311. 60	480	364. 80
1	46. 36	1	99. 56	1	152. 76	1	205. 96	1	259. 16	1	312. 36	1	365. 56
2	47. 12	2	100. 32	2	153. 52	2	206. 72	2	259. 92	2	313. 12	2	366. 32
3	47. 88	3	101. 08	3	154. 28	3	207. 48	3	260. 68	3	313. 88	3	367. 08
4	48. 64	4	101. 84	4	155. 04	4	208. 24	4	261. 44	4	314. 64	4	367. 84
5	49. 40	5	102. 60	5	155. 80	5	209. ,,	5	262. 20	5	315. 40	5	368. 60
6	50. 16	6	103. 36	6	156. 56	6	209. 76	6	262. 96	6	316. 16	6	369. 36
7	50. 92	7	104. 12	7	157. 32	7	210. 52	7	263. 72	7	316. 92	7	370. 12
8	51. 68	8	104. 88	8	158. 08	8	211. 28	8	264. 48	8	317. 68	8	370. 88
9	52. 44	9	105. 64	9	158. 84	9	212. 04	9	265. 24	9	318. 44	9	371. 64

Heures à 0.77^d l'une.

Heures.	Sommes.	Heures.	Sommes.	Heures.	Sommes.	Heures.	Sommes.	Heures.	Sommes.	Heures.	Sommes.	Heures.	Sommes.
1	.77	70	53.90	140	107.80	210	161.70	280	215.60	350	269.50	420	323.40
2	1.54	1	54.67	1	108.57	1	162.47	1	216.37	1	270.27	1	324.17
3	2.31	2	55.44	2	109.34	2	163.24	2	217.14	2	271.04	2	324.94
4	3.08	3	56.21	3	110.11	3	164.01	3	217.91	3	271.81	3	325.71
5	3.85	4	56.98	4	110.88	4	164.78	4	218.68	4	272.58	4	326.88
6	4.62	5	57.75	5	111.65	5	165.55	5	219.45	5	273.35	5	327.25
7	5.39	6	58.52	6	112.42	6	166.32	6	220.22	6	274.12	6	328.02
8	6.16	7	59.29	7	113.19	7	167.09	7	220.99	7	274.89	7	328.79
9	6.93	8	60.06	8	113.96	8	167.86	8	221.76	8	275.66	8	329.56
		9	60.83	9	114.73	9	168.63	9	222.53	9	276.43	9	330.33
10	7.70	80	61.60	150	115.50	220	169.40	290	223.30	360	277.20	430	331.10
1	8.47	1	62.37	1	116.27	1	170.17	1	224.07	1	277.97	1	331.87
2	9.24	2	63.14	2	117.04	2	170.94	2	224.84	2	278.74	2	332.64
3	10.01	3	63.91	3	117.81	3	171.71	3	225.61	3	279.51	3	333.41
4	10.78	4	64.68	4	118.58	4	172.48	4	226.38	4	280.28	4	334.18
5	11.55	5	65.45	5	119.35	5	173.25	5	227.15	5	281.05	5	334.95
6	12.32	6	66.22	6	120.12	6	174.02	6	227.92	6	281.82	6	335.72
7	13.09	7	66.99	7	120.89	7	174.79	7	228.69	7	282.59	7	336.49
8	13.86	8	67.76	8	121.66	8	175.56	8	229.46	8	283.36	8	337.26
9	14.63	9	68.53	9	122.43	9	176.33	9	230.23	9	284.13	9	338.03
20	15.40	90	69.30	160	123.20	230	177.10	300	231.	370	284.90	440	338.80
1	16.17	1	70.07	1	123.97	1	177.87	1	231.77	1	285.67	1	339.57
2	16.94	2	70.84	2	124.74	2	178.64	2	232.54	2	286.44	2	340.34
3	17.71	3	71.61	3	125.51	3	179.41	3	233.31	3	287.21	3	341.11
4	18.48	4	72.38	4	126.28	4	180.18	4	234.08	4	287.98	4	341.88
5	19.25	5	73.15	5	127.05	5	180.95	5	234.85	5	288.75	5	342.65
6	20.02	6	73.92	6	127.82	6	181.72	6	235.62	6	289.52	6	343.42
7	20.79	7	74.69	7	128.59	7	182.49	7	236.39	7	290.29	7	344.19
8	21.56	8	75.46	8	129.36	8	183.26	8	237.16	8	291.06	8	344.96
9	22.33	9	76.23	9	130.13	9	184.03	9	237.93	9	291.83	9	345.73
30	23.10	100	77.	170	130.90	240	184.80	310	238.70	380	292.60	450	346.50
1	23.87	1	77.77	1	131.67	1	185.57	1	239.47	1	293.37	1	347.27
2	24.64	2	78.54	2	132.44	2	186.34	2	240.24	2	294.14	2	348.04
3	25.41	3	79.31	3	133.21	3	187.11	3	241.01	3	294.91	3	348.81
4	26.18	4	80.08	4	133.98	4	187.88	4	241.78	4	295.68	4	349.58
5	26.95	5	80.85	5	134.75	5	188.65	5	242.55	5	296.45	5	350.35
6	27.72	6	81.62	6	135.52	6	189.42	6	243.32	6	297.22	6	351.12
7	28.49	7	82.39	7	136.29	7	190.19	7	244.09	7	297.99	7	351.89
8	29.26	8	83.16	8	137.06	8	190.96	8	244.86	8	298.76	8	352.66
9	30.03	9	83.93	9	137.83	9	191.73	9	245.63	9	299.53	9	353.43
40	30.80	110	84.70	180	138.60	250	192.50	320	246.40	390	300.30	460	354.20
1	31.57	1	85.47	1	139.37	1	193.27	1	247.17	1	301.07	1	354.97
2	32.34	2	86.24	2	140.14	2	194.04	2	247.94	2	301.84	2	355.74
3	33.11	3	87.01	3	140.91	3	194.81	3	248.71	3	302.61	3	356.51
4	33.88	4	87.78	4	141.68	4	195.58	4	249.48	4	303.38	4	357.28
5	34.65	5	88.55	5	142.45	5	196.35	5	250.25	5	304.15	5	358.05
6	35.42	6	89.32	6	143.22	6	197.12	6	251.02	6	304.92	6	358.82
7	36.19	7	90.09	7	143.99	7	197.89	7	251.79	7	305.69	7	359.59
8	36.96	8	90.86	8	144.76	8	198.66	8	252.56	8	306.46	8	360.36
9	37.73	9	91.63	9	145.53	9	199.43	9	253.33	9	307.23	9	361.13
50	38.50	120	92.40	190	146.30	260	200.20	330	254.10	400	308.	470	361.90
1	39.27	1	93.17	1	147.07	1	200.97	1	254.87	1	308.77	1	362.67
2	40.04	2	93.94	2	147.84	2	201.74	2	255.64	2	309.54	2	363.44
3	40.81	3	94.71	3	148.61	3	202.51	3	256.41	3	310.31	3	364.21
4	41.58	4	95.48	4	149.38	4	203.28	4	257.18	4	311.08	4	364.98
5	42.35	5	96.25	5	150.15	5	204.05	5	257.95	5	311.85	5	365.75
6	43.12	6	97.02	6	150.92	6	204.82	6	258.72	6	312.62	6	366.52
7	43.89	7	97.79	7	151.69	7	205.59	7	259.49	7	313.39	7	367.29
8	44.66	8	98.56	8	152.46	8	206.36	8	260.26	8	314.16	8	368.06
9	45.43	9	99.33	9	153.23	9	207.13	9	261.03	9	314.93	9	368.83
60	46.20	130	100.10	200	154.	270	207.90	340	261.80	410	315.70	480	369.60
1	46.97	1	100.87	1	154.77	1	208.67	1	262.57	1	316.47	1	370.37
2	47.74	2	101.64	2	155.54	2	209.44	2	263.34	2	317.24	2	371.14
3	48.51	3	102.41	3	156.31	3	210.21	3	264.11	3	318.01	3	371.91
4	49.28	4	103.18	4	157.08	4	210.98	4	264.88	4	318.78	4	372.68
5	50.05	5	103.95	5	157.85	5	211.75	5	265.65	5	319.55	5	373.45
6	50.82	6	104.72	6	158.62	6	212.52	6	266.42	6	320.32	6	374.22
7	51.59	7	105.49	7	159.39	7	213.29	7	267.19	7	321.09	7	374.99
8	52.36	8	106.26	8	160.16	8	214.06	8	267.96	8	321.86	8	375.76
9	53.13	9	107.03	9	160.93	9	214.83	9	268.73	9	322.63	9	376.53

Heures.	Sommes.	Heures.	Sommes.	Heures.	Sommes.	Heures.	Sommes.	Heures.	Sommes.	Heures.	Sommes.	Heures.	Sommes.
1	„ 78	70	54.60	140	109.20	210	163.80	280	218.40	350	273. „„	420	327.60
2	1.56	1	55.38	1	109.98	1	164.58	1	219.18	1	273.78	1	328.38
3	2.34	2	56.16	2	110.76	2	165.36	2	219.96	2	274.56	2	329.16
4	3.12	3	56.94	3	111.54	3	166.14	3	220.74	3	275.34	3	329.94
5	3.90	4	57.72	4	112.32	4	166.92	4	221.52	4	276.12	4	330.72
6	4.68	5	58.50	5	113.10	5	167.70	5	222.30	5	276.90	5	331.50
7	5.46	6	59.28	6	113.88	6	168.40	6	223.08	6	277.68	6	332.28
8	6.24	7	60.06	7	114.66	7	169.26	7	223.86	7	278.46	7	333.06
9	7.02	8	60.84	8	115.44	8	170.04	8	224.64	8	279.24	8	333.84
		9	61.62	9	116.22	9	170.82	9	225.42	9	280.02	9	334.62
10	7.80	80	62.40	150	117. „„	220	171.60	290	226.20	360	280.80	430	335.40
1	8.58	1	63.18	1	117.78	1	172.38	1	226.98	1	281.58	1	336.18
2	9.36	2	63.96	2	118.56	2	173.16	2	227.76	2	282.36	2	336.96
3	10.14	3	64.74	3	119.34	3	173.94	3	228.54	3	283.14	3	337.74
4	10.92	4	65.52	4	120.12	4	174.72	4	229.32	4	283.92	4	338.52
5	11.70	5	66.30	5	120.90	5	175.50	5	230.10	5	284.70	5	339.30
6	12.48	6	67.08	6	121.68	6	176.28	6	230.88	6	285.48	6	340.08
7	13.26	7	67.86	7	122.46	7	177.06	7	231.66	7	286.26	7	340.86
8	14.04	8	68.34	8	123.24	8	177.84	8	232.44	8	287.04	8	341.64
9	14.82	9	69.42	9	124.02	9	178.62	9	233.22	9	287.82	9	342.42
20	15.60	90	70.20	160	124.80	230	179.40	300	234. „„	370	288.60	440	343.20
1	16.38	1	70.98	1	125.58	1	180.18	1	234.78	1	289.38	1	343.98
2	17.16	2	71.76	2	126.36	2	180.96	2	235.56	2	290.16	2	344.76
3	17.94	3	72.54	3	127.14	3	181.74	3	236.34	3	290.94	3	345.54
4	18.72	4	73.32	4	127.92	4	182.52	4	237.12	4	291.72	4	346.32
5	19.50	5	74.10	5	128.70	5	183.30	5	237.90	5	292.50	5	347.10
6	20.28	6	74.88	6	129.48	6	184.08	6	238.68	6	293.28	6	347.88
7	21.06	7	75.66	7	130.26	7	184.86	7	239.46	7	294.06	7	348.66
8	21.84	8	76.44	8	131.04	8	185.64	8	240.24	8	294.84	8	349.44
9	22.62	9	77.22	9	131.82	9	186.42	9	241.02	9	295.62	9	350.22
30	23.40	100	78. „„	170	132.60	240	187.20	310	241.80	380	296.40	450	351. „„
1	24.18	1	78.78	1	133.38	1	187.98	1	242.58	1	297.18	1	351.78
2	24.96	2	79.56	2	134.16	2	188.76	2	243.36	2	297.96	2	352.56
3	25.74	3	80.34	3	134.94	3	189.54	3	244.14	3	298.74	3	353.34
4	26.52	4	81.12	4	135.72	4	190.32	4	244.92	4	299.52	4	354.12
5	27.30	5	81.90	5	136.50	5	191.10	5	245.70	5	300.30	5	354.90
6	28.08	6	82.68	6	137.28	6	191.88	6	246.48	6	301.08	6	355.68
7	28.86	7	83.46	7	138.06	7	192.66	7	247.26	7	301.86	7	356.46
8	29.64	8	84.24	8	138.84	8	193.44	8	248.04	8	302.64	8	357.24
9	30.42	9	85.02	9	139.62	9	194.22	9	248.82	9	303.42	9	358.02
40	31.20	110	85.80	180	140.40	250	195. „„	320	249.60	390	304.20	460	358.80
1	31.98	1	86.58	1	141.18	1	195.78	1	250.38	1	304.98	1	359.58
2	32.76	2	87.36	2	141.96	2	196.56	2	251.16	2	305.76	2	360.36
3	33.54	3	88.14	3	142.74	3	197.34	3	251.94	3	306.54	3	361.14
4	34.32	4	88.92	4	143.52	4	198.12	4	252.72	4	307.32	4	361.92
5	35.10	5	89.70	5	144.30	5	198.90	5	253.50	5	308.10	5	362.70
6	35.88	6	90.48	6	145.08	6	199.68	6	254.28	6	308.88	6	363.48
7	36.66	7	91.26	7	145.86	7	200.46	7	255.06	7	309.66	7	364.26
8	37.44	8	92.04	8	146.64	8	201.24	8	255.84	8	310.44	8	365.04
9	38.22	9	92.82	9	147.42	9	202.02	9	256.62	9	311.22	9	365.82
50	39. „„	120	93.60	190	148.20	260	202.80	330	257.40	400	312. „„	470	366.60
1	39.78	1	94.38	1	148.98	1	203.58	1	258.18	1	312.78	1	367.38
2	40.56	2	95.16	2	149.76	2	204.36	2	258.96	2	313.56	2	368.16
3	41.34	3	95.94	3	150.54	3	205.14	3	259.74	3	314.34	3	368.94
4	42.12	4	96.72	4	151.32	4	205.92	4	260.52	4	315.12	4	369.72
5	42.90	5	97.50	5	152.10	5	206.70	5	261.30	5	315.90	5	370.50
6	43.68	6	98.28	6	152.88	6	207.48	6	262.08	6	316.68	6	371.28
7	44.46	7	99.06	7	153.66	7	208.26	7	262.86	7	317.46	7	372.06
8	45.24	8	99.84	8	154.44	8	209.04	8	263.64	8	318.24	8	372.84
9	46.02	9	100.62	9	155.22	9	209.82	9	264.42	9	319.02	9	373.62
60	46.80	130	101.40	200	156. „„	270	210.60	340	265.20	410	319.80	480	374.40
1	47.58	1	102.18	1	156.78	1	211.38	1	265.98	1	320.58	1	375.18
2	48.36	2	102.96	2	157.56	2	212.16	2	266.76	2	321.36	2	375.96
3	49.14	3	103.74	3	158.34	3	212.94	3	267.54	3	322.14	3	376.74
4	49.92	4	104.52	4	159.12	4	213.72	4	268.32	4	322.92	4	377.52
5	50.70	5	105.30	5	159.90	5	214.50	5	269.10	5	323.70	5	378.30
6	51.48	6	106.08	6	160.68	6	215.28	6	269.88	6	324.48	6	379.08
7	52.26	7	106.86	7	161.46	7	216.06	7	270.66	7	325.26	7	379.86
8	53.04	8	107.64	8	162.24	8	216.84	8	271.44	8	326.04	8	380.64
9	53.82	9	108.42	9	163.02	9	217.62	9	272.22	9	326.82	9	381.42

Heures à 0.79 ^c l'une.

Heures	Sommes	Heures	Sommes	Heures	Sommes	Heures	Sommes	Heures	Sommes	Heures	Sommes	Heures	Sommes
1	" 79	70	55.30	140	110.60	210	165.90	280	221.20	350	276.50	420	331.80
2	1.58	1	56.09	1	111.39	1	166.69	1	221.99	1	277.29	1	332.59
3	2.37	2	56.88	2	112.18	2	167.48	2	222.78	2	278.08	2	333.38
4	3.16	3	57.67	3	112.97	3	168.27	3	223.57	3	278.87	3	334.17
5	3.95	4	58.46	4	113.76	4	169.06	4	224.36	4	279.66	4	334.96
6	4.74	5	59.25	5	114.55	5	169.85	5	225.15	5	280.45	5	335.75
7	5.53	6	60.04	6	115.34	6	170.64	6	225.94	6	281.24	6	336.54
8	6.32	7	60.83	7	116.13	7	171.43	7	226.73	7	282.03	7	337.33
9	7.11	8	61.62	8	116.92	8	172.22	8	227.52	8	282.82	8	338.12
		9	62.41	9	117.71	9	173.01	9	228.31	9	283.61	9	338.91
10	7.90	80	63.20	150	118.50	220	173.80	290	229.10	360	284.40	430	339.70
1	8.69	1	63.99	1	119.29	1	174.59	1	229.89	1	285.19	1	340.49
2	9.48	2	64.78	2	120.08	2	175.38	2	230.68	2	285.98	2	341.28
3	10.27	3	65.57	3	120.87	3	176.17	3	231.47	3	286.77	3	342.07
4	11.06	4	66.36	4	121.66	4	176.96	4	232.26	4	287.56	4	342.86
5	11.85	5	67.15	5	122.45	5	177.75	5	233.05	5	288.35	5	343.65
6	12.64	6	67.94	6	123.24	6	178.54	6	233.84	6	289.14	6	344.44
7	13.43	7	68.73	7	124.03	7	179.33	7	234.63	7	289.93	7	345.23
8	14.22	8	69.52	8	124.82	8	180.12	8	235.42	8	290.72	8	346.02
9	15.01	9	70.31	9	125.61	9	180.91	9	236.21	9	291.51	9	346.81
20	15.80	90	71.10	160	126.40	230	181.70	300	237.""	370	292.30	440	347.60
1	16.59	1	71.89	1	127.19	1	182.49	1	237.79	1	293.09	1	348.39
2	17.38	2	72.68	2	127.98	2	183.28	2	238.58	2	293.88	2	349.18
3	18.17	3	73.47	3	128.77	3	184.07	3	239.37	3	294.67	3	349.97
4	18.96	4	74.26	4	129.56	4	184.86	4	240.16	4	295.46	4	350.76
5	19.75	5	75.05	5	130.35	5	185.65	5	240.95	5	296.25	5	351.55
6	20.54	6	75.84	6	131.14	6	186.44	6	241.74	6	297.04	6	352.34
7	21.33	7	76.63	7	131.93	7	187.23	7	242.53	7	297.83	7	353.13
8	22.12	8	77.42	8	132.72	8	188.02	8	243.32	8	298.62	8	353.92
9	22.91	9	78.21	9	133.51	9	188.81	9	244.11	9	299.41	9	354.71
30	23.70	100	79.""	170	134.30	240	189.60	310	244.90	380	300.20	450	355.50
1	24.49	1	79.79	1	135.09	1	190.39	1	245.69	1	300.99	1	356.29
2	25.28	2	80.58	2	135.88	2	191.18	2	146.48	2	301.78	2	357.08
3	26.07	3	81.37	3	136.67	3	191.97	3	247.27	3	302.57	3	357.87
4	26.86	4	82.16	4	137.46	4	192.76	4	248.06	4	303.36	4	358.66
5	27.65	5	82.95	5	138.25	5	193.55	5	248.85	5	304.15	5	359.45
6	28.44	6	83.74	6	139.04	6	194.34	6	249.64	6	304.94	6	360.24
7	29.23	7	84.53	7	139.83	7	195.13	7	250.43	7	305.73	7	361.03
8	30.02	8	85.32	8	140.62	8	195.92	8	251.22	8	306.52	8	361.82
9	30.81	9	86.11	9	141.41	9	196.71	9	252.01	9	307.31	9	362.61
40	31.60	110	86.90	180	142.20	250	197.50	320	252.80	390	308.10	460	363.40
1	32.39	1	87.69	1	142.99	1	198.29	1	253.59	1	308.89	1	364.19
2	33.18	2	88.48	2	143.78	2	199.08	2	254.38	2	309.68	2	364.98
3	33.97	3	89.27	3	144.57	3	199.87	3	255.17	3	310.47	3	365.77
4	34.76	4	90.06	4	145.36	4	200.66	4	255.96	4	311.26	4	366.56
5	35.55	5	90.85	5	146.15	5	201.45	5	256.75	5	312.05	5	367.35
6	36.34	6	91.64	6	146.94	6	202.24	6	257.54	6	312.84	6	368.14
7	37.13	7	92.43	7	147.73	7	203.03	7	258.33	7	313.63	7	368.93
8	37.92	8	93.22	8	148.52	8	203.82	8	259.12	8	314.42	8	369.72
9	38.71	9	94.01	9	149.31	9	204.61	9	259.91	9	315.21	9	370.51
50	39.50	120	94.80	190	150.10	260	205.40	330	260.70	400	316.""	470	371.30
1	40.29	1	95.59	1	150.89	1	206.19	1	261.49	1	316.79	1	372.09
2	41.08	2	96.38	2	151.68	2	206.98	2	262.28	2	317.58	2	372.88
3	41.87	3	97.17	3	152.47	3	207.77	3	263.07	3	318.37	3	373.67
4	42.66	4	97.96	4	153.26	4	208.56	4	263.86	4	319.16	4	374.46
5	43.45	5	98.75	5	154.05	5	209.35	5	264.65	5	319.95	5	375.25
6	44.24	6	99.54	6	154.84	6	210.14	6	265.44	6	320.74	6	376.04
7	45.03	7	100.33	7	155.63	7	210.93	7	266.23	7	321.53	7	376.83
8	45.82	8	101.12	8	156.42	8	211.72	8	267.02	8	322.32	8	377.62
9	46.61	9	101.91	9	157.21	9	212.51	9	267.81	9	323.11	9	378.41
60	47.40	130	102.70	200	158.""	270	213.30	340	268.60	410	323.90	480	379.20
1	48.19	1	103.49	1	158.79	1	214.09	1	269.39	1	324.69	1	379.99
2	48.98	2	104.28	2	159.58	2	214.88	2	270.18	2	325.48	2	380.78
3	49.77	3	105.07	3	160.37	3	215.67	3	270.97	3	326.27	3	381.57
4	50.56	4	105.86	4	161.16	4	216.46	4	271.76	4	327.06	4	382.36
5	51.35	5	106.65	5	161.95	5	217.25	5	272.55	5	327.85	5	383.15
6	52.14	6	107.44	6	162.74	6	218.04	6	273.34	6	328.64	6	383.94
7	52.93	7	108.23	7	163.53	7	218.83	7	274.13	7	329.43	7	384.73
8	53.72	8	109.02	8	164.32	8	219.62	8	274.92	8	330.22	8	385.52
9	54.51	9	109.81	9	165.11	9	220.41	9	275.71	9	331.01	9	386.31

Heures à 0.80 ⅌ l'une.

Heures	Sommes	Heures	Sommes	Heures	Sommes	Heures	Sommes	Heures	Sommes	Heures	Sommes	Heures	Sommes
1	„ 80	70	56. „„	140	112. „„	210	168. „„	280	224. „„	350	280. „„	420	336. „„
2	1. 60	1	56. 80	1	112. 80	1	168. 80	1	224. 80	1	280. 80	1	336. 80
3	2. 40	2	57. 60	2	113. 60	2	169. 60	2	225. 60	2	281. 60	2	337. 60
4	3. 20	3	58. 40	3	114. 40	3	170. 40	3	226. 40	3	282. 40	3	338. 40
5	4. „„	4	59. 20	4	115. 20	4	171. 20	4	227. 20	4	283. 20	4	339. 20
6	4. 80	5	60. „„	5	116. „„	5	172. „„	5	228. „„	5	284. „„	5	340. „„
7	5. 60	6	60. 80	6	116. 80	6	172. 80	6	228. 80	6	284. 80	6	340. 80
8	6. 40	7	61. 60	7	117. 60	7	173. 60	7	229. 60	7	285. 60	7	341. 60
9	7. 20	8	62. 40	8	118. 40	8	174. 40	8	230. 40	8	286. 40	8	342. 40
		9	63. 20	9	119. 20	9	175. 20	9	231. 20	9	287. 20	9	343. 20
10	8. „„	80	64. „„	150	120. „„	220	176. „„	290	232. „„	360	288. „„	430	344. „„
1	8. 80	1	64. 80	1	120. 80	1	176. 80	1	232. 80	1	288. 80	1	344. 80
2	9. 60	2	65. 60	2	121. 60	2	177. 60	2	233. 60	2	289. 60	2	345. 60
3	10. 40	3	66. 40	3	122. 40	3	178. 40	3	234. 40	3	290. 40	3	346. 40
4	11. 20	4	67. 20	4	123. 20	4	179. 20	4	235. 20	4	291. 20	4	347. 20
5	12. „„	5	68. „„	5	124. „„	5	180. „„	5	236. „„	5	292. „„	5	348. „„
6	12. 80	6	68. 80	6	124. 80	6	180. 80	6	236. 80	6	292. 80	6	348. 80
7	13. 60	7	69. 60	7	125. 60	7	181. 60	7	237. 60	7	293. 60	7	349. 60
8	14. 40	8	70. 40	8	126. 40	8	182. 40	8	238. 40	8	294. 40	8	350. 40
9	15. 20	9	71. 20	9	127. 20	9	183. 20	9	239. 20	9	295. 20	9	351. 20
20	16. „„	90	72. „„	160	128. „„	230	184. „„	300	240. „„	370	296. „„	440	352. „„
1	16. 80	1	72. 80	1	128. 80	1	184. 80	1	240. 80	1	296. 80	1	352. 80
2	17. 60	2	73. 60	2	129. 60	2	185. 60	2	241. 60	2	297. 60	2	353. 60
3	18. 40	3	74. 40	3	130. 40	3	186. 40	3	242. 40	3	298. 40	3	354. 40
4	19. 20	4	75. 20	4	131. 20	4	187. 20	4	243. 20	4	299. 20	4	355. 20
5	20. „„	5	76. „„	5	132. „„	5	188. „„	5	244. „„	5	300. „„	5	356. „„
6	20. 80	6	76. 80	6	132. 80	6	188. 80	6	244. 80	6	300. 80	6	356. 80
7	21. 60	7	77. 60	7	133. 60	7	189. 60	7	245. 60	7	301. 60	7	357. 60
8	22. 40	8	78. 40	8	134. 40	8	190. 40	8	246. 40	8	302. 40	8	358. 40
9	23. 20	9	79. 20	9	135. 20	9	191. 20	9	247. 20	9	303. 20	9	359. 20
30	24. „„	100	80. „„	170	136. „„	240	192. „„	310	248. „„	380	304. „„	450	360. „„
1	24. 80	1	80. 80	1	136. 80	1	192. 80	1	248. 80	1	304. 80	1	360. 80
2	25. 60	2	81. 60	2	137. 60	2	193. 60	2	249. 60	2	305. 60	2	361. 60
3	26. 40	3	82. 40	3	138. 40	3	194. 40	3	250. 40	3	306. 40	3	362. 40
4	27. 20	4	83. 20	4	139. 20	4	195. 20	4	251. 20	4	307. 20	4	363. 20
5	28. „„	5	84. „„	5	140. „„	5	196. „„	5	252. „„	5	308. „„	5	364. „„
6	28. 80	6	84. 80	6	140. 80	6	196. 80	6	252. 80	6	308. 80	6	364. 80
7	29. 60	7	85. 60	7	141. 60	7	197. 60	7	253. 60	7	309. 60	7	365. 60
8	30. 40	8	86. 40	8	142. 40	8	198. 40	8	254. 40	8	310. 40	8	366. 40
9	31. 20	9	87. 20	9	143. 20	9	199. 20	9	255. 20	9	311. 20	9	367. 20
40	32. „„	110	88. „„	180	144. „„	250	200. „„	320	256. „„	390	312. „„	460	368. „„
1	32. 80	1	88. 80	1	144. 80	1	200. 80	1	256. 80	1	312. 80	1	368. 80
2	33. 60	2	89. 60	2	145. 60	2	201. 60	2	257. 60	2	313. 60	2	369. 60
3	34. 40	3	90. 40	3	146. 40	3	202. 40	3	258. 40	3	314. 40	3	370. 40
4	35. 20	4	91. 20	4	147. 20	4	203. 20	4	259. 20	4	315. 20	4	371. 20
5	36. „„	5	92. „„	5	148. „„	5	204. „„	5	260. „„	5	316. „„	5	372. „„
6	36. 80	6	92. 80	6	148. 80	6	204. 80	6	260. 80	6	316. 80	6	372. 80
7	37. 60	7	93. 60	7	149. 60	7	205. 60	7	261. 60	7	317. 60	7	373. 60
8	38. 40	8	94. 40	8	150. 40	8	206. 40	8	262. 40	8	318. 40	8	374. 40
9	39. 20	9	95. 20	9	151. 20	9	207. 20	9	263. 20	9	319. 20	9	375. 20
50	40. „„	120	96. „„	190	152. „„	260	208. „„	330	264. „„	400	320. „„	470	376. „„
1	40. 80	1	96. 80	1	152. 80	1	208. 80	1	264. 80	1	320. 80	1	376. 80
2	41. 60	2	97. 60	2	153. 60	2	209. 60	2	265. 60	2	321. 60	2	377. 60
3	42. 40	3	98. 40	3	154. 40	3	210. 40	3	266. 40	3	322. 40	3	378. 40
4	43. 20	4	99. 20	4	155. 20	4	211. 20	4	267. 20	4	323. 20	4	379. 20
5	44. „„	5	100. „„	5	156. „„	5	212. „„	5	268. „„	5	324. „„	5	380. „„
6	44. 80	6	100. 80	6	156. 80	6	212. 80	6	268. 80	6	324. 80	6	380. 80
7	45. 60	7	101. 60	7	157. 60	7	213. 60	7	269. 60	7	325. 60	7	381. 60
8	46. 40	8	102. 40	8	158. 40	8	214. 40	8	270. 40	8	326. 40	8	382. 40
9	47. 20	9	103. 20	9	159. 20	9	215. 20	9	271. 20	9	327. 20	9	383. 20
60	48. „„	130	104. „„	200	160. „„	270	216. „„	340	272. „„	410	328. „„	480	384. „„
1	48. 80	1	104. 80	1	160. 80	1	216. 80	1	272. 80	1	328. 80	1	384. 80
2	49. 60	2	105. 60	2	161. 60	2	217. 60	2	273. 60	2	329. 60	2	385. 60
3	50. 40	3	106. 40	3	162. 40	3	218. 40	3	274. 40	3	330. 40	3	386. 40
4	51. 20	4	107. 20	4	163. 20	4	219. 20	4	275. 20	4	331. 20	4	387. 20
5	52. „„	5	108. „„	5	164. „„	5	220. „„	5	276. „„	5	332. „„	5	388. „„
6	52. 80	6	108. 80	6	164. 80	6	220. 80	6	276. 80	6	332. 80	6	388. 80
7	53. 60	7	109. 60	7	165. 60	7	221. 60	7	277. 60	7	333. 60	7	389. 60
8	54. 40	8	110. 40	8	166. 40	8	222. 40	8	278. 40	8	334. 40	8	390. 40
9	55. 20	9	111. 20	9	167. 20	9	223. 20	9	279. 20	9	335. 20	9	391. 20

Heures à 0.81 f l'une.

Heures.	Sommes.	Heures.	Sommes.	Heures.	Sommes.	Heures.	Sommes.	Heures.	Sommes.	Heures.	Sommes.	Heures.	Sommes.
1	„ 81	70	56.70	140	113.40	210	170.10	280	226.80	350	283.50	420	340.20
2	1.62	1	57.51	1	114.21	1	170.91	1	227.61	1	284.31	1	341.01
3	2.43	2	58.32	2	115.02	2	171.72	2	228.42	2	285.12	2	341.82
4	3.24	3	59.13	3	115.83	3	172.53	3	229.23	3	285.93	3	342.63
5	4.05	4	59.94	4	116.64	4	173.34	4	230.04	4	286.74	4	343.44
6	4.86	5	60.75	5	117.45	5	174.15	5	230.85	5	287.55	5	344.25
7	5.67	6	61.56	6	118.26	6	174.96	6	231.66	6	288.36	6	345.06
8	6.48	7	62.37	7	119.07	7	175.77	7	232.47	7	289.17	7	345.87
9	7.29	8	63.18	8	119.88	8	176.58	8	233.28	8	289.98	8	346.68
		9	63.99	9	120.69	9	177.39	9	234.09	9	290.79	9	347.49
10	8.10	80	64.80	150	121.50	220	178.20	290	234.90	360	291.60	430	348.30
1	8.91	1	65.61	1	122.31	1	179.01	1	235.71	1	292.41	1	349.11
2	9.72	2	66.42	2	123.12	2	179.82	2	236.52	2	293.22	2	349.92
3	10.53	3	67.23	3	123.93	3	180.63	3	237.33	3	294.03	3	350.73
4	11.34	4	68.04	4	124.74	4	181.44	4	238.14	4	294.84	4	351.54
5	12.15	5	68.85	5	125.55	5	182.25	5	238.95	5	295.65	5	352.35
6	12.96	6	69.66	6	126.36	6	183.06	6	239.76	6	296.46	6	353.16
7	13.77	7	70.47	7	127.17	7	183.87	7	240.57	7	297.27	7	353.97
8	14.58	8	71.28	8	127.98	8	184.68	8	241.38	8	298.08	8	354.78
9	15.39	9	72.09	9	128.79	9	185.49	9	242.19	9	298.89	9	355.59
20	16.20	90	72.90	160	129.60	230	186.30	300	243.„	370	299.70	440	356.40
1	17.01	1	73.71	1	130.41	1	187.11	1	243.81	1	300.51	1	357.21
2	17.82	2	74.52	2	131.22	2	187.92	2	244.62	2	301.32	2	358.02
3	18.63	3	75.33	3	132.03	3	188.73	3	245.43	3	302.13	3	358.83
4	19.44	4	76.14	4	132.84	4	189.54	4	246.24	4	302.94	4	359.64
5	20.25	5	76.95	5	133.65	5	190.35	5	247.05	5	303.75	5	360.45
6	21.06	6	77.76	6	134.46	6	191.16	6	247.86	6	304.56	6	361.26
7	21.87	7	78.57	7	135.27	7	191.97	7	248.67	7	305.37	7	362.07
8	22.68	8	79.38	8	136.08	8	192.78	8	249.48	8	306.18	8	362.88
9	23.49	9	80.19	9	136.89	9	193.59	9	250.29	9	306.99	9	363.69
30	24.30	100	81.„	170	137.70	240	194.40	310	251.10	380	307.80	450	364.50
1	25.11	1	81.81	1	138.51	1	195.21	1	251.91	1	308.61	1	365.31
2	25.92	2	82.62	2	139.32	2	196.02	2	252.72	2	309.42	2	366.12
3	26.73	3	83.43	3	140.13	3	196.83	3	253.53	3	310.23	3	366.93
4	27.54	4	84.24	4	140.94	4	197.64	4	254.34	4	311.04	4	367.74
5	28.35	5	85.05	5	141.75	5	198.45	5	255.15	5	311.85	5	368.55
6	29.16	6	85.86	6	142.56	6	199.26	6	255.96	6	312.66	6	369.36
7	29.97	7	86.67	7	143.37	7	200.07	7	256.77	7	313.47	7	370.17
8	30.78	8	87.48	8	144.18	8	200.88	8	257.58	8	314.28	8	370.98
9	31.59	9	88.29	9	144.99	9	201.69	9	258.39	9	315.09	9	371.79
40	32.40	110	89.10	180	145.80	250	202.50	320	259.20	390	315.90	460	372.60
1	33.21	1	89.91	1	146.61	1	203.31	1	260.01	1	316.71	1	373.41
2	34.02	2	90.72	2	147.42	2	204.12	2	260.82	2	317.52	2	374.22
3	34.83	3	91.53	3	148.23	3	204.93	3	261.63	3	318.33	3	375.03
4	35.64	4	92.34	4	149.04	4	205.74	4	262.44	4	319.14	4	375.84
5	36.45	5	93.15	5	149.85	5	206.55	5	263.25	5	319.95	5	376.65
6	37.26	6	93.96	6	150.66	6	207.36	6	264.06	6	320.76	6	377.46
7	38.07	7	94.77	7	151.47	7	208.17	7	264.87	7	321.57	7	378.27
8	38.88	8	95.58	8	152.28	8	208.98	8	265.68	8	322.38	8	379.08
9	39.69	9	96.39	9	153.09	9	209.79	9	266.49	9	323.19	9	379.89
50	40.50	120	97.20	190	153.90	260	210.60	330	267.30	400	324.„	470	380.70
1	41.31	1	98.01	1	154.71	1	211.41	1	268.11	1	324.81	1	381.51
2	42.12	2	98.82	2	155.52	2	212.22	2	268.92	2	325.62	2	382.32
3	42.93	3	99.63	3	156.33	3	213.03	3	269.73	3	326.43	3	383.13
4	43.74	4	100.44	4	157.14	4	213.84	4	270.54	4	327.24	4	383.94
5	44.55	5	101.25	5	157.95	5	214.65	5	271.35	5	328.05	5	384.75
6	45.36	6	102.06	6	158.76	6	215.46	6	272.16	6	328.86	6	385.56
7	46.17	7	102.87	7	159.57	7	216.27	7	272.97	7	329.67	7	386.37
8	46.98	8	103.68	8	160.38	8	217.08	8	273.78	8	330.48	8	387.18
9	47.79	9	104.49	9	161.19	9	217.89	9	274.59	9	331.29	9	387.99
60	48.60	130	105.30	200	162.„	270	218.70	340	275.40	410	332.10	480	388.80
1	49.41	1	106.11	1	162.81	1	219.51	1	276.21	1	332.91	1	389.61
2	50.22	2	106.92	2	163.62	2	220.32	2	277.02	2	333.72	2	390.42
3	51.03	3	107.73	3	164.43	3	221.13	3	277.83	3	334.53	3	391.23
4	51.84	4	108.54	4	165.24	4	221.94	4	278.64	4	335.34	4	392.04
5	52.65	5	109.35	5	166.05	5	222.75	5	279.45	5	336.15	5	392.85
6	53.46	6	110.16	6	166.86	6	223.56	6	280.26	6	336.96	6	393.66
7	54.27	7	110.97	7	167.67	7	224.37	7	281.07	7	337.77	7	394.47
8	55.08	8	111.78	8	168.48	8	225.18	8	281.88	8	338.58	8	395.28
9	55.89	9	112.59	9	169.29	9	225.99	9	282.69	9	339.39	9	396.09

Heures à 0.82 c l'une.

Heures	Sommes	Heures	Sommes	Heures	Sommes	Heures	Sommes	Heures	Sommes	Heures	Sommes	Heures	Sommes
1	„ 82	70	57.40	140	114.80	210	172.20	280	229.60	350	287.„„	420	344.40
2	1.64	1	58.22	1	115.62	1	173.02	1	230.42	1	287.82	1	345.22
3	2.46	2	59.04	2	116.44	2	173.84	2	231.24	2	288.64	2	346.04
4	3.28	3	59.86	3	117.26	3	174.66	3	232.06	3	289.46	3	346.86
5	4.10	4	60.68	4	118.08	4	175.48	4	232.88	4	290.28	4	347.68
6	4.92	5	61.50	5	118.90	5	176.30	5	233.70	5	291.10	5	348.50
7	5.74	6	62.32	6	119.72	6	177.12	6	234.52	6	291.92	6	349.32
8	6.56	7	63.14	7	120.54	7	177.94	7	235.34	7	292.74	7	350.14
9	7.38	8	63.96	8	121.36	8	178.76	8	236.16	8	293.56	8	350.96
		9	64.78	9	122.18	9	179.58	9	236.98	9	294.38	9	351.78
10	8.20	80	65.60	150	123.„„	220	180.40	290	237.80	360	295.20	430	352.60
1	9.02	1	66.42	1	123.82	1	181.22	1	238.62	1	296.02	1	353.42
2	9.84	2	67.24	2	124.64	2	182.04	2	239.44	2	296.84	2	354.24
3	10.66	3	68.06	3	125.46	3	182.86	3	240.26	3	297.66	3	355.06
4	11.48	4	68.88	4	126.28	4	183.68	4	241.08	4	298.48	4	355.88
5	12.30	5	69.70	5	127.10	5	184.50	5	241.90	5	299.30	5	356.70
6	13.12	6	70.52	6	127.92	6	185.32	6	242.72	6	300.12	6	357.52
7	13.94	7	71.34	7	128.74	7	186.14	7	243.54	7	300.94	7	358.34
8	14.76	8	72.16	8	129.56	8	186.96	8	244.36	8	301.76	8	359.16
9	15.58	9	72.98	9	130.38	9	187.78	9	245.18	9	302.58	9	359.98
20	16.40	90	73.80	160	131.20	230	188.60	300	246.„„	370	303.40	440	360.80
1	17.22	1	74.62	1	132.02	1	189.42	1	246.82	1	304.22	1	361.62
2	18.04	2	75.44	2	132.84	2	190.24	2	247.64	2	305.04	2	362.44
3	18.86	3	76.26	3	133.66	3	191.06	3	248.46	3	305.86	3	363.26
4	19.68	4	77.08	4	134.48	4	191.88	4	249.28	4	306.68	4	364.08
5	20.50	5	77.90	5	135.30	5	192.70	5	250.10	5	307.50	5	364.90
6	21.32	6	78.72	6	136.12	6	193.52	6	250.92	6	308.32	6	365.72
7	22.14	7	79.54	7	136.94	7	194.34	7	251.74	7	309.14	7	366.54
8	22.96	8	80.36	8	137.76	8	195.16	8	252.56	8	309.96	8	367.36
9	23.78	9	81.18	9	138.58	9	195.98	9	253.38	9	310.78	9	368.18
30	24.60	100	82.„„	170	139.40	240	196.80	310	254.20	380	311.60	450	369.„„
1	25.42	1	82.82	1	140.22	1	197.62	1	255.02	1	312.42	1	369.82
2	26.24	2	83.64	2	141.04	2	198.44	2	255.84	2	313.24	2	370.64
3	27.06	3	84.46	3	141.86	3	199.26	3	256.66	3	314.06	3	371.46
4	27.88	4	85.28	4	142.68	4	200.08	4	257.48	4	314.88	4	372.28
5	28.70	5	86.10	5	143.50	5	200.90	5	258.30	5	315.70	5	373.10
6	29.52	6	86.92	6	144.32	6	201.72	6	259.12	6	316.52	6	373.92
7	30.34	7	87.74	7	145.14	7	202.54	7	259.94	7	317.34	7	374.74
8	31.16	8	88.56	8	145.96	8	203.36	8	260.76	8	318.16	8	375.56
9	31.98	9	89.38	9	146.78	9	204.18	9	261.58	9	318.98	9	376.38
40	32.80	110	90.20	180	147.60	250	205.„„	320	262.40	390	319.80	460	377.20
1	33.62	1	91.02	1	148.42	1	205.82	1	263.22	1	320.62	1	378.02
2	34.44	2	91.84	2	149.24	2	206.64	2	264.04	2	321.44	2	378.84
3	35.26	3	92.66	3	150.06	3	207.46	3	264.86	3	322.26	3	379.66
4	36.08	4	93.48	4	150.88	4	208.28	4	265.68	4	323.08	4	380.48
5	36.90	5	94.30	5	151.70	5	209.10	5	266.50	5	323.90	5	381.30
6	37.72	6	95.12	6	152.52	6	209.92	6	267.32	6	324.72	6	382.12
7	38.54	7	95.94	7	153.34	7	210.74	7	268.14	7	325.54	7	382.94
8	39.36	8	96.76	8	154.16	8	211.56	8	268.96	8	326.36	8	383.76
9	40.18	9	97.58	9	154.98	9	212.38	9	269.78	9	327.18	9	384.58
50	41.„	120	98.40	190	155.80	260	213.20	330	270.60	400	328.„„	470	385.40
1	41.82	1	99.22	1	156.62	1	214.02	1	271.42	1	328.82	1	386.22
2	42.64	2	100.04	2	157.44	2	214.84	2	272.24	2	329.64	2	387.04
3	43.46	3	100.86	3	158.26	3	215.66	3	273.06	3	330.46	3	387.86
4	44.28	4	101.68	4	159.08	4	216.48	4	273.88	4	331.28	4	388.68
5	45.10	5	102.50	5	159.90	5	217.30	5	274.70	5	332.10	5	389.50
6	45.92	6	103.32	6	160.72	6	218.12	6	275.52	6	332.92	6	390.32
7	46.74	7	104.14	7	161.54	7	218.94	7	276.34	7	333.74	7	391.14
8	47.56	8	104.96	8	162.36	8	219.76	8	277.16	8	334.56	8	391.96
9	48.38	9	105.78	9	163.18	9	220.58	9	277.98	9	335.38	9	392.78
60	49.20	130	106.60	200	164.„„	270	221.40	340	278.80	410	336.20	480	393.60
1	50.02	1	107.42	1	164.82	1	222.22	1	279.62	1	337.02	1	394.42
2	50.84	2	108.24	2	165.64	2	223.04	2	280.44	2	337.84	2	395.24
3	51.66	3	109.06	3	166.46	3	223.86	3	281.26	3	338.66	3	396.06
4	52.48	4	109.88	4	167.28	4	224.68	4	282.08	4	339.48	4	396.88
5	53.30	5	110.70	5	168.10	5	225.50	5	282.90	5	340.30	5	397.70
6	54.12	6	111.52	6	168.92	6	226.32	6	283.72	6	341.12	6	398.52
7	54.94	7	112.34	7	169.74	7	227.14	7	284.54	7	341.94	7	399.34
8	55.76	8	113.16	8	170.56	8	227.96	8	285.36	8	342.76	8	400.16
9	56.58	9	113.98	9	171.38	9	228.78	9	286.18	9	343.58	9	400.98

Heures à 0.83 ₰ l'une.

Heures.	Sommes.	Heures.	Sommes.	Heures.	Sommes.	Heures.	Sommes.	Heures.	Sommes.	Heures.	Sommes.	Heures.	Sommes.
1	„ 83	70	58.10	140	116.20	210	174.30	280	232.40	350	290.50	420	348.60
2	1.66	1	58.93	1	117.03	1	175.13	1	233.23	1	291.33	1	349.43
3	2.49	2	59.76	2	117.86	2	175.96	2	234.06	2	292.16	2	350.26
4	3.32	3	60.59	3	118.69	3	176.79	3	234.89	3	292.99	3	351.09
5	4.15	4	61.42	4	119.52	4	177.62	4	235.72	4	293.82	4	351.92
6	4.98	5	62.25	5	120.35	5	178.45	5	236.55	5	294.65	5	352.75
7	5.81	6	63.08	6	121.18	6	179.28	6	237.38	6	295.48	6	353.58
8	6.64	7	63.91	7	122.01	7	180.11	7	238.21	7	296.31	7	354.41
9	7.47	8	64.74	8	122.84	8	180.94	8	239.04	8	297.14	8	355.24
		9	65.57	9	123.67	9	181.77	9	239.87	9	297.97	9	356.07
10	8.30	80	66.40	150	124.50	220	182.60	290	240.70	360	298.80	430	356.90
1	9.13	1	67.23	1	125.33	1	183.43	1	241.53	1	299.63	1	357.73
2	9.96	2	68.06	2	126.16	2	184.26	2	242.36	2	300.46	2	358.56
3	10.79	3	68.89	3	126.99	3	185.09	3	243.19	3	301.29	3	359.39
4	11.62	4	69.72	4	127.82	4	185.92	4	244.02	4	302.12	4	360.22
5	12.45	5	70.55	5	128.65	5	186.75	5	244.85	5	302.95	5	361.05
6	13.28	6	71.38	6	129.48	6	187.58	6	245.68	6	303.78	6	361.88
7	14.11	7	72.21	7	130.31	7	188.41	7	246.51	7	304.61	7	362.71
8	14.94	8	73.04	8	131.14	8	189.24	8	247.34	8	305.44	8	363.54
9	15.77	9	73.87	9	131.97	9	190.07	9	248.17	9	306.27	9	364.87
20	16.60	90	74.70	160	132.80	230	190.90	300	249. „	370	307.10	440	365.20
1	17.43	1	75.53	1	133.63	1	191.73	1	249.83	1	307.93	1	366.03
2	18.26	2	76.36	2	134.46	2	192.56	2	250.66	2	308.76	2	366.86
3	19.09	3	77.19	3	135.29	3	193.39	3	251.49	3	309.59	3	367.69
4	19.92	4	78.02	4	136.12	4	194.22	4	252.32	4	310.42	4	368.52
5	20.75	5	78.85	5	136.95	5	195.05	5	253.15	5	311.25	5	369.35
6	21.58	6	79.68	6	137.78	6	195.88	6	253.98	6	312.08	6	370.18
7	22.41	7	80.51	7	138.61	7	196.71	7	254.81	7	312.91	7	371.01
8	23.24	8	81.34	8	139.44	8	197.54	8	255.64	8	313.74	8	371.84
9	24.07	9	82.17	9	140.27	9	198.37	9	256.47	9	314.57	9	372.67
30	24.90	100	83. „	170	141.10	240	199.20	310	257.30	380	315.40	450	373.50
1	25.73	1	83.83	1	141.93	1	200.03	1	258.13	1	316.23	1	374.33
2	26.56	2	84.66	2	142.76	2	200.86	2	258.96	2	317.06	2	375.16
3	27.39	3	85.49	3	143.59	3	201.69	3	259.79	3	317.89	3	375.99
4	28.22	4	86.32	4	144.42	4	202.52	4	260.62	4	318.72	4	376.82
5	29.05	5	87.15	5	145.25	5	203.35	5	261.45	5	319.55	5	377.65
6	29.88	6	87.98	6	146.08	6	204.18	6	262.28	6	320.38	6	378.48
7	30.71	7	88.81	7	146.91	7	205.01	7	263.11	7	321.21	7	379.31
8	31.54	8	89.64	8	147.74	8	205.84	8	263.94	8	322.04	8	380.14
9	32.37	9	90.47	9	148.57	9	206.67	9	264.77	9	322.87	9	380.97
40	33.20	110	91.30	180	149.40	250	207.50	320	265.60	390	323.70	460	381.80
1	34.03	1	92.13	1	150.23	1	208.33	1	266.43	1	324.53	1	382.63
2	34.86	2	92.96	2	151.06	2	209.16	2	267.26	2	325.36	2	383.46
3	35.69	3	93.79	3	151.89	3	209.99	3	268.09	3	326.19	3	384.29
4	36.52	4	94.62	4	152.72	4	210.82	4	268.92	4	327.02	4	385.12
5	37.35	5	95.45	5	153.55	5	211.65	5	269.75	5	327.85	5	385.95
6	38.18	6	96.28	6	154.38	6	212.48	6	270.58	6	328.68	6	386.78
7	39.01	7	97.11	7	155.21	7	213.31	7	271.41	7	329.51	7	387.61
8	39.84	8	97.94	8	156.04	8	214.14	8	272.24	8	330.34	8	388.44
9	40.67	9	98.77	9	156.87	9	214.97	9	273.07	9	331.17	9	389.27
50	41.50	120	99.60	190	157.70	260	215.80	330	273.90	400	332. „	470	390.10
1	42.33	1	100.43	1	158.53	1	216.63	1	274.73	1	332.83	1	390.93
2	43.16	2	101.26	2	159.36	2	217.46	2	275.56	2	333.66	2	391.76
3	43.99	3	102.09	3	160.19	3	218.29	3	276.39	3	334.49	3	392.59
4	44.82	4	102.92	4	161.02	4	219.12	4	277.22	4	335.32	4	393.42
5	45.65	5	103.75	5	161.85	5	219.95	5	278.05	5	336.15	5	394.25
6	46.48	6	104.58	6	162.68	6	220.78	6	278.88	6	336.98	6	395.08
7	47.31	7	105.41	7	163.51	7	221.61	7	279.71	7	337.81	7	395.91
8	48.14	8	106.24	8	164.34	8	222.44	8	280.54	8	338.64	8	396.74
9	48.97	9	107.07	9	165.17	9	223.27	9	281.37	9	339.47	9	397.57
60	49.80	130	107.90	200	166. „	270	224.10	340	282.20	410	340.30	480	398.40
1	50.63	1	108.73	1	166.83	1	224.93	1	283.03	1	341.13	1	399.23
2	51.46	2	109.56	2	167.66	2	225.76	2	283.86	2	341.96	2	400.06
3	52.29	3	110.39	3	168.49	3	226.59	3	284.69	3	342.79	3	400.89
4	53.12	4	111.22	4	169.32	4	227.42	4	285.52	4	343.62	4	401.72
5	53.95	5	112.05	5	170.15	5	228.25	5	286.35	5	344.45	5	402.55
6	54.78	6	112.88	6	170.98	6	229.08	6	287.18	6	345.28	6	403.38
7	55.61	7	113.71	7	171.81	7	229.91	7	288.01	7	346.11	7	404.21
8	56.44	8	114.54	8	172.64	8	230.74	8	288.84	8	346.94	8	405.04
9	57.27	9	115.37	9	173.47	9	231.57	9	289.67	9	347.77	9	405.87

Heures à 0.84 d. l'une.

Heures	Sommes	Heures	Sommes	Heures	Sommes	Heures	Sommes	Heures	Sommes	Heures	Sommes	Heures	Sommes
1	. 84	70	58. 80	140	117. 60	210	176. 40	280	235. 20	350	294. „	420	352. 80
2	1. 68	1	59. 64	1	118. 44	1	177. 24	1	236. 04	1	294. 84	1	353. 64
3	2. 52	2	60. 48	2	119. 28	2	178. 08	2	236. 88	2	295. 68	2	354. 48
4	3. 36	3	61. 32	3	120. 12	3	178. 92	3	237. 72	3	296. 52	3	355. 32
5	4. 20	4	62. 16	4	120. 96	4	179. 76	4	238. 56	4	297. 36	4	356. 16
6	5. 04	5	63. „	5	121. 80	5	180. 60	5	239. 40	5	298. 20	5	357. „
7	5. 88	6	63. 84	6	122. 64	6	181. 44	6	240. 24	6	299. 04	6	357. 84
8	6. 72	7	64. 68	7	123. 48	7	182. 28	7	241. 08	7	299. 88	7	358. 68
9	7. 56	8	65. 52	8	124. 32	8	183. 12	8	241. 92	8	300. 72	8	359. 52
		9	66. 36	9	125. 16	9	183. 96	9	242. 76	9	301. 56	9	360. 36
10	8. 40	80	67. 20	150	126. „	220	184. 80	290	243. 60	360	302. 40	430	361. 20
1	9. 24	1	68. 04	1	126. 84	1	185. 64	1	244. 44	1	303. 24	1	362. 04
2	10. 08	2	68. 88	2	127. 68	2	186. 48	2	245. 28	2	304. 08	2	362. „ 88
3	10. 92	3	69. 72	3	128. 52	3	187. 32	3	246. 12	3	304. 92	3	363. 72
4	11. 76	4	70. 56	4	129. 36	4	188. 16	4	246. 96	4	305. 76	4	364. 56
5	12. 60	5	71. 40	5	130. 20	5	189. „	5	247. 80	5	306. 60	5	365. 40
6	13. 44	6	72. 24	6	131. 04	6	189. 84	6	248. 64	6	307. 44	6	366. 24
7	14. 28	7	73. 08	7	131. 88	7	190. 68	7	249. 48	7	308. 28	7	367. 08
8	15. 12	8	73. 92	8	132. 72	8	191. 52	8	250. 32	8	309. 12	8	367. 92
9	15. 96	9	74. 76	9	133. 56	9	192. 36	9	251. 16	9	309. 96	9	368. 76
20	16. 80	90	75. 60	160	134. 40	230	193. 20	300	252. „	370	310. 80	440	369. 60
1	17. 64	1	76. 44	1	135. 24	1	194. 04	1	252. 84	1	311. 64	1	370. 44
2	18. 48	2	77. 28	2	136. 08	2	194. 88	2	253. 68	2	312. 48	2	371. 28
3	19. 32	3	78. 12	3	136. 92	3	195. 72	3	254. 52	3	313. 32	3	372. 12
4	20. 16	4	78. 96	4	137. 76	4	196. 56	4	255. 36	4	314. 16	4	372. 96
5	21. „	5	79. 80	5	138. 60	5	197. 40	5	256. 20	5	315. „	5	373. 80
6	21. 84	6	80. 64	6	139. 44	6	198. 24	6	257. 04	6	315. 84	6	374. 64
7	22. 68	7	81. 48	7	140. 28	7	199. 08	7	257. 88	7	316. 68	7	375. 48
8	23. 52	8	82. 32	8	141. 12	8	199. 92	8	258. 72	8	317. 52	8	376. 32
9	24. 36	9	83. 16	9	141. 96	9	200. 76	9	259. 56	9	318. 36	9	377. 16
30	25. 20	100	84. „	170	142. 80	240	201. 60	310	260. 40	380	319. 20	450	378. „
1	26. 04	1	84. 84	1	143. 64	1	202. 44	1	261. 24	1	320. 04	1	378. 84
2	26. 88	2	85. 68	2	144. 48	2	203. 28	2	262. 08	2	320. 88	2	379. 68
3	27. 72	3	86. 52	3	145. 32	3	204. 12	3	262. 92	3	321. 72	3	380. 52
4	28. 56	4	87. 36	4	146. 16	4	204. 96	4	263. 76	4	322. 56	4	381. 36
5	29. 40	5	88. 20	5	147. „	5	205. 80	5	264. 60	5	323. 40	5	382. 20
6	30. 24	6	89. 04	6	147. 84	6	206. 64	6	265. 44	6	324. 24	6	383. 04
7	31. 08	7	89. 88	7	148. 68	7	207. 48	7	266. 28	7	325. 08	7	383. 88
8	31. 92	8	90. 72	8	149. 52	8	208. 32	8	267. 12	8	325. 92	8	384. 72
9	32. 76	9	91. 56	9	150. 36	9	209. 16	9	267. 96	9	326. 76	9	385. 56
40	33. 60	110	92. 40	180	151. 20	250	210. „	320	268. 80	390	327. 60	460	386. 40
1	34. 44	1	93. 24	1	152. 04	1	210. 84	1	269. 64	1	328. 44	1	387. 24
2	35. 28	2	94. 08	2	152. 88	2	211. 68	2	270. 48	2	329. 28	2	388. 08
3	36. 12	3	94. 92	3	153. 72	3	212. 52	3	271. 32	3	330. 12	3	388. 92
4	36. 96	4	95. 76	4	154. 56	4	213. 36	4	272. 16	4	330. 96	4	389. 76
5	37. 80	5	96. 60	5	155. 40	5	214. 20	5	273. „	5	331. 80	5	390. 60
6	38. 64	6	97. 44	6	156. 24	6	215. 04	6	273. 84	6	332. 64	6	391. 44
7	39. 48	7	98. 28	7	157. 08	7	215. 88	7	274. 68	7	333. 48	7	392. 28
8	40. 32	8	99. 12	8	157. 92	8	216. 72	8	275. 52	8	334. 32	8	393. 12
9	41. 16	9	99. 96	9	158. 76	9	217. 56	9	276. 36	9	335. 16	9	393. 96
50	42. „	120	100. 80	190	159. 60	260	218. 40	330	277. 20	400	336. „	470	394. 80
1	42. 84	1	101. 64	1	160. 44	1	219. 24	1	278. 04	1	336. 84	1	395. 64
2	43. 68	2	102. 48	2	161. 28	2	220. 08	2	278. 88	2	337. 68	2	396. 48
3	44. 52	3	103. 32	3	162. 12	3	220. 92	3	279. 72	3	338. 52	3	397. 32
4	45. 36	4	104. 16	4	162. 96	4	221. 76	4	280. 56	4	339. 36	4	398. 16
5	46. 20	5	105. „	5	163. 80	5	222. 60	5	281. 40	5	340. 20	5	399. „
6	47. 04	6	105. 84	6	164. 64	6	223. 44	6	282. 24	6	341. 04	6	399. 84
7	47. 88	7	106. 68	7	165. 48	7	224. 28	7	283. 08	7	341. 88	7	400. 68
8	48. 72	8	107. 52	8	166. 32	8	225. 12	8	283. 92	8	342. 72	8	401. 52
9	49. 56	9	108. 36	9	167. 16	9	225. 96	9	284. 76	9	343. 56	9	402. 36
60	50. 40	130	109. 20	200	168. „	270	226. 80	340	285. 60	410	344. 40	480	403. 20
1	51. 24	1	110. 04	1	168. 84	1	227. 64	1	286. 44	1	345. 24	1	404. 04
2	52. 08	2	110. 88	2	169. 68	2	228. 48	2	287. 28	2	346. 08	2	404. 88
3	52. 92	3	111. 72	3	170. 52	3	229. 32	3	288. 12	3	346. 92	3	405. 72
4	53. 76	4	112. 56	4	171. 36	4	230. 16	4	288. 96	4	347. 76	4	406. 56
5	54. 60	5	113. 40	5	172. 20	5	231. „	5	289. 80	5	348. 60	5	407. 40
6	55. 44	6	114. 24	6	173. 04	6	231. 84	6	290. 64	6	349. 44	6	408. 24
7	56. 28	7	115. 08	7	173. 88	7	232. 68	7	291. 48	7	350. 28	7	409. 08
8	57. 12	8	115. 92	8	174. 72	8	233. 52	8	292. 32	8	351. 12	8	409. 92
9	57. 96	9	116. 76	9	175. 56	9	234. 36	9	293. 16	9	351. 96	9	410. 76

Heures à 0.85 c l'une.

Heures	Sommes	Heures	Sommes	Heures	Sommes	Heures	Sommes	Heures	Sommes	Heures	Sommes	Heures	Sommes
1	„ 85	70	59.50	140	119. „	210	178.50	280	238. „	350	297.50	420	357. „
2	1.70	1	60.35	1	119.86	1	179.35	1	238.85	1	298.35	1	357.85
3	2.55	2	61.20	2	120.70	2	180.20	2	239.70	2	299.20	2	358.70
4	3.40	3	62.05	3	121.55	3	181.05	3	240.55	3	300.05	3	359.55
5	4.25	4	62.90	4	122.40	4	181.90	4	241.40	4	300.90	4	360.40
6	5.10	5	63.75	5	123.25	5	182.75	5	242.25	5	301.75	5	361.25
7	5.95	6	64.60	6	124.10	6	183.60	6	243.10	6	302.60	6	362.10
8	6.80	7	65.45	7	124.95	7	184.45	7	243.95	7	303.45	7	362.95
9	7.65	8	66.30	8	125.80	8	185.30	8	244.80	8	304.30	8	363.80
		9	67.15	9	126.65	9	186.15	9	245.65	9	305.15	9	364.65
10	8.50	80	68. „	150	127.50	220	187. „	290	246.50	360	306. „	430	365.50
1	9.35	1	68.85	1	128.35	1	187.85	1	247.35	1	306.85	1	366.35
2	10.20	2	69.70	2	129.20	2	188.70	2	248.20	2	307.70	2	367.20
3	11.05	3	70.55	3	130.05	3	189.55	3	249.05	3	308.55	3	368.05
4	11.90	4	71.40	4	130.90	4	190.40	4	249.90	4	309.40	4	368.90
5	12.75	5	72.25	5	131.75	5	191.25	5	250.75	5	310.25	5	369.75
6	13.60	6	73.10	6	132.60	6	192.10	6	251.60	6	311.10	6	370.60
7	14.45	7	73.95	7	133.45	7	192.95	7	252.45	7	311.95	7	371.45
8	15.30	8	74.80	8	134.30	8	193.80	8	253.30	8	312.80	8	372.30
9	16.15	9	75.65	9	135.15	9	194.65	9	254.15	9	313.65	9	373.15
20	17. „	90	76.50	160	136.00	230	195.50	300	255. „	370	314.50	440	374. „
1	17.85	1	77.35	1	136.85	1	196.35	1	255.85	1	315.35	1	374.85
2	18.70	2	78.20	2	137.70	2	197.20	2	256.70	2	316.20	2	375.70
3	19.55	3	79.05	3	138.55	3	198.05	3	257.55	3	317.05	3	376.55
4	20.40	4	79.90	4	139.40	4	198.90	4	258.40	4	317.90	4	377.40
5	21.25	5	80.75	5	140.25	5	199.75	5	259.25	5	318.75	5	378.25
6	22.10	6	81.60	6	141.10	6	200.60	6	260.10	6	319.60	6	379.10
7	22.95	7	82.45	7	141.95	7	201.45	7	260.95	7	320.45	7	379.95
8	23.80	8	83.30	8	142.80	8	202.30	8	261.80	8	321.30	8	380.80
9	24.65	9	84.15	9	143.65	9	203.15	9	262.65	9	322.15	9	381.65
30	25.50	100	85. „	170	144.50	240	204. „	310	263.50	380	323. „	450	382.50
1	26.35	1	85.85	1	145.35	1	204.85	1	264.35	1	323.85	1	383.35
2	27.20	2	86.70	2	146.20	2	205.70	2	265.20	2	324.70	2	384.20
3	28.05	3	87.55	3	147.05	3	206.55	3	266.05	3	325.55	3	385.05
4	28.90	4	88.40	4	147.90	4	207.40	4	266.90	4	326.40	4	385.90
5	29.75	5	89.25	5	148.75	5	208.25	5	267.75	5	327.25	5	386.75
6	30.60	6	90.10	6	149.60	6	209.10	6	268.60	6	328.10	6	387.60
7	31.45	7	90.95	7	150.45	7	209.95	7	269.45	7	328.95	7	388.45
8	32.30	8	91.80	8	151.30	8	210.80	8	270.30	8	329.80	8	389.30
9	33.15	9	92.65	9	152.15	9	211.65	9	271.15	9	330.65	9	390.15
40	34. „	110	93.50	180	153. „	250	212.50	320	272. „	390	331.50	460	391. „
1	34.85	1	94.35	1	153.85	1	213.35	1	272.85	1	332.35	1	391.85
2	35.70	2	95.20	2	154.70	2	214.20	2	273.70	2	333.20	2	392.70
3	36.55	3	96.05	3	155.55	3	215.05	3	274.55	3	334.05	3	393.55
4	37.40	4	96.90	4	156.40	4	215.90	4	275.40	4	334.90	4	394.40
5	38.25	5	97.75	5	157.25	5	216.75	5	276.25	5	335.75	5	395.25
6	39.10	6	98.60	6	158.10	6	217.60	6	277.10	6	336.60	6	396.10
7	39.95	7	99.45	7	158.95	7	218.45	7	277.95	7	337.45	7	396.95
8	40.80	8	100.30	8	159.80	8	219.30	8	278.80	8	338.30	8	397.80
9	41.65	9	101.15	9	160.65	9	220.15	9	279.65	9	339.15	9	398.65
50	42.50	120	102. „	190	161.50	260	221. „	330	280.50	400	340. „	470	399.50
1	43.35	1	102.85	1	162.35	1	221.85	1	281.35	1	340.85	1	400.35
2	44.20	2	103.70	2	163.20	2	222.70	2	282.20	2	341.70	2	401.20
3	45.05	3	104.55	3	164.05	3	223.55	3	283.05	3	342.55	3	402.05
4	45.90	4	105.40	4	164.90	4	224.40	4	283.90	4	343.40	4	402.90
5	46.75	5	106.25	5	165.75	5	225.25	5	284.75	5	344.25	5	403.75
6	47.60	6	107.10	6	166.60	6	226.10	6	285.60	6	345.10	6	404.60
7	48.45	7	107.95	7	167.45	7	226.95	7	286.45	7	345.95	7	405.45
8	49.30	8	108.80	8	168.30	8	227.80	8	287.30	8	346.80	8	406.30
9	50.15	9	109.65	9	169.15	9	228.65	9	288.15	9	347.65	9	407.15
60	51. „	130	110.50	200	170. „	270	229.50	340	289. „	410	348.50	480	408. „
1	51.85	1	111.35	1	170.85	1	230.35	1	289.85	1	349.35	1	408.85
2	52.70	2	112.20	2	171.70	2	231.20	2	290.70	2	350.20	2	409.70
3	53.55	3	113.05	3	172.55	3	232.05	3	291.65	3	351.05	3	410.55
4	54.40	4	113.90	4	173.40	4	232.90	4	292.40	4	351.90	4	411.40
5	55.25	5	114.75	5	174.25	5	233.75	5	293.25	5	352.75	5	412.25
6	56.10	6	115.60	6	175.10	6	234.60	6	294.10	6	353.60	6	413.10
7	56.95	7	116.45	7	175.95	7	235.45	7	294.95	7	354.45	7	413.95
8	57.80	8	117.30	8	176.80	8	236.30	8	295.80	8	355.30	8	414.80
9	58.65	9	118.15	9	177.65	9	237.15	9	296.65	9	356.15	9	415.65

Heures à 0.86 d l'une.

Heures	Sommes	Heures	Sommes	Heures	Sommes	Heures	Sommes	Heures	Sommes	Heures	Sommes	Heures	Sommes
1	„ 86	70	60.20	140	120.40	210	180.60	280	240.80	350	301. „„	420	361.20
2	1.72	1	61.06	1	121.26	1	181.46	1	241.66	1	301.86	1	362.06
3	2.58	2	61.92	2	122.12	2	182.32	2	242.52	2	302.72	2	362.92
4	3.44	3	62.78	3	122.98	3	183.18	3	243.38	3	303.58	3	363.78
5	4.30	4	63.64	4	123.84	4	184.04	4	244.24	4	304.44	4	364.64
6	5.16	5	64.50	5	124.70	5	184.90	5	245.10	5	305.30	5	365.50
7	6.02	6	65.36	6	125.56	6	185.76	6	245.96	6	306.16	6	366.36
8	6.88	7	66.22	7	126.42	7	186.62	7	246.82	7	307.02	7	367.22
9	7.74	8	67.08	8	127.28	8	187.48	8	247.68	8	307.88	8	368.08
		9	67.94	9	128.14	9	188.34	9	248.54	9	308.74	9	368.94
10	8.60	80	68.80	150	129. „„	220	189.20	290	249.40	360	309.60	430	369.80
1	9.46	1	69.66	1	129.86	1	190.06	1	250.26	1	310.46	1	370.66
2	10.32	2	70.52	2	130.72	2	190.92	2	251.12	2	311.32	2	371.52
3	11.18	3	71.38	3	131.58	3	191.78	3	251.98	3	312.18	3	372.38
4	12.04	4	72.24	4	132.44	4	192.64	4	252.84	4	313.04	4	373.24
5	12.90	5	73.10	5	133.30	5	193.50	5	253.70	5	313.90	5	374.10
6	13.76	6	73.96	6	134.16	6	194.36	6	254.56	6	314.76	6	374.96
7	14.62	7	74.82	7	135.02	7	195.22	7	255.42	7	315.62	7	375.82
8	15.48	8	75.68	8	135.88	8	196.08	8	256.28	8	316.48	8	376.88
9	16.34	9	76.54	9	136.74	9	196.94	9	257.14	9	317.34	9	377.54
20	17.20	90	77.40	160	137.60	230	197.80	300	258. „„	370	318.20	440	378.40
1	18.06	1	78.26	1	138.46	1	198.66	1	258.86	1	319.06	1	379.26
2	18.92	2	79.12	2	139.32	2	199.52	2	259.72	2	319.92	2	380.12
3	19.78	3	79.98	3	140.18	3	200.38	3	260.58	3	320.78	3	380.98
4	20.64	4	80.84	4	141.04	4	201.24	4	261.44	4	321.64	4	381.84
5	21.50	5	81.70	5	141.90	5	202.10	5	262.30	5	322.50	5	382.70
6	22.36	6	82.56	6	142.76	6	202.96	6	263.16	6	323.36	6	383.56
7	23.22	7	83.42	7	143.62	7	203.82	7	264.02	7	324.22	7	384.42
8	24.08	8	84.28	8	144.48	8	204.68	8	264.88	8	325.08	8	385.28
9	24.94	9	85.14	9	145.34	9	205.54	9	265.74	9	325.94	9	386.14
30	25.80	100	86. „„	170	146.20	240	206.40	310	266.60	380	326.80	450	387. „„
1	26.66	1	86.86	1	147.06	1	207.26	1	267.46	1	327.66	1	387.86
2	27.52	2	87.72	2	147.92	2	208.12	2	268.32	2	328.52	2	388.72
3	28.38	3	88.58	3	148.78	3	208.98	3	269.18	3	329.38	3	389.58
4	29.24	4	89.44	4	149.64	4	209.84	4	270.04	4	330.24	4	390.44
5	30.10	5	90.30	5	150.50	5	210.70	5	270.90	5	331.10	5	391.30
6	30.96	6	91.16	6	151.36	6	211.56	6	271.76	6	331.96	6	392.16
7	31.82	7	92.02	7	152.22	7	212.42	7	272.62	7	332.82	7	393.02
8	32.68	8	92.88	8	153.08	8	213.28	8	273.48	8	333.68	8	393.88
9	33.54	9	93.74	9	153.94	9	214.14	9	274.34	9	334.54	9	394.74
40	34.40	110	94.60	180	154.80	250	215. „„	320	275.20	390	335.40	460	395.60
1	35.26	1	95.46	1	155.66	1	215.86	1	276.06	1	336.26	1	396.46
2	36.12	2	96.32	2	156.52	2	216.72	2	276.92	2	337.12	2	397.32
3	36.98	3	97.18	3	157.38	3	217.58	3	277.78	3	337.98	3	398.18
4	37.84	4	98.04	4	158.24	4	218.44	4	278.64	4	338.84	4	399.04
5	38.70	5	98.90	5	159.10	5	219.30	5	279.50	5	339.70	5	399.90
6	39.56	6	99.76	6	159.96	6	220.16	6	280.36	6	340.56	6	400.76
7	40.42	7	100.62	7	160.82	7	221.02	7	281.22	7	341.42	7	401.62
8	41.28	8	101.48	8	161.68	8	221.88	8	282.08	8	342.28	8	402.48
9	42.14	9	102.34	9	162.54	9	222.74	9	282.94	9	343.14	9	403.34
50	43. „„	120	103.20	190	163.40	260	223.60	330	283.80	400	344. „„	470	404.20
1	43.86	1	104.06	1	164.26	1	224.46	1	284.66	1	344.86	1	405.06
2	44.72	2	104.92	2	165.12	2	225.32	2	285.52	2	345.72	2	405.92
3	45.58	3	105.78	3	165.98	3	226.18	3	286.38	3	346.58	3	406.78
4	46.44	4	106.64	4	166.84	4	227.04	4	287.24	4	347.44	4	407.64
5	47.30	5	107.50	5	167.70	5	227.90	5	288.10	5	348.30	5	408.50
6	48.16	6	108.36	6	168.56	6	228.76	6	288.96	6	349.16	6	409.36
7	49.02	7	109.22	7	169.42	7	229.62	7	289.82	7	350.02	7	410.22
8	49.88	8	110.08	8	170.28	8	230.48	8	290.68	8	350.88	8	411.08
9	50.74	9	110.94	9	171.14	9	231.34	9	291.54	9	351.74	9	411.94
60	51.60	130	111.80	200	172. „„	270	232.20	340	292.40	410	352.60	480	412.80
1	52.46	1	112.66	1	172.86	1	233.06	1	293.26	1	353.46	1	413.66
2	53.32	2	113.52	2	173.72	2	233.92	2	294.12	2	354.32	2	414.52
3	54.18	3	114.38	3	174.58	3	234.78	3	294.98	3	355.18	3	415.38
4	55.04	4	115.24	4	175.44	4	235.64	4	295.84	4	356.04	4	416.24
5	55.90	5	116.10	5	176.30	5	236.50	5	296.70	5	356.90	5	417.10
6	56.76	6	116.96	6	177.16	6	237.36	6	297.56	6	357.76	6	417.96
7	57.62	7	117.82	7	178.02	7	238.22	7	298.42	7	358.62	7	418.82
8	58.48	8	118.68	8	178.88	8	239.08	8	299.28	8	359.48	8	419.68
9	59.34	9	119.54	9	179.74	9	239.94	9	300.14	9	360.34	9	420.54

Heures à 0.87 ¢ l'une.

Heures.	Sommes.	Heures.	Sommes.	Heures.	Sommes.	Heures.	Sommes.	Heures.	Sommes.	Heures.	Sommes.	Heures.	Sommes.
1	.87	70	60.90	140	121.80	210	182.70	280	243.60	350	304.50	420	365.40
2	1.74	1	61.77	1	122.67	1	183.57	1	244.47	1	305.37	1	366.27
3	2.61	2	62.64	2	123.54	2	184.44	2	245.34	2	306.24	2	367.14
4	3.48	3	63.51	3	124.41	3	185.31	3	246.21	3	307.11	3	368.01
5	4.35	4	64.38	4	125.28	4	186.18	4	247.08	4	307.98	4	368.88
6	5.22	5	65.25	5	126.15	5	187.05	5	247.95	5	308.85	5	369.75
7	6.09	6	66.12	6	127.02	6	187.92	6	248.82	6	309.72	6	370.62
8	6.96	7	66.99	7	127.89	7	188.79	7	249.69	7	310.59	7	371.49
9	7.83	8	67.86	8	128.76	8	189.66	8	250.56	8	311.46	8	372.36
		9	68.73	9	129.63	9	190.53	9	251.43	9	312.33	9	373.23
10	8.70	80	69.60	150	130.50	220	191.40	290	252.30	360	313.20	430	374.10
1	9.57	1	70.47	1	131.37	1	192.27	1	253.17	1	314.07	1	374.97
2	10.44	2	71.34	2	132.24	2	193.14	2	254.04	2	314.94	2	375.84
3	11.31	3	72.21	3	133.11	3	194.01	3	254.91	3	315.81	3	376.71
4	12.18	4	73.08	4	133.98	4	194.88	4	255.78	4	316.68	4	377.58
5	13.05	5	73.95	5	134.85	5	195.75	5	256.65	5	317.55	5	378.45
6	13.92	6	74.82	6	135.72	6	196.62	6	257.52	6	318.42	6	379.32
7	14.79	7	75.69	7	136.59	7	197.49	7	258.39	7	319.29	7	380.19
8	15.66	8	76.56	8	137.46	8	198.36	8	259.26	8	320.16	8	381.06
9	16.53	9	77.43	9	138.33	9	199.23	9	260.13	9	321.03	9	381.93
20	17.40	90	78.30	160	139.20	230	200.10	300	261.00	370	321.90	440	382.80
1	18.27	1	79.17	1	140.07	1	200.97	1	261.87	1	322.77	1	383.67
2	19.14	2	80.04	2	140.94	2	201.84	2	262.74	2	323.64	2	384.54
3	20.01	3	80.91	3	141.81	3	202.71	3	263.61	3	324.51	3	385.41
4	20.88	4	81.78	4	142.68	4	203.58	4	264.48	4	325.38	4	386.28
5	21.75	5	82.65	5	143.55	5	204.45	5	265.35	5	326.25	5	387.15
6	22.62	6	83.52	6	144.42	6	205.32	6	266.22	6	327.12	6	388.02
7	23.49	7	84.39	7	145.29	7	206.19	7	267.09	7	327.99	7	388.89
8	24.36	8	85.26	8	146.16	8	207.06	8	267.96	8	328.86	8	389.76
9	25.23	9	86.13	9	147.03	9	207.93	9	268.83	9	329.73	9	390.63
30	26.10	100	87.00	170	147.90	240	208.80	310	269.70	380	330.60	450	391.50
1	26.97	1	87.87	1	148.77	1	209.67	1	270.57	1	331.47	1	392.37
2	27.84	2	88.74	2	149.64	2	210.54	2	271.44	2	332.34	2	393.24
3	28.71	3	89.61	3	150.51	3	211.41	3	272.31	3	333.21	3	394.11
4	29.58	4	90.48	4	151.38	4	212.28	4	273.18	4	334.08	4	394.98
5	30.45	5	91.35	5	152.25	5	213.15	5	274.05	5	334.95	5	395.85
6	31.32	6	92.22	6	153.12	6	214.02	6	274.92	6	335.82	6	396.72
7	32.19	7	93.09	7	153.99	7	214.89	7	275.79	7	336.69	7	397.59
8	33.06	8	93.96	8	154.86	8	215.76	8	276.66	8	337.56	8	398.46
9	33.93	9	94.83	9	155.73	9	216.63	9	277.53	9	338.43	9	399.33
40	34.80	110	95.70	180	156.60	250	217.50	320	278.40	390	339.30	460	400.20
1	35.67	1	96.57	1	157.47	1	218.37	1	279.27	1	340.17	1	401.07
2	36.54	2	97.44	2	158.34	2	219.24	2	280.14	2	341.04	2	401.94
3	37.41	3	98.31	3	159.21	3	220.11	3	281.01	3	341.91	3	402.81
4	38.28	4	99.18	4	160.08	4	220.98	4	281.88	4	342.78	4	403.68
5	39.15	5	100.05	5	160.95	5	221.85	5	282.75	5	343.65	5	404.55
6	40.02	6	100.92	6	161.82	6	222.72	6	283.62	6	344.52	6	405.42
7	40.89	7	101.79	7	162.69	7	223.59	7	284.49	7	345.39	7	406.29
8	41.76	8	102.66	8	163.56	8	224.46	8	285.36	8	346.26	8	407.16
9	42.63	9	103.53	9	164.43	9	225.33	9	286.23	9	347.13	9	408.03
50	43.50	120	104.40	190	165.30	260	226.20	330	287.10	400	348.00	470	408.90
1	44.37	1	105.27	1	166.17	1	227.07	1	287.97	1	348.87	1	409.77
2	45.24	2	106.14	2	167.04	2	227.94	2	288.84	2	349.74	2	410.64
3	46.11	3	107.01	3	167.91	3	228.81	3	289.71	3	350.61	3	411.51
4	46.98	4	107.88	4	168.78	4	229.68	4	290.58	4	351.48	4	412.38
5	47.85	5	108.75	5	169.65	5	230.55	5	291.45	5	352.35	5	413.25
6	48.72	6	109.62	6	170.52	6	231.42	6	292.32	6	353.22	6	414.12
7	49.59	7	110.49	7	171.39	7	232.29	7	293.19	7	354.09	7	414.99
8	50.46	8	111.36	8	172.26	8	233.16	8	294.06	8	354.96	8	415.86
9	51.33	9	112.23	9	173.13	9	234.03	9	294.93	9	355.83	9	416.73
60	52.20	130	113.10	200	174.00	270	234.90	340	295.80	410	356.70	480	417.60
1	53.07	1	113.97	1	174.87	1	235.77	1	296.67	1	357.57	1	418.47
2	53.94	2	114.84	2	175.74	2	236.64	2	297.54	2	358.44	2	419.34
3	54.81	3	115.71	3	176.61	3	237.51	3	298.41	3	359.31	3	420.21
4	55.68	4	116.58	4	177.48	4	238.38	4	299.18	4	360.18	4	421.08
5	56.55	5	117.45	5	178.35	5	239.25	5	300.15	5	361.05	5	421.95
6	57.42	6	118.32	6	179.22	6	240.12	6	301.02	6	361.92	6	422.82
7	58.29	7	119.19	7	180.09	7	240.99	7	301.89	7	362.79	7	423.69
8	59.16	8	120.06	8	180.96	8	241.86	8	302.76	8	363.66	8	424.56
9	60.03	9	120.93	9	181.83	9	242.73	9	303.63	9	364.53	9	425.43

Heures à 0.88 ¢ l'une.

Heures	Sommes	Heures	Sommes	Heures	Sommes	Heures	Sommes	Heures	Sommes	Heures	Sommes	Heures	Sommes
1	.88	70	61.60	140	123.20	210	184.80	280	246.40	350	308.""	420	369.60
2	1.76	1	62.48	1	124.08	1	185.68	1	247.28	1	308.88	1	370.48
3	2.64	2	63.36	2	124.96	2	186.56	2	248.16	2	309.76	2	371.36
4	3.52	3	64.24	3	125.84	3	187.44	3	249.04	3	310.64	3	372.24
5	4.40	4	65.12	4	126.72	4	188.32	4	249.92	4	311.52	4	373.12
6	5.28	5	66.""	5	127.60	5	189.20	5	250.80	5	312.40	5	374.""
7	6.16	6	66.88	6	128.48	6	190.08	6	251.68	6	313.28	6	374.88
8	7.04	7	67.76	7	129.36	7	190.96	7	252.56	7	314.16	7	375.76
9	7.92	8	68.64	8	130.24	8	191.84	8	253.44	8	315.04	8	376.64
		9	69.52	9	131.12	9	192.72	9	254.32	9	315.92	9	377.52
10	8.80	80	70.40	150	132.""	220	193.60	290	255.20	360	316.80	430	378.40
1	9.68	1	71.28	1	132.88	1	194.48	1	256.08	1	317.68	1	379.28
2	10.56	2	72.16	2	133.76	2	195.36	2	256.96	2	318.56	2	380.16
3	11.44	3	73.04	3	134.64	3	196.24	3	257.84	3	319.44	3	381.04
4	12.32	4	73.92	4	135.52	4	197.12	4	258.72	4	320.32	4	381.92
5	13.20	5	74.80	5	136.40	5	198.""	5	259.60	5	321.20	5	382.80
6	14.08	6	75.68	6	137.28	6	198.88	6	260.48	6	322.08	6	383.68
7	14.96	7	76.56	7	138.16	7	199.76	7	261.36	7	322.96	7	384.56
8	15.84	8	77.44	8	139.04	8	200.64	8	262.24	8	323.84	8	385.44
9	16.72	9	78.32	9	139.92	9	201.52	9	263.12	9	324.72	9	386.32
20	17.60	90	79.20	160	140.80	230	202.40	300	264.""	370	325.60	440	387.20
1	18.48	1	80.08	1	141.68	1	203.28	1	264.88	1	326.48	1	388.08
2	19.36	2	80.96	2	142.56	2	204.16	2	265.76	2	327.36	2	388.96
3	20.24	3	81.84	3	143.44	3	205.04	3	266.64	3	328.24	3	389.84
4	21.12	4	82.72	4	144.32	4	205.92	4	267.52	4	329.12	4	390.72
5	22.""	5	83.60	5	145.20	5	206.80	5	268.40	5	330.""	5	391.60
6	22.88	6	84.48	6	146.08	6	207.68	6	269.28	6	330.88	6	392.48
7	23.76	7	85.36	7	146.96	7	208.56	7	270.16	7	331.76	7	393.36
8	24.64	8	86.24	8	147.84	8	209.44	8	271.04	8	332.64	8	394.24
9	25.52	9	87.12	9	148.72	9	210.32	9	271.92	9	333.52	9	395.12
30	26.40	100	88.""	170	149.60	240	211.20	310	272.80	380	334.40	450	396.""
1	27.28	1	88.88	1	150.48	1	212.08	1	273.68	1	335.28	1	396.88
2	28.16	2	89.76	2	151.36	2	212.96	2	274.56	2	336.16	2	397.76
3	29.04	3	90.64	3	152.24	3	213.84	3	275.44	3	337.04	3	398.64
4	29.92	4	91.52	4	153.12	4	214.72	4	276.32	4	337.92	4	399.52
5	30.80	5	92.40	5	154.""	5	215.60	5	277.20	5	338.80	5	400.40
6	31.68	6	93.28	6	154.88	6	216.48	6	278.08	6	339.68	6	401.28
7	32.56	7	94.16	7	155.76	7	217.36	7	278.96	7	340.56	7	402.16
8	33.44	8	95.04	8	156.64	8	218.24	8	279.84	8	341.44	8	403.04
9	34.32	9	95.92	9	157.52	9	219.12	9	280.72	9	342.32	9	403.92
40	35.20	110	96.80	180	158.40	250	220.""	320	281.60	390	343.20	460	404.80
1	36.08	1	97.68	1	159.28	1	220.88	1	282.48	1	344.08	1	405.68
2	36.96	2	98.56	2	160.16	2	221.76	2	283.36	2	344.96	2	406.56
3	37.84	3	99.44	3	161.04	3	222.64	3	284.24	3	345.84	3	407.44
4	38.72	4	100.32	4	161.92	4	223.52	4	285.12	4	346.72	4	408.32
5	39.60	5	101.20	5	162.80	5	224.40	5	286.""	5	347.60	5	409.20
6	40.48	6	102.08	6	163.68	6	225.28	6	286.88	6	348.48	6	410.08
7	41.36	7	102.96	7	164.56	7	226.16	7	287.76	7	349.36	7	410.96
8	42.24	8	103.84	8	165.44	8	227.04	8	288.64	8	350.24	8	411.84
9	43.12	9	104.72	9	166.32	9	227.92	9	289.52	9	351.12	9	412.72
50	44.""	120	105.60	190	167.20	260	228.80	330	290.40	400	352.""	470	413.60
1	44.88	1	106.48	1	168.08	1	229.68	1	291.28	1	352.88	1	414.48
2	45.76	2	107.36	2	168.96	2	230.56	2	292.16	2	353.76	2	415.36
3	46.64	3	108.24	3	169.84	3	231.44	3	293.04	3	354.64	3	416.24
4	47.52	4	109.12	4	170.72	4	232.32	4	293.92	4	355.52	4	417.12
5	48.40	5	110.""	5	171.60	5	233.20	5	294.80	5	356.40	5	418.""
6	49.28	6	110.88	6	172.48	6	234.08	6	295.68	6	357.28	6	418.88
7	50.16	7	111.76	7	173.36	7	234.96	7	296.56	7	358.16	7	419.76
8	51.04	8	112.64	8	174.24	8	235.84	8	297.44	8	359.04	8	420.64
9	51.92	9	113.52	9	175.12	9	236.72	9	298.32	9	359.92	9	421.52
60	52.80	130	114.40	200	176.""	270	237.60	340	299.20	410	360.80	480	422.40
1	53.68	1	115.28	1	176.88	1	238.48	1	300.08	1	361.68	1	423.28
2	54.56	2	116.16	2	177.76	2	239.36	2	300.96	2	362.56	2	424.16
3	55.44	3	117.04	3	178.64	3	240.24	3	301.84	3	363.44	3	425.04
4	56.32	4	117.92	4	179.52	4	241.12	4	302.72	4	364.32	4	425.92
5	57.20	5	118.80	5	180.40	5	242.""	5	303.60	5	365.20	5	426.80
6	58.08	6	119.68	6	181.28	6	242.88	6	304.48	6	366.08	6	427.68
7	58.96	7	120.56	7	182.16	7	243.76	7	305.36	7	366.96	7	428.56
8	59.84	8	121.44	8	183.04	8	244.64	8	306.24	8	367.84	8	429.44
9	60.72	9	122.32	9	183.92	9	245.52	9	307.12	9	368.72	9	430.32

Heures.	Sommes.	Heures.	Sommes.	Heures.	Sommes.	Heures.	Sommes.	Heures.	Sommes.	Heures.	Sommes.	Heures.	Sommes.
1	.89	70	62.30	140	124.60	210	186.90	280	249.20	350	311.50	420	373.80
2	1.78	1	63.19	1	125.49	1	187.79	1	250.09	1	312.39	1	374.69
3	2.67	2	64.08	2	126.38	2	188.68	2	250.98	2	313.28	2	375.58
4	3.56	3	64.97	3	127.27	3	189.57	3	251.87	3	314.17	3	376.47
5	4.45	4	65.86	4	128.16	4	190.46	4	252.76	4	315.06	4	377.36
6	5.34	5	66.75	5	129.05	5	191.35	5	253.65	5	315.95	5	378.25
7	6.23	6	67.64	6	129.94	6	192.24	6	254.54	6	316.84	6	379.14
8	7.12	7	68.53	7	130.83	7	193.13	7	255.43	7	317.73	7	380.03
9	8.01	8	69.42	8	131.72	8	194.02	8	256.32	8	318.62	8	380.92
		9	70.31	9	132.61	9	194.91	9	257.21	9	319.51	9	381.81
10	8.90	80	71.20	150	133.50	220	195.80	290	258.10	360	320.40	430	382.70
1	9.79	1	72.09	1	134.39	1	196.69	1	258.99	1	321.29	1	383.59
2	10.68	2	72.98	2	135.28	2	197.58	2	259.88	2	322.18	2	384.48
3	11.57	3	73.87	3	136.17	3	198.47	3	260.77	3	323.07	3	385.37
4	12.46	4	74.76	4	137.06	4	199.36	4	261.66	4	323.96	4	386.26
5	13.35	5	75.65	5	137.95	5	200.25	5	262.55	5	324.85	5	387.15
6	14.24	6	76.54	6	138.84	6	201.14	6	263.44	6	325.74	6	388.04
7	15.13	7	77.43	7	139.73	7	202.03	7	264.33	7	326.63	7	388.93
8	16.02	8	78.32	8	140.62	8	202.92	8	265.22	8	327.52	8	389.82
9	16.91	9	79.21	9	141.51	9	203.81	9	266.11	9	328.41	9	390.71
20	17.80	90	80.10	160	142.40	230	204.70	300	267.00	370	329.30	440	391.60
1	18.69	1	80.99	1	143.29	1	205.59	1	267.89	1	330.19	1	392.49
2	19.58	2	81.88	2	144.18	2	206.48	2	268.78	2	331.08	2	393.38
3	20.47	3	82.77	3	145.07	3	207.37	3	269.67	3	331.97	3	394.27
4	21.36	4	83.66	4	145.96	4	208.26	4	270.56	4	332.86	4	395.16
5	22.25	5	84.55	5	146.85	5	209.15	5	271.45	5	333.75	5	396.05
6	23.14	6	85.44	6	147.74	6	210.04	6	272.34	6	334.64	6	396.94
7	24.03	7	86.33	7	148.63	7	210.93	7	273.23	7	335.53	7	397.83
8	24.92	8	87.22	8	149.52	8	211.82	8	274.12	8	336.42	8	398.72
9	25.81	9	88.11	9	150.41	9	212.71	9	275.01	9	337.31	9	399.61
30	26.70	100	89.00	170	151.30	240	213.60	310	275.90	380	338.20	450	400.50
1	27.59	1	89.89	1	152.19	1	214.49	1	276.79	1	339.09	1	401.39
2	28.48	2	90.78	2	153.08	2	215.38	2	277.68	2	339.98	2	402.28
3	29.37	3	91.67	3	153.97	3	216.27	3	278.57	3	340.87	3	403.17
4	30.26	4	92.56	4	154.86	4	217.16	4	279.46	4	341.76	4	404.06
5	31.15	5	93.45	5	155.75	5	218.05	5	280.35	5	342.65	5	404.95
6	32.04	6	94.34	6	156.64	6	218.94	6	281.24	6	343.54	6	405.84
7	32.93	7	95.23	7	157.53	7	219.83	7	282.13	7	344.43	7	406.73
8	33.82	8	96.12	8	158.42	8	220.72	8	283.02	8	345.32	8	407.62
9	34.71	9	97.01	9	159.31	9	221.61	9	283.91	9	346.21	9	408.51
40	35.60	110	97.90	180	160.20	250	222.50	320	284.80	390	347.10	460	409.40
1	36.49	1	98.79	1	161.09	1	223.39	1	285.69	1	347.99	1	410.29
2	37.38	2	99.68	2	161.98	2	224.28	2	286.58	2	348.88	2	411.18
3	38.27	3	100.57	3	162.87	3	225.17	3	287.47	3	349.77	3	412.07
4	39.16	4	101.46	4	163.76	4	226.06	4	288.36	4	350.66	4	412.96
5	40.05	5	102.35	5	164.65	5	226.95	5	289.25	5	351.55	5	413.85
6	40.94	6	103.24	6	165.54	6	227.84	6	290.14	6	352.44	6	414.74
7	41.83	7	104.13	7	166.43	7	228.73	7	291.03	7	353.33	7	415.63
8	42.72	8	105.02	8	167.32	8	229.62	8	291.92	8	354.22	8	416.52
9	43.61	9	105.91	9	168.21	9	230.51	9	292.81	9	355.11	9	417.41
50	44.50	120	106.80	190	169.10	260	231.40	330	293.70	400	356.00	470	418.30
1	45.39	1	107.69	1	169.99	1	232.29	1	294.59	1	356.89	1	419.19
2	46.28	2	108.58	2	170.88	2	233.18	2	295.48	2	357.78	2	420.08
3	47.17	3	109.47	3	171.77	3	234.07	3	296.37	3	358.67	3	420.97
4	48.06	4	110.36	4	172.66	4	234.96	4	297.26	4	359.56	4	421.86
5	48.95	5	111.25	5	173.55	5	235.85	5	298.15	5	360.45	5	422.75
6	49.84	6	112.14	6	174.44	6	236.74	6	299.04	6	361.34	6	423.64
7	50.73	7	113.03	7	175.33	7	237.63	7	299.93	7	362.23	7	424.53
8	51.62	8	113.92	8	176.22	8	238.52	8	300.82	8	363.12	8	425.42
9	52.51	9	114.81	9	177.11	9	239.41	9	301.71	9	364.01	9	426.31
60	53.40	130	115.70	200	178.00	270	240.30	340	302.60	410	364.90	480	427.20
1	54.29	1	116.59	1	178.89	1	241.19	1	303.49	1	365.79	1	428.09
2	55.18	2	117.48	2	179.78	2	242.08	2	304.38	2	366.68	2	428.98
3	56.07	3	118.37	3	180.67	3	242.97	3	305.27	3	367.57	3	429.87
4	56.96	4	119.26	4	181.56	4	243.86	4	306.16	4	368.46	4	430.76
5	57.85	5	120.15	5	182.45	5	244.75	5	307.05	5	369.35	5	431.65
6	58.74	6	121.04	6	183.34	6	245.64	6	307.94	6	370.24	6	432.54
7	59.63	7	121.93	7	184.23	7	246.53	7	308.83	7	371.13	7	433.43
8	60.52	8	122.82	8	185.12	8	247.42	8	309.72	8	372.02	8	434.32
9	61.41	9	123.71	9	186.01	9	248.31	9	310.61	9	372.91	9	435.21

Heures à 0.90 f l'une.

Heures.	Sommes.	Heures.	Sommes.	Heures.	Sommes.	Heures.	Sommes.	Heures.	Sommes.	Heures.	Sommes.	Heures.	Sommes.
1	" 90	70	63. ""	140	126. ""	210	189. ""	280	252. ""	350	315. ""	420	378. ""
2	1. 80	1	63. 90	1	126. 90	1	189. 90	1	252. 90	1	315. 90	1	378. 90
3	2. 70	2	64. 80	2	127. 80	2	190. 80	2	253. 80	2	316. 80	2	379. 80
4	3. 60	3	65. 70	3	128. 70	3	191. 70	3	254. 70	3	317. 70	3	380. 70
5	4. 50	4	66. 60	4	129. 60	4	192. 60	4	255. 60	4	318. 60	4	381. 60
6	5. 40	5	67. 50	5	130. 50	5	193. 50	5	256. 50	5	319. 50	5	382. 50
7	6. 30	6	68. 40	6	131. 40	6	194. 40	6	257. 40	6	320. 40	6	383. 40
8	7. 20	7	69. 30	7	132. 30	7	195. 30	7	258. 30	7	321. 30	7	384. 30
9	8. 10	8	70. 20	8	133. 20	8	196. 20	8	259. 20	8	322. 20	8	385. 20
		9	71. 10	9	134. 10	9	197. 10	9	260. 10	9	323. 10	9	386. 10
10	9. ""	80	72. ""	150	135. ""	220	198. ""	290	261. ""	360	324. ""	430	387. ""
1	9. 90	1	72. 90	1	135. 90	1	198. 90	1	261. 90	1	324. 90	1	387. 90
2	10. 80	2	73. 80	2	136. 80	2	199. 80	2	262. 80	2	325. 80	2	388. 80
3	11. 70	3	74. 70	3	137. 70	3	200. 70	3	263. 70	3	326. 70	3	389. 70
4	12. 60	4	75. 60	4	138. 60	4	201. 60	4	264. 60	4	327. 60	4	390. 60
5	13. 50	5	76. 50	5	139. 50	5	202. 50	5	265. 50	5	328. 50	5	391. 50
6	14. 40	6	77. 40	6	140. 40	6	203. 40	6	266. 40	6	329. 40	6	392. 40
7	15. 30	7	78. 30	7	141. 30	7	204. 30	7	267. 30	7	330. 30	7	393. 30
8	16. 20	8	79. 20	8	142. 20	8	205. 20	8	268. 20	8	331. 20	8	394. 20
9	17. 10	9	80. 10	9	143. 10	9	206. 10	9	269. 10	9	332. 10	9	395. 10
20	18. ""	90	81. ""	160	144. ""	230	207. ""	300	270. ""	370	333. ""	440	396. ""
1	18. 90	1	81. 90	1	144. 90	1	207. 90	1	270. 90	1	333. 90	1	396. 90
2	19. 80	2	82. 80	2	145. 80	2	208. 80	2	271. 80	2	334. 80	2	397. 80
3	20. 70	3	83. 70	3	146. 70	3	209. 70	3	272. 70	3	335. 70	3	398. 70
4	21. 60	4	84. 60	4	147. 60	4	210. 60	4	273. 60	4	336. 60	4	399. 60
5	22. 50	5	85. 50	5	148. 50	5	211. 50	5	274. 50	5	337. 50	5	400. 50
6	23. 40	6	86. 40	6	149. 40	6	212. 40	6	275. 40	6	338. 40	6	401. 40
7	24. 30	7	87. 30	7	150. 30	7	213. 30	7	276. 30	7	339. 30	7	402. 30
8	25. 20	8	88. 20	8	151. 20	8	214. 20	8	277. 20	8	340. 20	8	403. 20
9	26. 10	9	89. 10	9	152. 10	9	215. 10	9	278. 10	9	341. 10	9	404. 10
30	27. ""	100	90. ""	170	153. ""	240	216. ""	310	279. ""	380	342. ""	450	405. ""
1	27. 90	1	90. 90	1	153. 90	1	216. 90	1	279. 90	1	342. 90	1	405. 90
2	28. 80	2	91. 80	2	154. 80	2	217. 80	2	280. 80	2	343. 80	2	406. 80
3	29. 70	3	92. 70	3	155. 70	3	218. 70	3	281. 70	3	344. 70	3	407. 70
4	30. 60	4	93. 60	4	156. 60	4	219. 60	4	282. 60	4	345. 60	4	408. 60
5	31. 50	5	94. 50	5	157. 50	5	220. 50	5	283. 50	5	346. 50	5	409. 50
6	32. 40	6	95. 40	6	158. 40	6	221. 40	6	284. 40	6	347. 40	6	410. 40
7	33. 30	7	96. 30	7	159. 30	7	222. 30	7	285. 30	7	348. 30	7	411. 30
8	34. 20	8	97. 20	8	160. 20	8	223. 20	8	286. 20	8	349. 20	8	412. 20
9	35. 10	9	98. 10	9	161. 10	9	224. 10	9	287. 10	9	350. 10	9	413. 10
40	36. ""	110	99. ""	180	162. ""	250	225. ""	320	288. ""	390	351. ""	460	414. ""
1	36. 90	1	99. 90	1	162. 90	1	225. 90	1	288. 90	1	351. 90	1	414. 90
2	37. 80	2	100. 80	2	163. 80	2	226. 80	2	289. 80	2	352. 80	2	415. 80
3	38. 70	3	101. 70	3	164. 70	3	227. 70	3	290. 70	3	353. 70	3	416. 70
4	39. 60	4	102. 60	4	165. 60	4	228. 60	4	291. 60	4	354. 60	4	417. 60
5	40. 50	5	103. 50	5	166. 50	5	229. 50	5	292. 50	5	355. 50	5	418. 50
6	41. 40	6	104. 40	6	167. 40	6	230. 40	6	293. 40	6	356. 40	6	419. 40
7	42. 30	7	105. 30	7	168. 30	7	231. 30	7	294. 30	7	357. 30	7	420. 30
8	43. 20	8	106. 20	8	169. 20	8	232. 20	8	295. 20	8	358. 20	8	421. 20
9	44. 10	9	107. 10	9	170. 10	9	233. 10	9	296. 10	9	359. 10	9	422. 10
50	45. ""	120	108. ""	190	171. ""	260	234. ""	330	297. ""	400	360. ""	470	423. ""
1	45. 90	1	108. 90	1	171. 90	1	234. 90	1	297. 90	1	360. 90	1	423. 90
2	46. 80	2	109. 80	2	172. 80	2	235. 80	2	298. 80	2	361. 80	2	424. 80
3	47. 70	3	110. 70	3	173. 70	3	236. 70	3	299. 70	3	362. 70	3	425. 70
4	48. 60	4	111. 60	4	174. 60	4	237. 60	4	300. 60	4	363. 60	4	426. 60
5	49. 50	5	112. 50	5	175. 50	5	238. 50	5	301. 50	5	364. 50	5	427. 50
6	50. 40	6	113. 40	6	176. 40	6	239. 40	6	302. 40	6	365. 40	6	428. 40
7	51. 30	7	114. 30	7	177. 30	7	240. 30	7	303. 30	7	366. 30	7	429. 30
8	52. 20	8	115. 20	8	178. 20	8	241. 20	8	304. 20	8	367. 20	8	430. 20
9	53. 10	9	116. 10	9	179. 10	9	242. 10	9	305. 10	9	368. 10	9	431. 10
60	54. ""	130	117. ""	200	180. ""	270	243. ""	340	306. ""	410	369. ""	480	432. ""
1	54. 90	1	117. 90	1	180. 90	1	243. 90	1	306. 90	1	369. 90	1	432. 90
2	55. 80	2	118. 80	2	181. 80	2	244. 80	2	307. 80	2	370. 80	2	433. 80
3	56. 70	3	119. 70	3	182. 70	3	245. 70	3	308. 70	3	371. 70	3	434. 70
4	57. 60	4	120. 60	4	183. 60	4	246. 60	4	309. 60	4	372. 60	4	435. 60
5	58. 50	5	121. 50	5	184. 50	5	247. 50	5	310. 50	5	373. 50	5	436. 50
6	59. 40	6	122. 40	6	185. 40	6	248. 40	6	311. 40	6	374. 40	6	437. 40
7	60. 30	7	123. 30	7	186. 30	7	249. 30	7	312. 30	7	375. 30	7	438. 30
8	61. 20	8	124. 20	8	187. 20	8	250. 20	8	313. 20	8	376. 20	8	439. 20
9	62. 10	9	125. 10	9	188. 10	9	251. 10	9	314. 10	9	377. 10	9	440. 10

Heures	Sommes	Heures	Sommes	Heures	Sommes	Heures	Sommes	Heures	Sommes	Heures	Sommes	Heures	Sommes
1	" 91	70	63.70	140	127.40	210	191.10	280	254.80	350	318.50	420	382.20
2	1.82	1	64.61	1	128.31	1	192.01	1	255.71	1	319.41	1	383.11
3	2.73	2	65.52	2	129.22	2	192.92	2	256.62	2	320.32	2	384.02
4	3.64	3	66.43	3	130.13	3	193.83	3	257.53	3	321.23	3	384.93
5	4.55	4	67.34	4	131.04	4	194.74	4	258.44	4	322.14	4	385.84
6	5.46	5	68.25	5	131.95	5	195.65	5	259.35	5	323.05	5	386.75
7	6.37	6	69.16	6	132.86	6	196.56	6	260.26	6	323.96	6	387.66
8	7.28	7	70.07	7	133.77	7	197.47	7	261.17	7	324.87	7	388.57
9	8.19	8	70.98	8	134.68	8	198.38	8	262.08	8	325.78	8	389.48
		9	71.89	9	135.59	9	199.29	9	262.99	9	326.69	9	390.39
10	9.10	80	72.80	150	136.50	220	200.20	290	263.90	360	327.60	430	391.30
1	10.01	1	73.71	1	137.41	1	201.11	1	264.81	1	328.51	1	392.21
2	10.92	2	74.62	2	138.32	2	202.02	2	265.72	2	329.42	2	393.12
3	11.83	3	75.53	3	139.23	3	202.93	3	266.63	3	330.33	3	394.03
4	12.74	4	76.44	4	140.14	4	203.84	4	267.54	4	331.24	4	394.94
5	13.65	5	77.35	5	141.05	5	204.75	5	268.45	5	332.15	5	395.85
6	14.56	6	78.26	6	141.96	6	205.66	6	269.36	6	333.06	6	396.76
7	15.47	7	79.17	7	142.87	7	206.57	7	270.27	7	333.97	7	397.67
8	16.38	8	80.08	8	143.78	8	207.48	8	271.18	8	334.88	8	398.58
9	17.29	9	80.99	9	144.69	9	208.39	9	272.09	9	335.79	9	399.49
20	18.20	90	81.90	160	145.60	230	209.30	300	273. ..	370	336.70	440	400.40
1	19.11	1	82.81	1	146.51	1	210.21	1	273.91	1	337.61	1	401.31
2	20.02	2	83.72	2	147.42	2	211.12	2	274.82	2	338.52	2	402.22
3	20.93	3	84.63	3	148.33	3	212.03	3	275.73	3	339.43	3	403.13
4	21.84	4	85.54	4	149.24	4	212.94	4	276.64	4	340.34	4	404.04
5	22.75	5	86.45	5	150.15	5	213.85	5	277.55	5	341.25	5	404.95
6	23.66	6	87.36	6	151.06	6	214.76	6	278.46	6	342.16	6	405.86
7	24.57	7	88.27	7	151.97	7	215.67	7	279.37	7	343.07	7	406.77
8	25.48	8	89.18	8	152.88	8	216.58	8	280.28	8	343.98	8	407.68
9	26.39	9	90.09	9	153.79	9	217.49	9	281.19	9	344.89	9	408.59
30	27.30	100	91. ..	170	154.70	240	218.40	310	282.10	380	345.80	450	409.50
1	28.21	1	91.91	1	155.61	1	219.31	1	283.01	1	346.71	1	410.41
2	29.12	2	92.82	2	156.52	2	220.22	2	283.92	2	347.62	2	411.32
3	30.03	3	93.73	3	157.43	3	221.13	3	284.83	3	348.53	3	412.23
4	30.94	4	94.64	4	158.34	4	222.04	4	285.74	4	349.44	4	413.14
5	31.85	5	95.55	5	159.25	5	222.95	5	286.65	5	350.35	5	414.05
6	32.76	6	96.46	6	160.16	6	223.86	6	287.56	6	351.26	6	414.96
7	33.67	7	97.37	7	161.07	7	224.77	7	288.47	7	352.17	7	415.87
8	34.58	8	98.28	8	161.98	8	225.68	8	289.38	8	353.08	8	416.78
9	35.49	9	99.19	9	162.89	9	226.59	9	290.29	9	353.99	9	417.69
40	36.40	110	100.10	180	163.80	250	227.50	320	291.20	390	354.80	460	418.60
1	37.31	1	101.01	1	164.71	1	228.41	1	292.11	1	355.81	1	419.51
2	38.22	2	101.92	2	165.62	2	229.32	2	293.02	2	356.72	2	420.42
3	39.13	3	102.83	3	166.53	3	230.23	3	293.93	3	357.63	3	421.33
4	40.04	4	103.74	4	167.44	4	231.14	4	294.84	4	358.54	4	422.24
5	40.95	5	104.65	5	168.35	5	232.05	5	295.75	5	359.45	5	423.15
6	41.86	6	105.56	6	169.26	6	232.96	6	296.66	6	360.36	6	424.06
7	42.77	7	106.47	7	170.17	7	233.87	7	297.57	7	361.27	7	424.97
8	43.68	8	107.38	8	171.08	8	234.78	8	298.48	8	362.18	8	425.88
9	44.59	9	108.29	9	171.99	9	235.69	9	299.39	9	363.09	9	426.79
50	45.50	120	109.20	190	172.90	260	236.60	330	300.30	400	364. ..	470	427.70
1	46.41	1	110.11	1	173.81	1	237.51	1	301.21	1	364.91	1	428.61
2	47.32	2	111.02	2	174.72	2	238.42	2	302.12	2	365.82	2	429.52
3	48.23	3	111.93	3	175.63	3	239.33	3	303.03	3	366.73	3	430.43
4	49.14	4	112.84	4	176.54	4	240.24	4	303.94	4	367.64	4	431.34
5	50.05	5	113.75	5	177.45	5	241.15	5	304.85	5	368.55	5	432.25
6	50.96	6	114.66	6	178.36	6	242.06	6	305.76	6	369.46	6	433.16
7	51.87	7	115.57	7	179.27	7	242.97	7	306.67	7	370.37	7	434.07
8	52.78	8	116.48	8	180.18	8	243.88	8	307.58	8	371.28	8	434.98
9	53.69	9	117.39	9	181.09	9	244.79	9	308.49	9	372.19	9	435.89
60	54.60	130	118.30	200	182. ..	270	245.70	340	309.40	410	373.10	480	436.80
1	55.51	1	119.21	1	182.91	1	246.61	1	310.31	1	374.01	1	437.71
2	56.42	2	120.12	2	183.82	2	247.52	2	311.22	2	374.92	2	438.62
3	57.33	3	121.03	3	184.73	3	248.43	3	312.13	3	375.83	3	439.53
4	58.24	4	121.94	4	185.64	4	249.34	4	313.04	4	376.74	4	440.44
5	59.15	5	122.85	5	186.55	5	250.25	5	313.95	5	377.65	5	441.35
6	" 60.06	6	123.76	6	187.46	6	251.16	6	314.86	6	378.56	6	442.26
7	60.97	7	124.67	7	188.37	7	252.07	7	315.77	7	379.47	7	443.17
8	61.88	8	125.58	8	189.28	8	252.98	8	316.68	8	380.58	8	444.08
9	62.79	9	126.49	9	190.19	9	253.89	9	317.59	9	381.29	9	444.99

Heures à 0.92 ͨ l'une.

Heures.	Sommes.	Heures.	Sommes.	Heures.	Sommes.	Heures.	Sommes.	Heures.	Sommes.	Heures.	Sommes.	Heures.	Sommes.
1	» 92	70	64. 40	140	128. 80	210	193. 20	280	257. 60	350	322. "	420	386. 40
2	1. 84	1	65. 32	1	129. 72	1	194. 12	1	258. 52	1	322. 92	1	387. 32
3	2. 76	2	66. 24	2	130. 64	2	195. 04	2	259. 44	2	323. 84	2	388. 24
4	3. 68	3	67. 16	3	131. 56	3	195. 96	3	260. 36	3	324. 76	3	389. 16
5	4. 60	4	68. 08	4	132. 48	4	196. 88	4	261. 28	4	325. 68	4	390. 08
6	5. 52	5	69. "	5	133. 40	5	197. 80	5	262. 20	5	326. 60	5	391. "
7	6. 44	6	69. 92	6	134. 32	6	198. 72	6	263. 12	6	327. 52	6	391. 92
8	7. 36	7	70. 84	7	135. 24	7	199. 64	7	264. 04	7	328. 44	7	392. 84
9	8. 28	8	71. 76	8	136. 16	8	200. 56	8	264. 96	8	329. 36	8	393. 76
		9	72. 68	9	137. 08	9	201. 48	9	265. 88	9	330. 28	9	394. 68
10	9. 20	80	73. 60	150	138. "	220	202. 40	290	266. 80	360	331. 20	430	395. 60
1	10. 12	1	74. 52	1	138. 92	1	203. 32	1	267. 72	1	332. 12	1	396. 52
2	11. 04	2	75. 44	2	139. 84	2	204. 24	2	268. 64	2	333. 04	2	397. 44
3	11. 96	3	76. 36	3	140. 76	3	205. 16	3	269. 56	3	333. 96	3	398. 36
4	12. 88	4	77. 28	4	141. 68	4	206. 08	4	270. 48	4	334. 88	4	399. 28
5	13. 80	5	78. 20	5	142. 60	5	207. "	5	271. 40	5	335. 80	5	400. 20
6	14. 72	6	79. 12	6	143. 52	6	207. 92	6	272. 32	6	336. 72	6	401. 12
7	15. 64	7	80. 04	7	144. 44	7	208. 84	7	273. 24	7	337. 64	7	402. 04
8	16. 56	8	80. 96	8	145. 36	8	209. 76	8	274. 16	8	338. 56	8	402. 96
9	17. 48	9	81. 88	9	146. 28	9	210. 68	9	275. 08	9	339. 48	9	403. 88
20	18. 40	90	82. 80	160	147. 20	230	211. 60	300	276. "	370	340. 40	440	404. 80
1	19. 32	1	83. 72	1	148. 12	1	212. 52	1	276. 92	1	341. 32	1	405. 72
2	20. 24	2	84. 64	2	149. 04	2	213. 44	2	277. 84	2	342. 24	2	406. 64
3	21. 16	3	85. 56	3	149. 96	3	214. 36	3	278. 76	3	343. 16	3	407. 56
4	22. 08	4	86. 48	4	150. 88	4	215. 28	4	279. 68	4	344. 08	4	408. 48
5	23. "	5	87. 40	5	151. 80	5	216. 20	5	280. 60	5	345. "	5	409. 40
6	23. 92	6	88. 32	6	152. 72	6	217. 12	6	281. 52	6	345. 92	6	410. 32
7	24. 84	7	89. 24	7	153. 64	7	218. 04	7	282. 44	7	346. 84	7	411. 24
8	25. 76	8	90. 16	8	154. 56	8	218. 96	8	283. 36	8	347. 76	8	412. 16
9	26. 68	9	91. 08	9	155. 48	9	219. 88	9	284. 28	9	348. 68	9	413. 08
30	27. 60	100	92. "	170	156. 40	240	220. 80	310	285. 20	380	349. 60	450	414. "
1	28. 52	1	92. 92	1	157. 32	1	221. 72	1	286. 12	1	350. 52	1	414. 92
2	29. 44	2	93. 84	2	158. 24	2	222. 64	2	287. 04	2	351. 44	2	415. 84
3	30. 36	3	94. 76	3	159. 16	3	223. 56	3	287. 96	3	352. 36	3	416. 76
4	31. 28	4	95. 68	4	160. 08	4	224. 48	4	288. 88	4	353. 28	4	417. 68
5	32. 20	5	96. 60	5	161. "	5	225. 40	5	289. 80	5	354. 20	5	418. 60
6	33. 12	6	97. 52	6	161. 92	6	226. 32	6	290. 72	6	355. 12	6	419. 52
7	34. 04	7	98. 44	7	162. 84	7	227. 24	7	291. 64	7	356. 04	7	420. 44
8	34. 96	8	99. 36	8	163. 76	8	228. 16	8	292. 56	8	356. 96	8	421. 36
9	35. 88	9	100. 28	9	164. 68	9	229. 08	9	293. 48	9	357. 88	9	422. 28
40	36. 80	110	101. 20	180	165. 60	250	230. "	320	294. 40	390	358. 80	460	423. 20
1	37. 72	1	102. 12	1	166. 52	1	230. 92	1	295. 32	1	359. 72	1	424. 12
2	38. 64	2	103. 04	2	167. 44	2	231. 84	2	296. 24	2	360. 64	2	425. 04
3	39. 56	3	103. 96	3	168. 36	3	232. 76	3	297. 16	3	361. 56	3	425. 96
4	40. 48	4	104. 88	4	169. 28	4	233. 68	4	298. 08	4	362. 48	4	426. 88
5	41. 40	5	105. 80	5	170. 20	5	234. 60	5	299. "	5	363. 40	5	427. 80
6	42. 32	6	106. 72	6	171. 12	6	235. 52	6	299. 92	6	364. 32	6	428. 72
7	43. 24	7	107. 64	7	172. 04	7	236. 44	7	300. 84	7	365. 24	7	429. 64
8	44. 16	8	108. 56	8	172. 96	8	237. 36	8	301. 76	8	366. 16	8	430. 56
9	45. 08	9	109. 48	9	173. 88	9	238. 28	9	302. 68	9	367. 08	9	431. 48
50	46. "	120	110. 40	190	174. 80	260	239. 20	330	303. 60	400	368. "	470	432. 40
1	46. 92	1	111. 32	1	175. 72	1	240. 12	1	304. 52	1	368. 92	1	433. 32
2	47. 84	2	112. 24	2	176. 64	2	241. 04	2	305. 44	2	369. 84	2	434. 24
3	48. 76	3	113. 16	3	177. 56	3	241. 96	3	306. 36	3	370. 76	3	435. 16
4	49. 68	4	114. 08	4	178. 48	4	242. 88	4	307. 28	4	371. 68	4	436. 08
5	50. 60	5	115. "	5	179. 40	5	243. 80	5	308. 20	5	372. 60	5	437. "
6	51. 52	6	115. 92	6	180. 32	6	244. 72	6	309. 12	6	373. 52	6	437. 92
7	52. 44	7	116. 84	7	181. 24	7	245. 64	7	310. 04	7	374. 44	7	438. 84
8	53. 36	8	117. 76	8	182. 16	8	246. 56	8	310. 96	8	375. 36	8	439. 76
9	54. 28	9	118. 68	9	183. 08	9	247. 48	9	311. 88	9	376. 28	9	440. 68
60	55. 20	130	119. 60	200	184. "	270	248. 40	340	312. 80	410	377. 20	480	441. 60
1	56. 12	1	120. 52	1	184. 92	1	249. 32	1	313. 72	1	378. 12	1	442. 52
2	57. 04	2	121. 44	2	185. 84	2	250. 24	2	314. 64	2	379. 04	2	443. 44
3	57. 96	3	122. 36	3	186. 76	3	251. 16	3	315. 56	3	379. 96	3	444. 36
4	58. 88	4	123. 28	4	187. 68	4	252. 08	4	316. 48	4	380. 88	4	445. 28
5	59. 80	5	124. 20	5	188. 60	5	253. "	5	317. 40	5	381. 80	5	446. 20
6	60. 72	6	125. 12	6	189. 52	6	253. 92	6	318. 32	6	382. 72	6	447. 12
7	61. 64	7	126. 04	7	190. 44	7	254. 84	7	319. 24	7	383. 64	7	448. 04
8	62. 56	8	126. 96	8	191. 36	8	255. 76	8	320. 16	8	384. 56	8	448. 96
9	63. 48	9	127. 88	9	192. 28	9	256. 68	9	321. 08	9	385. 48	9	449. 88

Heures à 0.93 ¢ l'une.

Heures	Sommes	Heures	Sommes	Heures	Sommes	Heures	Sommes	Heures	Sommes	Heures	Sommes	Heures	Sommes
1	„ 93	70	65.10	140	130.20	210	195.30	280	260.40	350	325.50	420	390.60
2	1.86	1	66.03	1	131.13	1	196.23	1	261.33	1	326.43	1	391.53
3	2.79	2	66.96	2	132.06	2	197.16	2	262.26	2	327.36	2	392.46
4	3.72	3	67.89	3	132.99	3	198.09	3	263.19	3	328.29	3	393.39
5	4.65	4	68.82	4	133.92	4	199.02	4	264.12	4	329.22	4	394.32
6	5.58	5	69.75	5	134.85	5	199.95	5	265.05	5	330.15	5	395.25
7	6.51	6	70.68	6	135.78	6	200.88	6	265.98	6	331.08	6	396.18
8	7.44	7	71.61	7	136.71	7	201.81	7	266.91	7	332.01	7	397.11
9	8.37	8	72.54	8	137.64	8	202.74	8	267.84	8	332.94	8	398.04
		9	73.47	9	138.57	9	203.67	9	268.77	9	333.87	9	398.97
10	9.30	80	74.40	150	139.50	220	204.60	290	269.70	360	334.80	430	399.90
1	10.23	1	75.33	1	140.43	1	205.53	1	270.63	1	335.73	1	400.83
2	11.16	2	76.26	2	141.36	2	206.46	2	271.56	2	336.66	2	401.76
3	12.09	3	77.19	3	142.29	3	207.39	3	272.49	3	337.59	3	402.69
4	13.02	4	78.12	4	143.22	4	208.32	4	273.42	4	338.52	4	403.62
5	13.95	5	79.05	5	144.15	5	209.25	5	274.35	5	339.45	5	404.55
6	14.88	6	79.98	6	145.08	6	210.18	6	275.28	6	340.38	6	405.48
7	15.81	7	80.91	7	146.01	7	211.11	7	276.21	7	341.31	7	406.41
8	16.74	8	81.84	8	146.94	8	212.04	8	277.14	8	342.24	8	407.34
9	17.67	9	82.77	9	147.87	9	212.97	9	278.07	9	343.17	9	408.27
20	18.60	90	83.70	160	148.80	230	213.90	300	279. „	370	344.10	440	409.20
1	19.53	1	84.63	1	149.73	1	214.83	1	279.93	1	345.03	1	410.13
2	20.46	2	85.56	2	150.66	2	215.76	2	280.86	2	345.96	2	411.06
3	21.39	3	86.49	3	151.59	3	216.69	3	281.79	3	346.89	3	411.99
4	22.32	4	87.42	4	152.52	4	217.62	4	282.72	4	347.82	4	412.92
5	23.25	5	88.35	5	153.45	5	218.55	5	283.65	5	348.75	5	413.85
6	24.18	6	89.28	6	154.38	6	219.48	6	284.58	6	349.68	6	414.78
7	25.11	7	90.21	7	155.31	7	220.41	7	285.51	7	350.61	7	415.71
8	26.04	8	91.14	8	156.24	8	221.34	8	286.44	8	351.54	8	416.64
9	26.97	9	92.07	9	157.17	9	222.27	9	287.37	9	352.47	9	417.57
30	27.90	100	93. „	170	158.10	240	223.20	310	288.30	380	353.40	450	418.50
1	28.83	1	93.93	1	159.03	1	224.13	1	289.23	1	354.33	1	419.43
2	29.76	2	94.86	2	159.96	2	225.06	2	290.16	2	355.26	2	420.36
3	30.69	3	95.79	3	160.89	3	225.99	3	291.09	3	356.19	3	421.29
4	31.62	4	96.72	4	161.82	4	226.91	4	292.02	4	357.12	4	422.22
5	32.55	5	97.65	5	162.75	5	227.85	5	292.95	5	358.05	5	423.15
6	33.48	6	98.58	6	163.68	6	228.78	6	293.88	6	358.98	6	424.08
7	34.41	7	99.51	7	164.61	7	229.71	7	294.81	7	359.91	7	425.01
8	35.34	8	100.44	8	165.54	8	230.64	8	295.74	8	360.84	8	425.94
9	36.27	9	101.37	9	166.47	9	231.57	9	296.67	9	361.77	9	426.87
40	37.20	110	102.30	180	167.40	250	232.50	320	297.60	390	362.70	460	427.80
1	38.13	1	103.23	1	168.33	1	233.43	1	298.53	1	363.63	1	428.73
2	39.06	2	104.16	2	169.26	2	234.36	2	299.46	2	364.56	2	429.66
3	39.99	3	105.09	3	170.19	3	235.29	3	300.39	3	365.49	3	430.59
4	40.92	4	106.02	4	171.12	4	236.22	4	301.32	4	366.42	4	431.52
5	41.85	5	106.95	5	172.05	5	237.15	5	302.25	5	367.35	5	432.45
6	42.78	6	107.88	6	172.98	6	238.08	6	303.18	6	368.28	6	433.38
7	43.71	7	108.81	7	173.91	7	239.01	7	304.11	7	369.21	7	434.31
8	44.64	8	109.74	8	174.84	8	239.94	8	305.04	8	370.14	8	435.24
9	45.57	9	110.67	9	175.77	9	240.87	9	305.97	9	371.07	9	436.17
50	46.50	120	111.60	190	176.70	260	241.80	330	306.90	400	372. „	470	437.10
1	47.43	1	112.53	1	177.63	1	242.73	1	307.83	1	372.93	1	438.03
2	48.36	2	113.46	2	178.56	2	243.66	2	308.76	2	373.86	2	438.96
3	49.29	3	114.39	3	179.49	3	244.59	3	309.69	3	374.79	3	439.89
4	50.22	4	115.32	4	180.42	4	245.52	4	310.62	4	375.72	4	440.82
5	51.15	5	116.25	5	181.35	5	246.45	5	311.55	5	376.65	5	441.75
6	52.08	6	117.18	6	182.28	6	247.38	6	312.48	6	377.58	6	442.68
7	53.01	7	118.11	7	183.21	7	248.31	7	313.41	7	378.51	7	443.61
8	53.94	8	119.04	8	184.14	8	249.24	8	314.34	8	379.44	8	444.54
9	54.87	9	119.97	9	185.07	9	250.17	9	315.27	9	380.37	9	445.47
60	55.80	130	120.90	200	186. „	270	251.10	340	316.20	410	381.30	480	446.40
1	56.73	1	121.83	1	186.93	1	252.03	1	317.13	1	382.23	1	447.33
2	57.66	2	122.76	2	187.86	2	252.96	2	318.06	2	383.16	2	448.26
3	58.59	3	123.69	3	188.79	3	253.89	3	318.99	3	384.09	3	449.19
4	59.52	4	124.62	4	189.72	4	254.82	4	319.92	4	385.02	4	450.12
5	60.45	5	125.55	5	190.65	5	255.75	5	320.85	5	385.95	5	451.05
6	61.38	6	126.48	6	191.58	6	256.68	6	321.78	6	386.88	6	451.98
7	62.31	7	127.41	7	192.51	7	257.61	7	322.71	7	387.81	7	452.91
8	63.24	8	128.34	8	193.44	8	258.54	8	323.64	8	388.74	8	453.84
9	64.17	9	129.27	9	194.37	9	259.47	9	324.57	9	389.67	9	454.77

0.93

Heures à 0.94 ⅌ l'une.

Heures	Sommes	Heures	Sommes	Heures	Sommes	Heures	Sommes	Heures	Sommes	Heures	Sommes	Heures	Sommes
1	„ 94	70	65.80	140	131.60	210	197.40	280	263.20	350	329. „„	420	394.80
2	1.88	1	66.74	1	132.54	1	198.34	1	264.14	1	329.94	1	395.74
3	2.82	2	67.68	2	133.48	2	199.28	2	265.08	2	330.88	2	396.68
4	3.76	3	68.62	3	134.42	3	200.22	3	266.02	3	331.82	3	397.62
5	4.70	4	69.56	4	135.36	4	201.16	4	266.96	4	332.76	4	398.56
6	5.64	5	70.50	5	136.30	5	202.10	5	267.90	5	333.70	5	399.50
7	6.58	6	71.44	6	137.24	6	203.04	6	268.84	6	334.64	6	400.44
8	7.52	7	72.38	7	138.18	7	203.98	7	269.78	7	335.58	7	401.38
9	8.46	8	73.32	8	139.12	8	204.92	8	270.72	8	336.52	8	402.32
		9	74.26	9	140.06	9	205.86	9	271.66	9	337.46	9	403.26
10	9.40	80	75.20	150	141. „„	220	206.80	290	272.60	360	338.40	430	404.20
1	10.34	1	76.14	1	141.94	1	207.74	1	273.54	1	339.34	1	405.14
2	11.28	2	77.08	2	142.88	2	208.68	2	274.48	2	340.28	2	406.08
3	12.22	3	78.02	3	143.82	3	209.62	3	275.42	3	341.22	3	407.02
4	13.16	4	78.96	4	144.76	4	210.56	4	276.36	4	342.16	4	407.96
5	14.10	5	79.90	5	145.70	5	211.50	5	277.30	5	343.10	5	408.90
6	15.04	6	80.84	6	146.64	6	212.44	6	278.24	6	344.04	6	409.84
7	15.98	7	81.78	7	147.58	7	213.38	7	279.18	7	344.98	7	410.78
8	16.92	8	82.72	8	148.52	8	214.32	8	280.12	8	345.92	8	411.72
9	17.86	9	83.66	9	149.46	9	215.26	9	281.06	9	346.86	9	412.66
20	18.80	90	84.60	160	150.40	230	216.20	300	282. „„	370	347.80	440	413.60
1	19.74	1	85.54	1	151.34	1	217.14	1	282.94	1	348.74	1	414.54
2	20.68	2	86.48	2	152.28	2	218.08	2	283.88	2	349.68	2	415.48
3	21.62	3	87.42	3	153.22	3	219.02	3	284.82	3	350.62	3	416.42
4	22.56	4	88.36	4	154.16	4	219.96	4	285.76	4	351.56	4	417.36
5	23.50	5	89.30	5	155.10	5	220.90	5	286.70	5	352.50	5	418.30
6	24.44	6	90.24	6	156.04	6	221.84	6	287.64	6	353.44	6	419.24
7	25.38	7	91.18	7	156.98	7	222.78	7	288.58	7	354.38	7	420.18
8	26.32	8	92.12	8	157.92	8	223.72	8	289.52	8	355.32	8	421.12
9	27.26	9	93.06	9	158.86	9	224.66	9	290.46	9	356.26	9	422.06
30	28.20	100	94. „„	170	159.80	240	225.60	310	291.40	380	357.20	450	423. „„
1	29.14	1	94.94	1	160.74	1	226.54	1	292.34	1	358.14	1	423.94
2	30.08	2	95.88	2	161.68	2	227.48	2	293.28	2	359.08	2	424.88
3	31.02	3	96.82	3	162.62	3	228.42	3	294.22	3	360.02	3	425.82
4	31.96	4	97.76	4	163.56	4	229.36	4	295.16	4	360.96	4	426.76
5	32.90	5	98.70	5	164.50	5	230.30	5	296.10	5	361.90	5	427.70
6	33.84	6	99.64	6	165.44	6	231.24	6	297.04	6	362.84	6	428.64
7	34.78	7	100.58	7	166.38	7	232.18	7	297.98	7	363.78	7	429.58
8	35.72	8	101.52	8	167.32	8	233.12	8	298.92	8	364.72	8	430.52
9	36.66	9	102.46	9	168.26	9	234.06	9	299.86	9	365.66	9	431.46
40	37.60	110	103.40	180	169.20	250	235. „„	320	300.80	390	366.60	460	432.40
1	38.54	1	104.34	1	170.14	1	235.94	1	301.74	1	367.54	1	433.34
2	39.48	2	105.28	2	171.08	2	236.88	2	302.68	2	368.48	2	434.28
3	40.42	3	106.22	3	172.02	3	237.82	3	303.62	3	369.42	3	435.22
4	41.36	4	107.16	4	172.96	4	238.76	4	304.56	4	370.36	4	436.16
5	42.30	5	108.10	5	173.90	5	239.70	5	305.50	5	371.30	5	437.10
6	43.24	6	109.04	6	174.84	6	240.64	6	306.44	6	372.24	6	438.04
7	44.18	7	109.98	7	175.78	7	241.58	7	307.38	7	373.18	7	438.98
8	45.12	8	110.92	8	176.72	8	242.52	8	308.32	8	374.12	8	439.92
9	46.06	9	111.86	9	177.66	9	243.46	9	309.26	9	375.06	9	440.86
50	47. „„	120	112.80	190	178.60	260	244.40	330	310.20	400	376. „„	470	441.80
1	47.94	1	113.74	1	179.54	1	245.34	1	311.14	1	376.94	1	442.74
2	48.88	2	114.68	2	180.48	2	246.28	2	312.08	2	377.88	2	443.68
3	49.82	3	115.62	3	181.42	3	247.22	3	313.02	3	378.82	3	444.62
4	50.76	4	116.56	4	182.36	4	248.16	4	313.96	4	379.76	4	445.56
5	51.70	5	117.50	5	183.30	5	249.10	5	314.90	5	380.70	5	446.50
6	52.64	6	118.44	6	184.24	6	250.04	6	315.84	6	381.64	6	447.44
7	53.58	7	119.38	7	185.18	7	250.98	7	316.78	7	382.58	7	448.38
8	54.52	8	120.32	8	186.12	8	251.92	8	317.72	8	383.52	8	449.32
9	55.46	9	121.26	9	187.06	9	252.86	9	318.66	9	384.46	9	450.26
60	56.40	130	122.20	200	188. „„	270	253.80	340	319.60	410	385.40	480	451.20
1	57.34	1	123.14	1	188.94	1	254.74	1	320.54	1	386.34	1	452.14
2	58.28	2	124.08	2	189.88	2	255.68	2	321.48	2	387.28	2	453.08
3	59.22	3	125.02	3	190.82	3	256.62	3	322.42	3	388.22	3	454.02
4	60.16	4	125.96	4	191.76	4	257.56	4	323.36	4	389.16	4	454.96
5	61.10	5	126.90	5	192.70	5	258.50	5	324.30	5	390.10	5	455.90
6	62.04	6	127.84	6	193.64	6	259.44	6	325.24	6	391.04	6	456.84
7	62.98	7	128.78	7	194.58	7	260.38	7	326.18	7	391.98	7	457.78
8	63.92	8	129.72	8	195.52	8	261.32	8	327.12	8	392.92	8	458.72
9	64.86	9	130.66	9	196.46	9	262.26	9	328.06	9	393.86	9	459.66

Heures.	Sommes.	Heures.	Sommes.	Heures.	Sommes.	Heures.	Sommes.	Heures.	Sommes.	Heures.	Sommes.	Heures.	Sommes.
1	" 95	70	66.50	140	133." "	210	199.50	280	266." "	350	332.50	420	399." "
2	1.90	1	67.45	1	133.95	1	200.45	1	266.95	1	333.45	1	399.95
3	2.85	2	68.40	2	134.90	2	201.40	2	267.90	2	334.40	2	400.90
4	3.80	3	69.35	3	135.85	3	202.35	3	268.85	3	335.35	3	401.85
5	4.75	4	70.30	4	136.80	4	203.30	4	269.80	4	336.30	4	402.80
6	5.70	5	71.25	5	137.75	5	204.25	5	270.75	5	337.25	5	403.75
7	6.65	6	72.20	6	138.70	6	205.20	6	271.70	6	338.20	6	404.70
8	7.60	7	73.15	7	139.65	7	206.15	7	272.65	7	339.15	7	405.65
9	8.55	8	74.10	8	140.60	8	207.10	8	273.60	8	340.10	8	406.60
		9	75.05	9	141.55	9	208.05	9	274.55	9	341.05	9	407.55
10	9.50	80	76." "	150	142.50	220	209." "	290	275.50	360	342." "	430	408.50
1	10.45	1	76.95	1	143.45	1	209.95	1	276.45	1	342.95	1	409.45
2	11.40	2	77.90	2	144.40	2	210.90	2	277.40	2	343.90	2	410.40
3	12.35	3	78.85	3	145.35	3	211.85	3	278.35	3	344.85	3	411.35
4	13.30	4	79.80	4	146.30	4	212.80	4	279.30	4	345.80	4	412.30
5	14.25	5	80.75	5	147.25	5	213.75	5	280.25	5	346.75	5	413.25
6	15.20	6	81.70	6	148.20	6	214.70	6	281.20	6	347.70	6	414.20
7	16.15	7	82.65	7	149.15	7	215.65	7	282.15	7	348.65	7	415.15
8	17.10	8	83.60	8	150.10	8	216.60	8	283.10	8	349.60	8	416.10
9	18.05	9	84.55	9	151.05	9	217.55	9	284.05	9	350.55	9	417.05
20	19." "	90	85.50	160	152." "	230	218.50	300	285." "	370	351.50	440	418." "
1	19.95	1	86.45	1	152.95	1	219.45	1	285.95	1	352.45	1	418.95
2	20.90	2	87.40	2	153.90	2	220.40	2	286.90	2	353.40	2	419.90
3	21.85	3	88.35	3	154.85	3	221.35	3	287.85	3	354.35	3	420.85
4	22.80	4	89.30	4	155.80	4	222.30	4	288.80	4	355.30	4	421.80
5	23.75	5	90.25	5	156.75	5	223.25	5	289.75	5	356.25	5	422.75
6	24.70	6	91.20	6	157.70	6	224.20	6	290.70	6	357.20	6	423.70
7	25.65	7	92.15	7	158.65	7	225.15	7	291.65	7	358.15	7	424.65
8	26.60	8	93.10	8	159.60	8	226.10	8	292.60	8	359.10	8	425.60
9	27.55	9	94.05	9	160.55	9	227.05	9	293.55	9	360.05	9	426.55
30	28.50	100	95." "	170	161.50	240	228." "	310	294.50	380	361." "	450	427.50
1	29.45	1	95.95	1	162.45	1	228.95	1	295.45	1	361.95	1	428.45
2	30.40	2	96.90	2	163.40	2	229.90	2	296.40	2	362.90	2	429.40
3	31.35	3	97.85	3	164.35	3	230.85	3	297.35	3	363.85	3	430.35
4	32.30	4	98.80	4	165.30	4	231.80	4	298.30	4	364.80	4	431.30
5	33.25	5	99.75	5	166.25	5	232.75	5	299.25	5	365.75	5	432.25
6	34.20	6	100.70	6	167.20	6	233.70	6	300.20	6	366.70	6	433.20
7	35.15	7	101.65	7	168.15	7	234.65	7	301.15	7	367.65	7	434.15
8	36.10	8	102.60	8	169.10	8	235.60	8	302.10	8	368.60	8	435.10
9	37.05	9	103.55	9	170.05	9	236.55	9	303.05	9	369.55	9	436.05
40	38." "	110	104.50	180	171." "	250	237.50	320	304." "	390	370.50	460	437." "
1	38.95	1	105.45	1	171.95	1	238.45	1	304.95	1	371.45	1	437.95
2	39.90	2	106.40	2	172.90	2	239.40	2	305.90	2	372.40	2	438.90
3	40.85	3	107.35	3	173.85	3	240.35	3	306.85	3	373.35	3	439.85
4	41.80	4	108.30	4	174.80	4	241.30	4	307.80	4	374.30	4	440.80
5	42.75	5	109.25	5	175.75	5	242.25	5	308.75	5	375.25	5	441.75
6	43.70	6	110.20	6	176.70	6	243.20	6	309.70	6	376.20	6	442.70
7	44.65	7	111.15	7	177.65	7	244.15	7	310.65	7	377.15	7	443.65
8	45.60	8	112.10	8	178.60	8	245.10	8	311.60	8	378.10	8	444.60
9	46.55	9	113.05	9	179.55	9	246.05	9	312.55	9	379.05	9	445.55
50	47.50	120	114." "	190	180.50	260	247." "	330	313.50	400	380." "	470	446.50
1	48.45	1	114.95	1	181.45	1	247.95	1	314.45	1	380.95	1	447.45
2	49.40	2	115.90	2	182.40	2	248.90	2	315.40	2	381.90	2	448.40
3	50.35	3	116.85	3	183.35	3	249.85	3	316.35	3	382.85	3	449.35
4	51.30	4	117.80	4	184.30	4	250.80	4	317.30	4	383.80	4	450.30
5	52.25	5	118.75	5	185.25	5	251.75	5	318.25	5	384.75	5	451.25
6	53.20	6	119.70	6	186.20	6	252.70	6	319.20	6	385.70	6	452.20
7	54.15	7	120.65	7	187.15	7	253.65	7	320.15	7	386.65	7	453.15
8	55.10	8	121.60	8	188.10	8	254.60	8	321.10	8	387.60	8	454.10
9	56.05	9	122.55	9	189.05	9	255.55	9	322.05	9	388.55	9	455.05
60	57." "	130	123.50	200	190." "	270	256.50	340	323." "	410	389.50	480	456." "
1	57.95	1	124.45	1	190.95	1	257.45	1	323.95	1	390.45	1	456.95
2	58.90	2	125.40	2	191.90	2	258.40	2	324.90	2	391.40	2	457.90
3	59.85	3	126.35	3	192.85	3	259.35	3	325.85	3	392.35	3	458.85
4	60.80	4	127.30	4	193.80	4	260.30	4	326.80	4	393.30	4	459.80
5	61.75	5	128.25	5	194.75	5	261.25	5	327.75	5	394.25	5	460.75
6	62.70	6	129.20	6	195.70	6	262.20	6	328.70	6	395.20	6	461.70
7	63.65	7	130.15	7	196.65	7	263.15	7	329.65	7	396.15	7	462.65
8	64.60	8	131.10	8	197.60	8	264.10	8	330.60	8	397.10	8	463.60
9	65.55	9	132.05	9	198.55	9	265.05	9	331.55	9	398.05	9	464.55

Heures à 0.96 ç l'une.

Heures	Sommes	Heures	Sommes	Heures	Sommes	Heures	Sommes	Heures	Sommes	Heures	Sommes	Heures	Sommes
1	0.96	70	67.20	140	134.40	210	201.60	280	268.80	350	336.00	420	403.20
2	1.92	1	68.16	1	135.36	1	202.56	1	269.76	1	336.96	1	404.16
3	2.88	2	69.12	2	136.32	2	203.52	2	270.72	2	337.92	2	405.12
4	3.84	3	70.08	3	137.28	3	204.48	3	271.68	3	338.88	3	406.08
5	4.80	4	71.04	4	138.24	4	205.44	4	272.64	4	339.84	4	407.04
6	5.76	5	72.00	5	139.20	5	206.40	5	273.60	5	340.80	5	408.00
7	6.72	6	72.96	6	140.16	6	207.36	6	274.56	6	341.76	6	408.96
8	7.68	7	73.92	7	141.12	7	208.32	7	275.52	7	342.72	7	409.92
9	8.64	8	74.88	8	142.08	8	209.28	8	276.48	8	343.68	8	410.88
		9	75.84	9	143.04	9	210.24	9	277.44	9	344.64	9	411.84
10	9.60	80	76.80	150	144.00	220	211.20	290	278.40	360	345.60	430	412.80
1	10.56	1	77.76	1	144.96	1	212.16	1	279.36	1	346.56	1	413.76
2	11.52	2	78.72	2	145.92	2	213.12	2	280.32	2	347.52	2	414.72
3	12.48	3	79.68	3	146.88	3	214.08	3	281.28	3	348.48	3	415.68
4	13.44	4	80.64	4	147.84	4	215.04	4	282.24	4	349.44	4	416.64
5	14.40	5	81.60	5	148.80	5	216.00	5	283.20	5	350.40	5	417.60
6	15.36	6	82.56	6	149.76	6	216.96	6	284.16	6	351.36	6	418.56
7	16.32	7	83.52	7	150.72	7	217.92	7	285.12	7	352.32	7	419.52
8	17.28	8	84.48	8	151.68	8	218.88	8	286.08	8	353.28	8	420.48
9	18.24	9	85.44	9	152.64	9	219.84	9	287.04	9	354.24	9	421.44
20	19.20	90	86.40	160	153.60	230	220.80	300	288.00	370	355.20	440	422.40
1	20.16	1	87.36	1	154.56	1	221.76	1	288.96	1	356.16	1	423.36
2	21.12	2	88.32	2	155.52	2	222.72	2	289.92	2	357.12	2	424.32
3	22.08	3	89.28	3	156.48	3	223.68	3	290.88	3	358.08	3	425.28
4	23.04	4	90.24	4	157.44	4	224.64	4	291.84	4	359.04	4	426.24
5	24.00	5	91.20	5	158.40	5	225.60	5	292.80	5	360.00	5	427.20
6	24.96	6	92.16	6	159.36	6	226.56	6	293.76	6	360.96	6	428.16
7	25.92	7	93.12	7	160.32	7	227.52	7	294.72	7	361.92	7	429.12
8	26.88	8	94.08	8	161.28	8	228.48	8	295.68	8	362.88	8	430.08
9	27.84	9	95.04	9	162.24	9	229.44	9	296.64	9	363.84	9	431.04
30	28.80	100	96.00	170	163.20	240	230.40	310	297.60	380	364.80	450	432.00
1	29.76	1	96.96	1	164.16	1	231.36	1	298.56	1	365.76	1	432.96
2	30.72	2	97.92	2	165.12	2	232.32	2	299.52	2	366.72	2	433.92
3	31.68	3	98.88	3	166.08	3	233.28	3	300.48	3	367.68	3	434.88
4	32.64	4	99.84	4	167.04	4	234.24	4	301.44	4	368.64	4	435.84
5	33.60	5	100.80	5	168.00	5	235.20	5	302.40	5	369.60	5	436.80
6	34.56	6	101.76	6	168.96	6	236.16	6	303.36	6	370.56	6	437.76
7	35.52	7	102.72	7	169.92	7	237.12	7	304.32	7	371.52	7	438.72
8	36.48	8	103.68	8	170.88	8	238.08	8	305.28	8	372.48	8	439.68
9	37.44	9	104.64	9	171.84	9	239.04	9	306.24	9	373.44	9	440.64
40	38.40	110	105.60	180	172.80	250	240.00	320	307.20	390	374.40	460	441.60
1	39.36	1	106.56	1	173.76	1	240.96	1	308.16	1	375.36	1	442.56
2	40.32	2	107.52	2	174.72	2	241.92	2	309.12	2	376.32	2	443.52
3	41.28	3	108.48	3	175.68	3	242.88	3	310.08	3	377.28	3	444.48
4	42.24	4	109.44	4	176.64	4	243.84	4	311.04	4	378.24	4	445.44
5	43.20	5	110.40	5	177.60	5	244.80	5	312.00	5	379.20	5	446.40
6	44.16	6	111.36	6	178.56	6	245.76	6	312.96	6	380.16	6	447.36
7	45.12	7	112.32	7	179.52	7	246.72	7	313.92	7	381.12	7	448.32
8	46.08	8	113.28	8	180.48	8	247.68	8	314.88	8	382.08	8	449.28
9	47.04	9	114.24	9	181.44	9	248.64	9	315.84	9	383.04	9	450.24
50	48.00	120	115.20	190	182.40	260	249.60	330	316.80	400	384.00	470	451.20
1	48.96	1	116.16	1	183.36	1	250.56	1	317.76	1	384.96	1	452.16
2	49.92	2	117.12	2	184.32	2	251.52	2	318.72	2	385.92	2	453.12
3	50.88	3	118.08	3	185.28	3	252.48	3	319.68	3	386.88	3	454.08
4	51.84	4	119.04	4	186.24	4	253.44	4	320.64	4	387.84	4	455.04
5	52.80	5	120.00	5	187.20	5	254.40	5	321.60	5	388.80	5	456.00
6	53.76	6	120.96	6	188.16	6	255.36	6	322.56	6	389.76	6	456.96
7	54.72	7	121.92	7	189.12	7	256.32	7	323.52	7	390.72	7	457.92
8	55.68	8	122.88	8	190.08	8	257.28	8	324.48	8	391.68	8	458.88
9	56.64	9	123.84	9	191.04	9	258.24	9	325.44	9	392.64	9	459.84
60	57.60	130	124.80	200	192.00	270	259.20	340	326.40	410	393.60	480	460.80
1	58.56	1	125.76	1	192.96	1	260.16	1	327.36	1	394.56	1	461.76
2	59.52	2	126.72	2	193.92	2	261.12	2	328.32	2	395.52	2	462.72
3	60.48	3	127.68	3	194.88	3	262.08	3	329.28	3	396.48	3	463.68
4	61.44	4	128.64	4	195.84	4	263.04	4	330.24	4	397.44	4	464.64
5	62.40	5	129.60	5	196.80	5	264.00	5	331.20	5	398.40	5	465.60
6	63.36	6	130.56	6	197.76	6	264.96	6	332.16	6	399.36	6	466.56
7	64.32	7	131.52	7	198.72	7	265.92	7	333.12	7	400.32	7	467.52
8	65.28	8	132.48	8	199.68	8	266.88	8	334.08	8	401.28	8	468.48
9	66.24	9	133.44	9	200.64	9	267.84	9	335.04	9	402.24	9	469.44

Heures à 0.97 ° l'une.

Heures	Sommes	Heures	Sommes	Heures	Sommes	Heures	Sommes	Heures	Sommes	Heures	Sommes	Heures	Sommes
1	" 97	70	67.90	140	135.80	210	203.70	280	271.60	350	339.50	420	407.40
2	1.94	1	68.87	1	136.77	1	204.67	1	272.57	1	340.47	1	408.37
3	2.91	2	69.84	2	137.74	2	205.64	2	273.54	2	341.44	2	409.34
4	3.88	3	70.81	3	138.71	3	206.61	3	274.51	3	342.41	3	410.31
5	4.85	4	71.78	4	139.68	4	207.58	4	275.48	4	343.38	4	411.28
6	5.82	5	72.75	5	140.65	5	208.55	5	276.45	5	344.35	5	412.25
7	6.79	6	73.72	6	141.62	6	209.52	6	277.42	6	345.32	6	413.22
8	7.76	7	74.69	7	142.59	7	210.49	7	278.39	7	346.29	7	414.19
9	8.73	8	75.66	8	143.56	8	211.46	8	279.36	8	347.26	8	415.16
		9	76.63	9	144.53	9	212.43	9	280.33	9	348.23	9	416.13
10	9.70	80	77.60	150	145.50	220	213.40	290	281.30	360	349.20	430	417.10
1	10.67	1	78.57	1	146.47	1	214.37	1	282.27	1	350.17	1	418.07
2	11.64	2	79.54	2	147.44	2	215.34	2	283.24	2	351.14	2	419.04
3	12.61	3	80.51	3	148.41	3	216.31	3	284.21	3	352.11	3	420.01
4	13.58	4	81.48	4	149.38	4	217.28	4	285.18	4	353.08	4	420.98
5	14.55	5	82.45	5	150.35	5	218.25	5	286.15	5	354.05	5	421.95
6	15.52	6	83.42	6	151.32	6	219.22	6	287.12	6	355.02	6	422.92
7	16.49	7	84.39	7	152.29	7	220.19	7	288.09	7	355.99	7	423.89
8	17.46	8	85.36	8	153.26	8	221.16	8	289.06	8	356.96	8	424.86
9	18.43	9	86.33	9	154.23	9	222.13	9	290.03	9	357.93	9	425.83
20	19.40	90	87.30	160	155.20	230	223.10	300	291. ""	370	358.90	440	426.80
1	20.37	1	88.27	1	156.17	1	224.07	1	291.97	1	359.87	1	427.77
2	21.34	2	89.24	2	157.14	2	225.04	2	292.94	2	360.84	2	428.74
3	22.31	3	90.21	3	158.11	3	226.01	3	293.91	3	361.81	3	429.71
4	23.28	4	91.18	4	159.08	4	226.98	4	294.88	4	362.78	4	430.68
5	24.25	5	92.15	5	160.05	5	227.95	5	295.85	5	363.75	5	431.65
6	25.22	6	93.12	6	161.02	6	228.92	6	296.82	6	364.72	6	432.62
7	26.19	7	94.09	7	161.99	7	229.89	7	297.79	7	365.69	7	433.59
8	27.16	8	95.06	8	162.96	8	230.86	8	298.76	8	366.66	8	434.56
9	28.13	9	96.03	9	163.93	9	231.83	9	299.73	9	367.63	9	435.53
30	29.10	100	97. ""	170	164.90	240	232.80	310	300.70	380	368.60	450	436.50
1	30.07	1	97.97	1	165.87	1	233.77	1	301.67	1	369.57	1	437.47
2	31.04	2	98.94	2	166.84	2	234.74	2	302.64	2	370.54	2	438.44
3	32.01	3	99.91	3	167.81	3	235.71	3	303.61	3	371.51	3	439.41
4	32.98	4	100.88	4	168.78	4	236.68	4	304.58	4	372.48	4	440.38
5	33.95	5	101.85	5	169.75	5	237.65	5	305.55	5	373.45	5	441.35
6	34.92	6	102.82	6	170.72	6	238.62	6	306.52	6	374.42	6	442.32
7	35.89	7	103.79	7	171.69	7	239.59	7	307.49	7	375.39	7	443.29
8	36.86	8	104.76	8	172.66	8	240.56	8	308.46	8	376.36	8	444.26
9	37.83	9	105.73	9	173.63	9	241.53	9	309.43	9	377.33	9	445.23
40	38.80	110	106.70	180	174.60	250	242.50	320	310.40	390	378.30	460	446.20
1	39.77	1	107.67	1	175.57	1	243.47	1	311.37	1	379.27	1	447.17
2	40.74	2	108.64	2	176.54	2	244.44	2	312.34	2	380.24	2	448.14
3	41.71	3	109.61	3	177.51	3	245.41	3	313.31	3	381.21	3	449.11
4	42.68	4	110.58	4	178.48	4	246.38	4	314.28	4	382.18	4	450.08
5	43.65	5	111.55	5	179.45	5	247.35	5	315.25	5	383.15	5	451.05
6	44.62	6	112.52	6	180.42	6	248.32	6	316.22	6	384.12	6	452.02
7	45.59	7	113.49	7	181.39	7	249.29	7	317.19	7	385.09	7	452.99
8	46.56	8	114.46	8	182.36	8	250.26	8	318.16	8	386.06	8	453.96
9	47.53	9	115.43	9	183.33	9	251.23	9	319.13	9	387.03	9	454.93
50	48.50	120	116.40	190	184.30	260	252.20	330	320.10	400	388. ""	470	455.90
1	49.47	1	117.37	1	185.27	1	253.17	1	321.07	1	388.97	1	456.87
2	50.44	2	118.34	2	186.24	2	254.14	2	322.04	2	389.94	2	457.84
3	51.41	3	119.31	3	187.21	3	255.11	3	323.01	3	390.91	3	458.81
4	52.38	4	120.28	4	188.18	4	256.08	4	323.98	4	391.88	4	459.78
5	53.35	5	121.25	5	189.15	5	257.05	5	324.95	5	392.85	5	460.75
6	54.32	6	122.22	6	190.12	6	258.02	6	325.92	6	393.82	6	461.72
7	55.29	7	123.19	7	191.09	7	258.99	7	326.89	7	394.79	7	462.69
8	56.26	8	124.16	8	192.06	8	259.96	8	327.86	8	395.76	8	463.66
9	57.23	9	125.13	9	193.03	9	260.93	9	328.83	9	396.73	9	464.63
60	58.20	130	126.10	200	194. ""	270	261.90	340	329.80	410	397.70	480	465.60
1	59.17	1	127.07	1	194.97	1	262.87	1	330.77	1	398.67	1	466.57
2	60.14	2	128.04	2	195.94	2	263.84	2	331.74	2	399.64	2	467.54
3	61.11	3	129.01	3	196.91	3	264.81	3	332.71	3	400.61	3	468.51
4	62.08	4	129.98	4	197.88	4	265.78	4	333.68	4	401.58	4	469.48
5	63.05	5	130.95	5	198.85	5	266.75	5	334.65	5	402.55	5	470.45
6	64.02	6	131.92	6	199.82	6	267.72	6	335.62	6	403.52	6	471.42
7	64.99	7	132.89	7	200.79	7	268.69	7	336.59	7	404.49	7	472.39
8	65.96	8	133.86	8	201.76	8	269.66	8	337.56	8	405.46	8	473.36
9	66.93	9	134.83	9	202.73	9	270.63	9	338.53	9	406.43	9	474.33

Heures à 0.98 ¢ l'une.

Heures	Sommes	Heures	Sommes	Heures	Sommes	Heures	Sommes	Heures	Sommes	Heures	Sommes	Heures	Sommes
1	„ 98	70	68.60	140	137.20	210	205.80	280	274.40	350	343.„„	420	411.60
2	1.96	1	69.58	1	138.18	1	206.78	1	275.38	1	343.98	1	412.58
3	2.94	2	70.56	2	139.16	2	207.76	2	276.36	2	344.96	2	413.56
4	3.92	3	71.54	3	140.14	3	208.74	3	277.34	3	345.94	3	414.54
5	4.90	4	72.52	4	141.12	4	209.72	4	278.32	4	346.92	4	415.52
6	5.88	5	73.50	5	142.10	5	210.70	5	279.30	5	347.90	5	416.50
7	6.86	6	74.48	6	143.08	6	211.68	6	280.28	6	348.88	6	417.48
8	7.84	7	75.46	7	144.06	7	212.66	7	281.26	7	349.86	7	418.46
9	8.82	8	76.44	8	145.04	8	213.64	8	282.24	8	350.84	8	419.44
		9	77.42	9	146.02	9	214.62	9	283.22	9	351.82	9	420.42
10	9.80	80	78.40	150	147.„„	220	215.60	290	284.20	360	352.80	430	421.40
1	10.78	1	79.38	1	147.98	1	216.58	1	285.18	1	353.78	1	422.38
2	11.76	2	80.36	2	148.96	2	217.56	2	286.16	2	354.76	2	423.36
3	12.74	3	81.34	3	149.94	3	218.54	3	287.14	3	355.74	3	424.34
4	13.72	4	82.32	4	150.92	4	219.52	4	288.12	4	356.72	4	425.32
5	14.70	5	83.30	5	151.90	5	220.50	5	289.10	5	357.70	5	426.30
6	15.68	6	84.28	6	152.88	6	221.48	6	290.08	6	358.68	6	427.28
7	16.66	7	85.26	7	153.86	7	222.46	7	291.06	7	359.66	7	428.26
8	17.64	8	86.24	8	154.84	8	223.44	8	292.04	8	360.64	8	429.24
9	18.62	9	87.22	9	155.82	9	224.42	9	293.02	9	361.62	9	430.22
20	19.60	90	88.20	160	156.80	230	225.40	300	294.„„	370	362.60	440	431.20
1	20.58	1	89.18	1	157.78	1	226.38	1	294.98	1	363.58	1	432.18
2	21.56	2	90.16	2	158.76	2	227.36	2	295.96	2	364.56	2	433.16
3	22.54	3	91.14	3	159.74	3	228.34	3	296.94	3	365.54	3	434.14
4	23.52	4	92.12	4	160.72	4	229.32	4	297.92	4	366.52	4	435.12
5	24.50	5	93.10	5	161.70	5	230.30	5	298.90	5	367.50	5	436.10
6	25.48	6	94.08	6	162.68	6	231.28	6	299.88	6	368.48	6	437.08
7	26.46	7	95.06	7	163.66	7	232.26	7	300.86	7	369.46	7	438.06
8	27.44	8	96.04	8	164.64	8	233.24	8	301.84	8	370.44	8	439.04
9	28.42	9	97.02	9	165.62	9	234.22	9	302.82	9	371.42	9	440.02
30	29.40	100	98.„„	170	166.60	240	235.20	310	303.80	380	372.40	450	441.„„
1	30.38	1	98.98	1	167.58	1	236.18	1	304.78	1	373.38	1	441.98
2	31.36	2	99.96	2	168.56	2	237.16	2	305.76	2	374.36	2	442.96
3	32.34	3	100.94	3	169.54	3	238.14	3	306.74	3	375.34	3	443.94
4	33.32	4	101.92	4	170.52	4	239.12	4	307.72	4	376.32	4	444.92
5	34.30	5	102.90	5	171.50	5	240.10	5	308.70	5	377.30	5	445.90
6	35.28	6	103.88	6	172.48	6	241.08	6	309.68	6	378.28	6	446.88
7	36.26	7	104.86	7	173.46	7	242.06	7	310.66	7	379.26	7	447.86
8	37.24	8	105.84	8	174.44	8	243.04	8	311.64	8	380.24	8	448.84
9	38.22	9	106.82	9	175.42	9	244.02	9	312.82	9	381.22	9	449.82
40	39.20	110	107.80	180	176.40	250	245.„„	320	313.60	390	382.20	460	450.80
1	40.18	1	108.78	1	177.38	1	245.98	1	314.58	1	383.18	1	451.78
2	41.16	2	109.76	2	178.36	2	246.96	2	315.56	2	384.16	2	452.76
3	42.14	3	110.74	3	179.34	3	247.94	3	316.54	3	385.14	3	453.74
4	43.12	4	111.72	4	180.32	4	248.92	4	317.52	4	386.12	4	454.72
5	44.10	5	112.70	5	181.30	5	249.90	5	318.50	5	387.10	5	455.70
6	45.08	6	113.68	6	182.28	6	250.88	6	319.48	6	388.08	6	456.68
7	46.06	7	114.66	7	183.26	7	251.86	7	320.46	7	389.06	7	457.66
8	47.04	8	115.64	8	184.24	8	252.84	8	321.44	8	390.04	8	458.64
9	48.02	9	116.62	9	185.22	9	253.82	9	322.41	9	391.02	9	459.62
50	49.„„	120	117.60	190	186.20	260	254.80	330	323.40	400	392.„„	470	460.60
1	49.98	1	118.58	1	187.18	1	255.78	1	324.38	1	392.98	1	461.58
2	50.96	2	119.56	2	188.16	2	256.76	2	325.36	2	393.96	2	462.56
3	51.94	3	120.54	3	189.14	3	257.74	3	326.34	3	394.94	3	463.54
4	52.92	4	121.52	4	190.12	4	258.72	4	327.32	4	395.92	4	464.52
5	53.90	5	122.50	5	191.10	5	259.70	5	328.30	5	396.90	5	465.50
6	54.88	6	123.48	6	192.08	6	260.68	6	329.28	6	397.88	6	466.48
7	55.86	7	124.46	7	193.06	7	261.66	7	330.26	7	398.86	7	467.46
8	56.84	8	125.44	8	194.04	8	262.64	8	331.24	8	399.84	8	468.44
9	57.82	9	126.42	9	195.02	9	263.62	9	332.22	9	400.82	9	469.42
60	58.80	130	127.40	200	196.„„	270	264.60	340	333.20	410	401.80	480	470.40
1	59.78	1	128.38	1	196.98	1	265.58	1	334.18	1	402.78	1	471.38
2	60.76	2	129.36	2	197.96	2	266.56	2	335.16	2	403.76	2	472.36
3	61.74	3	130.34	3	198.94	3	267.54	3	336.14	3	404.74	3	473.34
4	62.72	4	131.32	4	199.92	4	268.52	4	337.12	4	405.72	4	474.32
5	63.70	5	132.30	5	200.90	5	269.50	5	338.10	5	406.70	5	475.30
6	64.68	6	133.28	6	201.88	6	270.48	6	339.08	6	407.68	6	476.28
7	65.66	7	134.26	7	202.86	7	271.46	7	340.06	7	408.66	7	477.26
8	66.64	8	135.24	8	203.84	8	272.44	8	341.04	8	409.64	8	478.24
9	67.62	9	136.22	9	204.82	9	273.42	9	342.02	9	410.62	9	479.22

Heures à 0.99 de l'une.

Heures.	Sommes.	Heures.	Sommes.	Heures.	Sommes.	Heures.	Sommes.	Heures.	Sommes.	Heures.	Sommes.	Heures.	Sommes.
1	». 99	70	69. 30	140	138. 60	210	207. 90	280	277. 20	350	346. 50	420	415. 80
2	1. 98	1	70. 29	1	139. 59	1	208. 89	1	278. 19	1	347. 49	1	416. 79
3	2. 97	2	71. 28	2	140. 58	2	209. 88	2	279. 18	2	348. 48	2	417. 78
4	3. 96	3	72. 27	3	141. 57	3	210. 87	3	280. 17	3	349. 47	3	418. 77
5	4. 95	4	73. 26	4	142. 56	4	211. 86	4	281. 16	4	350. 46	4	419. 76
6	5. 94	5	74. 25	5	143. 55	5	212. 85	5	282. 15	5	351. 45	5	420. 75
7	6. 93	6	75. 24	6	144. 54	6	213. 84	6	283. 14	6	352. 44	6	421. 74
8	7. 92	7	76. 23	7	145. 53	7	214. 83	7	284. 13	7	353. 43	7	422. 73
9	8. 91	8	77. 22	8	146. 52	8	215. 82	8	285. 12	8	354. 42	8	423. 72
		9	78. 21	9	147. 51	9	216. 81	9	286. 11	9	355. 41	9	424. 71
10	9. 90	80	79. 20	150	148. 50	220	217. 80	290	287. 10	360	356. 40	430	425. 70
1	10. 89	1	80. 19	1	149. 49	1	218. 79	1	288. 09	1	357. 39	1	426. 69
2	11. 88	2	81. 18	2	150. 48	2	219. 78	2	289. 08	2	358. 38	2	427. 68
3	12. 87	3	82. 17	3	151. 47	3	220. 77	3	290. 07	3	359. 37	3	428. 67
4	13. 86	4	83. 16	4	152. 46	4	221. 76	4	291. 06	4	360. 36	4	429. 66
5	14. 85	5	84. 15	5	153. 45	5	222. 75	5	292. 05	5	361. 35	5	430. 65
6	15. 84	6	85. 14	6	154. 44	6	223. 74	6	293. 04	6	362. 34	6	431. 64
7	16. 83	7	86. 13	7	155. 43	7	224. 73	7	294. 03	7	363. 33	7	432. 63
8	17. 82	8	87. 12	8	156. 42	8	225. 72	8	295. 02	8	364. 32	8	433. 62
9	18. 81	9	88. 11	9	157. 41	9	226. 71	9	296. 01	9	365. 31	9	434. 61
20	19. 80	90	89. 10	160	158. 40	230	227. 70	300	297. „	370	366. 30	440	435. 60
1	20. 79	1	90. 09	1	159. 39	1	228. 69	1	297. 99	1	367. 29	1	436. 59
2	21. 78	2	91. 08	2	160. 38	2	229. 68	2	298. 98	2	368. 28	2	437. 58
3	22. 77	3	92. 07	3	161. 37	3	230. 67	3	290. 97	3	369. 27	3	438. 57
4	23. 76	4	93. 06	4	162. 36	4	231. 66	4	300. 96	4	370. 26	4	439. 56
5	24. 75	5	94. 05	5	163. 35	5	232. 65	5	301. 95	5	371. 25	5	440. 55
6	25. 74	6	95. 04	6	164. 34	6	233. 64	6	302. 94	6	372. 24	6	441. 54
7	26. 73	7	96. 03	7	165. 33	7	234. 63	7	303. 93	7	373. 23	7	442. 53
8	27. 72	8	97. 02	8	166. 32	8	235. 62	8	304. 92	8	374. 22	8	443. 52
9	28. 71	9	98. 01	9	167. 31	9	236. 61	9	305. 91	9	375. 21	9	444. 51
30	29. 70	100	99. „	170	168. 30	240	237. 60	310	306. 90	380	376. 20	450	445. 50
1	30. 69	1	99. 99	1	169. 29	1	238. 59	1	307. 89	1	377. 19	1	446. 49
2	31. 68	2	100. 98	2	170. 28	2	239. 58	2	308. 88	2	378. 18	2	447. 48
3	32. 67	3	101. 97	3	171. 27	3	240. 57	3	309. 87	3	379. 17	3	448. 47
4	33. 66	4	102. 96	4	172. 26	4	241. 56	4	310. 86	4	380. 16	4	449. 46
5	34. 65	5	103. 95	5	173. 25	5	242. 55	5	311. 85	5	381. 15	5	450. 45
6	35. 64	6	104. 94	6	174. 24	6	243. 54	6	312. 84	6	382. 14	6	451. 44
7	36. 63	7	105. 93	7	175. 23	7	244. 53	7	313. 83	7	383. 13	7	452. 43
8	37. 62	8	106. 92	8	176. 22	8	245. 52	8	314. 82	8	384. 12	8	453. 42
9	38. 61	9	107. 91	9	177. 21	9	246. 51	9	315. 81	9	385. 11	9	454. 41
40	39. 60	110	108. 90	180	178. 20	250	247. 50	320	316. 80	390	386. 10	460	455. 40
1	40. 59	1	109. 89	1	179. 19	1	248. 49	1	317. 79	1	387. 09	1	456. 39
2	41. 58	2	110. 88	2	180. 18	2	249. 48	2	318. 78	2	388. 08	2	457. 38
3	42. 57	3	111. 87	3	181. 17	3	250. 47	3	319. 77	3	389. 07	3	458. 37
4	43. 56	4	112. 86	4	182. 16	4	251. 46	4	320. 76	4	390. 06	4	459. 36
5	44. 55	5	113. 85	5	183. 15	5	252. 45	5	321. 75	5	391. 05	5	460. 35
6	45. 54	6	114. 84	6	184. 14	6	253. 44	6	322. 74	6	392. 04	6	461. 34
7	46. 53	7	115. 83	7	185. 13	7	254. 43	7	323. 73	7	393. 03	7	462. 33
8	47. 52	8	116. 82	8	186. 12	8	255. 42	8	324. 72	8	394. 02	8	463. 32
9	48. 51	9	117. 81	9	187. 11	9	256. 41	9	325. 71	9	395. 01	9	464. 31
50	49. 50	120	118. 80	190	188. 10	260	257. 40	330	326. 70	400	396. „	470	465. 30
1	50. 49	1	119. 79	1	189. 09	1	258. 39	1	327. 69	1	396. 99	1	466. 29
2	51. 48	2	120. 78	2	190. 08	2	259. 38	2	328. 68	2	397. 98	2	467. 28
3	52. 47	3	121. 77	3	191. 07	3	260. 37	3	329. 67	3	398. 97	3	468. 27
4	53. 46	4	122. 76	4	192. 06	4	261. 36	4	330. 66	4	399. 96	4	469. 26
5	54. 45	5	123. 75	5	193. 05	5	262. 35	5	331. 65	5	400. 95	5	470. 25
6	55. 44	6	124. 74	6	194. 04	6	263. 34	6	332. 64	6	401. 94	6	471. 24
7	56. 43	7	125. 73	7	195. 03	7	264. 33	7	333. 63	7	402. 93	7	472. 23
8	57. 42	8	126. 72	8	196. 02	8	265. 32	8	334. 62	8	403. 92	8	473. 22
9	58. 41	9	127. 71	9	197. 01	9	266. 31	9	335. 61	9	404. 91	9	474. 21
60	59. 40	130	128. 70	200	198. „	270	267. 30	340	336. 60	410	405. 90	480	475. 20
1	60. 39	1	129. 69	1	198. 99	1	268. 29	1	337. 59	1	406. 89	1	476. 19
2	61. 38	2	130. 68	2	199. 98	2	269. 28	2	338. 58	2	407. 88	2	477. 18
3	62. 37	3	131. 67	3	200. 97	3	270. 27	3	339. 57	3	408. 87	3	478. 17
4	63. 36	4	132. 66	4	201. 96	4	271. 26	4	340. 56	4	409. 86	4	479. 16
5	64. 35	5	133. 65	5	202. 95	5	271. 25	5	341. 55	5	410. 85	5	480. 15
6	65. 34	6	134. 64	6	203. 94	6	273. 24	6	342. 54	6	411. 84	6	481. 14
7	66. 33	7	135. 63	7	204. 93	7	274. 23	7	343. 53	7	412. 83	7	482. 13
8	67. 32	8	136. 62	8	205. 92	8	275. 22	8	344. 52	8	413. 82	8	483. 12
9	68. 31	9	137. 61	9	206. 91	9	276. 21	9	345. 51	9	414. 81	9	484. 11

Autog. Le Gouteux Havre

Heures	Sommes	Heures	Sommes	Heures	Sommes	Heures	Sommes	Heures	Sommes	Heures	Sommes	Heures	Sommes
1	0. 045	70	3. 15	140	6. 30	210	9. 45	280	12. 60	350	15. 75	420	18. 90
2	0. 09	1	3. 19	1	6. 34	1	9. 49	1	12. 64	1	15. 79	1	18. 94
3	" 13	2	3. 24	2	6. 39	2	9. 54	2	12. 69	2	15. 84	2	18. 99
4	" 18	3	3. 28	3	6. 43	3	9. 58	3	12. 73	3	15. 88	3	19. 03
5	" 22	4	3. 33	4	6. 48	4	9. 63	4	12. 78	4	15. 93	4	19. 08
6	" 27	5	3. 37	5	6. 52	5	9. 67	5	12. 82	5	15. 97	5	19. 12
7	" 31	6	3. 42	6	6. 57	6	9. 72	6	12. 87	6	16. 02	6	19. 17
8	" 36	7	3. 46	7	6. 61	7	9. 76	7	12. 91	7	16. 06	7	19. 21
9	" 40	8	3. 51	8	6. 66	8	9. 81	8	12. 96	8	16. 11	8	19. 26
		9	3. 55	9	6. 70	9	9. 85	9	13. ""	9	16. 15	9	19. 30
10	" 45	80	3. 60	150	6. 75	220	9. 90	290	13. 05	360	16. 20	430	19. 35
1	" 49	1	3. 64	1	6. 79	1	9. 94	1	13. 09	1	16. 24	1	19. 39
2	" 54	2	3. 69	2	6. 84	2	9. 99	2	13. 14	2	16. 29	2	19. 44
3	" 58	3	3. 73	3	6. 88	3	10. 03	3	13. 18	3	16. 33	3	19. 48
4	" 63	4	3. 78	4	6. 93	4	10. 08	4	13. 23	4	16. 38	4	19. 53
5	" 67	5	3. 82	5	6. 97	5	10. 12	5	13. 27	5	16. 42	5	19. 57
6	" 72	6	3. 87	6	7. 02	6	10. 17	6	13. 32	6	16. 47	6	19. 62
7	" 76	7	3. 91	7	7. 06	7	10. 21	7	13. 36	7	16. 51	7	19. 66
8	" 81	8	3. 96	8	7. 11	8	10. 26	8	13. 41	8	16. 56	8	19. 71
9	" 85	9	4. ""	9	7. 15	9	10. 30	9	13. 45	9	16. 60	9	19. 75
20	" 90	90	4. 05	160	7. 20	230	10. 35	300	13. 50	370	16. 65	440	19. 80
1	" 94	1	4. 09	1	7. 24	1	10. 39	1	13. 54	1	16. 69	1	19. 84
2	" 99	2	4. 14	2	7. 29	2	10. 44	2	13. 59	2	16. 74	2	19. 89
3	1. 03	3	4. 18	3	7. 33	3	10. 48	3	13. 63	3	16. 78	3	19. 93
4	1. 08	4	4. 23	4	7. 38	4	10. 53	4	13. 68	4	16. 83	4	19. 98
5	1. 12	5	4. 27	5	7. 42	5	10. 57	5	13. 72	5	16. 87	5	20. 02
6	1. 17	6	4. 32	6	7. 47	6	10. 62	6	13. 77	6	16. 92	6	20. 07
7	1. 21	7	4. 36	7	7. 51	7	10. 66	7	13. 81	7	16. 96	7	20. 11
8	1. 26	8	4. 41	8	7. 56	8	10. 71	8	13. 86	8	17. 01	8	20. 16
9	1. 30	9	4. 45	9	7. 60	9	10. 75	9	13. 90	9	17. 05	9	20. 20
30	1. 35	100	4. 50	170	7. 65	240	10. 80	310	13. 95	380	17. 10	450	20. 25
1	1. 39	1	4. 54	1	7. 69	1	10. 84	1	13. 99	1	17. 14	1	20. 29
2	1. 44	2	4. 59	2	7. 74	2	10. 89	2	14. 04	2	17. 19	2	20. 34
3	1. 48	3	4. 63	3	7. 78	3	10. 93	3	14. 08	3	17. 23	3	20. 38
4	1. 53	4	4. 68	4	7. 83	4	10. 98	4	14. 13	4	17. 28	4	20. 43
5	1. 57	5	4. 72	5	7. 87	5	11. 02	5	14. 17	5	17. 32	5	20. 47
6	1. 62	6	4. 77	6	7. 92	6	11. 07	6	14. 22	6	17. 37	6	20. 52
7	1. 66	7	4. 81	7	7. 96	7	11. 11	7	14. 26	7	17. 41	7	20. 56
8	1. 71	8	4. 86	8	8. 01	8	11. 16	8	14. 31	8	17. 46	8	20. 61
9	1. 75	9	4. 90	9	8. 05	9	11. 20	9	14. 35	9	17. 50	9	20. 65
40	1. 80	110	4. 95	180	8. 10	250	11. 25	320	14. 40	390	17. 55	460	20. 70
1	1. 84	1	4. 99	1	8. 14	1	11. 29	1	14. 44	1	17. 59	1	20. 74
2	1. 89	2	5. 04	2	8. 19	2	11. 34	2	14. 49	2	17. 64	2	20. 79
3	1. 93	3	5. 08	3	8. 23	3	11. 38	3	14. 53	3	17. 68	3	20. 83
4	1. 98	4	5. 13	4	8. 28	4	11. 43	4	14. 58	4	17. 73	4	20. 88
5	2. 02	5	5. 17	5	8. 32	5	11. 47	5	14. 62	5	17. 77	5	20. 92
6	2. 07	6	5. 22	6	8. 37	6	11. 52	6	14. 67	6	17. 82	6	20. 97
7	2. 11	7	5. 26	7	8. 41	7	11. 56	7	14. 71	7	17. 86	7	21. 01
8	2. 16	8	5. 31	8	8. 46	8	11. 61	8	14. 76	8	17. 91	8	21. 06
9	2. 20	9	5. 35	9	8. 50	9	11. 65	9	14. 80	9	17. 95	9	21. 10
50	2. 25	120	5. 40	190	8. 55	260	11. 70	330	14. 85	400	18. ""	470	21. 15
1	2. 29	1	5. 44	1	8. 59	1	11. 74	1	14. 89	1	18. 04	1	21. 19
2	2. 34	2	5. 49	2	8. 64	2	11. 79	2	14. 94	2	18. 09	2	21. 24
3	2. 38	3	5. 53	3	8. 68	3	11. 83	3	14. 98	3	18. 13	3	21. 28
4	2. 43	4	5. 58	4	8. 73	4	11. 88	4	15. 03	4	18. 18	4	21. 33
5	2. 47	5	5. 62	5	8. 77	5	11. 92	5	15. 07	5	18. 22	5	21. 37
6	2. 52	6	5. 67	6	8. 82	6	11. 97	6	15. 12	6	18. 27	6	21. 42
7	2. 56	7	5. 71	7	8. 86	7	12. 01	7	15. 16	7	18. 31	7	21. 46
8	2. 61	8	5. 76	8	8. 91	8	12. 06	8	15. 21	8	18. 36	8	21. 51
9	2. 65	9	5. 80	9	8. 95	9	12. 10	9	15. 25	9	18. 40	9	21. 55
60	2. 70	130	5. 85	200	9. ""	270	12. 15	340	15. 30	410	18. 45	480	21. 60
1	2. 74	1	5. 89	1	9. 04	1	12. 19	1	15. 34	1	18. 49	1	21. 64
2	2. 79	2	5. 94	2	9. 09	2	12. 24	2	15. 39	2	18. 54	2	21. 69
3	2. 83	3	5. 98	3	9. 13	3	12. 28	3	15. 43	3	18. 58	3	21. 73
4	2. 88	4	6. 03	4	9. 18	4	12. 33	4	15. 48	4	18. 63	4	21. 78
5	2. 92	5	6. 07	5	9. 22	5	12. 37	5	15. 52	5	18. 67	5	21. 82
6	2. 97	6	6. 12	6	9. 27	6	12. 42	6	15. 57	6	18. 72	6	21. 87
7	3. 01	7	6. 16	7	9. 31	7	12. 46	7	15. 61	7	18. 76	7	21. 91
8	3. 06	8	6. 21	8	9. 36	8	12. 51	8	15. 66	8	18. 81	8	21. 96
9	3. 10	9	6. 25	9	9. 40	9	12. 55	9	15. 70	9	18. 85	9	22. ""